W0235630

Diane Ackerman
Die schöne Welt der Sinne

EUROPA
VERLAG

Aus dem Amerikanischen von Antoinette Gittinger

DIANE ACKERMAN

Die
schöne Welt der
Sinne

Europa Verlag
Hamburg · Wien

In gleicher Ausstattung erschien
von Diane Ackerman
»Die Seele meines Gartens«

Die Deutsche Bibliothek – CIP-Einheitsaufnahme

Ein Titelsatz für diese Publikation ist bei
Der Deutschen Bibliothek erhältlich.

Originalausgabe:
A Natural History of the Senses
© 1990 by Diane Ackerman

© Europa Verlag GmbH Hamburg, März 2002
Erstausgabe bei Kindler Verlag GmbH, München 1991
Umschlaggestaltung: Kathrin Steigerwald, Hamburg
Umschlagmotive: Kupferstich von Maria Sibylla Merian
und Gemälde von Jan van Noordt, AKG Berlin
Druck und Bindung: Wiener Verlag, Himberg bei Wien
ISBN 3-203-75001-5

Informationen über unser Programm erhalten Sie beim
Europa Verlag, Neuer Wall 10, 20354 Hamburg
oder unter www.europaverlag.de

Inhalt

Das Hören

Das Sehen

Synästhesie

Nachwort *367*

Das erste Geheimnis, das jede Reise umgibt, lautet: Wie erreichte der Reisende überhaupt seinen Ausgangspunkt? Wie kam ich an das Fenster, zu den Wänden, an den Kamin, in den Raum selbst; wie kommt es, daß ich mich unter dieser Decke und auf diesem Boden befinde? Oh, hier kann man Vermutungen anstellen, das Für und Wider erörtern, Untersuchungen, Spekulationen und Auseinandersetzungen führen! Ich kann mich kaum erinnern, wie ich hierher gekommen bin. Im Gegensatz zu Livingstone im finstersten Afrika habe ich keine Landkarten zur Hand, keinen Globus der irdischen oder himmlischen Sphären, keine Karte der Berge, der Seen, keinen Sextanten, keinen künstlichen Horizont. Wenn ich je einen Kompaß besessen habe, so ist er längst verschwunden. Doch es muß eine vernünftige Erklärung für meine Anwesenheit hier geben. Irgendein Schritt hat mich gerade auf diesen Weg und an diesen Punkt gebracht, und an keinen anderen bewohnbaren Teil dieses Globus. Ich muß darüber nachdenken; ich muß es herausfinden.

Louise Bogan,
Journey Around My Room

Ein Geist, der um eine neue Idee erweitert wurde, kehrt niemals mehr zu seiner ursprünglichen Dimension zurück.

Oliver Wendell Holmes

Einleitung

Sinnvoll in jeder Hinsicht

Wie sinnlich unsere Welt doch ist! Im Sommer kann uns ein betörend duftender Windhauch, der durch unser Schlafzimmerfenster hereinweht, aus dem Bett locken. Die Sonne, die sich in den Gardinen fängt, verleiht ihnen einen seidigen Schimmer und läßt sie wie ein Lichtgespinst erscheinen. Im Winter kann es vorkommen, daß man einen dumpfen Schlag hört, wenn ein Vogel in der Morgendämmerung gegen das Schlafzimmerfenster prallt, und obwohl man schlaftrunken ist, begreift man, was dieses Geräusch bedeutet, schüttelt vielleicht resigniert den Kopf, steht auf, geht ins Arbeitszimmer und zeichnet die Umrisse einer Eule oder eines anderen Nachtvogels auf ein Stück Papier und klebt es an die Scheibe, bevor man sich in der Küche einen duftenden, leicht bitteren Kaffee aufbrüht.

Vorübergehend können wir einen oder mehrere unserer Sinne neutralisieren – zum Beispiel, wenn wir in handwarmem Wasser baden –, doch das schärft lediglich die anderen Sinne. Nur über das Radarnetz der Sinne kann man die Welt verstehen. Wir können unsere Sinne mit Mikroskopen, Stethoskopen, Robotern, Satelliten oder auch mit Hörgeräten und Brillen verbessern, doch was jenseits unserer Sinne liegt, bleibt uns verborgen. Unsere Sinne definieren die Grenzen unseres Bewußtseins, und da wir Menschen immer Entdeckungsreisende auf der Suche nach dem Unbekannten sind, verbringen wir einen großen Teil unseres Lebens in diesen stürmischen Randzonen: Wir nehmen Drogen, gehen in den Zirkus, durchqueren den Dschungel, hören laute Musik, kaufen exotische Düfte, geben viel Geld für kulinarische Genüsse aus, sind sogar bereit, für das Vergnügen, einen neuen Geschmack auf der Zunge zu fühlen, unser Leben aufs Spiel zu setzen. In Japan bieten die Küchenchefs einen Fisch an, den *Fugu*, der, wenn er nicht mit äußerster Sorgfalt zubereitet wird, sehr giftig ist. Erfahrene Küchenchefs achten darauf, daß von dem Gift gerade so viel übrigbleibt, daß es auf der Zunge des Gourmets prickelt und er weiß, daß er mit einem Fuß im Grab steht. Es kann aber auch vorkommen, daß sich ein Gast zu nahe an die Schwelle des Todes wagt, und so sterben jedes Jahr mehrere Fugu-Gourmets während des Verzehrs dieser Köstlichkeit.

Jeder Kulturkreis hat seine eigene Auffassung über die Sinnesreize – Massaifrauen beispielsweise, die sich ihr Haar mit Exkrementen einreiben, finden es bizarr, daß Amerikanerinnen ihren Atem mit Pfefferminzbonbons verbessern wollen –, doch die Art, wie wir von unseren Sinnen Gebrauch machen, ist bei allen gleich. Am erstaunlichsten ist nicht, wie unabhängig unsere Sinne von Orten und Kulturen sind, sondern, wie sie über die Zeiten hinweg gleichbleiben. Sie schaffen eine enge Verbindung zur Vergangenheit, und zwar besser als unsere reine Vorstellungskraft. Wenn ich zum Beispiel die Gedichte des römischen Dichters Propertius lese, der sich des langen und breiten über die sexuellen Wünsche seiner Geliebten Hostia ausläßt, mit der er sich an den Ufern des Arno mit Liebesspielen vergnügte, wundere ich mich, wie wenig sich seit dem Jahr 20 v. Chr. geändert hat. Auch die Liebe hat sich nicht verändert: Die Versprechen und Sehnsüchte des Propertius gleichen denen der Liebhaber aller Zeiten. Erstaunlicher ist, daß Hostias körperliche Reize die gleichen sind wie die einer Frau im heutigen St. Louis. Auch Tausende von Jahren konnten nichts daran ändern. Ihre empfindsamen und verborgenen kleinen »Stellen« sind genauso anziehend und für Zärtlichkeiten empfänglich wie die einer Frau des 20. Jahrhunderts. Vielleicht hat Hostia ihre Empfindungen anders gedeutet, doch die Botschaft, die ihre Sinne empfingen und ausstrahlten, war die gleiche wie heute.

Wenn wir den Ort in Afrika aufsuchen, wo die Knochen von Lucy, der Urahnin der Menschheit, liegen, können wir von dort aus in der Ferne die gleichen Berge erblicken wie einst sie. Vielleicht waren diese Berge sogar das letzte, was sie sah, bevor sie starb. Viele Phänomene der äußeren Welt haben sich seither verändert: Die Sternbilder haben ihre Position leicht verschoben, auch die Landschaft und das Wetter haben sich etwas verändert, doch die Umrisse der Berge sind immer noch nahezu unverändert. Sie sehen noch genauso aus wie damals, als sie sie betrachtete. Und nun machen wir einen Sprung ins Jahr 1940, nach Rio de Janeiro, und betreten die elegante Villa des brasilianischen Komponisten Heitor Villa-Lobos, dessen strenge und gleichzeitig überschwengliche Musik sich zunächst an die konventionellen Formen europäischer Musik hält, dann aber die aufreizenden, peitschenden Trommelklänge des Regenwalds am Amazonas aufnimmt. Villa-Lobos komponierte am Klavier in seinem Wohnzimmer – er öffnete das Fenster mit dem Blick auf die Berge, die Rio umgeben, wählte einen bestimmten Blickwinkel, zeichnete die Umrisse der Berge auf sein Notenblatt und schuf nach dieser Zeichnung seine Melodie. Zwei Millionen Jahre liegen zwischen diesen beiden Beobachtern in Afrika und in Brasilien, die die Umrisse der Berge aufnahmen –, und doch handelt es sich um den gleichen Vorgang.

Die Sinne *ergeben* nicht einfach durch auffallende oder unterschwellige klare Handlungen einen *Sinn*; sie gliedern vielmehr die Realität in Einzelteile und machen daraus ein sinnvolles Muster. Sie wählen Muster, setzen ein Beispiel für viele andere. Sie wägen ab, kommen zu einem befriedigenden Schluß und machen kleine, heikle Geschäfte. Die Sinne liefern dem Hirn bruchstückartige Informationen, wie mikroskopisch kleine Teile eines Puzzles. Wenn genügend »Teile« zusammengesetzt sind, sagt das Gehirn: *Kuh. Ich sehe eine Kuh.* Dies kann geschehen, bevor das ganze Tier zu sehen ist; die mit den Sinnen gefertigte »Zeichnung« einer Kuh mag ein Umriß sein oder ein halbes Tier oder Augen, Ohren und Nase. In den Ebenen des amerikanischen Südwestens sieht man ein Tüpfelchen mit einer schmalen Linie am oberen Rand. *Cowboy*, sagt das Gehirn, ein Mensch, der den Kopf gedreht hat und die Umrisse eines Hutrandes erkennen läßt. Manchmal erreicht die Botschaft das Gehirn auch nur indirekt. Eine Staubwolke in der Ferne: ein Lastwagen in voller Geschwindigkeit.

Ein Seemann an Deck eines Schiffes hält Signalflaggen in der Hand. Plötzlich hebt er sie hoch und schwingt beide nach rechts, dann dreht er sie und schwingt die Flaggen über den Kopf. Der Seemann übermittelt Signale. Die ihn sehen und deuten, sind die Rezeptoren. Die Flaggen sind immer die gleichen, doch wie er sie schwenkt, hängt von der Botschaft ab, und sein Gestenrepertoire läßt viele Möglichkeiten zu. Ein anderes Bild: Eine Frau sitzt am Telegrafenpult und sendet Morsezeichen. Die Punkte und Striche sind Impulse, die auf raffinierte Weise kombiniert werden können, um eindeutige Botschaften zu übermitteln.

Wenn wir sagen, wir seien »empfindungsfähige« Wesen, meinen wir damit, daß wir ein Bewußtsein haben. Im umfassenderen Sinn bedeutet das, daß wir mit den Sinnen wahrnehmen.

»Bist du denn von Sinnen?« schreit jemand in ungläubigem Staunen. Daß jemand seinen Körper verläßt und losgelöst durch die Welt zieht, scheint unmöglich. Nur Geister werden als buchstäblich von Sinnen dargestellt, und auch Engel. In positiver Hinsicht sprechen wir vom Losgelöstsein der Sinne – zum Beispiel beim Zustand transzendentaler Erleuchtung, der in asiatischen Religionen angestrebt wird. Es ist unser Schrecken und unser Vorzug, sterblich und mit Sinnen ausgestattet zu sein. Unsere Sinne bereichern uns, aber sie schränken uns auch ein, wenngleich auf recht angenehme Art und Weise. Auch die Liebe ist ja eine sehr angenehme Fessel.

Wir müssen wieder lernen, die dem Leben eigenen Strukturen zu erspüren. Wir neigen heutzutage dazu, uns davon zu entfernen und in einer monotonen, ritualisierten und geschäftsmäßigen Routine zu erstarren, die etwas so Unziemliches wie Sinneslust ausschließt. Wir sind gewohnt, Kleopatra, Marilyn Monroe oder Marcel Proust als Musterbeispiele der Wollust zu betrachten, doch eine der sinnlichsten Persönlichkeiten aller Zeiten war eine behinderte Frau. Helen Keller war blind, taub und stumm, doch ihre übrigen Sinne waren so ausgeprägt, daß sie, wenn sie ihre Hände aufs Radio legte, um Musik zu genießen, den Unterschied zwischen Blas- und Streichinstrumenten erspüren konnte. Die bunten Geschichten vom Mississippi, die ihr Freund Mark Twain ihr erzählte, las sie ihm von den Lippen ab, und sie schrieb über die Fülle der Düfte, Gerüche, Berührungen und Gefühle des Lebens, die sie mit der Sinnlichkeit einer Kurtisane erforschte. Trotz ihrer Behinderungen lebte sie intensiver als viele ihrer Zeitgenossen.

Wir halten uns gern für hochkultivierte Wesen mit Anzug und Krawatte oder Hosenanzug, die seit Tausenden von Jahren und nach vielen geistigen Umwegen die Höhle hinter sich gelassen haben, doch unsere Körper sind davon nicht so überzeugt. Obwohl wir das Glück haben, am Ende der Nahrungskette zu stehen, steigt unser Adrenalinspiegel, wenn wir echte oder vermeintliche Raubtiere sehen. Wir nähren diese Urangst sogar noch durch den Besuch von Horrorfilmen. Nach wie vor grenzen wir unser Revier ab, wenn auch manchmal lediglich durch das Geplärr des Radios. Wir setzen immer noch alles daran, eine gute Stellung und Macht zu erlangen. Wir schaffen nach wie vor Kunstwerke, um unsere Sinne zu erfreuen und die bunte Welt mit noch mehr Sensationen anzureichern, so daß wir das Schauspiel des Lebens in höchstmöglichem Maße genießen können. Wir erleben immer noch die Freuden und Leiden der Liebe, der Lust, der Treue, der Leidenschaft. Und wir spüren immer noch hautnah die Welt in all ihrer üppigen Schönheit und in ihrem Grauen. Es gibt keinen anderen Weg. Um dieses wunderbare Fieber, unser Bewußtsein, verstehen zu können, müssen wir versuchen, die Sinne zu verstehen – wie sie sich entwickelt haben, wie sie intensiviert werden können, wo ihre Grenzen liegen, welche mit Tabus versehen sind und was sie uns über die erstaunliche Welt, in der wir leben, lehren können.

Um etwas zu verstehen, müssen wir »unseren Verstand gebrauchen«, das heißt unser Gehirn. Die meisten meinen, der Verstand sitze im Kopf, doch die neuesten physiologischen Forschungen ergaben, daß sich der Verstand nicht im

Gehirn befindet, sondern in Form von Hormonen und Enzymen im ganzen Körper verteilt und für den Tast-, Geruchs-, Geschmacks-, Gehör- und Gesichtssinn verantwortlich ist. In diesem Buch möchte ich Ursprung und Entwicklung der Sinne aufzeigen, wie sie sich in den Kulturen unterscheiden, welchen Stellenwert und welchen Ruf sie haben, wie sie in der Volkskunde und in der Wissenschaft auftreten, was die sinnlichen Begriffe bedeuten, die wir benutzen, um über die Welt zu sprechen, kurz: Ich möchte Themen behandeln, die, wie ich hoffe, andere genauso anregen wie mich und die weniger empfindsame Gemüter veranlassen, wenigstens einen Augenblick innezuhalten und zu staunen. Unvermeidlich, daß ein solches Buch zu einer Huldigung wird – einer Huldigung an die menschlichen Sinne.

Das Riechen

Der Duft ist ein mächtiger Zauberer, der uns über Tausende von Meilen hinwegträgt, über all die Jahre, die wir gelebt haben. Der Duft der Früchte trägt mich in meine Heimat im Süden, erinnert mich an mein kindliches Herumtollen zwischen Pfirsichbäumen. Andere Düfte, spontan und flüchtig, öffnen mein Herz vor Freude oder verkrampfen es in schmerzlicher Erinnerung. Allein der Gedanke an Düfte weckt in mir liebe Erinnerungen an längst vergangene Sommertage und reifende Weizenfelder in der Ferne.

Helen Keller

Der stumme Sinn

Nichts ist erinnerungsträchtiger als ein Duft. Er kann unerwartet und flüchtig sein, und doch kann er die Kindheit heraufbeschwören, einen Sommertag an einem See, die Erinnerung an saftige Heidelbeeren und an das andere Geschlecht, als es noch so geheimnisvoll war wie ein Weltraumflug. Ein Geruch kann an Stunden der Leidenschaft an einem mondbeschienenen Strand in Florida erinnern, als die nächtlich geöffneten Blüten eines Kaktus die Luft mit starkem Duft erfüllten und riesige Sphinxfalter mit lautem Flügelschlag den Kaktus umschwirrten. Oder der Geruch, der an ein Familienessen erinnert, an Schmorbraten, Nudelauflauf und Kartoffeln an einem heißen Augustabend, als die Eltern noch lebten. Gerüche explodieren in unserer Erinnerung wie Minen, die unter dem Unkraut der Jahre und Erfahrungen verborgen waren. Man muß nur den »Stolperdraht« eines Geruchs berühren, und sofort sind die Erinnerungen da.

Zu allen Zeiten und in allen Kulturen wurden die Menschen von Gerüchen beherrscht; manchmal leisteten sie sich Düfte als extravaganten Luxus. Die Seidenstraße machte den Orient dem Westen zugänglich, über den Weg der Gerüche öffnete sich das Innere der Natur. Unsere Vorfahren schnupperten mit geruchssicherer Nase an den Früchten der Erde und verfolgten die Jahreszeiten anhand der Gerüche ihrer gut gefüllten Speisekammer. Wir können über zehntausend unterschiedliche Düfte feststellen, so viele, daß uns unser Gedächtnis im Stich lassen würde, wenn wir alles festhalten wollten, was sie symbolisieren. Im *Hund von Baskerville* identifiziert Sherlock Holmes eine Frau am Geruch ihres Notizpapiers. Er weist darauf hin, daß »es 75 Düfte gibt, die ein Kriminalexperte unbedingt zu unterscheiden wissen sollte«. Keine sehr hohe Zahl, gewiß. Schließlich sollte jeder »mit einer Nase« für Verbrechen in der Lage sein, die Schuldigen anhand von Tweedstoff, Tusche, Körperpuder, italienischen Lederschuhen und unzähligen anderen,

Geruch aussendenden Utensilien aufzuspüren. Ganz zu schweigen von den betörenden und namenlosen Düften, die wir identifizieren, ohne sie zu kennen. Das Gehirn ist ein guter Bühnenarbeiter. Es verrichtet seine Arbeit, während wir damit beschäftigt sind, unseren Part zu spielen. Auch wenn die meisten versichern, sie könnten so etwas nicht, zeigen Untersuchungen, daß Kinder und Erwachsene allein durch den Geruch bestimmen können, ob ein Kleidungsstück von einem Mann oder einer Frau getragen wurde.

Unser Geruchssinn kann außerordentlich genau sein, doch es ist fast unmöglich, jemandem einen Geruch zu beschreiben, den dieser nicht selbst erfahren hat. Der Geruch der frischen Seiten eines neuen Buches zum Beispiel, der ersten nach Lösungsmittel riechenden Bogen aus einem Vervielfältigungsgerät, der eines Leichnams oder auch die unterschiedlichen Duftnuancen des Balsambaums, des Hornstrauchs, des Flieders. Der Geruchssinn ist der stumme Sinn, der Sinn ohne Worte. Da uns das entsprechende Vokabular fehlt, ist uns die Zunge »gebunden«, und in einem Meer namenloser Gefühle des Vergnügens und der Begeisterung tasten wir nach Worten. Wir sehen nur, wenn genug Licht vorhanden ist, haben nur einen Geschmack, wenn wir die Dinge in den Mund nehmen, fühlen nur, wenn wir jemanden oder etwas berühren, hören nur, was laut genug ist. Doch wir riechen immer, mit jedem Atemzug. Hält man sich die Hand vor die Augen, sieht man nichts mehr, hält man sich die Ohren zu, hört man nichts mehr, doch hält man sich die Nase zu und versucht, nicht mehr zu atmen, stirbt man. Etymologisch gesehen ist der Atem nicht neutral oder indifferent – er ist *gekochte Luft*; wir befinden uns ständig in einem Siedekessel. In unseren Zellen findet Verbrennung statt, und wenn wir atmen, ziehen wir die Welt durch unseren Körper, erwärmen sie und atmen sie – leicht verändert, weil sie durch uns hindurchgegangen ist – wieder aus.

Eine Duftkarte

Unsere Atemzüge erfolgen paarweise, mit zwei Ausnahmen: am Anfang und am Ende unseres Lebens. Bei der Geburt atmen wir das erste Mal ein, beim Tod das letzte Mal aus. Ansonsten erfolgt jeder Atemzug in unserem Leben über unsere Geruchsnerven. Täglich atmen wir rund 23 040mal und bewegen dabei rund zwölfeinhalb Kubikmeter Luft. Wir brauchen etwa fünf Sekunden zum Atmen – zwei Sekunden zum Ein- und drei zum Ausatmen –, und in dieser Zeit strömen Duftmoleküle durch unseren Körper. Beim Ein- und Ausatmen nehmen wir Düfte auf. Gerüche umgeben uns, hüllen uns ein, dringen in unseren Körper ein, gehen von uns aus. Wir leben in einem ständigen Austausch. Doch wenn wir versuchen, einen Duft zu beschreiben, lassen uns die Worte im Stich. Worte sind kleine Formen im riesigen Chaos der Welt. Doch sie sind immerhin Formen, sie helfen, die Welt deutlicher zu erkennen, sie prägen Ideen, schärfen Gedanken und schaffen Bilder der Wahrnehmung. Truman Capote berichtet in *Kaltblütig* von zwei Mördern, die bei einem ganz besonders scheußlichen Verbrechen zusammenarbeiteten. Ein Kriminalpsychologe beobachtete sie und fand heraus, daß keiner von beiden das Verbrechen hätte einzeln begehen können; doch zusammen ergaben sie eine dritte Person, jemanden, der töten konnte. Ich stelle mir Metaphern als ein milderes, aber ebenso treffendes Beispiel für das vor, was die Chemiker »hypergolisch« nennen. Man nimmt zwei Substanzen, vermischt sie und erzeugt etwas völlig anderes (Tafelsalz), das manchmal sogar explosiv sein kann (Nitroglyzerin). Der Reiz der Sprache liegt darin, daß sie, obwohl sie vom Menschen geschaffen wurde, bei seltenen Gelegenheiten Gefühlsregungen und Empfindungen einfangen kann, die der Mensch sich nicht selbst geschaffen hat. Doch die physiologischen Verbindungen zwischen den Geruchs- und Sprachzentren des Gehirns sind erstaunlich schlecht. Anders verhält es sich mit den Verbindungen zwischen den Geruchs- und Gedächtniszentren, die uns schnell über Zeit und Entfernung hinwegtragen. Oder mit den Verbindungen zwischen unseren Sinnen und der Sprache. Wenn wir etwas sehen, können wir es bis ins kleinste Detail beschreiben, mit einer Fülle von Bildern. Wir können es wie eine Ameise abtasten, jede Linie umreißen, jede Faser fühlen und es mit visuellen Adjektiven wie rot, blau, hell, groß und so weiter beschreiben. Doch wer kann die Charakteristika des Geruchs beschreiben? Wenn wir Wörter wie rauchig, schwefelhaltig, blumig, fruchtig, süß benutzen, beschreiben wir Gerüche mit den Begriffen anderer Dinge, nämlich von Rauch, Schwefel, Blumen, Frucht oder Zucker. Die Gerüche sind unsere liebsten Verwandten, doch wir können uns nicht an ihre Namen erinnern. Statt dessen neigen wir dazu, zu beschreiben, welches Gefühl sie in uns hervorrufen. Etwas riecht »abscheulich«, »giftig«, »zum Brechen«, »angenehm«, »wunderbar«, »aufregend«, »hypnotisch« oder »widerlich«.

Meine Mutter erzählte mir einst von einer Fahrt, die sie mit meinem Vater durch die Orangenhaine des Indian River in Florida machte, zu einer Zeit, als die Bäume in voller Blüte standen und die Luft mit süßem Duft erfüllt war. Sie war überwältigt. »Wie riecht das?« fragte ich. »Oh, es ist wunderbar, ein berauschender, wunderbarer Duft.« – »Aber wie riecht es?« fragte ich erneut. »Wie Orangen?« Denn dann könnte ich ihr ja ein Eau de Cologne kaufen, das seit seiner Entstehung im 18. Jahrhundert, als es ein Lieblingsparfüm der Madame Dubarry war, aus Neroli (aus den Blüten der Bitterorange), Bergamottöl (aus der Pomeranzenschale) und anderen Ingredienzen hergestellt wird. (Die Benutzung von Neroli als Parfümstoff reicht dagegen vermutlich bis in die Zeit der Sabiner zurück.) »O nein«, sagte sie bestimmt, »nicht wie Orangen. Es ist ein herrlicher Duft. Ein einzigartiger Duft.« – »Beschreib ihn«, bettelte ich. Doch sie schüttelte verzweifelt den Kopf.

Versuchen Sie es: Beschreiben Sie den Geruch Ihres Liebhabers, Ihres Kindes, Ihrer Eltern. Oder einen der bekannten Gerüche, die die meisten Leute mit geschlossenen Augen erkennen können: ein Schuhgeschäft, eine Bäckerei, eine

Kirche, einen Metzgerladen, eine Bücherei. Aber können Sie auch den Geruch Ihres Lieblingsstuhls, Ihres Dachgeschosses oder Ihres Autos beschreiben? In *The Place in Flowers Where Pollen Rests* schreibt Paul West, daß »Blut wie Staub riecht«. Eine eingängige Formulierung, die auf eine Umschreibung angewiesen ist, wie das bei Duftbeschreibungen fast immer der Fall ist. Ein weiterer erfrischend subjektiver Zeuge ist Witold Gombrowicz, der im ersten Teil seines Tagebuchs schildert, wie er »mit A. und seiner Frau in deren Hütte frühstückt... Das Essen riecht wie ein, entschuldigen Sie den Ausdruck, sehr luxuriöses Wasserklo.« Ich vermute, die gebratenen Bohnen, die es zum Frühstück gab, schmeckten ihm nicht, auch wenn es teure Bohnen erster Wahl waren. Für die Kartographie des Duftes benötigen wir einfühlsame Kartographen, um neue Worte zu finden, von denen jedes so präzise wie eine Landschaftsformation oder Himmelsrichtung ist. Es sollte einen Begriff für den Geruch geben, der vom Kopf eines Kindes ausgeht, das frisch und nach Puder riecht, unberührt vom Leben. Pinguine riechen stark nach Pinguin; es ist ein so spezieller und einmaliger Geruch, daß für ihn ein treffendes Adjektiv gefunden werden sollte. Pinguid heißt ölig, das trifft es nicht. Pinguinin hört sich nach Gebirgskette an. Pinguinartig ist das gebräuchliche Adjektiv, doch es macht die Sprache nur schwerfälliger und etikettiert, ohne zu beschreiben. Wenn es für die Pastellfarben Bezeichnungen wie lavendelfarben, malvenfarben, fuchsienrot, pflaumenblau und fliederfarben gibt, warum dann nicht für die Geruchsnuancen? Es ist, als ob wir alle hypnotisiert wären und uns befohlen würde, selektiv zu vergessen. Es kann auch sein, daß uns Gerüche deshalb so stark berühren, weil wir sie nicht ausdrücken können. In einer mit Worten faßbaren Welt, in der Wunder gern verbal analysiert werden, liegen uns die Bezeichnungen für Gerüche auf der Zungenspitze, aber nicht näher, und das verleiht ihnen eine Art magische Distanz, ein Geheimnis, eine namenlose Macht, etwas Heiliges.

Von Veilchen und Neuronen

Veilchen riechen wie gebrannte Zuckerwürfel, die in ein Gemisch aus Zitrone, Sekt und Portwein getaucht wurden. Ich mache hier genau das, was wir immer tun: Wir erklären einen Geruch durch einen anderen. In einem berühmten Brief schrieb Napoleon an Josephine, sie solle nicht baden, bis sie sich nach zwei Wochen wiedersehen würden, damit er ihren natürlichen Körpergeruch genießen könne. Doch Napoleon und Josephine liebten auch Veilchen. Sie benutzte oft ein Veilchenparfüm, das ihr Markenzeichen war. Als sie 1814 starb, pflanzte Napoleon Veilchen auf ihr Grab. Bevor er ins Exil nach St. Helena ging, machte er eine Pilgerfahrt dorthin, pflückte ein paar Veilchen und preßte sie in ein Medaillon, das er um den Hals trug. Er legte es nie wieder ab. Im London des 19. Jahrhunderts standen an jeder Straßenecke arme Mädchen, die Veilchen- und Lavendelsträuße verkauften. Ralph Vaughan Williams' *London*-Symphonie enthält eine Orchesterinterpretation der Rufe der Blumen-Mädchen. Veilchen lassen sich durch keinen Parfümeur manipulieren. Natürlich kann aus Veilchen ein exquisites Parfüm hergestellt werden, doch das ist ungewöhnlich schwierig und kostspielig. Nur sehr reiche Leute können es sich leisten, doch hat es zu allen Zeiten Kaiserinnen, Dandys, Trendsetter und extravagante Persönlichkeiten gegeben, die die Parfümhersteller beschäftigten. Veilchen, die bei manchen Leuten Brechreiz erzeugen, haben keine anhaltende Duftwirkung; sie sind, wie Shakespeare es ausdrückte:

> Vorwitzig und flüchtig, süßlich und vergänglich.
> Der Duft und das Vergnügen eines Augenblicks.

Veilchen enthalten Ionen, die unseren Geruchssinn ausschalten. Die Blume entfaltet weiterhin ihren Duft, doch wir können ihn nicht mehr aufnehmen. Wartet man ein bis zwei Minuten, entfaltet sich der Duft erneut. Dann verflüchtigt er sich wieder, und so weiter. So sieht es Josephine, einer Frau voller, wenn auch manchmal verdeckter Sinnlichkeit, ähnlich, als ihr Markenzeichen einen Duft zu wählen, der in der einen Sekunde betäubend wirkt und in der nächsten völlig verschwindet, nur um sich dann noch stärker zu entfalten. Kein Duft ist flüchtiger. Er steigt uns in die Nase und verflüchtigt sich wieder, spielt Verstecken mit unseren Sinnen, und man kann nie zuviel davon bekommen. Die alten Athener waren so angetan von Veilchen, daß sie es als offizielles Stadtwappen wählten. Frauen des Viktorianischen Zeitalters pflegten ihren Atem mit Cachous, also Veilchendrops, zu verbessern, besonders wenn sie etwas getrunken hatten. Während ich an diesem Buch schreibe, versuche ich »Choward's Violet«-Pastillen – »eine köstliche Schleckerei, ein Geschmack, der erfrischt«, und der süße, ausgeprägte Veilchengeschmack nimmt mir fast den Atem. Am Amazonas bereitete ich mir ein Gebräu aus *Casca preciosa*, einer Pflanze, die mit dem Sassafrasbaum verwandt ist und deren aufgebrühte Rinde bald mein Gesicht, mein Haar, meine Kleider, mein Zimmer und meine Psyche mit durchdringendem Veilchenduft erfüllte. Wenn Veilchen uns jahrhundertelang fasziniert, magnetisch angezogen und andererseits verwirrt haben – weshalb gelingt es uns dann nicht, diesen Duft direkt zu bezeichnen? Riechen wir etwa indirekt? Keineswegs.

Der Geruch ist der unmittelbarste unserer Sinne. Wenn ich mir ein Veilchen unter die Nase halte und dann einatme, dringen Duftmoleküle in die Nasenhöhle hinter dem Nasenrücken, wo sie von der Schleimhaut, die Riechzellen mit winzigen Härchen (Cilia) enthält, absorbiert werden. Fünf Millionen dieser Zellen geben Impulse an das Geruchszentrum im Gehirn weiter. Diese Zellen gibt es nur in der Nase. Wenn ein Neuron im Gehirn zerstört wird, ist dies irreversibel, es erneuert sich nicht mehr. Wenn Neuronen in Augen oder Ohren zerstört werden, sind beide Organe irreparabel geschädigt. Doch die Neuronen in der Nase werden etwa alle dreißig Tage erneuert und – im Gegensatz zu allen anderen Neuronen im Körper – sie ragen hervor und bewegen sich im Luftzug wie Seeanemonen auf einem Korallenriff.

Das Riechfeld, das sich am oberen Ende der Nasenlöcher befindet, ist gelb und feucht und enthält fetthaltige Substanzen. Sprechen wir von Vererbung, dann denken wir daran, wie groß man ist, wie das Gesicht geformt ist und welche Haarfarbe man hat. Doch sie bestimmt auch die Gelbfärbung des Riechfeldes. Je stärker der Farbton, desto ausgeprägter ist der Geruchssinn. Albinos verfügen nur über einen schwach ausgeprägten Geruchssinn. Tiere, die einen stark entwickelten Geruchssinn haben, besitzen ein dunkelgelbes Riechfeld; unseres ist hellgelb. Beim Fuchs ist es rotbraun, bei der Katze intensiv senfbraun. Ein Wissenschaftler hat festgestellt, daß dunkelhäutige Männer ein dunkleres Riechfeld haben und deshalb über eine feinere Nase verfügen müßten. Wenn eine Riechzelle etwas entdeckt – während des Essens, beim Sex, bei einer unter die Haut gehenden Begegnung oder einem Spaziergang durch den Park –, signalisiert sie dies der Großhirnrinde und gibt eine Botschaft an das limbische System weiter, einen geheimnisvollen, stark emotionalen Bereich unseres Gehirns, in dem wir fühlen, genießen und erfinden. Im Gegensatz zu den anderen Sinnen muß der Geruch nicht übersetzt werden. Die Wirkung ist unmittelbar und unbelastet von Sprache, Gedanken oder Übersetzung. Ein Duft kann überwältigend nostalgisch wirken, weil er starke Bilder und Gefühle hervorruft, bevor wir diese formen können. Das, was Sie sehen und hören, kann schnell wieder im Komposthaufen des Kurzzeitgedächtnisses versinken, doch, wie Edwin T. Morris in seinem Buch *Fragrance* schreibt, »gibt es, was Düfte betrifft, fast kein Kurzzeitgedächtnis«. Hier ist alles langfristig. Außerdem fördert der Duft die Lern- und Merkfähigkeit. »Würde man Kindern mit einer Vokabelliste gleichzeitig Geruchshinweise geben«, schrieb Morris, »könnten sie sich die Wörter viel besser merken, als wenn sie sie ohne solche Hinweise erhielten.« Wenn wir jemandem ein Parfüm schenken, geben wir ihm ein Andenken in flüssiger Form. Kipling hatte recht: »Viel mehr als Anblick oder Geräusch ist ein Geruch dazu angetan, die Saiten unseres Herzens zerspringen zu lassen.«

Die Form des Dufts

Vergleichbar mit den Primärfarben haben alle Gerüche einige wenige Grundzüge: minzartig (Pfefferminze), blumig (Rosen), ätherisch (Birnen), moschusartig (Moschus), harzig (Kampfer), faulig (faule Eier) und stechend (Essig). Deshalb hatten die Parfümhersteller solchen Erfolg bei der Mischung von Blumendüften oder bei der Suche nach dem richtigen Mischungsverhältnis zwischen Moschus- und Fruchtduft. Natürliche Substanzen sind nicht mehr erforderlich; Parfüms können in Laboratorien hergestellt werden. Eines der ersten Parfüms auf der Grundlage eines völlig synthetischen Dufts (einem Aldehyd) war Chanel Nr. 5, das 1922 entstand und ein Klassiker femininer Sinnlichkeit wurde. Es hat auch klassische Kommentare provoziert. Als Marilyn Monroe von einem Reporter gefragt wurde, was sie im Bett anhabe, antwortete sie keß: »Einen Tropfen Chanel Nr. 5.« Als erstes riecht man das Aldehyd, dann den Duft von Jasmin, Rosen, Maiglöckchen, Florentiner Schwertlilie und Ilang-Ilang-Öl. Die Grundnote des Parfüms, die es auch haften läßt, besteht aus Vetiveröl, Sandelholz, Zeder, Vanille, Ambra, Zibet und Moschus. Grundnoten stammen fast immer von Tieren, frühen Duftträgern, die uns über Savannen und durch Waldland führen.

Jahrhundertelang wurden Tiere gequält und manchmal sogar geschlachtet, um vier Drüsensekrete zu gewinnen: Ambra (die ölige Flüssigkeit, mit der ein Pottwal seinen Magen gegen das scharfe Rückgrat des Kuttelfisches und das scharfe Maul des zehnarmigen Tintenfisches, den er frißt, schützt), Kastoröl (aus den Bauchbeuteln kanadischer und russischer Biber, das diese benutzen, um ihr Territorium abzugrenzen), Zibet (ein honigartiges Sekret aus dem Genitalbereich der fleischfressenden Zibetkatze), und Moschus (ein rotes, gallertartiges Sekret aus dem Darm eines ostasiatischen Rotwilds). Wie entdeckte man, daß die Geschlechtsdrüsen einiger Tiere Duft ausströmten? In einigen dieser Gebiete war Sodomie bei Schafhirten an der Tagesordnung und muß als eine Möglichkeit in Betracht gezogen werden. Da das tierische Moschus dem menschlichen Testosteron so ähnlich ist, können wir es in der winzigen Menge des 0,000000000000032sten Teils einer Unze riechen. Glücklicherweise haben Chemiker mittlerweile zwanzig synthetische Moschusdüfte hergestellt, zum einen, weil die Tiere bedroht sind, und zum anderen, um eine Konsistenz des Duftes zu garantieren, die mit natürlichen Substanzen schwer zu erreichen ist. Es stellt sich die Frage, weshalb die Sekrete der Duftdrüsen des Wilds, des Ebers, der Katzen und anderer Tiere beim Menschen sexuelle Begierde erwecken. Die Antwort scheint darin zu liegen, daß sie chemisch die gleiche Form annehmen wie ein Steroid, und wenn wir sie riechen, reagieren wir vermutlich genauso wie auf menschliche Pheromone. Bei einem Experiment ergaben sich bei Frauen, die Moschus einatmeten, kürzere Menstruationszyklen. Die Frauen erlebten öfter einen Eisprung und wurden schneller schwanger. Spielt das Parfüm wirklich eine Rolle, oder ist das nicht alles nur Beiwerk? Nicht unbedingt. Können Düfte uns biologisch beeinflussen? Auf jeden Fall. Moschus verändert den Hormonhaushalt der Frau, die diesen Duft einatmet. Blumendüfte erregen uns, weil sie ein starkes energiegeladenes Sexualleben haben: Der Duft einer Blume sagt aller Welt, daß die Blume fruchtbar und begehrenswert ist, daß ihre Sexualorgane prall mit Nektar gefüllt sind. Der Duft erinnert uns auf rudimentäre Art und Weise an Fruchtbarkeit, Energie, Lebenskraft, an all den Optimismus, die Erwartung und die Leidenschaftlichkeit der Jugendzeit. Wir atmen den durchdringenden Duft ein, und ungeachtet unseres Alters fühlen wir uns jung und sexy in einer Welt voller Begierde.

Das Sonnenlicht saugt etwas von dem Duft der Dinge auf, wie jeder weiß, der muffige Bettlaken in die Sonne hängt. Trotzdem können sie auch dann noch schal und wenig angenehm riechen. Wir benötigen nur acht Moleküle einer Substanz, um einen Impuls in ein Nervenende zu leiten, doch vierzig Nervenenden müssen stimuliert werden, bevor wir etwas *riechen*. Nicht alles hat einen Geruch: lediglich

Substanzen, die flüchtig genug sind, um winzige Partikel in die Luft abzugeben. Viele Dinge, mit denen wir täglich umgehen – wie Glas, Stein, Stahl oder Elfenbein –, haben bei normaler Raumtemperatur keine Ausdünstung, so daß wir sie nicht riechen. Wenn man Kohl aufwärmt, wird er flüchtiger (einige seiner Partikel verdampfen in der Luft), und plötzlich riecht er stärker. Aufgrund der Schwerelosigkeit verlieren die Astronauten im Weltraum den Geschmacks- und Geruchssinn. Wenn die Schwerkraft fehlt, sind die Moleküle weniger ätherisch, weshalb nur wenige tief genug in unsere Nase gelangen, um sie als Geruch identifizieren zu können. Dies ist ein Problem für Ernährungswissenschaftler, die die Raumfahrer versorgen müssen. Der Geschmack der Nahrung hängt zum großen Teil vom Geruch ab; einige Chemiker gehen sogar so weit, zu behaupten, daß Wein lediglich eine geschmacklose Flüssigkeit sei, die stark riecht. Wenn man Wein mit kühlem Kopf trinkt, schmecke er wie Wasser, sagen sie. Bevor etwas geschmeckt werden kann, muß es in Wasser aufgelöst werden (zum Beispiel harter Kandiszucker mit Speichel), und bevor etwas gerochen werden kann, muß es mit Luft gemischt werden. Wir können nur vier Geschmacksrichtungen wahrnehmen: süß, sauer, salzig und bitter. Das heißt, daß alles übrige, was wir als »Geschmack« bezeichnen, in Wirklichkeit Geruch ist. Zucker ist nicht flüchtig, also riechen wir ihn nicht, auch wenn wir ihn intensiv schmecken können. Wenn wir etwas Köstliches im Mund haben, das wir voll genießen wollen, atmen wir aus, denn dadurch gelangt die Luft in unserem Mund zu unseren Geruchsnerven, so daß wir es besser riechen können.

Doch wie gelingt es dem Gehirn, so viele Gerüche zu erkennen und zu ordnen? Unter den Geruchstheorien bestimmt die »stereochemische« Theorie von J. E. Amoore die Zusammenhänge zwischen den geometrischen Formen der Moleküle und den Geruchsempfindungen, die sie erzeugen. Wenn zufällig ein Molekül mit der richtigen Form auftritt, paßt es genau in seine Neuronennische und gibt einen Nervenimpuls ans Gehirn weiter. Moschusdüfte haben scheibenförmige Moleküle, die in eine elliptische, schüsselähnliche Stelle in den Neuronen passen, Pfefferminzgerüche ein keilförmiges Molekül, das an eine V-förmige Stelle paßt. Kampfergerüche dagegen haben ein sphärisches Molekül, das an eine elliptische Stelle paßt, doch ist es kleiner als das des Moschus. Ätherische Düfte wiederum haben ein stäbchenförmiges Molekül, das in eine muldenförmige Stelle paßt, und Blumendüfte ein scheibenförmiges mit einem Schwanz, das an eine schüssel- und muldenförmige Stelle paßt. Faulige Gerüche haben eine negative Ladung, die von einer positiven angezogen wird, und ätzende Gerüche besitzen eine positive Ladung, die eine negative anzieht. Einige Gerüche eignen sich für mehrere Stellen gleichzeitig und haben eine aromatische oder eine aus verschiedenen Düften bestehende Wirkung. Amoore veröffentlichte seine Theorie 1949, doch bereits 60 v. Chr. wurde sie von dem römischen Dichter und Philosophen Lukrez in seinem Lehrgedicht *De rerum natura* vorweggenommen. Mit Hilfe der Metapher von »Schloß und Schlüssel« scheinen sich zunehmend mehr Facetten der Natur erklären zu lassen, als ob die Welt ein Zimmer mit vielen verschlossenen Türen sei. Oder es ist so, daß Schloß und Schlüssel ein vertrautes Bild darstellen, und damit eine der Möglichkeiten, dem Menschen die Welt um sich herum sinnvoll erscheinen zu lassen (Sprache und Mathematik sind zwei weitere Beispiele). Wie der Psychologe Abraham Maslow einmal sagte: »Wenn das einzige Werkzeug eines Menschen ein Schlüssel ist, wird er in jedem Problem ein Schloß sehen.«

Einige Gerüche sind wunderbar in schwacher Dosierung und furchtbar, wenn sie konzentriert auftreten. Der fäkale Geruch des reinen Zibets würde einem den Magen umdrehen, doch in kleinen Mengen verwandelt es ein Parfüm in ein Aphrodisiakum. Von manchen Düften – Kampfer, Äther oder Rosenöl – ist wenig bereits zuviel; sie sind so penetrant, daß man keine weiteren Düfte mehr wahrnimmt. Einige Substanzen riechen wie etwas, das scheinbar gar nichts mit ihnen zu tun hat (bittere Mandeln riechen wie Zyanid, faule Eier wie Schwefel). Viele Menschen sind besonders gegenüber einigen Moschusgerüchen völlig unempfindlich, andere wiederum können Gerüche wahrnehmen, die schwach und flüchtig sind. Wenn wir versuchen, uns vorzustellen, was die Menschen normalerweise empfinden, neigen wir dazu, die Bandbreite zu unterschätzen. Das überraschende am Geruchssinn ist, daß das, was wir als normal ansehen, so viele Variationen aufweist.

Das Licht der Künstler

Vielen Vorgängen im Leben kommt letztlich nur eine Hintergrundrolle zu, doch es ist die Aufgabe der Kunst, Licht auf diese dunklen Bereiche zu werfen und das Leben wieder neu zu gestalten. Viele Schriftsteller waren stark empfänglich für Gerüche: Prousts Lindenblütentee mit Madeleines; Colettes Blumen, die sie an die Gärten ihrer Kindheit und ihre Mutter Sido erinnerten; Virginia Woolfs Palette von Stadtgerüchen; Joyce' Erinnerungen an Kinderurin und Wachstuch, Heiligkeit und Sünde; Kiplings regenfeuchte Akazie, die ihn an sein Zuhause erinnerte, und die Barackengerüche des Militärlebens (»eine Duftwolke... ist ganz Arabien«); Dostojewskis »Petersburger Gestank«; Coleridges Notizbücher, in denen er schrieb, daß »ein Misthaufen aus der Ferne wie Moschus riecht, und ein toter Hund wie welke Blumen«; Flauberts überschwengliche Berichte, wie er den Geruch der Pantoffeln und Fäustlinge des geliebten Menschen, die er in der Schublade aufbewahrte, einatmete; Thoreaus Mondscheinspaziergänge durch die Felder, wenn das Korn trocken und die Heidelbeersträucher modrig rochen und Beeren der Wachsmyrte wie »Kleingebäck« dufteten. Baudelaires Versenkung in Düfte, bis »seine Seele sich mit Parfüm vollsaugt, wie sich die anderer Menschen mit Musik erfüllt«; Miltons Beschreibung der Düfte, die Gottes Nase angenehm sind, und der von Satan bevorzugten Gerüche, diesem erstklassigen Spürhund für Aas (»Vom Gemetzel, zahllose Beutestükke... der Geruch lebendiger Kadaver«); Robert Herricks fetischistisches, intimes Beschnüffeln seiner Liebsten, deren »Brüste, Lippen, Hände, Schenkel, Beine... Wohlgerüche verbreiten«, »Alle Gewürze des Orients sind hier vereinigt«; Walt Whitmans Lob des Schweißes, »dessen Duft besser als ein Gebet« ist; François Mauriacs *La Robe Prétexte*, eine Schilderung der Jugendzeit anhand der Erinnerung von Düften; die Erzählung des Müllers in Chaucers *Canterbury Tales*, eine der ersten literarischen Erwähnungen von Atem-Deodorants; Shakespeares wunderbar zarte Blumenvergleiche (zum Veilchen: »Süßer Dieb, hast du nicht die Süße des Atems meiner Liebsten geraubt?«): Czeslaw Milosz' Wäscheschrank »angefüllt mit dem stummen Tumult der Erinnerungen«; Joris-Karl Huysmans Manie der Dufthalluzinationen und der Geruch von Likören und Frauenschweiß in seinem sinnlichen, unglaublich dekadenten, hedonistischen Roman *Gegen den Strich*. Huysmans schrieb über eine seiner Figuren, daß sie »eine unausgeglichene, hypernervöse Frau sei, die es liebte, ihre Brustwarzen mit Düften zu besprühen, die aber eine echte überwältigende Ekstase erlebte, wenn ihr Kopf mit einem Kamm bearbeitet wurde und sie bei einer zärtlichen Umarmung Kaminruß einatmen konnte oder die Feuchtigkeit eines Gebäudes bei Regenwetter oder den Staub eines Sommersturms«.

Das dufterfüllteste Gedicht aller Zeiten, Das Hohelied im Alten Testament, handelt weder von Körper- noch sonstigen natürlichen Gerüchen, und doch ist es eine sinnliche Liebesgeschichte, die von Parfüms und Salben getränkt ist. In den wasserarmen Gebieten, in denen die Geschichte entstand, parfümierten sich die Menschen häufig, und das Paar tändelt verliebt miteinander, überschüttet sich mit fantasievollen Komplimenten. Er ist »ein Beutel mit Myrrhe«, »eine Hennablüte aus den Weinbergen von En-Gedi«, oder muskulös und schlank wie eine »junge Gazelle«. Für ihn ist ihre Jungfräulichkeit ein »verschlossener Garten, ein versiegelter Quell«, von ihren Lippen »tropft Honig; Milch und Honig ist unter deiner Zunge. Der Duft deiner Kleider ist wie des Libanon Duft«. Er flüstert ihr zu, daß er in der Brautnacht ihren Garten betreten werde, und zählt die Früchte und Gewürze auf, die er dort finden wird: Weihrauch, Myrrhe, Safran, Henna, Granatäpfel, Aloe, Zimt, Gewürzrohr und andere Schätze. Sie will ihn mit einem Gespinst aus Liebe umhüllen und seine Sinne betören, bis sie überschäumen. Sie ist so gerührt von seinen Liebesworten und so erfüllt von Begierde, daß sie ihm die Tore ihres Gartens öffnen will. »Nordwind, erwache! Südwind herbei! Durchweht meinen Garten, laßt strömen die Balsamdüfte! Mein Geliebter komme in seinen Garten und esse von den köstlichen Früchten.«

In dem makabren Roman *Das Parfüm* von Patrick Süskind ist der Held, der im Paris des 18. Jahrhunderts lebt, ein Mann, der keinerlei Körpergeruch besitzt, obwohl er einen erstaunlichen Geruchssinn entwickelt: »Bald roch er nicht mehr bloß Holz, sondern Holzsorten, Ahornholz, Eichenholz, Kiefernholz, Ulmenholz, Birnbaumholz, altes, junges, morsches, modriges, moosiges Holz, ja sogar einzelne Holzsplitter und Holzbrösel – und roch sie als so deutlich unterschiedene Gegenstände, wie andre Leute sie nicht mit Augen hätten unterscheiden können.« Wenn er sein tägliches Glas Milch trinkt, kann er riechen, in welcher Stimmung die Kuh war, von der sie stammt; wenn er draußen herumgeht, kann er mühelos die Herkunft jeglichen Rauches identifizieren. Seine fehlende Körperausdünstung erschreckt die Menschen, die ihn schlecht behandeln, und dies verändert seine Persönlichkeit. Schließlich kreiert er einen persönlichen Körpergeruch für sich, den andere von selbst nicht erkennen, der ihn aber normaler erscheinen läßt, einschließlich solcher Feinheiten wie »ein schweißig-fettes, käsig-säuerliches, ein im ganzen reichlich ekelhaftes Grundthema, das allen Menschen gleichermaßen anhaftete«. Er entwickelt sich zum Mörder-Parfümeur, der über Experimente versucht, aus bestimmten Menschen deren spezifischen Körpergeruch herauszudestillieren, als seien sie Blumen.

Viele Schriftsteller beschrieben, wie Gerüche Erinnerungen wachrufen. In *Eine Liebe von Swann* schildert Proust, dieser große Erforscher der Düfte im Reich von Luxus und Erinnerung, einen dieser Wirbelstürme der Gerüche:

Ich ging zwischen dem Betschemel und den Samtsesseln hin und her, von denen jeder mit gehäkelten Sesselschonern versehen war, während das Feuer aus den appetitanregenden Düften, mit denen der Raum erfüllt war und die die feuchte und sonnige Frische des Morgens bereits »hochgetragen« hatte, anfing, eine Pastete zu backen, sie aufzulockern, glattzustreichen und zu einem unsichtbaren, aber dennoch greifbaren Gebäck zu formen, zu einer riesigen Blätterteigpastete. Dorthin kehrte ich in der Erwartung, die herberen, nuancierteren, aber auch trockeneren Gerüche des Schranks, der Kommode und der gemusterten Tapete einzuatmen, immer mit einer uneingestandenen Unersättlichkeit zurück, um mich in dem undefinierbaren, harzigen, schweren, unerträglichen und fruchtigen Duft der Blumensteppdecke zu vergraben.

Als Erwachsener behauptete Charles Dickens immer wieder, der bloße Geruch des Klebstoffs, mit dem man die Flaschen etikettierte, erinnere ihn unweigerlich an seine Kindheit, als sein Vater bankrott gegangen sei und er in einem gräßlichen Lagerhaus solche Flaschen mit Etiketten versehen mußte. In Japan schrieb im 10. Jahrhundert eine hochbegabte Hofdame, Murasaki Shikibu, den ersten richtigen Roman mit dem Titel *Genji-Monogatari*, eine Liebesgeschichte, die vor einem breiten historisch-soziologischen Hintergrund spielt. Unter den Protagonisten sind auch Parfümeure und Alchimisten, die aus der Aura und dem Schicksal des Individuums Düfte kreieren. Als Prüfstein für einen Autor, insbesondere einen Dichter, kann gelten, wie gut er über Düfte schreiben kann. Wenn es ihm nicht gelingt, den Geruch der Heiligkeit in einer Kirche zu schildern, wie kann er dann die Regionen des Herzens beschreiben?

Wo die Schmetterlinge überwintern

Jeder von uns hat seine eigenen Geruchserinnerungen. Besonders lebhaft erinnere ich mich an einen Duft, der sowohl Dampf als auch Geruch war. Während der Weihnachtsfeiertage fuhr ich einmal für das Monarch Project des Museums in Los Angeles die kalifornische Küste entlang, um Chrysippusfalter in ihrem Winterquartier aufzustöbern und zu markieren. Sie halten sich gerne in Eukalyptuswäldern auf, die einen starken Duft ausströmen. Als ich das erste Mal durch einen solchen Wald wanderte, stiegen in mir die Erinnerungen an Erkältungen während der Kindheit auf, als mir meine Mutter den Hals mit Menthol einrieb. Wir entdeckten die Schmetterlinge hoch oben in den Bäumen, wo sie in goldglitzernden Girlanden herunterhingen, und fingen einige davon mit langstieligen Netzen. Dann setzten wir uns auf den Boden, der dicht mit südafrikanischem Eiskraut bewachsen war, eine Sukkulente und eine der wenigen Pflanzen, denen das schwere Öl, das von den Bäumen tropft, nichts ausmacht. Abgesehen vom gelegentlich auftauchenden pazifischen Baumfrosch, der quakte wie jemand, der am Schloß eines Safes dreht, oder von einem dummen blauen Eichelhäher, der versuchte, die Schmetterlinge zu schnappen (deren Flügel ein digitalisähnliches Gift enthalten), wirkten die sonnigen Wälder heiter, fast überirdisch und strahlten eine unglaubliche Ruhe aus. Wegen des Dampfes, den der Eukalyptus ausströmte, atmete ich seinen Geruch nicht nur ein, sondern er drang mir in Nase und Kehle. Das lauteste Geräusch klang wie eine knarrende Tür; das war der Laut der Eukalyptusrinde, die sich von den Bäumen löste und zu Boden fiel, wo sie sich wie Papyrus rollte. Wohin ich auch blickte, überall schienen Schriftrollen zu liegen, die ein Schreiber aus einer anderen Zeit hinterlassen hatte. Doch für meine Nase roch es nach Illinois in den fünfziger Jahren. Es war ein Schultag; ich lag eingekuschelt in meinem Bett, wohlgeborgen, und meine Mutter rieb mir die Brust mit einer Salbe ein. Dieser Duft und die Erinnerung daran machten den Aufenthalt in dem Wäldchen noch angenehmer, während ich mich mit den wunderschönen Schmetterlingen beschäftigte, anschmiegsamen Geschöpfen voller Leben und Schönheit, die wie die alten Götter von Nektar leben. Was mir diese Erinnerung noch angenehmer machte, war die Art, wie sie sich meinen Sinnen in mehreren Schichten einprägte. Obwohl die Suche nach den Schmetterlingen zuerst Kindheitserinnerungen heraufbeschworen hatte, wurde sie später selbst eine dufterfüllte Erinnerung, ja noch mehr, sie ersetzte die ursprüngliche Erinnerung: Eines Tages blieb ich in Manhattan vor einem Blumenstand stehen, was ich immer zu tun pflege, wenn ich auf Reisen bin, um ein paar Blumen für mein Hotelzimmer zu kaufen. In Kübeln entdeckte ich die Zweige runder, wie Silberdollars geformter Eukalyptusblüten, deren Blätter noch frisch waren – blaugrün mit kalkfarbener Oberfläche; ein paar von ihnen waren abgebrochen und verströmten ihren durchdringenden Duft. Trotz des Verkehrslärms in der Third Avenue, der Bohrgeräusche der Straßenbauarbeiter, des wirbelnden Staubes in den Straßen und des verhangenen Graus des Himmels war ich auf der Stelle wieder in einem besonders schönen Eukalyptuswald in der Nähe von Santa Barbara. Eine Wolke von Schmetterlingen zog durch das ausgetrocknete Flußbett. Ich saß entspannt auf dem Boden, hob einen weiteren gold- und schwarzfarbenen Schmetterling aus meinem Netz, markierte ihn und ließ ihn behutsam in die Lüfte entschweben. Einen Augenblick lang verharrte ich, um mich zu vergewissern, daß er unbeschadet von dannen flog, mit seiner neuen Markierung, die wie eine Epaulette an seinem Flügel befestigt war. Die Stille des Augenblicks überflutete mich wie eine Woge und erfüllte meine Sinne. Ein junger Vietnamese, der seine Waren sortierte, blickte mich verwundert an, und ich merkte, daß ich Tränen in den Augen hatte. Das Ganze hatte bestimmt nicht länger als ein paar Sekunden gedauert, doch mich hatten die verschiedenen Erinnerungen, die der starke Eukalyptusduft hervorgerufen hatte, tief bewegt. An jenem Nachmittag ging ich in eines meiner Lieblingsgeschäfte in Greenwich Village, wo man ein Badeöl kaufen kann, das auf der Grundlage süßen Mandelöls hergestellt wird und wo auch aus anderen Duftnoten Shampoos oder Körperlotionen zusammengestellt werden. Unter den Badezusätzen, die ich benutze, ist Eukalyptus einer der entspannendsten. Wie ist es möglich, daß Dickens durch das zufällige Einatmen einiger Klebstoffmoleküle oder ich durch den Eukalyptusgeruch in eine Welt versetzt werden, die uns sonst unzugänglich ist?

Das Meer in uns

Wenn man im Sommer bei Sonnenuntergang über Land fährt, ist man von einer Fülle von Gerüchen umgeben; Dünger, Heu, Geißblatt, Grüne Minze, Stroh, Lauch, Zichorie, Straßenteer. Die Entdeckung neuer Gerüche ist eine der besonderen Freuden des Reisens. Zu Beginn unserer Entwicklungsgeschichte unternahmen wir keine Reisen um des Vergnügens willen, sondern um Nahrung zu suchen, und dabei spielte der Geruch eine wichtige Rolle. Viele Lebewesen im Meer bewegen sich selbst nicht von der Stelle und müssen geduldig warten, bis geeignete Nahrung nahe vorbeischwimmt, oder versuchen, mit ihren Tentakeln Nahrung heranzuziehen. Wir hingegen wurden Nomaden, die sich, geleitet von ihrem Geruchssinn, auf Nahrungssuche begaben, auf die Jagd gingen, ja sogar das wählen konnten, wonach sie Verlangen hatten. In der frühen, den Amphibien näheren Periode der Menschheit bedienten wir uns des Geruchssinnes, auch um einen Gefährten zu finden oder einen Barrakuda zu wittern. Und der Geruchssinn war eine unschätzbare Prüfinstanz, die uns davor behütete, etwas Giftiges in den Mund zu nehmen und unserem empfindlichen Organismus zuzuführen. Der Geruchssinn war der erste unserer Sinne, und er war so wichtig, daß sich mit der Zeit der kleine Klumpen Riechschleimhaut oberhalb des Nervenstrangs zu einem Gehirn entwickelte. Unsere Gehirnhemisphären waren ursprünglich Riechzellen. Unser Denken geht auf unser Riechen zurück.

Wie so viele unserer anderen Körperfunktionen ist unser Geruchssinn in unserer frühen Entwicklungsstufe ausgebildet worden, als wir im Wasser lebten. Ein Geruch muß sich zuerst zu einer wäßrigen Lösung verflüssigen, die unsere Schleimhäute aufnehmen können, bevor wir ihn riechen können. Als ich vor ein paar Jahren auf den Bahamas Sporttauchen übte, wurden mir zum ersten Mal zwei Dinge bewußt: daß wir den Ozean in uns tragen und daß unsere Adern die Gezeiten reflektieren. Als ich in den weichen, wogenden Mutterleib des Ozeans versank, aus dem sich unsere Vorfahren vor Jahrtausenden entwickelten, war ich so bewegt, daß sich meine Augen unter Wasser mit Tränen füllten und diese sich mit dem Salz des Meeres vermischten. Abgelenkt durch diese Gedanken, versuchte ich, meine Position gegenüber dem Boot auszumachen, und konnte es nicht finden. Doch das spielte keine Rolle. Hier war überall mein Zuhause.

Dieser mystische Augenblick trieb mir das Blut in den Kopf und verursachte mir Schmerzen, bis ich meine Maske abnahm, kräftig durch die Nase blies und mich innerlich beruhigte. Doch ich habe dieses Zugehörigkeitsgefühl mein Leben lang nicht vergessen. Unser Blut besteht zum größten Teil aus Salzwasser; wir benötigen nach wie vor eine Salzlösung (Salzwasser), um uns die Augen auszuwaschen oder Kontaktlinsen einzusetzen, und zu allen Zeiten wurde behauptet, die Vagina der Frau »rieche nach Fisch«. Sandor Ferenczi, ein Schüler Freuds, ging in seinem Werk *Thalassa: Versuch einer Genitaltheorie* sogar so weit, zu erklären, daß Männer nur deshalb mit Frauen schlafen, weil sie nach Hering riechen, und daß die Männer versuchen, zum Ur-Ozean zurückzukehren – gewiß eine der bemerkenswerteren Theorien zu diesem Thema. Er gab jedoch keine Erklärung dafür, weshalb Frauen mit Männern Geschlechtsverkehr pflegen. Es gibt aber auch die Theorie, dieser »Fischgeruch« sei kein spezifischer Geruch der Vagina, sondern auf mangelnde Hygiene nach dem Verkehr, auf eine Scheidenentzündung oder auf schales Sperma zurückzuführen; wenn Sperma in die Vagina gelange und dort verbleibe, würde es beim Ausfluß aus der Scheide einen Fischgeruch annehmen. Diese Auffassung hat, etymologisch gesehen, einiges für sich. Denn in vielen europäischen Sprachen sind die umgangssprachlichen Begriffe für Prostituierte Variationen der indogermanischen Wurzel *pu*, verrotten oder verfaulen. Auf französisch: *putain*, irisch: *old put*, italienisch: *putta*, spanisch und portugiesisch: *puta*. Verwandte Begriffe im Englischen sind »putrid« (faulig), »pus« (Eiter), »suppurate« (eitrig) und »putorius« (stinkend), in Anspielung auf das Stinktier (Skunk). Im 16. und 17. Jahrhundert war in England *Skunk* als eine pejorative Bezeichnung für Prostituierte gebräuchlich. Wir verdanken dem Ozean nicht nur unseren Geruchs- und Geschmackssinn, wir riechen auch nach dem Ozean.

Verschiedenes über den Schweiß

Im allgemeinen besitzen die Menschen eine starke Körperausdünstung, und der Anthropologe Dr. Louis S. B. Leakey ist der Ansicht, daß unsere Vorfahren eventuell einen noch stärkeren Geruch besaßen, einen, den Raubtiere so abstoßend fanden, daß sie sich fernhielten. Vor kurzem hielt ich mich in Texas auf und studierte Fledermäuse. Ich setzte mir einen großen indonesischen Flughund ins Haar, um festzustellen, ob er sich verheddern würde, wie in Ammenmärchen prophezeit wird. Doch er verhedderte sich nicht; vielmehr erzeugten die verschiedenen Düfte meiner Seife, meines Parfüms und meines Körpers bei ihm leichten Hustenreiz. Als ich ihn wieder in seinen Käfig setzte, reinigte er sich lange Zeit sehr gründlich wie eine Katze; er fühlte sich offensichtlich durch den Kontakt mit einem Menschen schmutzig. Viele Pflanzen – zum Beispiel Rosmarin oder Salbei – haben durchdringende Düfte entwickelt, um Räuber abzuschrecken – weshalb nicht auch die Tiere? Die Natur läßt eine erfolgreiche Strategie selten fallen. Natürlich besitzen einige Menschen einen ausgeprägteren Körpergeruch als andere. Die Volksweisheit sagt, daß Brünette »anders riechen« als Rothaarige, die wiederum anders riechen als

Blondinen. Es gibt so viele Geschichten über die unterschiedlichen Gerüche der verschiedenen Rassen, daß es schwerfällt, solche Behauptungen unbeachtet zu lassen, auch wenn die meisten Wissenschaftler davor zurückschrekken, da sie verständlicherweise den Vorwurf des Rassismus fürchten. Auf dem Gebiet der Körpergerüche von Rassen und Völkern gibt es bisher nicht allzuviel Forschungsergebnisse. Auf jeden Fall riecht ein Volk nicht besser oder schlechter als ein anderes, sondern höchstens anders, doch mag das der Grund sein, weshalb der Begriff »stinkend« so oft in rassistischen Tiraden verwendet wird.

Asiaten haben an der Wurzel der Haarfollikel nicht so viele Apokrindrüsen wie Westeuropäer, weshalb sie Europäer oft als penetrant riechend empfinden. Bei Japanern ist starker Körpergeruch so selten, daß dies in früheren Zeiten sogar als Grund für die Befreiung vom Militärdienst galt. Deshalb findet man bei Asiaten so viele Düfte im Raum und in der Luft und so wenige am Körper. Durchdringende Gerüche werden durch Fett absorbiert: Wenn Sie eine Zwiebel oder eine Melone zusammen mit einer offenen Butterdose in den Kühlschrank stellen, saugt die Butter den Geruch auf. Auch das Haar enthält Fett. Deshalb hinterläßt es Fettflecken auf Kissen und Sofaschonern. Es fängt auch Gerüche ein, wie Rauch oder Parfüm. Die Behaarung der hellhäutigen und dunkelhäutigen Rassen bewirkt, daß sie im Vergleich zu Asiaten stark zu Schweiß neigen, aber dafür haftet Duftwasser auf ihrem Körper erheblich länger.

Der Körpergeruch entsteht aus den Apokrindrüsen, die bei der Geburt klein sind und sich während der Pubertät stark entwickeln. Sie verteilen sich auf Achseln, Gesicht, Brust, Genitalien und After. Viele Wissenschaftler schließen daraus, daß wir zum Teil deshalb so gerne küssen, weil wir das Gesicht des anderen, wo sein Eigengeruch sehr stark ist, so gerne riechen. Bei vielen Völkern, zum Beispiel in Borneo, am Gambia in Westafrika, in Birma, Sibirien oder Indien, bedeutet das Wort für küssen »riechen«. Ein Kuß ist einfach ein intensives Beriechen des geliebten Menschen, des Verwandten oder Freundes. Die Angehörigen eines

Stammes in Neuguinea verabschieden sich, indem sie sich gegenseitig mit der Hand in der Achselhöhle berühren, die Hand dann über den eigenen Körper streifen lassen und so den Duft des Freundes übernehmen. In anderen Kulturen beschnuppert man sich oder reibt zum Gruß die Nasen aneinander.

Die Eigenart des Geruchs

Fleischesser riechen anders als Vegetarier, Kinder anders als Erwachsene, Raucher anders als Nichtraucher. Auch Erbfaktoren, Gesundheit, Beruf, Ernährung, Medikamente, Gemütszustand und die Laune spielen beim individuellen Geruch eine Rolle. Wie Roy Bedichek in *The Sense of Smell* schreibt:»Der Körpergeruch der Beute reizt Raubtier wie Mensch, so daß ihnen das Wasser im Mund zusammenläuft und jede Faser ihres Körpers gespannt ist und alle Sinne wachsam sind. Gleichzeitig nimmt die Beute den Körpergeruch des Räubers auf; Angst und Haß werden mit dem Körpergeruch des Angreifers assoziiert.* So entwickelt sich auf niedriger Tierstufe in bestimmten Situationen ein spezieller Geruch und wird mit einer bestimmten Stimmung assoziiert.« Jeder Mensch besitzt einen individuellen Geruch, der so einmalig ist wie seine Fingerabdrücke. Ein Hund kann ihn mit Leichtigkeit identifizieren und den Eigentümer erkennen, auch wenn es sich um eineiige Zwillinge handelt. Helen Keller beharrte darauf, daß sie am Geruch von Leuten bestimmen könne, »was sie gerade tun. Der Geruch von Holz, Eisen, Farbe und Medikamenten hängt in den Kleidern der entsprechenden Personen ... Wenn sich eine Person schnell von einem Ort zum anderen bewegt, sagt mir ihr Geruch, wo sie gewesen ist – in der Küche, im Garten oder im Krankenzimmer.«

---

* Romanautoren schrieben über den Geruch der Angst, und Wissenschaftler, die mit Ratten experimentierten, fanden heraus, daß gestreßte Ratten einen speziellen Geruch verbreiten. Andere nichtgestreßte Ratten nehmen den Geruch wahr und produzieren ein Analgetikum, so daß sie den Schmerz besser ertragen können.

Für Menschen mit ausgeprägter Sinnlichkeit gibt es nichts Aufregenderes als den moschusartigen Geruch des geliebten Menschen, wenn er schweißgebadet ist. Doch der natürliche Körpergeruch wirkt auf die meisten von uns nicht gerade angenehm. Im Elisabethanischen Zeitalter gaben sich Liebende sogenannte »Liebesäpfel« – eine Frau drückte einen geschälten Apfel in ihre Achselhöhle, bis er mit ihrem Schweiß getränkt war, und gab ihn dann ihrem Herzallerliebsten, damit er den Geruch einatme. Ganze Industrien sind heute damit beschäftigt, den natürlichen Körpergeruch zu bekämpfen und ihn durch künstlichen Duft zu ersetzen. Weshalb ist es uns lieber, daß unser Atem nach Pfefferminz riecht statt nach verfaulten Bakterien, unserem »natürlichen« Geruch? Sicher, ein fauliger Geschmack kann auf Krankheit hinweisen: Jemand, der einen ungesunden Geruch hat, zieht uns wenig an, und ein Übermaß an Bakterien könnte in uns den Eindruck erwecken, daß wir es, sagen wir, mit einem Cholerakranken zu tun haben, also jemandem, der uns anstecken könnte. Aber es ist vor allem der Reklame und unserer Leichtgläubigkeit zu verdanken, daß wir einen Geruch höher schätzen als einen anderen. Die Geruchs-Paranoia bringt Geld in die Kassen. Man hat uns weisgemacht, daß wir »aufdringlich« riechen und Lotionen und Düfte benötigen, um unsere natürliche Körperausdünstung zu überdecken.

Doch was versteht man unter einem schlechten Geruch? Und was riecht auf der Welt am schlechtesten? Die Antwort wird entsprechend dem Kulturkreis, dem Alter und dem persönlichen Geschmack ausfallen. Westeuropäer fühlen sich vom Geruch von Fäkalien abgestoßen, doch die Massai schmücken ihr Haar mit Kuhdung, was ihm einen orangebraunen Schimmer und einen starken Geruch verleiht. Kinder mögen die meisten Gerüche, bis es ihnen aberzogen wird. Als der Naturforscher und Zoodirektor Gerald Durrell einige Fledermäuse für seinen Zoo auf der Insel Jersey einfangen wollte, fuhr er zur Insel Rodriguez östlich von Madagaskar und rieb sein Netz mit der Frucht des Jackbaums ein, einer großen, braunen stacheligen Frucht, deren weißes

Fruchtfleisch »wie eine Mischung aus offenem Grab und Kloake«, wie ein regelrechtes Leichenhaus, stank. Das hörte sich für mich recht schaurig an. Nur um mich davon zu überzeugen, ob er recht hat, habe ich »Rodriguez während der Jackbaumblüte« auf meine lange Liste der Geruchsziele gesetzt, die ich eines Tages besuchen möchte.

Obwohl es ihn schon immer gibt und er eine ganz natürliche Angelegenheit ist, die nicht willentlich kontrolliert werden kann, wird der Furz im allgemeinen als abstoßend, unhöflich und sogar als Geruch des Teufels angesehen. *Das Merck-Handbuch* beschreibt in einem ungewöhnlich unterhaltsamen Kapitel über »Funktionelle Darmkrankheiten« im Abschnitt »Gase« die möglichen Ursprünge, Behandlungen, Symptome und Anzeichen von Blähungen:

Bei Menschen, die unter Blähungen leiden, kann die Menge und Häufigkeit der Abgänge erstaunliche Proportionen annehmen. Eine sorgfältige Studie ergab, daß ein Patient mit einer täglichen Furzhäufigkeit bis zu 141 in nur vier Stunden 70 Abgänge aufwies. Dieses Symptom, das eine starke seelische Belastung darstellen kann, wurde inoffiziell und humorvoll gemäß seiner wichtigsten Charakteristika beschrieben: 1) Der »Gleiter« (der Typ, der in einem überfüllten Aufzug angebracht ist), der langsam und geräuschlos losgelassen wird, manchmal aber verheerende Wirkung hat; 2) der offene Schließmuskel- oder Pah-Typ, der angeblich eine höhere Temperatur hat und aromatischer riecht; und 3) der Stakkato- oder Trommelschlag-Typ, der mit angenehmem Gefühl losgelassen werden kann, wenn man allein ist.

Obwohl uns die Probleme der Luftverschmutzung bewegen, wurden keine entsprechende Studien unternommen. Doch selbst jene, die neben offenem Feuer arbeiten, gehen kaum ein Risiko ein. Man kennt die Spiele von Jugendlichen, die sich einen Spaß daraus machten, über einer Streichholzflamme Gase entweichen zu lassen. Dieses im allgemeinen beunruhigende Symptom wurde selten so gut bewältigt wie im Falle des Franzosen, der als

»Le Pétomane« bezeichnet wurde und mit seiner »Furz-Entweichungsvorführung« auf der Bühne des Moulin Rouge reich wurde.

In seinem Buch *The Foul and the Fragrant* (dt.: *Gestank und Wohlgeruch*), einer faszinierenden Geschichte des Gestanks, des Parfüms und der französischen Gesellschaft, beschreibt Alain Corbin die offenen Abwasserkanäle zur Zeit der Revolution und unterstreicht, welch wichtige Rolle der Geruch im Laufe der Geschichte auch bei der Ausräucherung gespielt hat. Es gibt verschiedene Gründe für Ausräucherung: aus Gesundheitsgründen (besonders bei Seuchen); zur Ungezieferverichtung und sogar zur religiösen und moralischen Reinigung. In mittelalterlichen Schlössern waren die Böden mit Binsen, Lavendel und Thymian ausgelegt, was als Vorbeugung gegen Typhus gedacht war. Parfüms wurden oft für magische und alchimistische Zwecke benutzt, um einen Zauber zu bewirken. Wenn die Versprechungen der heutigen Parfümwerbung als übertrieben erscheinen, sollte man sie mit der des 16. Jahrhunderts vergleichen. In *Les secrets de Maistre Alexys le Piedmontois*, einem Buch über Kosmetik, verspricht der Autor, daß dieses Toilettenwasser die Frauen nicht nur für einen einzigen Abend attraktiv macht, sondern »für immer«. »Für immer« ist eine drastische Werbung und sollte wohl den potentiellen Käufer davon abhalten, das Kleingedruckte zu lesen. Das makabre Rezept lautet: »Man nehme einen jungen Raben aus seinem Nest, füttere ihn vierzig Tage lang mit hartgekochten Eiern, töte ihn und erhitze ihn mit Myrteblättern, Talkum und Mandelöl in einem Destillierkolben.« Wunderbar. Abgesehen von dem Gestank und dem überwältigenden Wunsch, Poe zu zitieren, wird man davon sicherlich eine atemberaubende Schönheit werden, die für alle Zeiten strahlen wird.

Pheromone

Pheromone sind die Spediteure der Lust. Wie die Menschen haben Tiere nicht nur bestimmte Eigengerüche, sondern auch stark wirksame Pheromone, die andere Tiere empfängnisbereit machen oder Einfluß- und Machthierarchien etablieren. Manchmal hinterlassen sie ihre Duftnote auf sehr originelle Weise. Wühlmäuse und Buschtiere besprengen ihre Fußsohlen mit Urin und markieren damit die Erde, wenn sie ihr Gebiet durchlaufen. Antilopen markieren Bäume durch Duftdrüsen im Gesicht. Katzen besitzen Duftdrüsen auf den Wangen. Wenn Sie eine Katze streicheln und sie Sie mag, dann schleckt sie sich ab, um Ihren Duft aufzunehmen. Und dann wird sie sich in Ihren Lieblingssessel kuscheln, nicht nur wegen der Kissen, sondern, weil er ihren Duft ausströmt. Skunk und Dachs berühren mit dem After den Boden, um ihn zu markieren. Jane Goodall berichtet in *The Innocent Killers*, daß männliche und weibliche Wildhunde auf genau den gleichen Grashalmen ihre Duftmarken hinterlassen, um alle zu informieren, daß sie ein Paar sind. Wenn meine Freundin ihre deutsche Schäferhündin Jackie Gassi führt, schnuppert diese an jedem Baum und jedem Stein und kann genau identifizieren, welcher Hund vor ihr da war, kann sein Alter, sein Geschlecht, seine Stimmung und seine Gesundheit erkennen. Für Jackie ist das, als ob sie die Klatschspalte in der Morgenzeitung lesen würde. Ihre Nase erkennt aufgrund der Duftspuren Dinge, die der Hundebesitzerin verschlossen bleiben. Jackie hinterläßt selbst auf dem Grasflecken ihre Duftspur, und der nächste Hund, der vorbeikommt, liest aus den für dieses Revier geltenden Dufthieroglyphen heraus: *Jackie, 5 Uhr nachmittags, junger weiblicher Hund, Hormonbehandlung wegen eines Blasenleidens, gut genährt, fröhlich, sucht einen Freund.*
Manchmal dürfen Botschaften nicht zu kurzlebig sein; sie müssen längere Zeit haften, ein ständiges Signal darstellen, wie ein Leuchtturm, der die Tiere in ihrer Unsicherheit leitet. Die meisten Gerüche halten eine Zeitlang an, während ein

Zwinkern vorbei sein könnte, bevor es bemerkt wurde, oder ein gespannter Muskel zu viele verschiedene Dinge andeuten, eine Stimme erschrecken oder drohen könnte. Ein Tier, das als Beute ausersehen ist, wird durch den Geruch seines Jägers gewarnt. Den Jäger lockt der Geruch seines Wildes an. Manche Tiere strömen einen Geruch auch zur Abschreckung aus. Gefleckte Stinktiere machen einen Handstand und vertreiben potentielle Angreifer durch einen schrecklichen Gestank. Unter den Insekten ist der Geruch eine Kommunikationsform; ein Führer zu Plätzen zum Eierlegen, ein Versammlungsruf, ein Trompetenstoß, der eine Hoheit ankündigt, eine Alarmwarnung vor einem Hinterhalt, Wegweiser für den Heimweg. Im Regenwald kann man klebrige Ameisenkolonnen entdecken, die Duftspuren folgen, die Späher für sie hinterlassen haben. Oft scheint es, als ob sie in eiliger Geschäftigkeit herumirren würden, doch sie stehen immer in Kontakt zueinander, unterhalten sich ständig über etwas, das für ihr Leben wichtig ist. Ein männlicher Schmetterling der Danaidenfamilie fliegt von Blüte zu Blüte und mixt einen Duftcocktail in einer Tasche an jedem Hinterbein, bis er das ideale Parfüm beieinanderhat, um einen weiblichen Schmetterling anzulocken. Vögel singen, um sich der Welt kundzutun, markieren ihr Gebiet, beeindrukken einen Gefährten, prahlen mit ihrem Status, was meist mit Sex und Paarung zu tun hat. Säugetiere komponieren Duftgesänge, die genauso vielschichtig und einmalig sind wie Vogelgesänge, deren Medium ja ebenfalls die Luft ist. Känguruhs, Hunde und viele andere Säugetiere werden blind geboren und können nur durch den Duft die Brustwarze der Mutter finden. Eine Seehundrobbe, die im Meer Fische fängt und zum Ufer zurückkehrt, erkennt ihr Junges unter den anderen Robben zum Teil am Geruch. Eine Fledermausmutter, die in eine Höhle fliegt, wo Millionen von großen und kleinen Fledermäusen an der Wand hängen oder sich durch die Luft schwingen, kann ihr Junges durch Rufen finden und indem sie dem Duftpfad folgt, der zu ihm hinführt. Als ich in New Mexico auf einer Rinderfarm war, sah ich hin und wieder ein Kalb, dem die Haut eines anderen umgelegt war und das eifrig säugte. Eine Kuh erkennt ihr Kalb am Geruch, das ihren Mutterinstinkt weckt. Wenn ein Kalb tot geboren wird, bindet der Rancher dessen Haut einem anderen um, das keine Mutter hat, damit es durch seinen Geruch von der Mutter des Totgeborenen angenommen wird.

Tiere könnten ohne Pheromone nicht lange leben, da sie ihr Gebiet nicht mit einer Duftnote markieren und keine paarungsbereiten Gefährten anlocken könnten. Aber gibt es auch menschliche Pheromone? Und können sie in Flaschen eingefangen werden? Einige Trendsetterinnen in Manhattan benutzen ein Parfüm namens Pheromon, das dreihundert Dollar pro Unze kostet. Das erscheint vielleicht recht teuer, aber schließlich ist es ja auch ein Aphrodisiakum. Der Name des Parfüms, dem Erkenntnisse über die Sexualdüfte der Tiere zugrunde liegen, impliziert, daß eine Frau dadurch erotisch duftet und starke Männer zu Sklaven der Begierde, zu Liebeszombies, macht. Das seltsame an dem Parfüm ist, daß der Hersteller nicht angibt, welche Pheromone darin enthalten sind. Die Wissenschaft hat bisher noch keine menschlichen Pheromone identifiziert, im Gegensatz zu den Pheromonen des Ebers zum Beispiel. Die Vorstellung, daß junge mit Eber-Pheromonen besprühte Frauen die Straße entlangspazieren, ist sogar für Manhattan bizarr.

Auch wenn noch keine menschlichen Pheromone identifiziert werden konnten, könnten wir doch genau wie die Tiere unsere Sekrete einsetzen. Wir brauchten nur unsere Ausdünstungen zu verschiedenen Zeiten des Monats aufzufangen. Der Biophysiologe Avery Gilbert ist anderer Meinung: das gleiche mehr einer Psychologie im Fläschchen. In *Gentleman's Quarterly* erklärte er: »Nimmt man eine Flasche mit den Ausscheidungen der weiblichen Geschlechtsdrüsen während des Geschlechtsverkehrs und stellt sie einem jungen Mann auf den Schreibtisch und er erkennt den Geruch sogar, dann ist es ihm höchstens peinlich. Weil es nicht im richtigen Rahmen ist, und das macht den Unterschied aus. Wenn Männer tatsächlich glauben, daß so etwas Frauen sexuell stimuliert, dann sind sie naiv. Ich glaube nicht, daß es eine Chemikalie gibt, die das vermag. Aber vielleicht ist es gar nicht so wichtig, welch speziellen Duft Männer ausströmen; wichtig ist, daß Bereitschaft und Selbstvertrauen signalisiert werden. Vermutlich funktionieren solche Implikationen. Und wahrscheinlich ist das der Hauptgrund, weshalb die Leute zu dem Zeug greifen.«

George Preti, einer von Gilberts Kollegen, unternahm ein Experiment, bei dem zehn Frauen in regelmäßigen Zeitabständen den Schweiß anderer Frauen einatmeten. Es dauerte drei Monate, bis diese Frauen zur gleichen Zeit ihre Menstruation hatten wie die Frauen, deren Schweiß sie gerochen hatten. Eine Kontrollgruppe, die statt Schweiß Alkohol einatmete, zeigte keine Änderung ihres Monatszyklus. Es ist offensichtlich, daß ein Pheromon im Schweiß synchrone Menstruation bewirkt, weshalb auch zu beobachten ist, daß Frauen in Schlafsälen oder enge Freundinnen ihre Menstruation oft zur gleichen Zeit haben, ein Phänomen, das als der McClintock-Effekt bekannt ist (nach Martha McClintock, der Psychologin, die das Phänomen als erste untersuchte). Es scheint noch mehr derartige Effekte zu geben. Wenn ein Mann über längere Zeit mit einer Frau liiert ist, wächst sein Barthaar stärker als vorher. Frauen, die von Männern isoliert werden (zum Beispiel im Internat), erleben ihre Pubertät später als Frauen, die immer von Männern umgeben sind. Mütter erkennen den Geruch ihrer Kinder und umgekehrt. Deshalb experimentieren einige Ärzte damit, daß sie bei Operationen Kindern mit dem Narkosemittel Geruchspartikel der Mutter geben. Babys können riechen, wenn ihre Mutter ins Zimmer kommt, auch wenn sie sie nicht sehen können. In *Peter Pan* von J. M. Barrie können Kinder während des Schlafs sogar »Gefahr riechen«. Mütter schulpflichtiger Kinder können am Geruch T-Shirts erkennen, die von ihrem Kind getragen wurden. Dies gilt nicht für Väter, die den Geruch ihrer Kinder nicht erkennen; doch Männer können unterscheiden, ob ein T-Shirt von einem Mann oder einer Frau getragen wurde. Pheromone wirken auf Menschen. Aber wie stark? Können Pheromone starke Reaktionen in uns hervorrufen, wie bei Motten oder Bibern, oder nehmen sie in der Fülle unserer sinnlichen Wahrnehmung keinen größeren Stellenwert ein als gewöhnliche visuelle und akustische Signale? Wenn ich einen attraktiven Mann mit wunderschönen blauen Augen sehe, warum gefällt er mir? Liegt es daran, daß blaue Augen mich ansprechen, weil sie in unserer Kultur, in unserer Zeit und in meinem Umfeld als anziehend gelten? Blaue Augen, »babyblaue« Augen erinnern uns an Neugeborene und erwecken in uns Muttergefühle. Doch in einigen afrikanischen Kulturen würde man sie dämonenhaft, eiskalt und häßlich finden.

Science-fiction-Filme erschrecken uns oft mit Menschen, die wie Roboter von unbekannten Kräften angetrieben werden und mit schnarrender monotoner Stimme reden. Man stelle sich vor, die Pheromone setzten gelegentlich unbemerkt unsere Willenskraft außer Funktion! Die Vorstellung erschreckt. Wir möchten nicht die Kontrolle verlieren, außer wenn wir es wünschen – beim Sex, bei einer Party, bei religiösen Zeremonien oder beim Konsum von Drogen – und auch dann nur, weil wir glauben, daß wir uns mehr unter Kontrolle haben, als es eigentlich der Fall ist, oder zumindest, daß es uns nicht schwerfällt, uns schnell wieder in den Griff zu bekommen. Die Entwicklung der Menschheit ist komplex und manchmal amüsant; sie ist so abenteuerlich, daß nur wenige der damit verbundenen Risiken oder Begleitumstände mich schrecken. Unser offensichtliches Bedürfnis, Gewalt anzuwenden, erschreckt mich, doch nicht die Möglichkeit, mittels Pheromonen auf subtile Weise miteinander kommunizieren zu können. Der freie Wille mag nicht völlig frei sein, doch ist er sicherlich eigenwillig, und es scheint sogar einen erheblichen Spielraum zu geben. Improvisationstalente, die die Menschen nun einmal sind, verstehen es, fast jedes Thema auch anders anzugehen. Wenn es etwas gibt, worin wir uns wirklich auszeichnen, dann ist es das An-die-Grenzen-Stoßen, das Erfinden von Strategien, die Fähigkeit, auch den eindeutigsten Wahrheiten auszuweichen, das Leben am Schopf zu packen und zu schütteln. Zugegeben, es schüttelt uns ebenfalls, aber das kann uns nicht abschrecken.

Nasen

Als wir aus dem Ozean aufs Land krochen, verlor der Geruchssinn etwas von seiner Wichtigkeit. Später gingen wir aufrecht, blickten uns um und kletterten die Bäume hinauf, und welch eine Welt breitete sich vor uns aus: Wir konnten meilenweit ins Land hineinsehen. Feinde wurden sichtbar, Nahrung, Gefährten, Spuren. Der Schatten eines Löwen, der durch das Gras schlich, war uns ein nützlicheres Zeichen als jeglicher Geruch. Fürs Überleben war entscheidend, daß man gut sah und hörte. Affen können nicht so gut riechen wie Hunde. Die meisten Vögel haben keinen stark ausgeprägten Geruchssinn, von einigen Ausnahmen abgesehen – Geier spüren Aas durch den Geruch auf, und Seevögel lassen sich bei ihrem Flug oft durch den Geruch leiten. Doch die Tiere mit dem entwickeltsten Geruchssinn gehen meist auf allen vieren, ihr Kopf befindet sich in der Nähe des Bodens, wo die feuchten, schweren Duftmoleküle liegen. Dazu gehören Schlangen und Insekten genauso wie Elefanten (deren Rüssel tief hängt) und die meisten Vierfüßler. Die Schweine können Trüffel unter der Erde riechen. Eichhörnchen finden Nüsse, die sie vor Monaten vergraben haben. Bluthunde können den Geruch eines Menschen, der vor Stunden den Raum verlassen hat, riechen und selbst in stürmischen Nächten die paar Moleküle verfolgen, die durch seine Schuhsohlen sickern und beim Gehen zurückbleiben. Fische sind auf ihre Fähigkeit, Gerüche wahrzunehmen, angewiesen: Der Lachs kann die fernen Gewässer, wo er geboren wurde, riechen, und zum Laichen muß er dorthin schwimmen. Ein männlicher Schmetterling kann den Duft eines weiblichen Schmetterlings, der meilenweit entfernt ist, ansteuern. Schade, daß bei uns Menschen, als hochgewachsenen, aufrechten Lebewesen, der Geruchssinn im Laufe der Zeit nachgelassen hat. Wenn wir hören, daß ein Mensch fünf Millionen Riechzellen besitzt, erscheint uns diese Zahl hoch. Doch ein Schäferhund hat 220 Millionen und kann 44mal besser riechen als wir. Was riecht er? Was fehlt uns?

Stellen Sie sich die stereophone Welt der Düfte vor, die wir wie Schlafwandler ohne Kopfhörer durchqueren müssen. Und doch haben wir einen erstaunlich guten Geruchssinn, berücksichtigt man die Größe unserer Geruchsorgane: Da unsere Nasen aus dem Gesicht herausragen, haben die Gerüche einen ziemlich weiten Weg, bis sie in die Nase dringen und wir erkennen können, um was für einen Geruch es sich handelt. Deshalb kräuseln wir unsere Nase und schnuppern – um die Geruchsmoleküle näher an die Riechzellen zu bringen, die am hintersten Ende der Nase versteckt sind.

Niesen

Es gibt kaum ein ungehemmteres Vergnügen als Niesen. Der ganze Körper hat daran teil. Doch nur der Mensch niest mit offenem Mund; Hunde, Katzen, Pferde und die meisten anderen Tiere niesen nach innen durch die Nase, wobei die Luft etwas angehalten wird. Doch die Menschen schnaufen und erzittern vor dem Niesen, holen Luft, ziehen Rippen und Magen wie ein Gebläse zusammen und stoßen dann die Luft in die Nase, wo sie kurz verharrt und die ganze Nasenregion aufbläht; dann prustet der Mensch los, manchmal aus Nase und Mund gleichzeitig. Es wäre halb so schlimm, wenn unsere Lungen während des Niesens die Luft behutsam ausatmen würden. Doch Wissenschaftler an der Universität von Rochester haben herausgefunden, daß bei einem Niesvorgang die Luft 85 Prozent der Schallgeschwindigkeit erreicht, was schnell genug ist, um Bakterien und andere Körpergifte herauszuprusten, was der Zweck des Niesens ist. Die menschliche Nase hat hinter dem Nasenkanal eine haarnadelförmige Biegung, die den ganzen Atmungsprozeß kompliziert macht und das Einatmen von Duftmolekülen erschwert. Beim Niesen kann die Luft nicht direkt entweichen. Wir müssen unseren Mund öffnen. Wenn wir mit geschlossenem Mund niesen, wird die Luft in den Kopfraum gedrückt und kann unser Gehör beeinträchtigen. Es gibt viele Theorien darüber, weshalb die Nase so wenig effizient konzipiert ist. Letztendlich hat es wohl mit der Entwicklung unseres ziemlich großen Gehirns und dem beengten Raum in unserem Schädel zu tun, und damit, plastisches Sehen zu ermöglichen. Bedichek vermutet, daß alles in Ordnung war, bis wir »in jene übervölkerten Gebiete ausschwärmten, die wir ›Städte‹ nennen. Hier plötzlich mußte nun die Nase eine Funktion erfüllen, für die sie nie bestimmt war, mußte als Filter gegen Staub und Sand dienen und war gleichzeitig den unerträglichen Gerüchen des Stadtmülls und den Dämpfen des riesigen Labors ausgeliefert, zu dem die moderne Stadt geworden ist.« Abraham Cowley, ein Dichter des 17. Jahrhunderts, faßte es in einer rhetorischen Frage zusammen:

> Welcher Mensch, mit Verstand und Nase versehen,
> Würde nicht lieber durch Rosen- und Jasmingärten gehen,
> Als all seinen Sinnen zu schaden,
> Durch den Gestank von Schmutz und von Schwaden?

Es bedarf nur eines Kitzelns in der Nase. Manchmal ist es auch die Sonne. Einige Menschen, zu denen ich auch gehöre, besitzen eine seltsame, genetisch bedingte Eigenart: Sie müssen bei hellem Licht niesen. Man hat diesem Syndrom die überschlaue Abkürzung ACHOO (von »autosomol dominant compelling helioophtalmic outburst«, einem überwältigenden, durch Sonnenlicht provozierten Ausbruch) verliehen. Wenn es mich in der Nase kitzelt, brauche ich nur in die Sonne zu schauen, um eine Explosion zu provozieren.

Geruch als Tarnung

Obwohl es bereits April ist, liegt in Ithaca seit Wochen Schnee, zumindest erzählt mir das mein Nachbar; ich selbst war in Manhattan, wo mildes Klima herrschte. Ich entdeckte kleine, verschwiegene Wildspuren direkt vor meiner Tür und an den hohen Fenstern, die über den mit Reif bedeckten gefrorenen Pool führen und sich dann durch abgebrochene Äste zu den Apfelbäumen mit den eisklirrenden Früchten winden. Die Tiere haben gelernt, sich auf dem Wasser zu bewegen und die duftenden Kostbarkeiten, die unter der Erde zu finden sind, zu entdecken; sie haben herausgefunden, wie man sich in einer Jahreszeit, die von Eis beherrscht wird, durchschlägt.

Oft sehe ich sie draußen äsen, doch wenn ich hinausschlüpfe, um sie mir näher anzusehen, riechen sie meinen starken Menschengeruch, weichen zurück zum Zaun und kehren mit einem Sprung in ihr grünes Reich zurück. Diesen Sommer habe ich vor, mich als Nadelbaum oder Pilz zu tarnen. Eine vor kurzem erschienene Ausgabe der Zeitschrift *Field and Stream* beschrieb, wie man es macht: Um Wild und Hasen zu täuschen, nehme man etwas, das nicht viel Gerbsäure hat (gelbe Birke, Kiefer, Pilze, Schierling, Wintergrün oder einen duftenden Nadelbaum) und trockne es ein oder zwei Wochen lang. Man zerkleinere es und fülle es in ein Gefäß. Man füge unvermischten Wodka hinzu und filtere das Ganze durch einen Papierfilter. Dann fülle man damit einen Zerstäuber und benutze ihn großzügig, um den Menschengeruch zu vertreiben und ganz in den Geruch eines Pilzes zu kommen.

Rosen

Ich züchte eine blauviolette Rose namens »Engelsgesicht«. Insgesamt habe ich in meinem Garten 25 Rosenbüsche. In den ersten Jahren schlich sich das Wild in der Morgendämmerung herein und fraß alle Knospen und saftigen jungen Triebe ab. Einmal waren die Tiere sogar so frech, die Rosenbüsche derart radikal abzufressen, daß die kahlen Stengel aussahen wie die flaumigen Spitzen eines neuen Geweihs. Ich bin an Gartenräuber gewöhnt. Im ersten Sommer meines Weinstocks beobachtete ich, wie aus Blüten saftige Trauben wurden, üppig und stark duftend. Ich beobachtete sie Tag für Tag, wartete ungeduldig, bis sie ganz reif wurden, und stellte mir vor, wie es sein würde, die Trauben in den Mund zu nehmen und ihren frischen und süßen Geschmack zu kosten. Dann kam der Tag, da das Rot der Trauben zu schillern begann, und ich wußte, daß man sie am nächsten Tag würde pflücken können. Doch leider war ich nicht die einzige, die dies erkannte. Als ich am nächsten Tag in den Garten ging, war jede einzelne Beere ausgepreßt, die Häute waren wie winzige rote Schalen auf dem Boden verstreut. Die Szene, für die Waschbären verantwortlich waren, wiederholte sich nun jeden Herbst, trotz Käfigen, Kuhglocken, Stacheldraht und anderen »Abschreckungsmitteln«, und schließlich gab ich mich geschlagen. Die Rosen sind ein noch kniffligeres Problem.

Da ich sowohl die Tiere als auch die Rosen mag, beschloß ich, den Geruch als Waffe zu benutzen – schließlich machen es die Pflanzen genauso; ich besprühte das Umfeld der Rosen mit einer Mischung aus Tabak und Naphta. Es funktionierte, doch es roch schrecklich vergammelt, vergleichbar mit der Ausdünstung von Baseballspielern im Wintercamp, den Mund voller Kaugummi und die Taschen voller Mottenkugeln. Dieses Jahr habe ich einen anderen Plan: Lavendel. Das Wild haßt den starken, in die Nase steigenden Geruch. Ich habe ein paar Sträucher bestellt, um sie zwischen die Rosen und Lilien zu pflanzen, in der Hoffnung, daß sie dem Wild gegenüber als Duftgrenze wirken. Doch wir werden uns die Beute teilen. Ich überlasse dem Wild die prallvollen Himbeersträucher und die Apfelbäume. Die Waschbären bekommen die Trauben und die Hasen die wilden Erdbeeren. Doch die Rosen sind mir heilig, weil sie meine Sinne so wunderbar mit ihrem kostbaren Duft betören. Das teuerste Parfüm der Welt – und eines der Klassiker –, nämlich »Joy«, besteht aus zwei Grundnoten: Jasmin und viel Rosenduft.

Rosen haben mehr als jede andere Blume die Menschen fasziniert, angelockt und berauscht. Seit jeher haben sie Hausbesitzer, Liebhaber, Blumennarren und sinnliche Menschen in ihren Bann gezogen. In Damaskus und Persien pflegten die Menschen Gefäße mit noch geschlossenen Rosenblüten im Garten zu vergraben, um sie bei bestimmten Anlässen wieder auszugraben und beim Kochen zu verwenden – die Blumen sollten sich auf den Tellern auf wunderbare Weise öffnen. In Jean Cocteaus Filmfassung des Märchens

La belle et la bête (Es war einmal) beginnt das ganze Unheil und auch der Zauber damit, daß ein Mann für seine Tochter eine Rose pflückt, um ihren einzigen Wunsch zu erfüllen. Vor langer Zeit züchteten die Europäer eine Rosenkreuzung, die recht aufdringlich und winterfest war und deren Geruch eine Statue hätte durchdringen können. Doch im 19. Jahrhundert importierten sie dann aus China elegante Teerosen, die wie frische zerriebene Teeblätter dufteten, und frostempfindliche Kreuzungen mit hellgelben bis roten Blüten. Sie kreuzten die chinesischen Rosen mit den europäischen genauso sorgfältig wie verschiedene Rassen von Rennpferden. Diese Kreuzungen brachten auserlesene und höchst raffinierte Sprößlinge hervor, mit einer endlosen Palette von Farben, Formen und Düften. Man nannte sie Mischteerosen. Seither wurden über zwanzigtausend verschiedene Rosen gezüchtet; das ging sogar so weit, daß die Rosen durch Überzüchtung fast ihren Duft verloren. Bei Rosen scheint der Duft ein rezessives Merkmal zu sein, und zwei stark duftende, verwandte Rosen können Rosen hervorbringen, deren Blätter vollkommen, deren Duft aber weniger stark ist. Der Trend geht zu parfümierten Rosen. Die beliebteste Teerosenkreuzung ist »Frieden«, eine faszinierende Rose in vielfarbigen Pastellfarben mit Sonnenuntergangstönen, die um die Mittagszeit schrill wirkt, bei Sonnenuntergang aber verstummt und alle Lichtnuancen des Tages reflektiert. Ihre eiförmigen Blüten formen sich zu großen, hellgelben Krausen mit durchsichtigen Spitzen, die oft pinkfarben getönt sind. Und sie duftet wie in Honig getauchtes, verzuckertes Leder. Von all meinen Rosen scheint die »Frieden« am meisten der menschlichen Hautfarbe zu ähneln und menschliche Verhaltensweisen zu zeigen, je nach Feuchtigkeit und Licht. Diese Rose wurde durch verschiedene Versuche entwickelt und am 2. Mai 1945 (dem Tag der Kapitulation Berlins) bei der Pacific Rose Society in Pasadena getauft, denn »diese größte neue Rose unserer Zeit sollte nach dem größten Wunsch der ganzen Welt benannt werden, nach dem Frieden«. Viele Rosen wurden nach amerikanischen Präsidenten benannt. (Die Lincoln ist blutrot, die

Kennedy pastellweiß.) Außerdem wurden Rosen nach Filmstars oder sonstigen Berühmtheiten benannt. (Dolly Partons Rose ist ausgesprochen narkotisierend, mit aufreizenden Blüten.) Auch wenn die Rosen Schönheit und Liebe symbolisieren, ist es schwer, ihre Farben, ihre Beschaffenheit, ihre Formen und Düfte zu beschreiben. »Sutter's Gold«, eine meiner Lieblingsteerosen, bringt eine flache gekräuselte Blume hervor, Blütenblätter mit aprikosen-, fuchsien- und pinkfarbenen Schattierungen. Sie duftet wie zarte feuchte Federn. Die üppigen modernen Rosen haben den ganzen Sommer lang prachtvolle Blüten. Die »Fairy« duftet kaum, doch vom Frühjahr bis zum Winter bringt sie köstliche pinkfarbene Blüten hervor, auch bei leichtem Schneefall. Die Rosen waren bereits wohlbekannt, als der griechische Botaniker Theophrastus 270 v. Chr. über »die Rose mit den hundert Blütenblättern« schrieb. Man fand versteinerte Rosen, die vor vierzig Millionen Jahren geblüht haben sollen. Die Hundertblättrige Rose, die für ihre vielen Blütenblätter berühmt ist, wurde auch »Ägyptische Rose« genannt. Als Kleopatra Mark Anton in ihrem Schlafzimmer empfing, war der Boden mit Rosenblättern übersät. Liebten sie sich auf dem Boden, in einem Meer weicher, duftender und schimmernder Rosenblätter? Oder lagen sie im Bett, als wäre es ein Floß, das in einem rosenduftenden Ozean dahintreibt?

Kleopatra kannte ihren Gast. Kein Volk war so rosenfanatisch wie die alten Römer. Rosen wurden bei öffentlichen Zeremonien und Banketten gestreut; Rosenwasser plätscherte in den kaiserlichen Springbrunnen, und die öffentlichen Bäder enthielten kein gewöhnliches, sondern Rosenwasser. In den öffentlichen Amphitheatern saß das Publikum unter Sonnenbaldachinen, die mit Rosenparfüm besprüht waren; Rosenblätter wurden als Kissenfüllung benutzt; die Menschen trugen Rosengirlanden im Haar; sie liebten Rosenpudding; ihre Arzneien, Liebestränke und Aphrodisiaka enthielten Rosen. Kein Bacchanal war denkbar ohne eine Fülle von Rosen. Sie schufen einen Feiertag, Rosalia, um offiziell ihre Vorliebe für diese Blume auszudrücken. Nero hatte bei Banketten unter jedem Teller silberne Röhren anbringen lassen, so daß seine Gäste während der verschiedenen Gänge mit Rosenduft besprüht werden konnten. Man konnte eine Decke bewundern, die dem Himmelsgewölbe nachempfunden war. Aus ihr ergossen sich Parfüm und Rosen. Bei einem Bankett wurde einer seiner Gäste von einem Rosenregen erstickt.

Der Islam betrachtete die Rose mehr als geistiges Symbol. Gemäß dem Mystiker Yunus Emre aus dem 13. Jahrhundert ruft sie jedesmal, wenn man an ihr riecht: Allah, Allah. Mohammed, ein großer Parfümliebhaber, sagte einst, die Vorzüglichkeit des Veilchenextrakts unter den Blumen sei mit seiner eigenen überragenden Stellung unter den Menschen zu vergleichen. Trotzdem wurde der Mörtel für seine Tempel mit Rosenwasser vermischt. Rosenextrakt vermischt sich ungewöhnlich gut mit Wasser und ergibt gute Sorbets und Feingebäck; so wurde diese Blume zu einem Grundstoff in der islamischen Küche und bei der Herstellung von Duftwässern. Nach wie vor verlangt die Gastfreundschaft in einem islamischen Haus, den Gast bei seiner Ankunft mit Rosenwasser zu besprengen.

Rosenkränze bestanden ursprünglich aus 165 getrockneten, sorgfältig aufgerollten Rosenblättern (einige wurden zur Konservierung mit Lampenruß bestrichen). Und die Rose war das Symbol der Jungfrau Maria. Als die Kreuzritter nach Europa zurückkehrten, erfüllt von der exotischen Pracht, die sie bei den Ungläubigen entdeckt hatten, brachten sie Rosenöl, Sandelholz, Aromakugeln und andere Gewürze und Düfte mit und nicht zuletzt die Erinnerung an Haremsdamen, die sinnlich und sehnsuchtsvoll bemüht waren, dem Mann Lust zu verschaffen. Die Duftöle, die die Ritter mitbrachten, kamen sogleich in Mode; verlockend und verführerisch versprachen sie alle verbotenen Freuden des Orients, Freuden, so sinnenbetörend wie Rosen.

Der gefallene Engel

Düfte wecken Erinnerungen, doch sie rühren auch an unsere verschütteten Sinne, umhüllen und verwöhnen uns, helfen uns, uns selbst einzuschätzen, schüren das Feuer unserer Verführungskünste, warnen uns vor Gefahr, führen uns in Versuchung, fachen unseren religiösen Eifer an, begleiten uns in den Himmel, machen uns der Mode geneigt, tränken uns mit Luxus. Doch im Laufe der Zeit fiel der Geruchssinn auf den letzten Platz in der Rangfolge unserer Sinne zurück, wurde zum »gefallenen Engel«, wie Helen Keller dies dramatisch ausdrückte. Einige Wissenschaftler sind der Ansicht, daß wir durch den Geruchssinn ungefähr die gleiche Information aufnehmen wie die Tiere. In einem Raum voller Geschäftsleute könnte man allein durch den Geruch herausfinden, welche Personen wichtig sind, welche zuverlässig, welche erotisierend, welche in einem Konflikt befangen. Der Unterschied besteht darin, daß sie bei uns keine instinktive Reaktion auslösen. Wir bemerken den Geruch, doch wir reagieren nicht automatisch in vorgegebener Weise darauf, wie es die meisten Tiere tun würden.

Eines Morgens fuhr ich mit dem Zug nach Philadelphia, um das Monell Chemical Senses Center in der Nähe der Drexel-Universität zu besuchen. Dort leben Hunderte von Wissenschaftlern, die Chemie, Psychologie, Heilkräfte und spezielle Merkmale des Geruchs studieren. Viele der Pheromon-Studien, die Schlagzeilen machten, wurden in Monell oder ähnlichen Einrichtungen durchgeführt. Bei einem Experiment ließ man ganze Scharen von Hausfrauen anonyme Achseln beriechen; in einer Studie, die ein Intimsprayhersteller in Auftrag gegeben hatte, kam es zu noch bizarreren Szenen. Geruchsforscher versuchen herauszufinden, wie wir Gerüche erkennen, was passiert, wenn man seinen Geruchssinn einbüßt, wie der Geruch sich im Alter ändert. Sie entwickeln raffinierte Methoden, durch Gerüche Seuchen unter wildlebenden Tieren einzudämmen. Sie untersuchen, wie Körpergerüche dazu dienen können, Krankheiten zu diagnostizieren (zum Beispiel riecht der Schweiß eines Schizophrenen anders als der eines gesunden Menschen), und wie Körpergerüche unser gesellschaftliches und sexuelles Verhalten bestimmen. In einem der faszinierendsten Duftexperimente haben Wissenschaftler im Monell entdeckt, daß Mäuse allein durch den Geruch bei potenten Männchen genetische Unterschiede erkennen können: Sie konnten Einzelheiten des Immunsystems erspüren. Wenn Sie für widerstandsfähigen Nachwuchs sorgen wollen, tun Sie sich am besten mit jemandem zusammen, dessen Stärken auf anderen Gebieten liegen als bei Ihnen, so daß Sie den höchstmöglichen Widerstand gegen Bakterien, Viren etc. aufbauen können. Und die beste Methode, dies zu erreichen, besteht darin, ein in jeder Hinsicht starkes Immunsystem aufzubauen. Die Natur bringt mit Vorliebe Kreuzungen hervor. *Gute Mischung* heißt das Motto des Lebens. Den Wissenschaftlern im Monell gelang es, spezielle Mäuse zu züchten, die sich nur durch ein Gen voneinander unterschieden, und dann ihre Paarungsvorlieben zu beobachten. Sie alle wählten Partner, deren Immunsystem zu ihrem paßte und somit die Garantie bot, kräftigen Nachwuchs hervorzubringen. Außerdem trafen sie ihre Wahl nicht nach ihrem Eigengeruch, sondern nach dem Geruch ihrer Eltern, an den sie sich erinnern konnten. Natürlich geschah dies nicht mit Überlegung; die Mäuse paarten sich aufgrund ihres Triebs, ohne sich irgendwelcher Befehle bewußt zu sein.

Könnte es sein, daß die Menschen sich genauso verhalten, ohne es zu merken? Wir brauchen keinen Duft, um unser Territorium zu markieren, um Hierarchien aufzustellen, Personen zu erkennen oder herauszufinden, wann eine Frau zum Verkehr bereit ist. Doch wenn wir an die geradezu zwanghafte Verwendung großer Mengen Parfüms und der psychologischen Wirkung denken, wird uns klar, daß der Geruchssinn eine alte Triebkraft der Evolution darstellt, die wir hegen und pflegen und von der wir nicht lassen können. Wir benötigen ihn nicht zum Überleben, und doch wollen wir keinesfalls darauf verzichten, vielleicht zum Teil aus Sehnsucht nach einer Zeit, als wir noch ursprünglicher und mit der Natur enger verbunden waren. Als wir im Lauf der Zeit unseren Geruchssinn immer mehr einbüßten, haben sich Chemiker bemüht, ihn wiederherzustellen. Wir tun dies nicht nur so nebenbei – im Gegenteil, wir baden in Düften, können nicht genug davon bekommen. Wir parfümieren nicht nur unseren Körper und unsere Wohnung, sondern fast alles, was wir benutzen, vom Auto bis zum Toilettenpapier. Gebrauchtwagenhändler haben ein »Neuwagen«-Spray, das garantiert, daß sich ein Käufer auch in der ältesten Kiste noch wohl fühlt. Immobilienmakler sprühen manchmal »Plätzchen«-Geruch in die Küche eines Hauses, bevor sie es dem Kunden zeigen. Einkaufszentren fügen ihrer Klimaanlage einen Pizzageruch bei, um die Käufer in ihre Restaurants zu locken. Kleider, Autoreifen, Farbstifte, Spielzeug, alles duftet. Man kann sogar parfümierte und duftverströmende Schallplatten kaufen, die auch abgespielt werden können. Bei vielen Versuchen hat man festgestellt: Drückt man jemandem zwei Möbelpolituren in die Hand, die völlig gleichwertig sind, aber von denen eine besser riecht, dann wird er beschwören, daß die angenehm riechende auch die bessere sei. Der Geruch bestimmt in hohem Maße unsere Einschätzung der Dinge und Menschen. Sogar sogenannte unparfümierte Produkte sind in Wirklichkeit parfümiert, um die chemischen Gerüche ihrer Zutaten zu überdecken, im allgemeinen mit einem leichten Moschusgeruch. Nur 20 Prozent der Einkünfte der Parfümindustrie werden durch die Parfüms allein erwirtschaftet, die übrigen 80 Prozent stammen aus der Parfümierung von Gebrauchsgegenständen. Viele Firmen haben herausgefunden, daß es nationale Duftvorlieben gibt. Die Deutschen lieben Fichtennadelduft, die Franzosen Blumendüfte, die Japaner etwas zartere Düfte; die Nordamerikaner dagegen bevorzugen kräftige Düfte und die Südamerikaner schwere. Bodenreinigungsprodukte in Venezuela enthalten zehnmal soviel Kiefernduft wie die in den USA. Menschen aller Nationalitäten gemeinsam ist das Bedürfnis, die Böden und Wände mit angenehmen Düften zu versehen, insbesondere mit dem Duft eines Kiefernwaldes oder eines Zitronenhains.

Ein kleines Geschäft in der Third Avenue hat, wie viele solcher Geschäfte in New York, ein großes Angebot sinnlicher Objekte. Viele Porzellanstücke sind mit farbigen, zart ausgemalten botanischen Motiven versehen. Schreib- und Einwickelpapier ist von Hand hergestellt, die Holzfasern und Unebenheiten sind deutlich erkennbar. Einige sind grobkörnig und haben Farbflecken. Kleine Badeölperlen erheben den Anspruch, wie »Frühlingsregen« zu riechen. Wie riecht Frühlingsregen? Das Produkt wird viel gekauft, aber würde tatsächlich ein Mensch, auch wenn er einen ausgeprägten Geruchssinn besitzt, den Geruch des Frühlings- vom Sommer- oder Herbstregen unterscheiden können? In erster Linie wird die Fantasie angeregt, man denkt an Frühlingsregen, atmet dann den süßen würzigen Geruch ein und erinnert sich vielleicht an die Flechten, die man im Alter von zehn Jahren in den Berkshires entdeckte. Oder man erinnert sich an den Geruch des Regens, der aufs Zelt herunterprasselte, und hört den Regen wie tausend trommelnde Finger auf die Zeltwände niedergehen. Ein Regal im Laden ist Umweltdüften vorbehalten. »Benutzen Sie es, um Ihre Wohnung zu besprühen«, ist auf einer der Packungen zu lesen. *Parfum de l'Ambiance.* Erfüllen Sie die Luft mit einem Wohlgeruch, der Ihnen in die Nase steigt, umgeben Sie sich mit einem süßen Duft, während Sie von Raum zu Raum gehen, verteilen Sie den Duft, indem Sie tanzen.

Wir können offensichtlich nicht in der Natur leben, ohne ihre Düfte einzuatmen, sie als Talisman zu tragen und uns vorzustellen, wir besäßen ihre Wildheit, ihren Magnetismus und ihre Würze. Einerseits leben wir in hygienisch einwandfreien Vierteln, und wenn sich die Natur erlauben sollte, hier einzudringen – in Form einer Wühlmaus, einer Fliege oder von Ameisen, die über die Fußleisten kriechen, eines Eichhörnchens im Keller oder einer Fledermaus im Dachgeschoß –, verfolgen wir sie blutrünstig wie ein Jäger. Andererseits wollen wir uns unbedingt die Natur ins Haus holen. Wir berühren etwas an der Wand, und es ist taghell im Zimmer, wir drehen an einem Knopf, und es ist warm wie im Sommer, wir umgeben uns mit einer Palette völlig überflüssiger Außendüfte – Fichtennadel, Zitrone, Blumen. Vielleicht brauchen wir den Duft nicht zum Überleben, aber ohne ihn fühlen wir uns verloren und isoliert.

*A*nosmie

In einer Regennacht des Jahres 1976 machte ein 33jähriger Mathematiker nach dem Abendessen einen Spaziergang. Alle Welt betrachtete ihn nicht nur als Gourmet, sondern als Wunder, da er mit unglaublicher Genauigkeit alle Zutaten eines Gerichts, das er gekostet hatte, bestimmen konnte. Ein Autor bezeichnete dies als eine Art »absoluten Geruchssinn«. Als er auf die Straße trat, wurde er von einem Lieferwagen erfaßt, fiel zu Boden und schlug mit dem Kopf auf dem Trottoir auf. Nach seiner Entlassung aus der Klinik stellte er zu seinem Schrecken fest, daß er seinen Geruchssinn verloren hatte.

Da seine Geschmacksnerven noch funktionierten, konnte er feststellen, ob etwas salzig, bitter, sauer oder süß schmeckte, doch die wahren Köstlichkeiten des Lebens blieben ihm nun verschlossen. Sieben Jahre später hatte er seinen Geruchssinn immer noch nicht zurückgewonnen und war tief deprimiert. Er verklagte den Fahrer des Lieferwagens und gewann. Man gestand ihm zu, daß sich zum einen sein Leben irreparabel verschlechtert hatte und daß zum anderen ohne Geruchssinn sein Leben gefährdet war. So hatte er in diesen sieben Jahren zum Beispiel den Rauchgeruch nicht wahrgenommen, als seine Wohnung brannte; er hatte eine Lebensmittelvergiftung erlitten, weil er nicht gerochen hatte, daß das Essen verdorben war. Das schlimmste war wohl, daß er keine Gerüche und Düfte mehr erkennen konnte, die Erinnerungen in ihm weckten, Assoziationen herstellten. »Ich fühle mich ausgebrannt, wie in einer Art Vorhölle«, erklärte er gegenüber einem Reporter. Es gab nicht einmal eine allgemein bekannte Bezeichnung für seinen Alptraum. Jene, die nichts hören, bezeichnet man als »taub«, jene, die nichts sehen, als »blind«, doch wie bezeichnet man jemanden ohne

Geruchssinn? Was konnte es Deprimierenderes geben, als unter etwas zu leiden, das keinen Namen hat? Anosmie ist der Begriff, den die Wissenschaft dafür gewählt hat, eine einfache lateinisch-griechische Kombination von »ohne« und »Geruch«. Doch ist das kein Begriff, der einem ein Gruppengefühl gibt oder das Gefühl, fast normal zu sein.

Am 21. März 1988 äußerte Judith R. Birnberg in ihrer Kolumne in *Newsweek* ihr tiefes Bedauern über den plötzlichen Verlust ihres Geruchssinns. Sie konnte lediglich noch die Beschaffenheit und die Temperatur von Nahrung unterscheiden. »Ich bin behindert: Ich bin eine von zwei Millionen Amerikanern, die unter Anosmie leiden, einer Unfähigkeit, zu riechen und zu schmecken (die beiden Sinne sind physiologisch miteinander verwandt)... Für uns ist der Kaffeeduft und der Duft von Orangen so selbstverständlich, daß wir, wenn wir den Geruchssinn verlieren, das Gefühl haben, wir hätten vergessen, wie man atmet.« Kurz bevor sie ihren Geruchssinn eingebüßt hatte, mußte sie ein ganzes Jahr lang niesen. Der Grund dafür war eine Allergie unbekannten Ursprungs. »Die Anosmie begann ohne Vorwarnung... In den letzten drei Jahren gab es kurze Perioden – Minuten, ja Stunden –, in denen ich plötzlich wieder Gerüche wahrnahm und somit auch wieder Geschmackssinn entwickelte. Was würde ich als erstes essen? Ein Stück Banane hat mich einmal zum Heulen gebracht. Ein paarmal besserte sich die Situation zur Essenszeit. Dann eilten mein Mann und ich zu unserem Lieblingsrestaurant. Ganz selten war es mir vergönnt, während eines Essens jeden einzelnen Bissen zu genießen. Doch meistens war alles schon wieder vorüber, noch bevor wir den Wagen geparkt hatten.« Obwohl es Einrichtungen gibt, wo Geruchs- und Geschmacks-Fehlfunktionen behandelt werden (Monell ist vermutlich die bekannteste), kann bei Anosmie wenig getan werden. »Ich ließ eine Computertomographie machen, Blutuntersuchungen, Allergietests, Allergiebehandlungen, eine langfristige Zinktherapie, wöchentliche Spülungen der Nasenhöhlen und eine Biopsie, ich bekam Cortisonspritzen in die Nase und unterzog mich vier verschiedenen Nasenhöhlenopera-

tionen. Ich habe nichts ausgelassen. Mein Fall wurde Ärzte-
komitees an Kliniken vorgetragen... Man einigte sich auf
Anosmie, hervorgerufen durch eine Allergie und eine Infektion. Es können aber genausogut andere Ursachen gewesen
sein. Bei einigen Leuten ist es angeboren. Oder der Geruchs-
nerv wird infolge einer Gehirnerschütterung verletzt. Anosmie kann auch eine Folge des Alters, eines Gehirntumors
oder der Einwirkung chemischer Gifte sein. Was auch immer
der Grund sein mag, wir alle sind in Gefahr, ein Feuer, eine
lecke Gasleitung oder verdorbene Nahrung nicht mehr zu
entdecken.« Schließlich riskierte sie es und ließ sich von
einem Arzt Prednison, ein entzündungshemmendes Steroid,
geben, um die Schwellung in der Nähe der Geruchsnerven
zum Abklingen zu bringen. »Am zweiten Tag hatte ich einen
kurzen Augenblick das Gefühl, zu riechen, wenn ich tief
einatmete... Am vierten Tag aß ich mittags einen Salat und
stellte plötzlich fest, daß ich wieder alles schmecken konnte.
Es war genau wie in der Szene in *Der Zauberer von Oz*, als
sich die Welt von Schwarzweiß in Technicolor verwandelte.
Ich genoß den Salat: eine Kichererbse, etwas Kohl, einen
Sonnenblumenkern. Am fünften Tag heulte ich – weniger
wegen der erlebten Geruchs- und Geschmackserfahrung,
sondern weil ich glaubte, der Alptraum sei vorbei.«

Am nächsten Morgen atmete sie beim Frühstück den
Geruch ihres Mannes ein und »fiel ihm mit Freudentränen
um den Hals und beschnupperte ihn. Ich entdeckte wieder
seinen Geruch, der mir so vertraut war und den ich verloren
geglaubt hatte. Ich hatte immer gedacht, ich würde den
Geschmackssinn dem Geruchssinn vorziehen, wenn ich die
Wahl hätte, doch plötzlich merkte ich, wie sehr ich den
Geruch vermißt hatte. Wir nehmen es als gegeben hin und
sind uns nicht bewußt, daß *alles* einen Geruch hat: Menschen, die Luft, mein Haus und meine Haut... Ich atmete
wie trunken alle Düfte ein, angenehme und unangenehme.«
Leider dauerte es nur ein paar Monate. Als sie die Prednison-
Dosis reduzierte, was aus Gesundheitsgründen nötig war
(Prednison verursacht Blähungen und kann, abgesehen von
anderen unangenehmen Nebenwirkungen, das Immunsy-

stem schwächen), verlor sie ihren Geruchssinn wieder. Es folgten zwei neue Operationen. Sie beschloß, weiter Prednison zu nehmen, und hofft darauf, daß ihr Geruchssinn auf genauso unerklärliche Weise zurückkehrt, wie er einst verschwand.

Nicht jeder Mensch ohne Geruchssinn leidet so stark. Auch geht es nicht immer um den Verlust des Geruchssinns. Es gibt dabei die seltsamsten Erscheinungsformen. Am Monell Center haben die Wissenschaftler eine ganze Reihe von Personen behandelt, die unter »penetranten Gerüchen« litten; wo immer sie auch waren, nahmen sie einen üblen Geruch wahr. Einige haben ständig einen bitteren Geschmack im Mund. Andere wiederum besitzen einen verzerrten oder verformten Geruchssinn. Wenn man ihnen eine Rose gibt, riechen sie Abfall, ein Steak riecht bei ihnen nach Schwefel. Unser Geruchssinn läßt mit dem Alter nach, und in mittleren Jahren erreicht er den Höhepunkt. Patienten, die an der Alzheimer Krankheit leiden, verlieren oft ihren Geruchssinn zusammen mit dem Gedächtnis (beide sind eng miteinander verknüpft); eines Tages könnten Geruchs- und Geschmackstests bei der Diagnostizierung dieser Krankheit helfen.

Eine von Robert Henkin am Center for Sensory Disorders der Georgetown-Universität unternommene Untersuchung ergab, daß ungefähr ein Viertel der Menschen mit Geruchsstörungen der Ansicht sind, daß auch ihr Sexualtrieb nachlasse. Welche Rolle spielt der Geruch bei der Liebe? Eine große, besonders für Frauen. Ich bin davon überzeugt, daß ich mit verbundenen Augen jeden Mann am Geruch erkennen könnte, den ich intim gekannt habe. Ich hatte einmal ein Rendezvous mit einem klugen, kultivierten und attraktiven Mann, doch als ich ihn küßte, wurde ich durch einen schwachen, kornähnlichen Geruch, der von seiner Wange kam, abgestoßen. Es war kein Rasierwasser, keine Seife, sondern sein natürlicher Geruch, und ich stellte schockiert fest, daß er mich instinktiv abstieß. Männer berichten selten von so starken Reaktionen auf den natürlichen Körpergeruch ihrer Partnerin, doch bei Frauen ist dies so häufig der Fall, so daß es zum romantischen Klischee wurde: Wenn der Liebhaber abwesend oder der Mann gestorben ist, nimmt die Frau seinen Bademantel oder ein Hemd, drückt das Kleidungsstück an sich und empfindet ein Gefühl großer Zärtlichkeit. Nur wenige Männer reagieren so, doch es ist nicht verwunderlich, daß Frauen für Gerüche empfänglicher sind. Sie sind viel geruchsempfindlicher, ungeachtet der Altersgruppe. Eine Zeitlang nahmen die Wissenschaftler an, das könne im Zusammenhang mit dem Östrogen stehen, da schwangere Frauen geruchsempfindlicher zu sein schienen, doch es stellte sich heraus, daß auch Mädchen vor der Pubertät einen besseren Geruchssinn hatten als gleichaltrige Jungs und daß schwangere Frauen auch nicht besser riechen konnten als die übrigen Frauen. Frauen haben im allgemeinen einen höher entwickelten Geruchssinn. Vielleicht geht dies auf die Anfänge der Menschheitsgeschichte zurück, als wir den Geruchssinn bei der Werbung, bei der Paarung und bei der Brutpflege benötigten, oder es liegt daran, daß die Frauen traditionsgemäß mehr Zeit bei den Kindern und der Nahrung verbracht haben, immer auf der Lauer, ob etwas Ungewöhnliches in der Luft lag. Da die Frauen oft den Anreiz zum Geschlechtsverkehr geben mußten, war der Geruch ihre Waffe, ihr Köder und ihr Trumpf.

Die Wunderwirkung des Geruchs

Genauso wie es Menschen mit einem verzerrten, nachlassenden oder überhaupt fehlenden Geruchssinn gibt, so gibt es auch wahre Geruchsexperten. Vermutlich ist Helen Keller die berühmteste von ihnen. »Der Geruchssinn«, schrieb sie, »kündigt mir Stunden vorher, bevor es noch ein sichtbares Zeichen gibt, einen Sturm an. Ich bemerke als erstes ein erwartungsvolles Beben, ein leichtes Schaudern und eine Anspannung in meiner Nase. Wenn der Sturm näher kommt, öffnen sich meine Nasenlöcher, um die Erdgerüche, die immer intensiver zu werden scheinen, besser aufnehmen zu können, bis ich spüre, wie der Regen mir ins Gesicht klatscht. Wenn sich der Sturm wieder verzieht, sich immer weiter entfernt, werden die Gerüche schwächer und verschwinden in der Ferne.« Auch andere Personen konnten Wetterumschwünge »riechen«, und natürlich sind Tiere große Meteorologen (Kühe zum Beispiel legen sich vor einem Sturm auf die Erde). Die feuchte, nebelbildende, sich hebende und senkende Erde atmet wie ein großes dunkles Tier. Wenn der Luftdruck hoch ist, hält die Erde den Atem an, und Dämpfe nisten sich in der lockeren Erde und in den Bodenspalten ein, um bei niedrigem Druck wieder herauszuströmen. Die Erde atmet aus. Geruchskoryphäen wie Helen Keller riechen die Dämpfe, die sich von der Erde erheben, und erkennen daran, daß es Regen oder Schnee geben wird. Dies könnte auch mit eine Erklärung dafür sein, auf welche Weise Tiere ein Erdbeben vorausspüren – indem sie Ionen riechen, die sich aus der Erde lösen.

Wenn man sich in einer Sturmnacht für eine Party zurechtmacht, benötigt man nur wenige Tropfen Parfüm, da Parfüm vor einem Sturm am stärksten duftet. Das liegt zum Teil daran, daß die Feuchtigkeit unseren Geruchssinn verstärkt, und zum Teil daran, daß der niedrige Druck eine so flüchtige Flüssigkeit wie Parfüm noch flüchtiger macht. Schließlich besteht Parfüm zu 98 Prozent aus Wasser und Alkohol und zu nur 2 Prozent aus Fett- und Parfümmolekülen. Bei niedrigem Druck verdunsten die Moleküle schneller und können in beachtlicher Geschwindigkeit vom Körper in die Nischen eines Zimmers gelangen. Dies ist auch – sogar an Sonnentagen – in hochgelegenen Städten wie Mexico City, Denver oder Genf der Fall, wo der Luftdruck wegen der Höhenlage immer niedrig ist. Der ideale Zeitpunkt und der ideale Ort, die Gäste eines ganzen Restaurants in die Wolke eines neuen Parfüms zu hüllen, wäre in 2000 Meter Höhe, zum Beispiel in der El Tovar Lodge am Rand des Grand Canyon, und zwar dann, wenn ein Sturm tobt.

Helen Keller besaß eine wunderbare Gabe, die Geruchshieroglyphen des Lebens zu entziffern, die für die meisten von uns unverständlich sind. Sie erkannte ein »altmodisches Landhaus, weil es verschiedene Geruchsschichten aufweist, die mehrere Familien, Pflanzen, Parfüms und Vorhänge hinterlassen haben«. Wie jemand, der von Geburt an blind und taub war, die Erscheinungsformen des Lebens so gut begreifen konnte, ist eines der großen Geheimnisse. Sie stellte fest, daß Babys noch keinen »Eigengeruch« haben; nur bei Erwachsenen konnte sie ihn registrieren. Ihre sinnliche Stärke lag im Riechen, und sie trug zur Erklärung einer uralten Weisheit bei: »Im allgemeinen ist der Männergeruch stärker, ausgeprägter, viel differenzierter als der der Frauen. Der Geruch junger Männer hat etwas Elementares – wie Feuer, Sturm und salzige See. Er drückt Lebenskraft und Begierde aus, steht für alles Starke, Schöne und Erfreuliche und vermittelt mir ein Gefühl körperlichen Glücks.«

Eine berühmte Nase

Personen mit ungewöhnlich gutem Geruchssinn landen oft in der Parfümindustrie. Diejenigen, die Fantasie haben und risikobereit sind, kreieren die großen Parfüms. Unter einer Unmenge von Blumen, Wurzeln, Tiersekreten, Gräsern, Ölen und künstlichen Düften müssen sie Tausende von Ingredienzen, mit denen der Parfümeur arbeitet, im Kopf haben und ebenso die alchimistischen Methoden, sie zu mischen. Sie brauchen das Gespür eines Architekten für Ausgewogenheit und die Gerissenheit eines Buchmachers. Heutzutage stellen Laboratorien auf synthetischem Weg Essenzen her, die den gleichen Zweck wie natürliche Essenzen erfüllen, denn wir besitzen keine zuverlässigen natürlichen Extrakte solcher Blumen wie Spanischer Flieder, Maiglöckchen oder Veilchen. Aber um ein überzeugendes Rosenöl herzustellen, müssen bis zu fünfhundert Ingredienzen gemischt werden. Auf der 57. Straße, in Höhe der 10. Avenue in New York City, findet man bei »International Flavors and Fragrances« die besten Berufsnasen der Welt. Insider sprechen nur von der IFF, einem Mekka für alle Firmen, die auf der Suche nach einem Duft sind. Obwohl diese Firma fast alle teuren Luxusparfüms herstellt, die jedes Jahr in den

Kaufhäusern auftauchen, und zudem viele der Gerüche und Düfte, denen wir überall begegnen, von der Dosensuppe zur Katzenstreu, verrichtet sie ihre Arbeit anonym. Sie kreierte auch den Geruch für eine äußerst erfolgreiche Anzeige einer Golfzeitschrift (»Ziehen Sie ein Stückchen Papier in Form eines Golfballs ab, und der Geruch frisch gemähten Grases steigt Ihnen in die Nase«) sowie den »Grotten«-Geruch für einen Vergnügungspark und die spezifischen Gerüche der Wälder in Neuengland, der Savannen in Afrika und Samoa und anderer Landschaften, die im American Museum of Natural History ausgestellt sind. Es ist kein Problem, einem künstlichen Weihnachtsbaum den Geruch eines nach Fichtennadeln duftenden Tiroler Bergwalds zu geben. Das ist sogar einer der einfacheren Tricks dieser Leute. Sie sind Ghostwriter der Sinne, Erfinder exquisiter Düfte, die uns beeinflussen und Entscheidungen treffen lassen, ohne daß wir es merken. Achtzig Prozent der Duftwässer für Männer werden in den Laboratorien dieser Firma hergestellt, und ein fast genauso großer Prozentsatz der Produkte für Frauen. Auch wenn man nicht bereit ist, Namen zu nennen, sind in den Glasvitrinen des Hauses Parfüms von Guerlain, Chanel, Dior, Saint Laurent, Halston, Lagerfeld und Estée Lauder ausgestellt und noch viele andere, die hier entstanden. Einige Mitarbeiter sitzen vor dem Computer, andere arbeiten in Räumen, die vollgestopft sind mit Papieren und Flaschen. Sie haben die schwere Aufgabe, ein Parfüm herzustellen, das einerseits innovativ, frisch und aufreizend, andererseits aber nicht zu extravagant ist, sondern dem Geschmack eines breiten Publikums entspricht. Duftstreifen oder sogenannte »Scratch-and-Sniff«-Streifen helfen ihnen heute, das Ergebnis ihrer Arbeit zu übermitteln. In fast jeder Zeitschrift findet man heutzutage Seiten, auf denen einem der Geruch von Rolls-Royce-Lederpolstern oder einer Lasagne oder eines neuen Parfüms entgegenschlägt. Die Streifen, die erst vor zehn Jahren von der 3M Corporation erfunden wurden, enthalten winzige Duftmoleküle. Wenn Sie darüberkratzen oder die Lasche zurückschlagen, zerplatzen die Moleküle, und der Duft entströmt. Giorgio war der erste Parfümhersteller, der Werbung mit Duftstreifen machte. Heute findet man kaum noch eine Zeitschrift ohne diese Streifen. Auf meinem Schreibtisch liegen über vierzig Duftstreifen, die für Parfüms werben, und zwar mit den entsprechenden Slogans – zum Beispiel für Estée Lauders »Knowing« – »Knowing is all«; Liz Clairborne wirbt für ihr feministisches Parfüm: »Sie brauchen nur Sie selbst zu sein«; Fendi mit »La passione di Roma«, bei der ein marmorblasses junges Mädchen leidenschaftlich eine Statue küßt; Yves Saint Laurents »Opium« verzichtet auf einen Werbeslogan in Worten, aber das Foto einer schönen Frau in Goldlamé, die halbtot im Opium-Delirium auf einem Bett voller Orchideen liegt, ist Botschaft genug. Bei IFF gibt es dreißig Geruchsexperten, die pro Tag ungefähr 100 Düfte testen müssen. An einem Frühlingsnachmittag traf ich dort die »Supernase« Sophia Grojsman, eine dynamische, in Rußland geborene Frau. Ihr kurzes schwarzes Haar wird von einem blau-weiß gestreiften Haarband gehalten; ihr blauer Lidschatten schillert über dunklen, ausdrucksvollen Augen. Sie trägt hellroten Nagellack und einen Overall mit silbernem Reißverschluß. Für eine Spitzenriecherin unter Streß wirkt sie entspannt und gleichzeitig wachsam hinter ihrem überladenen Schreibtisch. Darauf stehen die drei Affen, die »Ich sehe nichts Böses«, »Ich sage nichts Böses« und »Ich höre nichts Böses« symbolisieren. Für »Ich rieche nichts Böses« gibt es keinen symbolischen Affen.

»Wann haben Sie herausgefunden, daß Sie eine besondere Nase haben?«

»Als ich als Kind in Rußland lebte, gab es in der kleinen Stadt, in der ich wohnte, endlose Blumenwiesen.« Sie lächelt dabei, und ihr Blick schweift ab; offensichtlich führt sie die Erinnerung vierzig Jahre zurück. »Und überall duftete es. Auch der Himmel war dufterfüllt. Ständig pflückte ich Blumen...«

Es klopft an der Tür. Eine junge Frau stürmt herein, hält ihre langen dünnen Arme ausgestreckt. »Würden Sie bitte an mir riechen?« sagt sie an Sophia gewandt. Sophia steht auf und nimmt zuerst den linken Arm der Frau – den wärmeren

Arm, weil er näher am Herzen ist –, führt ihn an ihre Nase und schnüffelt am Handgelenk und am Ellbogen. Dann riecht sie zweimal am anderen Arm.

»Was meinen Sie?« fragt mich Sophia.

Ich rieche an den Armen. »Wunderbar.«

»Aber in welcher Reihenfolge?«

Die Düfte sind so leicht, steigen mir so sanft in die Nase, daß ich mir kaum vorstellen kann, daß es sich um vier verschiedene Düfte handelt, die mit unterschiedlichen Persönlichkeiten verbunden sind. In einer Szene in *Bus Stop* sitzt Marilyn Monroe in einem Restaurant, spielt mit zwei Erbsen auf ihrem Teller und überlegt, für welche sie sich entscheiden soll. Es gibt immer etwas an der einen, was besser ist als an der anderen, erklärt sie ihrem Begleiter; man habe immer die Wahl. Für mich bietet das Leben so viele aufregende Augenblicke, daß zwei schöne Dinge aus verschiedenen Gründen zu verschiedenen Zeiten gleich schön sein können. Wie kann man seine Wahl treffen? Nun, hier, bei den ausgestreckten Armen gibt es keinen Zweifel über die Nummer eins: ein leichter Moschusgeruch mit einer blumigen Grundnote am linken Handgelenk der Frau. Und was kommt als zweiter Duft? Eine leichtere Version davon an ihrem linken Ellbogen. Der Duft am rechten Arm wirkt etwas fruchtiger, aber trotzdem ansprechend. Ich sage es Sophia, die bestätigend mit dem Kopf nickt.

»Das sind die beiden Düfte, an denen wir arbeiten müssen«, sagt sie. Eine Labortechnikerin erscheint an einem Schiebefenster zwischen ihr und den Regalen mit aufgestapelten Flaschen, die natürliche und synthetische Essenzen enthalten, eine echte Hexenküche. »Ich brauche die H-Formel«, sagt Sophia zu der Angestellten, die sich wieder ihren Schränken zuwendet. Sophia lehnt sich in ihrem Stuhl zurück und wirft ihre Hände hoch, als ob sie Konfetti in die Luft streuen wollte. »Das ist heute das reinste Irrenhaus. Wir hatten einen Notfall, den ich zu behandeln versuchte.«

Ein Duft-Notfall? Was zum Teufel soll das sein? Als ich Sophia danach frage, schaut sie mich wie eine Sphinx an. In dieser abgeschlossenen Welt werden Formeln und alles, was damit zusammenhängt, doppelt und dreifach bewacht. Die Angestellten, die die hergestellten Düfte miteinander vermischen, wissen nicht, was sie vermischen; die Ingredienzen und Flaschen haben nur Codenummern.

»Wir lebten ganz am Rande der kleinen Stadt«, fährt Sophia fort und kehrt zu ihren Erinnerungen zurück, »und dort gab es Fliederbüsche und Narzissen- und Veilchenwiesen. Alles war erfüllt von natürlichen Düften, ein Teil Rußlands, der noch unversehrt war. Als Kind ging ich über die Wiesen; ich war unglaublich neugierig und steckte meine Nase in alles. Es war die Nachkriegszeit, und es gab nicht viele Kinder. Ich war immer mit Erwachsenen zusammen und liebte es, allein loszuziehen und das Moos, die Zweige und Blätter zu riechen.«

»Wie läuft das, wenn Sie einen Duft kreieren?« frage ich und erinnere mich daran, daß einer der großen Parfümeure gesagt hatte, er hole sich seine Ideen aus Träumen, ein anderer, er führe auf Reisen ein sogenanntes Duft-Tagebuch.

»Man hat immer ein Bild vor Augen, und man kann tatsächlich den Einklang riechen, der an den Akkord in der Musik erinnert. Parfümherstellung und Musik sind eng verwandt. Man hat einfache Düfte, einfache Akkorde aus zwei bis drei Tönen. Und das hört sich an wie eine Band aus zwei oder drei Musikern. Und dann stellt man viele Akkorde zusammen, und daraus entsteht ein großes modernes Orchester. In beiden Bereichen müssen die richtigen Akkorde gefunden werden. Man möchte nicht, daß etwas dominiert, sondern daß alles harmoniert. Eine der Grundregeln für die Zusammenstellung von Düften ist die Harmonie. Der Duft mag viele verschiedene Nuancen aufweisen, und doch wirkt er angenehm. Wenn der Duft nicht gut zusammengestellt wurde, wird man gewisse Duftspitzen herausriechen, und das verursacht Unbehagen, es stört. Ein unausgewogener Duft wird nicht positiv aufgenommen.«

»Sind Düfte in Ihrer Vorstellung und Erinnerung so etwas wie die verschiedenen Instrumentgruppen eines Orchesters?«

»Ja, aber die meisten Düfte, die ich kreiert habe, entstanden auf der Grundlage völlig abstrakter Blumenduftakkorde, die sich einfach so ergaben. Hatte ich sie einmal zusammen, suchte ich weitere Elemente, die damit harmonierten. Zuerst kommt die Inspiration, dann die Methoden zur Verbesserung, bis ich schließlich habe, was ich suche. Ich liebe blumige, weibliche Düfte, kann besser weibliche als männliche Düfte kreieren, auch wenn ich beides gemacht habe. Ich habe auch noch andere Duftprodukte hergestellt…«

»Wie die Düfte für Seifen, Reinigungsmittel, Polituren oder Papierprodukte?«

»Genau. Doch das geht einfach und schnell. Wenn ich versuche, ein neues Spitzenparfüm herzustellen, dann dauert das länger.«

»Einer der Angestellten hier erzählte mir, Sie hätten einige der bekanntesten Parfüms der Welt hergestellt, werden aber nicht verraten, um welche es sich handelt.«

»Das können wir nicht.« Sie nimmt sich ein Cigarillo und zündet es an.

»Beeinträchtigt Rauchen Ihren Geruchssinn?«

»Es hat sicher eine Wirkung, doch dies ist meine Umgebung, also bin ich daran gewöhnt. Es gehört zu den gewohnten Gerüchen in meiner Welt.«

»Schützen Sie Ihre Nase, sind Sie besonders besorgt darum?«

»Überhaupt nicht. Ich gehe ganz lässig damit um. Natürlich möchte ich nicht krank werden, es ist frustrierend, eine verstopfte Nase zu haben; einem Parfümeur fällt es schwer, dann zu arbeiten.«

»Wenn Sie durch die Stadt gehen, nehmen Sie dann die Gerüche intensiver wahr als andere Menschen?«

»Wissen Sie, es ist seltsam – eigentlich unglaublich –, aber da ich viel arbeite, oft viele Stunden, schalte ich, wenn ich hier rausgehe, etwas in meinem Hirn ab, und ich rieche überhaupt nichts mehr. Wenn zu Hause auf meinem Herd etwas anbrennen würde, könnte ich es nicht riechen. Mein Mann sagt dann: ›Komisch, du bist Parfümherstellerin und riechst nicht, daß hier was anbrennt!‹ Mein Gehirn schaltet völlig ab.

Doch gelegentlich ertappe ich mich dabei, wie ich mich auf Leute einstelle. Manchmal wird man von jemandem geküßt, und man nimmt den Eigengeruch des entsprechenden Menschen wahr. Die Haut eines Babys hat einen bestimmten Geruch, besonders die Kopfhaut. Männer riechen schlechter als Frauen. Natürlich besitzen einige Leute auch einen sexy Geruch. Wenn ich ihn beschreiben müßte«, fährt sie fort und schwenkt das Cigarillo wie ein Weihrauchfaß, während sie nach dem richtigen Ausdruck sucht, »würde ich sagen, es ist ein zarter Duft aus Ambra und Moschus. Ich benutze ihn häufig bei meinen Düften.

Es gibt gewisse Duftnoten, die jeder Parfümeur benutzt. Und doch kann man am Duft die ›Handschrift‹ eines Parfümeurs erkennen. Andere Parfümeure können meine Parfüms genauso identifizieren wie ich ihre. Sie riechen an einem neuen Parfüm und sagen: Ah, das ist Sophias Kreation, das ist von Jenny etc. Sie kennen die persönliche Note.«

»Letzte Woche war ich im Kaufhaus Saks«, erzähle ich, »auf einer Riech-Safari, und ich stellte fest, daß es einen Trend zu Parfümnamen gibt, die Gefahr verheißen, die auf verbotene Substanzen, Neurosen oder so etwas hinweisen…« Der Handel, so sagte ich, scheint Düfte zu bevorzugen, die Geborgenheit und Sicherheit verheißen, Liebe und Romantik, doch er nennt sie *Décadence, Poison, My Sin, Opium, Indiscretion, Caractère, Obsession, Tabu.* Zu den bekannten Designernamen und den in Flaschen gefüllten Geheimnissen der Superstars kommt die Anspielung auf verbotene Substanzen oder auf Gefahren. Eine Frau kann sich gediegen anziehen, doch in ihrem Kopf und in ihren Adern ist sie so süchtigmachend wie *Opium,* so gefährlich wie *Poison,* Anlaß für *Obsession,* kennt Liebesspiele, die so aufreizend sind, daß sie *Tabu* sind, ist bereit zur hedonistischen *Dekadenz,* jede *Indiscretion* wert, sogar bereit, mit *Sin* die Gebote zu übertreten.

»Ja, aber wenn man sie näher in Augenschein nimmt, stellt man fest, daß alle diese Parfüms bestimmte klassische Düfte zur Grundlage haben, lediglich Neufassungen solcher Klassiker sind. Es gibt Parfüms, die kurzfristig großen Erfolg haben, doch echte Klassiker halten sich über Jahrzehnte. *Chanel Nr. 5* wurde Anfang der zwanziger Jahre kreiert und verkauft sich immer noch gut. Auch *Opium* ist schon lange auf dem Markt. Der Vorgänger von *Opium* ist *Youth Dew*, ein Parfüm, das ungefähr dreißig Jahre alt ist. Es ist lediglich eine Abwandlung davon und hat auch Ähnlichkeit mit *Cinnabar*. Wenn Sie alle drei zusammen riechen, können Sie das erkennen.«

»Um Ihre Musikmethapher aufzugreifen, dann ist also ein neuer Duft oft die Variation eines bekannten Themas?« Sie nickt.

»Benutzen *Sie* Parfüm?«

»Nicht wenn ich morgens zur Arbeit komme, aber meine Experimente trage ich häufig. Ich möchte sehen, wie die Leute darauf reagieren. Sie sind gute Richter. Einmal arbeitete ich an einem bestimmten Duft. Als ich die 57. Straße entlangging, folgte mir ein Betrunkener, und ich bekam Angst. Ich rannte weg, doch er rief mir hinterher: ›Bitte, laufen Sie nicht weg. Das Parfüm ist wunderbar, ich bin nur dem Parfüm nachgegangen.‹ Es wurde ein großer Erfolg.«

»Seitdem es Menschen gibt, haben sie sich parfümiert. Ist das nicht seltsam? Sich mit Düften von Blumen, Früchten und Tiersekreten einzureiben? Weshalb tun wir das?«

»Ah«, sagt sie und macht eine Bewegung, als ob sie eine Handvoll Schmetterlinge freilassen würde, »als ich Picassos *Guernica* entdeckte, war das eine Offenbarung für mich. Ich war gleichzeitig entsetzt und fasziniert. Es ging mir unter die Haut. Auch Parfüms haben eine solche Wirkung – sie schokkieren und faszinieren uns. Sie irritieren uns. Unser Leben verläuft so ruhig. Wir mögen es, auf angenehme Art irritiert zu werden.«

»Eine meiner schönsten Erfahrungen machte ich«, sagt sie unerwartet, »als ich ein Haushaltsmittel herstellte, den Geruch für ein Waschmittel. Ich ging die Straße hinunter, und da waren zwei alte Damen, die eine Zeitung kauften. Ich sagte: ›Oh, meine Damen, Sie benutzen das Waschmittel X.‹ Sie erwiderten: ›Woher wissen Sie das?‹ Ich sagte: ›Ich kann es riechen.‹ Sie waren so glücklich und ich ebenfalls, denn diese Frauen können sich kein Parfüm für zwei- oder dreihundert Dollar leisten, aber ein Waschmittel schon, und sie freuten sich, daß es gut riecht.«

»Es ist doch ein schönes Leben, das Sie hier führen. Sie kreieren Düfte, die den Frauen ein gutes Gefühl geben.«

»Manchmal ist die Arbeit auch zermürbend. Das Leben eines Parfümeurs ist kein Honigschlecken. Früher war das anders. Früher arbeiteten die Parfümeure selbständig. Berühmte Parfümeure brauchten drei bis vier Jahre, um einen Duft herzustellen, und es gab keine Beschränkungen – keine Preisgrenze, keinen Termin. Eine Woche lang machten sie ungefähr zwei bis drei Experimente pro Tag, dann lebten sie mit dem Parfüm und benutzten es wochenlang ohne jeglichen Druck. Inzwischen ist alles sehr kommerzialisiert. Man muß etwas schaffen, das einen Namen bringt, muß Geld für die Firma erwirtschaften, und das alles muß schnell gehen. Doch ein Duft kann nicht über Nacht entstehen, jeder Parfümeur kennt kleine Akkorde, die er während zehnjähriger Praxis in seinem Gedächtnis speichert. Oh, ich brauche einen blumigen Duft, sagt er, ich erinnere mich an den einen, den ich vor Jahren einmal hatte. Doch er muß neu gestaltet werden, denn man kann ja keine Kopie verkaufen, kein Plagiat begehen. Man muß also wieder von vorn anfangen, doch es gibt Leitdüfte, die als Abkürzungen dienen können. Ich stelle ungefähr fünf- bis siebenhundert Formeln im Jahr her. Vielleicht ergeben sich daraus nur zwei große Erfolge, doch das heißt noch nicht, daß all die anderen Formeln nichts taugen.«

»Bricht es Ihnen nicht das Herz, wenn Sie eine Formel zusammengestellt haben, die Sie sehr begeistert, die den Kunden aber kaltläßt?«

Sie rollt die Augen, wird lebhaft: »Natürlich, und das kommt auch tatsächlich vor. Ich versuche immer, sie dann irgendwo anders zu verwenden, so daß sie nicht ungenutzt bleibt. Man muß an den Duft glauben, glauben, daß er Erfolg haben, daß er irgendwann und irgendwie in Erscheinung treten wird. Ich bin sehr beharrlich, komme immer wieder darauf zurück und überdenke ihn von neuem.

Vor kurzem habe ich einen Duft hergestellt, dessen Namen ich Ihnen nicht nennen kann, doch der Duft ist eine Offenbarung, ihn zu benutzen ist eine Offenbarung. Ich mag ihn. Die Hauptnote des Duftes ist ein Akkord, den ich vor einiger Zeit zusammenstellte und den ich ›Brustansatz‹ nannte – ›kopflos‹, ›uferlos‹, ich habe alle möglichen verrückten Namen, die ich insgeheim den Sachen gebe –, und dieser Duft riecht für mich wie die Haut einer jungen Frau hier« – sie deutet auf die Stelle zwischen Hals und Busen –, »dieser Duft enthält etwas sehr Sinnliches und Aufregendes.«

Sie nimmt einen langen Papierstreifen, taucht ihn in eine bernsteinfarbene Flasche mit Öl und reicht ihn mir. Als ich daran rieche, steigt mir ein fruchtiger Blumenduft in die Nase. Es ist ein sehr junger Duft, mädchenhaft und unschuldig, riecht nach leicht gepuderter Haut.

»Das ist ein einfacher und doch komplizierter Geruch. Irgendwie sagt er: ›Nimm mich in den Arm‹. Er enthält eine sexy Note, die die Männer lieben. Als ich diesen Duft herstellte, wußte ich, daß er Erfolg haben würde.« Sie reicht mir einen Duftstreifen, der frischer duftet, lebendiger. »Das ist also das Parfüm, das daraus entstand. Das erste war die Basis, das hier ist das Ergebnis. Von der ersten Flasche an wurde es konsequent zum Parfüm entwickelt. Die Grundnote ist blumig, doch je länger Sie daran riechen, desto zarter wird es.«

»Welches ist das sinnlichste Parfüm, das Sie kreiert haben?«

»Das ist eine gute Frage, denn was für den einen sexy und sinnlich ist, muß nicht zwangsläufig auf den anderen die gleiche Wirkung ausüben. Für mich ist dies hier sinnlich, nicht sexy, aber sinnlich.«

»Haben Sie auch eines, das nach Vamp riecht?«

»Probieren Sie dieses hier.«

Sie reicht mir einen weiteren Teststreifen, ich halte ihn mir unter die Nase. Der Duft fasziniert mich. Er zergeht mir wie ein Karamelbonbon hinten auf der Zunge, hat einen leichten Vinylgeschmack, und ein sprudelnder Moschusgeruch scheint ihn zu umgeben. Dieser Duft riecht äußerst extravagant. »Woraus besteht er?« frage ich.

»Er basiert auf einer Shalimar-Formel, ist aber noch nicht auf dem Markt.«

»Bei diesem hier spüre ich eine starke physische Reaktion. Ich kann ihn buchstäblich schmecken.«

Sie lacht. »Ja, genau das sagen die Leute über meine Parfüms, daß man sie schmecken könne. Ich bin bei allem, was ich unternehme, ganz bei der Sache. Ich möchte, daß meine Düfte erregen, den Geschmackssinn, den Geruchssinn, die Gefühle.«

»Können Sie sich ein Parfüm vorstellen, das Sie nicht kreieren können? Gibt es für Sie einen Idealduft?«

»Oh, ich würde gern eines Tages ein Parfüm schaffen, das auf Männer so verführerisch wirkt, daß sie keiner Frau, die es benutzt, widerstehen können. Das wäre das Größte, was ich in meinem Leben erreichen könnte. Das ist kein beruflicher Wunsch, sondern ein weiblicher Wunsch.«

»Die ganze Welt würde unsicher werden.«

»Ja!« sagt sie genußvoll.

»Geben Sie mir Bescheid, wenn Sie es gefunden haben. Ich werde Ihr erstes Versuchskaninchen sein.«

»*Ich* werde mein erstes Versuchskaninchen sein.«

Eine Gabe für die Götter

Als ich die IFF mit ihrem bunten Duftreigen und den geheimnisvollen Gängen, die auftauchen, verschwinden und ineinanderfließen wie die Düfte selbst, verlasse, empfängt mich draußen eine gedrückte Atmosphäre. Dampf steigt von den Kanalschächten auf, als ruhe die Stadt auf einer großen Schweißdrüse. Wie kann sich ein Geruchsexperte in einer Stadt voller widersprüchlicher Gerüche, von denen einige sogar ätzend sind, einen einwandfreien Geruchssinn bewahren? Parfümeure sind nicht die einzigen professionellen Geruchsexperten, die in diesem städtischen Sumpf überleben müssen. Die Ärzte haben sich bei der Diagnosefindung immer auf ihren Geruchssinn verlassen, auf ihren Blick, ihr Gefühl und ihr Gehör, insbesondere in der Zeit, als es noch keine ausgeklügelte Technik gab. Es heißt, Typhus habe einen Mausgeruch, Diabetes rieche nach Zucker, die Pest nach reifen Äpfeln, Masern nach frisch gerupften Federn, Gelbfieber nach Metzgerladen und Nierenentzündung nach Ammoniak.*

Wir müssen nicht nur all unsere Sinne beisammenhaben, wir brauchen sogar mehr Sinne, neue Sinne. Und wenn erforderlich, sind wir bereit, sie außerhalb unseres Körpers zu konstruieren und anzuwenden, wie Elektronenmikroskope, Radioteleskope und Atomuhren. Doch beim Geruch geht das nicht. Der Geruch ist ein Überbleibsel aus einer Zeit großer Lebensintensität, einer Zeit, als die Befriedigung der Grundbedürfnisse, der Instinkt und die Fantasie im Vordergrund standen, einer Zeit, als wir die Naturzyklen noch als eine der verheißungsvollsten Schützlinge der Natur erlebten. Wir brauchen den Geruchssinn eigentlich nur noch, um Geschmack zu empfinden und Gefahr zu wittern, doch wollen wir nicht darauf verzichten. Wir wollen nicht entwöhnt werden. Die Evolution will uns den Geruchssinn allmählich entziehen, ihn wegziehen wie ein Stofftier oder die Lieblingsdecke während des Schlafs. Doch wir hängen stärker denn je daran. Wir wollen nicht von den Bereichen der Natur ausgeschlossen werden, die nur dem Geruchssinn zugänglich sind. Das meiste, was wir riechen, ist zufällig. Die Blumen haben Düfte und helle Farben als sexuelle Lockmittel; die Blätter senden Düfte zur Abwehr von Parasiten aus. Die meisten der Gewürze, deren scharfes Aroma uns anzieht, schrecken Insekten und Tiere ab. Es sind die Kriegswaffen der Pflanzen. Im Regenwald des Amazonas begreift man schnell, daß Pflanzen nichts Schwächliches an sich haben. Da die Bäume sich nicht bewegen können, um einan-

---

* Zu den merkwürdigen Krankheiten, die am Geruch erkennbar sind, zählt eine Kinderkrankheit, bei der der Harn nach Ahornsirup riecht. Die Ärzte sind sich nicht sicher, wodurch der Geruch erzeugt wird. Ein Azetongeruch im Atem eines Patienten deutet oft auf Diabetes hin. »Menses-Atem« (einige Frauen entwickeln einen Zwiebelgeruch) rührt von einer Veränderung der Schwefelverbindungen im Körper während des Monatszyklus der Frau her.

der den Hof zu machen oder sich zu verteidigen, sind sie, um zu überleben, besonders einfallsreich und abwehrbereit. Einige Pflanzen haben unter ihrer Rinde Strychninschichten oder andere giftige Substanzen gespeichert; andere sind Fleischfresser; wieder andere entwickeln Blüten mit feinen Federwedeln, um Insekten, Vögel oder Fledermäuse, die sie mit ihrem verführerischen Duft und ihren Farben angelockt haben, mit Blütenstaub zu betupfen. Einige Orchideenarten ahmen die Fortpflanzungsorgane einer Biene oder eines weiblichen Käfers nach, um die Männchen zur Kopulation anzureizen, wobei sie mit Blütenstaub bestäubt werden. Auf den Bahamas blüht einmal im Jahr der Selenicereus-Kaktus. In dieser einen Nacht spielt sich sein ganzes Sexualleben ab, schon am nächsten Morgen ist er verblüht. Bereits einige Tage zuvor entwickeln die Kakteen große Blütenhülsen. Eines Nachts erwacht man durch einen starken Vanillegeruch, die mondbestrahlten Kakteen scheinen unter den riesigen Blüten zu bersten. Hunderte von Sphinx-Nachtfaltern eilen von einer Blüte zur anderen. Die Luft ist erfüllt von Hundegebell, dem lauten Flattern der Falter, das sich wie Papierrascheln anhört, und dem sinnenbetörenden Vanillegeruch der Blumen, der im Morgengrauen vergeht und die Kakteen für ein ganzes Jahr gesättigt zurückläßt.

In der Antike, als die Parfüms fast so mystisch wie kostbar waren, bemühten sich die Gelehrten, ihre heilenden oder berauschenden Eigenschaften herauszufinden. Unser Geruchssinn hat zur Verbreitung der Sprache beigetragen, die sich an den Schnittpunkten der alten Handelsstraßen entwickelte. Um neue Gewürze, Parfüms, Heilkräuter und exotische Talismane zu finden, durcheilte man Meere und Kontinente, und vor Ort mußte man feilschen und sich eventuell auch Aufzeichnungen machen. Ich kann mich nicht erinnern, daß 1976, bei der Zweihundertjahrfeier der USA, auch der Geruchs- oder Geschmackssinn gefeiert worden wäre. Doch wir vergessen allzuleicht, daß die Antriebskräfte für die Expedition des Kolumbus mindestens so genußbezogen wie materialistisch, abenteuerlich und selbstsüchtig waren. Es war auch die schier unersättliche Nachfrage nach exotischen Gewürzen und Parfüms, die ihn in ferne Länder segeln ließ.

Das Parfüm begann seinen Siegeszug in Mesopotamien als Weihrauch, der den Geruch verbrannten Tierfleisches, das den Göttern als Opfergabe dargeboten wurde, überdekken sollte. Es wurde zudem beim Exorzismus, in der Heilkunst und nach dem Geschlechtsverkehr verwendet. Der Begriff Parfüm stammt aus dem Lateinischen »per« (durch) und »fumus« (Rauch, Dunst). Ins Feuer geworfen, erfüllte der Weihrauch die Luft mit einem überirdischen, magischen Rauch, der in die Nase stieg, als ob lärmende Geister sich ihren Weg in den Körper bahnten. Parfümierter Rauch begann mit irdischen Dingen und stieg dann in die Sphäre der Götter. Priester zündeten auf der Spitze des berühmten Turms von Babel, der den Göttern näher war, als Sterbliche dies je erreichen konnten, Scheiterhaufen mit Weihrauch an. Die überlieferte Geschichte der Mode und des Luxus lehrt uns, daß Parfüms anfangs vermutlich für die Götter bestimmt waren, dann durften Priester, gottähnliche Führer, normale Führer und alle sonstigen Personen in der sozialen Hierarchie es benutzen. Die Menschen der Vorzeit parfümierten ihren Körper, wie es primitive (und kultivierte) Völker heutzutage noch tun. Ein befreundeter Anthropologe, der mit Indianerstämmen im Amazonasgebiet arbeitet, berichtet von einem Stamm, bei dem die Frauen eine Art Salbeirock tragen und die Männer eine duftende Wurzel als Achseldeodorant benutzen. Das erste Land, von dem überliefert ist, daß regelmäßig extravagante Düfte benutzt wurden, ist Ägypten. Die aufwendigen Riten der Bestattung und Einbalsamierung erforderten Gewürze und Salben. Bei Gottesdiensten wurden in ausgefeilten Zeremonien große Mengen an Weihrauch verbrannt. Unter Königin Hatschepsut im Neuen Königreich (1558–1085 v. Chr.) wurde Parfüm zu einer allgemeinen Leidenschaft. Hatschepsut legte große botanische Gärten an und ließ auf den Terrassen, die zu ihren Tempeln führten, Weihrauch verbrennen. Die Ägypter benutzten bei ihren religiösen Kulten Parfüm und Weihrauch in verschwenderischen Mengen. Schließlich benutzten sie es auch im Alltag, besonders während des goldenen Zeitalters. Sie betupften ihren Körper mit Parfüm, um Zauberdüfte zu bannen, aus medizinischen Gründen und als Schönheitswässerchen, denn sie liebten eine seidige duftende Haut. Die Ägypter entdeckten, wie man Düfte in Ölen bindet, und stellten hübsche Glasgefäße her, um ihre Düfte aufzubewahren. Dazu gehörten neben anderen Techniken auch die Millefiori-Gläser, die die venezianischen Glasbläser Jahrhunderte später kopierten. Sie liebten ausgedehnte Schönheitsrituale und waren von Make-up fasziniert. Könnten wir einer Frau im alten Ägypten zusehen, die sich für ein Abendessen zurechtmacht, so würden wir sie an ihrem Frisiertisch sitzen sehen, um sich zu schminken und zu frisieren. Sie besitzt eine Auswahl eleganter, fantasievoller Parfümlöffel, Behälter für Salben, Gefäße, Flakons und Lidschattendosen. Vielleicht trug sie eine Tätowierung auf der Schulter, einen Skarabäus oder eine Blume – die ägyptischen Frauen liebten Tätowierungen. (Als in den zwanziger Jahren ein ägyptisches Grab geöffnet und eine sorgfältig tätowierte Mumie entdeckt wurde, beschlossen Lady Churchill und andere Damen der Gesellschaft, sich ebenfalls eine Skarabäustätowierung machen zu lassen.) Eine hochgestellte Dame der Gesellschaft trug im alten Ägypten einen Wachskegel mit Salbe auf dem Kopf, der langsam schmolz und ihr Gesicht und ihre Schultern mit parfümiertem Sirup bedeckte. Vermutlich war es ein Gefühl, als ob kleine Käfer über sie krabbelten und Duftbällchen vor sich herschoben. Die Ägypter waren ein genußsüchtiges Volk, das hygienebesessen war. Sie erfanden das luxuriöse Badevergnügen – ein Vergnügen, das erholsam, anregend, besinnlich oder beruhigend sein konnte, je nach Stimmung. Es folgte eine Massage mit aromatischen Ölen, um die Muskeln zu lockern und die Nerven zu beruhigen – Aromatherapie, eine Technik, die zuerst beim Einbalsamieren von Mumien angewandt wurde. Wissenschaftler am Psychophysiologieinstitut der Yale-Universität beschäftigen sich derzeit mit einer Studie über den Einfluß von Gerüchen auf Streß und Dynamik. Sie behaupten, der Duft aromatischer Äpfel könne den Blutdruck senken und einen Herzinfarkt verhindern und Lavendel könne den Stoffwechsel anregen und die Aufmerksamkeit erhöhen. Die Zeitschrift *Chronicle of Higher Education* berichtet, Tests an der Universität von Cincinnati hätten ergeben, daß eine mit Düften angereicherte Raumluft die Tippgeschwindigkeit und die Leistungsfähigkeit im allgemeinen erhöhen könne.

In Sonesta Beach Spa auf den Bermuda-Inseln räkele ich mich an einem Tisch am Fenster, durch das ich die Brandung des Meeres hören und sehen kann. Eine junge hübsche Frau mit großen blauen Augen betritt den kleinen Raum. Sie trägt einen weißen Kosmetikkittel und stammt aus Yorkshire, ist aber noch nicht lange genug hier, um sich an ihren zwölf freien Wochenenden Sonnenbräune zugelegt zu haben. Ihr Freund arbeitet bei der Wasserpolizei der Bermuda-Inseln. Gestern begleitete sie ihn zum Cricket Cup Match. Sie hat entzündete Fußballen, was sie vom Vater geerbt hat, ebenso die kleine symmetrische Nase, die ihrer Meinung nach zu groß ist, und das glatte blonde Haar, das nach ihrem Geschmack zu dünn ist. Sie hüllt mich behutsam in Frottiertücher, die sie nach einer gewissen Zeit wieder neu arrangiert. In den letzten Tagen hatte sie ausreichend Gelegenheit, meinen Körper mit all seinen Stärken und Schwächen kennenzulernen. Nur ein Liebhaber hätte ihn öfter oder intensiver berühren können. Meine Nacktheit macht uns genausowenig aus wie alten Ehepaaren. Sie erklärt mir die nächste Behandlung – Aromatherapie. Diese alte ägyptische Technik geriet jahrhundertelang in Vergessenheit und wurde im 18. Jahrhundert wiederentdeckt, als aromatische Substanzen und Kräuter wieder modern wurden. Da ich hier mehr zur Entspannung als zur Einbalsamierung bin, mischt meine Kosmetikerin Lavendel, Neroli und Sandelholz in süßem Mandelöl und massiert meinen Körper von Kopf bis Fuß zur Anregung des Lymphsystems. Ich werde danach nicht duschen, da die Öle Zeit brauchen, um einzudringen und zu wirken. Sie beginnt bei den Waden, massiert fächer- und kreisförmig kehrt immer wieder zum Ausgangspunkt zurück, und beginnt erneut in symmetrischen Bögen oder kleinen Wellen. Der Duft – moschusartig, schwer, orientalisch – scheint meinen Körper einzuhüllen. Nach den Beinen wendet sie sich dem Nacken und dem Rücken zu. An bestimmten Punkten der Wirbelsäule übt sie Druck aus. Sie streicht über die Schulterblätter, verstärkt den Druck und lockert ihn wieder. Sie erklärt mir, daß die Wirkung der Behandlung zum Teil auf dem »Energiefluß« zwischen ihr und mir beruht. Ein Duftschleier schlingt sich um meinen Hals, hüllt mich in dichten Nebel; ihre Hände setzen die kreisenden Bewegungen fort, wärmen die Öle an. Unvermittelt schweifen meine Gedanken ab. Ich erinnere mich an meine Kindheit, als mein Vater mit uns von Illinois aus zu einem kurzen Sommerurlaub nach Florida fuhr. Die Fahrt von Chicago nach Florida war lang, und meine Mutter hatte Sandwiches und Früchtepunsch, einen Korb mit unseren Lieblingsspielsachen und ein paar Comic-Hefte und Abenteuerbücher eingepackt. Ich sehe die Fahrt erstaunlich deutlich vor mir: die »Yup-Yup-Blätter«, die Feen in einem der Comics pflückten, das Spanische Moos auf den Bäumen, an denen wir vorüberfuhren, meine Mutter, die gern während der Fahrt sang und ein graues Kleid mit großen malvenfarbenen Rosen trug. Ihr glattes braunes Haar war à la Ava Gardner frisiert. Manchmal, wenn sie schwieg, hob sie plötzlich den linken Zeigefinger, was mich irritierte. Ich war zu jung, um zu begreifen, daß sie vermutlich Selbstgespräche führte. Weshalb erinnere ich mich daran? Ich war damals acht Jahre alt. Meine Mutter bekam mich mit dreißig. Ich bin jetzt so alt wie sie damals, und sie hatte zwei Kinder. Diese lebhafte Erinnerung bleibt in meinem Gedächtnis haften und umhüllt mich wie eine dicke, warme Decke. Dann wickelt mich die Kosmetikerin in eine hellblaue Decke. Die hellblauen Wände des Zimmers haben eine Musterung wie ein Parkettboden: Tausende von braunen Winkeln. Über jedem befinden sich graue Anführungszeichen, die genauso aussehen wie jene am Schluß eines Zitats.

Kleopatras Erben

Die Ägypter als Meister aromatischer Substanzen hatten vielerlei Verwendung für Zedernholz: bei der Einbalsamierung, als Weihrauch und zum Schutz des Papyrus vor Insekten. Kleopatras Zedernholzschiff, auf dem sie Antonius empfing, hatte parfümierte Segel; Weihrauchgefäße standen um ihren Thron, und sie selbst duftete von Kopf bis Fuß. Ich komme hier wieder auf sie zu sprechen, weil sie eine glühende Parfümliebhaberin war. Sie parfümierte sich die Hände mit *kyphi*, das Rosen-, Krokus- und Veilchenöl enthielt, die Füße mit *aegyptium*, einem Duftwasser aus Mandelöl, Honig, Zimt, Orangenblüten und Henna. Die Wände waren ein Geflecht aus Rosen, die durch Netze geschützt waren. Wenn sie irgendwo in Erscheinung trat, wurde sie durch ihre Düfte angekündigt. Die Römer wurden für ihre Bäder berühmt, doch im Grunde übernahmen sie das Bad von den genußfreudigen Ägyptern.

In der Antike waren sogar die Bauten der Könige auf Düfte ausgerichtet. Die Potentaten bauten ganze Paläste aus Zedernholz, zum Teil wegen seines süßen Harzgeruchs und zum Teil, weil es Insekten fernhielt. In der Nanmu-Halle der kaiserlichen Sommerresidenz der Mandschu-Kaiser in Chengte waren Balken und Täfelung aus Zedernholz, ohne Lack und Farbe, so daß der Holzgeruch die Luft durchzog. Die Erbauer von Moscheen pflegten Rosenwasser und Moschus in den Mörtel zu mischen; die Mittagssonne erwärmte ihn und brachte den Duft zur Entfaltung. Die Türen des im 8. Jahrhundert v. Chr. in Chorsabad erbauten Palastes Sargons II. strömten Düfte aus, wenn sie bei Besuchen bewegt wurden. Die Barken und Sarkophage der Pharaonen wurden aus Zedernholz hergestellt. Der Dianatempel in Ephesus, eines der Sieben Weltwunder der Antike, der rund achtzehn Meter hohe Säulen hat, stand zweihundert Jahre, brannte dann 365 v. Chr. ab und bildete dabei eine einzige Duftflamme. Die Legende berichtet, er sei bei der Geburt Alexanders des Großen als Opfergabe abgebrannt.

In der Antike parfümierten sich besonders maskulin auftretende Männer. Die starken Gerüche, die sie verbreiteten, betonten in gewisser Weise ihre Anwesenheit, erweiterten ihr Territorium. In der vorgriechischen Kultur auf Kreta rieben sich die Athleten vor den Spielen mit speziellen aromatischen Ölen ein. Griechische Schriftsteller um 400 v. Chr. empfahlen Minze für die Arme, Thymian für die Knie, Zimt, Rosen- oder Palmenöl für Kiefer und Brust, Mandelöl für Hände und Füße und Majoran für Haar und Augenbrauen. Ägyptische Männer, die ein Bankett besuchten, wurden an der Tür mit Blumengirlanden empfangen und konnten sich einen Duft auswählen. Blumenblätter wurden auf dem Boden verstreut, so daß sie ihren Duft entfalteten, wenn die Gäste auf sie traten. Bei diesen Banketten gab es oft Statuen, die aus allen Öffnungen Duftwasser sprühten. Bevor sich ein Mann zur Ruhe begab, zerdrückte er Parfümstoffe, bis es ein öliger Puder war, und verteilte diesen auf seinem Bett, so daß er während des Schlafs den Duft einatmen konnte. Homer beschreibt die obligatorische Höflichkeitsgeste, den Besuchern ein Bad und aromatische Öle anzubieten. Alexander der Große liebte Parfüms und Weihrauch, auch Safran, womit er seine Tunika tränkte. Die Männer aus Babylon und Syrien waren stark geschminkt und trugen Schmuck. Außerdem hatten sie kunstvoll arrangierte Frisuren aus Ringellokken, die mit Duftwässern besprüht wurden. Im alten Rom ging die Leidenschaft so weit, daß sowohl Männer als auch Frauen in Parfüm badeten, ihre Gewänder damit besprühten und ihre Pferde und Haustiere parfümierten. Die Gladiatoren benutzten Duftwasser am ganzen Körper – für jede Körperregion einen anderen Duft –, bevor sie zum Kampf antraten. Und wie auch andere römische Männer und Frauen benutzten sie Taubendung, um ihr Haar zu bleichen. Bevor sie zum blutigen Kampf mit einem Löwen, einem Krokodil oder einem anderen Mann antraten, gebrauchten sie vielleicht rauhe Worte, doch ihre Hände verströmten süße Düfte. Die römischen Frauen parfümierten genau wie die Männer verschiedene Körperteile, und ich stelle mir vor, daß sie einige Zeit damit verbrachten, um zu entscheiden, ob

Sandelholz-Füße und Jasmin-Brüste zu einem Neroli-Hals und zu Lavendel-Schenkeln paßten. Mit dem Christentum kam eine spartanische Neigung zur Zurückhaltung auf, man fürchtete, zügellos zu erscheinen, und so parfümierten sich Männer eine Zeitlang nicht mehr. (Doch bestimmten Blumen und ihren Düften haftete nach wie vor ein Symbolismus an. Zum Beispiel liebte man Nelken, da ihr Duft dem des Nelkengewürzes glich, und die Nelken wiederum ähnelten den Nägeln, mit denen Christus ans Kreuz genagelt wurde.) Wie John Trueman in *The Romantic Story of Scent* schreibt: »Die Männer der Antike waren reinlich und parfümiert. Die Männer im Europa des frühen Mittelalters waren unsauber und unparfümiert. Die des späten Mittelalters und der Zeit bis zum 17. Jahrhundert waren unsauber und parfümiert... Die Männer des 19. Jahrhunderts waren reinlich und unparfümiert.« Doch die Männer ließen nie ganz von anziehenden Düften. Die Kreuzritter kehrten von ihren Kreuzzügen mit Rosenwasser zurück. Ludwig XIV. hielt sich Diener, die seine Räume mit Rosenwasser und Majoran besprühten, seine Gewänder in ein Gemisch aus Nelken, Muskatnuß, Aloe, Jasmin, Orangenwasser und Moschus tauchten. Er verlangte, daß täglich ein neues Parfüm für ihn erfunden wurde. Am »parfümierten Hof« Ludwigs XV. pflegten Bedienstete Tauben mit verschiedenen Düften zu besprühen und sie bei den Festmahlen herumfliegen zu lassen, um die Gäste in einen Duftnebel zu hüllen. Die Puritaner verbannten Düfte, doch schon bald wurden sie wieder hervorgeholt.

Die Garderobe einer Frau des 18. Jahrhunderts erforderte sorgfältige Vorbereitungen und eine gute Nase: Sie benutzte süßlich riechenden Haarpuder und parfümiertes Make-up. Ihre parfümierten Gewänder wurden mit einer Duftpresse bearbeitet. Sie parfümierte ihren ganzen Körper, tauchte dann Baumwollkugeln in Toilettenwasser und steckte sie in ihr Mieder. Dufttöpfe aus chinesischem Porzellan standen auf den Frisiertischen und verströmten Duft im Raum. Mittags wechselte sie zu neuen Düften über, die ebenfalls sehr stark waren. Und abends wiederholte sich das gleiche. Napoleons Leidenschaft für Luxus schloß auch sein Lieblingstoilettenwasser aus Neroli und anderen Ingredienzen ein. 1810 bestellte er bei seinem Parfümeur Chardin 162 Flaschen. Nachdem er sich gewaschen hatte, pflegte er seinen Hals, seine Brust und seine Schultern zu parfümieren. Selbst auf seinen härtesten Feldzügen nahm er sich in seinem reich ausgestatteten Zelt die Zeit, rosen- oder veilchenduftende Parfüms, Nelken und dergleichen zu benutzen. Während der napoleonischen Kriege sandten britische Schiffskapitäne Kaiserin Josephine Rosen, die für ihren Garten in Malmaison bestimmt waren (wo sie 250 Sorten züchtete). Kuriere mit neuen Rosenzüchtungen konnten ungehindert zwischen England und Frankreich hin- und herreisen. Elizabeth I. liebte mit Ambra getränkte Nelken. Sie trug parfümierte Umhänge und verlangte, daß auch ihre Höflinge sich stark parfümierten, damit sie von angenehmen Düften umgeben war. Elizabeth I. war eine große Kunstmäzenin, und ihr gebührt der Ruhm des Elisabethanischen Theaters. Außerdem kümmerte sie sich um viele Schriftsteller, einschließlich Shakespeare, und genoß ihre Stellung inmitten des sinnenfreudigen und künstlerischen Lebens. Sie hatte eine besondere Schwäche für Sir Walter Raleigh und vermutlich auch für das Eau de Cologne mit Erdbeerduft, das er benutzte. Elizabeth hüllte sogar ihre Haustiere in Düfte und trug einen in Zimt getauchten und mit Nelken gespickten Apfel im Mieder, um die Pest abzuwehren.

Diese Duftmanie geht weit zurück. Jesus erhielt als erstes Geschenk Weihrauch, und im 11. Jahrhundert schenkte Eduard der Bekenner der Westminster Abbey eine erstaunlich gut erhaltene Reliquie – ein Stückchen vom Weihrauch der Heiligen Drei Könige. In Indien vollzieht man nach wie vor *Abhyanga*, das Einreiben weiblicher Elefanten mit Moschusduft, um sie für männliche Elefanten sexuell anziehender zu machen. Früher strömten an den Höfen Japans Glokken jede Viertelstunde einen unterschiedlichen Weihrauchgeruch aus, und Geishas wurden nach dem Verbrauch von Räucherstäbchen bezahlt. Düfte haben alle Kulturen und Religionen fasziniert, doch die höchste Verheißung bietet vermutlich der Koran: Jene, die fromm genug sind, in den

Himmel zu kommen, werden dort von wollüstigen Gefährtinnen, den Huris, empfangen (aus dem arabischen *haura*
für dunkeläugige Frau), die auf alle Launen eingehen und
neue Liebeswonnen erfinden, die dann sogleich erfüllt werden. Die höchsten Pforten der Lust sind nicht nur parfümiert, sie bestehen laut Koran ganz und gar aus Sandelholz.
Sie sind reiner Duft, reine Lust. In gewissem Sinn führen uns
die Huris zurück in jene Zeit vor dem Denken und vor dem
Sehen, als allein der Geruch uns durch die dunklen Gänge
der Evolution leiten konnte.

Das Tasten

Es sind arg warme Hände, die sich immerfort
kühlen möchten und sich unwillkürlich auf
Kaltes legen, gespreizt, mit Luft zwischen
allen Fingern. In diese Hände konnte das
Blut hineinschießen, wie es einem zu Kopf
steigt, und geballt waren sie wirklich wie die
Köpfe von Tollen, tobend von Einfällen.

Rainer Maria Rilke
Die Aufzeichnungen des
Malte Laurids Brigge

Die Hülle der Gefühle

Unsere Haut ist eine Art Raumanzug, in dem wir uns durch eine Atmosphäre beißender Gase, kosmischer Strahlen und Hindernisse aller Art bewegen. Vor Jahren hörte ich von einem Jungen, der in einem von der NASA entworfenen Sauerstoffzelt leben mußte, da sein Immunsystem so schwach war, daß jede Krankheit lebensbedrohend für ihn sein konnte. Wir alle ähneln diesem Jungen. Unsere Haut ist diese Hülle. Doch sie ist auch lebendig, atmet und scheidet aus, schützt uns vor gefährlichen Strahlen und Mikrobenangriffen, wandelt Vitamin D um, schirmt uns gegen Hitze und Kälte ab, kann sich selbst regenerieren, reguliert die Blutzirkulation, stellt das Medium für unseren Tastsinn dar, wirkt erotisierend, umgrenzt unsere Individualität, hält all die flüssigen Stoffe in unserem Körper an der richtigen Stelle. Wir besitzen nicht nur einmalige Fingerabdrücke, sondern auch einmalige Porenmuster. Nach katholischer Legende befinden sich in einem geheimen Versteck Reste der Vorhaut Christi. Da er in den Himmel auffuhr, ist die Vorhaut der einzige sterbliche Teil von ihm, der zurückblieb. Wir lieben es, unsere Haut zu schmücken, wann immer wir die Gelegenheit dazu haben, was uns dadurch erleichtert wird, daß wir unsere Haut mit uns herumtragen und sie waschen können. Der Psychiater David Hellerstein gibt im *Science Digest* vom September 1985 eine einfache und einleuchtende Beschreibung der Haut:

Die Haut besteht aus einer Zwei-Schicht-Membran. Die untere, schwammige, ein bis zwei Millimeter dicke Lederhaut besteht hauptsächlich aus Bindegewebe, das reich an dem Protein Collagen ist. Sie schützt und polstert den Körper und enthält Haarfollikel, Nervenenden, Schweißdrüsen, Blut- und Lymphgefäße. Die obere Schicht, die Epidermis, ist 0,07 bis 0,12 Millimeter dick. Sie besteht hauptsächlich aus schuppigen oder schuppenähnlichen Epithelzellen, die rund und prall an der Lederhaut beginnen und in einem Zeitraum von 15 bis 30 Tagen nach oben gedrückt werden, zur Oberfläche hin, und zwar von neuen Zellen, die sich darunter bilden. Wenn sie nach oben gelangen, werden sie flach und tellerartig, leblose Geister, voll mit einem Protein namens Keratin. Wenn sie schließlich an der Oberfläche angekommen sind, werden sie schmählich abgestoßen und vergessen.

Unsere Haut ist das, was zwischen uns und der Welt ist. Wenn man darüber nachdenkt, stellt man fest, daß nur unsere Haut mit etwas, das außerhalb von uns ist, in Kontakt kommt. Sie schließt uns ein, doch sie verleiht uns auch individuelle Form, schützt uns vor Eindringlingen, kühlt oder wärmt uns, je nachdem, produziert Vitamin D, konserviert die Flüssigkeit in unserem Körper. Vielleicht ist das erstaunlichste daran, daß sie sich im Notfall selbst heilen kann und sich ständig regeneriert. Sie wiegt zwischen sechs und zehn Pfund, ist das größte Körperorgan und das entscheidende Organ für sexuelle Stimulation. Die Haut kann erstaunlich viele Formen annehmen: Krallen, Stacheln, Hufe, Federn, Schuppen, Haare. Sie ist wasserdicht, abwaschbar und elastisch. Obwohl sie bei zunehmendem Alter faltig wird, hält sie sich erstaunlich gut. Für die meisten Völker stellt sie den idealen Untergrund für Malereien, Tätowierungen und Juwelen dar. Das wichtigste aber ist, daß sie den Tastsinn beherbergt.

Fingerspitzen und Zunge sind bei weitem empfindlicher als der Rücken. Einige Körperteile sind kitzlig, und andere reagieren, wenn es uns juckt, wenn wir frösteln oder eine Gänsehaut bekommen. Die behaartesten Teile des Körpers sind meistens die druckempfindlichsten, da sich an der Wurzel jedes Haars viele Sinnesrezeptoren befinden. Bei Tieren, von der Maus bis zum Löwen, sind die Schnurrbarthaare ungewöhnlich empfindlich; auch unsere Körperhaare sind empfindlich, wenn auch weniger ausgeprägt. Die Haut ist an behaarten Stellen auch am dünnsten. Erst in der zweiten Hautschicht ist die Empfindung angesiedelt. Die oberste Schicht ist empfindungslos, geht leicht ab und hinterläßt jenen Rand in der Badewanne. Deshalb werden Safeknacker manchmal gezeigt, wie sie sich die Fingerspitzen abschmirgeln, damit die obere Hautschicht dünner wird und so die Tastzellen näher an der Oberfläche sind. Ein Zimmermann untersucht das Brett, das er soeben gehobelt hat, mit dem Daumen auf unebene Stellen. Der Koch prüft die Beschaffenheit des Teigs, indem er ihn zwischen Daumen und Zeigefinger rollt. Ohne hinzuschauen wissen wir, an welcher Stelle wir uns beim Rasieren geschnitten haben oder wo eine Masche läuft. Es ist durchaus möglich, Nässe zu spüren, auch wenn man nicht naß ist (z. B. wenn man beim Spülen Gummihandschuhe trägt), was zeigt, wie ausgeprägt unser Tastsinn ist. Der Grund, weshalb es uns leichter fällt, zuerst die Füße naß zu machen, wenn wir uns ins eiskalte Meer wagen, besteht darin, daß wir in den Füßen nicht so viele Kälterezeptoren haben wie zum Beispiel in der Nasenspitze.

Im Mittelalter wurden der Hexerei verdächtige Menschen und andere, die außerhalb von Gesetz oder frommer Konvention lebten, auf dem Scheiterhaufen verbrannt. Da hier Feuer und Schwefel der Hölle nachgeahmt wurden, symbolisierte dies das höchste Grauen. Der Tod trat Zelle um Zelle ein, noch die geringsten Empfindungen des Lebens wurden einzeln verbrannt. Heute werden Patienten mit Verbrennungen in speziellen Kliniken behandelt. Wenn ihre Verbrennungen so stark sind, daß sich die Haut nicht mehr selbst regenerieren kann, werden die entsprechenden Stellen provisorisch mit Leichen- oder Schweinehaut oder mit getränkter Gaze bedeckt, bis die Haut von anderen Körperteilen transplantiert werden kann. Unsere Haut macht rund 16 Prozent unseres Körpergewichts aus und erstreckt sich über rund $1,7\,m^2$, doch wenn zuviel Haut verbrannt wurde, bleibt für eine Transplantation nicht mehr genug übrig.

1983 fand ein Team der Harvard Medical School unter Leitung von Dr. Howard Green eine revolutionäre Methode zur Behandlung bei Verbrennungen. Zwei kleine Jungen hatten mit einem Lösungsmittel Farbe von ihrem nackten Körper entfernt, als sich diese Substanz zufällig entzündete.

Die fünf- und sechsjährigen Jungen erlitten schwerste Verbrennungen, der eine zu 97 Prozent, der andere zu 98 Prozent. Im Shriners-Institut für Verbrennungen in Boston wickelten die Ärzte die Jungen in Leichenhaut und Kunstmembrane, entfernten kleine Hautstücke aus ihren Achselhöhlen und züchteten daraus große Hautstücke, die sie in einem Zeitraum von fünf Monaten nach und nach transplantierten. Sie konnten bei jedem Jungen die Hälfte der verbrannten Haut wiederherstellen. Knapp ein Jahr später kehrten die beiden nach Hause zurück. Obwohl die Jungen keine Schweißdrüsen oder Haarfollikeln auf der neuen Haut hatten, war sie dehnbar und bot Schutz, und sie konnten wieder zur Schule gehen. Den Ärzten war es gelungen, neue Haut von beträchtlichem Ausmaß herzustellen.

Das geht folgendermaßen vonstatten: In einem Labor in Harvard schneiden die Ärzte einen kleinen Hautflecken auf, den ein Patient gespendet hat, behandeln diesen mit Enzymen und legen ihn ganz dünn auf ein Kultursubstrat. Nach nur zehn Tagen verbinden sich Kolonien von Hautzellen zu größeren Flächen, die dann zerkleinert werden, um daraus weitere Flächen entstehen zu lassen. Nach 24 Tagen ist so viel Haut vorhanden, daß ein ganzer menschlicher Körper damit bedeckt werden kann. Die neue Haut wird mit Gaze verbunden, die in Vaseline getaucht wurde, und dann mit der Gaze nach oben an den Körper genäht. Ungefähr zehn Tage später wird die Gaze entfernt, und die Haut entwickelt sich bald zu einer weicheren und viel natürlicher aussehenden Haut, als dies bei Transplantationen der Fall ist. Neben dieser revolutionären Methode des Hautwachstums gibt es noch weitere faszinierende Methoden. Am New York Hospital haben Ärzte des Cornell Medical Center mit Leichenhaut experimentiert, die sie in großen Mengen züchten und in einer Hautbank aufbewahren. Am MIT (Massachusetts Institute of Technology) haben Wissenschaftler ein Schnellverfahren entwickelt, bei dem ein Stück Haut des Patienten von der Größe einer Münze dazu verwendet wird, in zwei Stunden eine große Menge Haut herzustellen. So kann sofort eine Transplantation erfolgen, das heißt ohne dreiwö-

chige Wartezeit. Innerhalb von zwei Wochen ist die verbrannte Stelle mit neuer Haut überwachsen. Auch hier hat
die Haut keine Haarfollikel, Schweißdrüsen und Pigmente,
doch sie schützt und wirkt wie eine normale Haut. Solche
Methoden taugen allerdings nicht bei kleineren Brandwunden oder auch ernsthaften Verbrennungen geringeren Um-
fangs; sie sind nur anzuwenden bei Patienten mit schweren
Verbrennungen über weite Flächen, die deshalb zuwenig
Haut für eine Transplantation besitzen. Keine der Methoden
ist risikolos: Es kann zu verzögerter Heilung, zu Abstoßung
oder Infektionen kommen – doch die bloße Tatsache, daß
man in der Lage ist, ein Organ, und noch dazu das größte
Organ des Körpers, auf diese Art herzustellen, läßt den
Gedanken aufkommen, man könnte auch andere Organe –
Augen, Ohren, Herzen – oder zumindest Teile davon – auf
einer Farm wachsen lassen, deren Felder Reagenzgläser und
deren Silos Versuchsanordnungen sind.

Das Tasten in der Sprache

Die Sprache ist voller Metaphern für die Vorgänge des
Berührens und Tastens, Fühlens und Spürens. Wir bezeichnen unsere Emotionen als Gefühle, und wir sind sehr bewegt, wenn uns etwas »berührt«. Probleme können kitzlig
oder zäh sein oder müssen mit Samthandschuhen angefaßt
werden. Das lateinische »Noli me tangere«, »Berühre mich
nicht«, »Faß mich nicht an«, sagte Christus zu Maria Magdalena nach der Auferstehung. Aber diese Bezeichnung wird
auch für die Krankheit Lupus verwendet, vermutlich aufgrund der entstellenden Hautgeschwüre, die charakteri-
stisch für diese Erkrankung sind. In der Musik ist eine
Tokkata eine Komposition für Orgel oder andere Tastenin-
strumente. Ursprünglich war dies ein Musikstück, um die
Anschlagtechnik zu lehren, und der Begriff ist abgeleitet aus
dem Partizip Perfekt von *toccare*, dem lateinischen Wort für
berühren. Die Musiklehrer tadeln die Schüler oft, weil sie
kein »Fingerspitzengefühl« hätten, womit sie ein undefinier-

bares Gespür für die Spieltechnik meinen. Beim Fechten bedeutet *touché*, daß man vom Gegner getroffen wurde. Wir gebrauchen aber den Begriff auch, um auszudrücken, daß jemand mit seinen Argumenten ins Schwarze getroffen hat. D. H. Lawrence' Verwendung des Begriffs Berührung hat nichts mit der Epidermis zu tun, sondern mit der Wirkung, die etwas im Innersten des Menschen ausübt. Die meisten Tänze der vergangenen Jahrzehnte bestanden darin, daß die Partner sich getrennt bewegten. Als vor ein paar Jahren die Leute wieder begannen, eng miteinander zu tanzen, mußte man eine besondere Bezeichnung dafür finden: »Berührungstanzen«. Was als real erscheint, ist für uns »greifbar«, als ob es eine Frucht wäre, deren Schale wir fühlen können. Wenn wir gestorben sind, betten uns unsere Lieben in weichgepolsterte Särge, machen uns wieder zu Kindern, die im Arm ihrer Mutter ruhen, bevor sie in den Leib der Erde zurückkehren. Frederick Sachs schreibt in *The Sciences*: »Der Tastsinn ist der erste unserer Sinne, der aktiv wird, und oft der letzte, der abstirbt: Wenn unsere Augen uns längst im Stich lassen, tun unsere Hände immer noch treu ihren Dienst… Wenn wir endgültige Verluste beschreiben, sagen wir oft, daß wir das Gespür für etwas verloren haben.«

*D*ie ersten Berührungen

Obwohl ich kein stattlicher älterer Herr bin, der nichts anderes zu tun hat, massiere ich ein winziges Baby in einer Klinik in Miami. Oft kümmern sich dort Männer im Rentenalter spätnachts um die Frühgeburten auf der Station, während andere Leute familiäre Pflichten haben oder ihrem nächsten Acht-Stunden-Arbeitstag entgegenschlafen. Den Babys ist das Geschlecht jener, die sie kosen und knuddeln, gleichgültig, sie lechzen einfach nach den Zärtlichkeiten. Die Arme dieses Babys sind leblos wie Plastikarme. Obwohl es noch zu schwach ist, um sich zu drehen, kann es schon seine Arme bewegen, so daß die Schwestern das Bett mit sanften Polstern unterlegt haben, damit es nicht zufällig in eine Ecke rollt. Es ist kaum vorstellbar, daß dieser winzige Junge, der auf dem Bauch liegt, eines Tages bei der Sommerolympiade Basketball spielt oder eigene Kinder aufzieht oder ein Schweißer wird oder im Jet nach Japan zu einer Geschäftsbesprechung düst. Das kleine Geschöpf mit dem großen Kopf und den hervorstehenden Adern sieht so zerbrechlich, so vergänglich aus. Es liegt in seinem Brutkasten und ist an verschiedene Drähte angeschlossen – Elektroden, um sein Wachstum aufzuzeichnen und, wenn nötig, Alarm zu geben. Ich taste mich mit sorgfältig geschrubbten, desinfizierten und angewärmten Händen behutsam durch die Öffnungen des Brutkastens und berühre das Baby. Es kommt mir vor wie eine Schmetterlingspuppe. Zuerst streichle ich seinen Kopf und sein Gesicht ganz langsam, jeweils sechsmal in zehn Sekunden, und genausooft seinen Hals und seine Schultern. Ich massiere seinen Rücken mit langen kreisenden Bewegungen sechsmal und streichle sechsmal seine Arme und Beine. Wenn die Berührung zu leicht ist, kitzelt sie, wenn sie zu stark ist, regt sie das Baby auf. Sie muß fest und gleichmäßig sein, als ob man eine Falte glätten wollte. Auf einem Monitor huschen zwei türkisfarbene EKG- und Atemwellen über einen hellen Bildschirm. Die eine ist kurz und zackenförmig, die andere schnellt nach oben und genauso schnell wieder nach unten. Der Herzschlag beträgt 153, was für mich eine Höchstleistung während eines harten Konditionstrainings wäre, für das Baby aber normal ist, da Babys eine höhere Herzschlagfrequenz haben als Erwachsene. Wir drehen es auf den Rücken und, obwohl es schläft, verzieht es unwillig das Gesicht. In einer knappen Minute vermittelt es uns eine Menge Gesichtsausdrücke, die alle klar erkennbar sind dank dem Schwung der Augenbrauen, der Unmutsfalte auf der Stirn, der beredten Lippen- und Kinnbewegung: Ärger, Ruhe, Erstaunen, Glück, Zorn… Dann wird das Gesicht ausdruckslos, und seine Lider zucken, als es in den REM-Schlaf fällt, ins Reich der Träume versinkt. Einige Schwestern sehen nach den winzigen Frühgeburten, die ihren Mutterleibs-Schlaf als Fötus außerhalb des Mutterleibs halten. Was träumt ein Fötus?

Sanft bewege ich seine Glieder, strecke einen Arm und beuge den Ellbogen, öffne die Beine und winkle die Beine zur Brust an. Friedlich, aber wachsam scheint das Baby dies zu genießen. Wir legen es wieder auf den Bauch, und ich streichle erneut seinen Kopf und seine Schultern. Das ist die erste von drei Berührungsperioden am Tag – es mag schändlich erscheinen, seinen tiefen, rauschähnlichen Schlaf zu stören, doch das Streicheln ist für das Baby eine belebende Berührung.

Babys, die massiert werden, nehmen um bis zu 50 Prozent schneller an Gewicht zu als jene, die nicht massiert werden. Sie sind lebhafter und aufnahmebereiter, nehmen ihre Umgebung besser wahr, können Geräusche besser ertragen, orientieren sich schneller und sind gefühlssicherer. »Es ist bei ihnen nicht so, daß sie in der einen Minute weinen und in der nächsten einschlafen«, erklärte ein Psychologe, der in *Science News* 1985 die Ergebnisse eines Experiments darlegte, »sie beruhigen sich eher und können sich besser trösten.« Acht Monate später stellte sich bei einer Untersuchung heraus, daß die gestreichelten Frühgeborenen im allgemeinen größer waren, größere Köpfe und weniger physische Probleme hatten. Einige Ärzte in Kalifornien haben sogar Frühgeburten auf Wasserbetten gelegt, die leicht hin und her schaukeln. Das Ergebnis war, daß diese Kinder weniger nervös waren, besser schliefen und in geringerem Maße unter Atemstillstand litten. Die in diesen Studien beobachteten Kinder, die gestreichelt wurden, weinten weniger, waren ausgeglichener und wirkten somit auch ansprechender auf die Eltern, was wichtig ist, da die 7 Prozent Frühgeburten unverhältnismäßig oft Opfer von Kindsmißhandlungen werden. Kinder, die schwer erziehbar sind, werden häufiger mißhandelt. Und Personen, die als Kinder nicht oft gestreichelt werden, tun dies auch als Erwachsene nicht, und so wird das Verhalten weitergegeben.

In einem 1988 in der *New York Times* veröffentlichten Artikel über die entscheidende Rolle der Berührung bei der kindlichen Entwicklung war die Rede von »psychologischer und physischer Verkümmerung bei Kindern ohne Körperkontakt, die im übrigen gut versorgt wurden ...« Dies stellten Wissenschaftler fest, von denen der eine Primaten, die anderen Kriegswaisen untersucht hatten. »Frühgeburten, die dreimal täglich eine Viertelstunde lang massiert wurden, nahmen zu 47 Prozent schneller an Gewicht zu als die anderen, die im Brutkasten blieben ... die gestreichelten Kinder zeigten auch Anzeichen, daß ihr Nervensystem sich schneller entwickelte: Sie wurden aktiver ... und reagierten schneller auf ein Gesicht oder eine Rassel; Kinder, die gestreichelt wurden, konnten im Schnitt sechs Tage früher aus der Klinik entlassen werden.« Acht Monate später schnitten die Kinder, die massiert worden waren, auch bei Überprüfung ihrer geistigen und motorischen Fähigkeiten besser als die anderen ab.

Am Medizinischen Institut der Universität von Miami untersuchte Dr. Tiffany Field, eine Kinderpsychologin, eine Gruppe von Babys, die aus verschiedenen Gründen auf der Intensivstation untergebracht waren. Bei jährlich 13 000 bis 15 000 Geburten in dieser Klinik hat sie immer genügend Babys zur Beobachtung zur Verfügung. Einige erhalten wegen langsamer Herztätigkeit und Atemproblemen Koffein, eines hat einen Wasserkopf. Einige Babys haben Mütter mit Diabetes und müssen sorgfältig überwacht werden. Vor einem Brutkasten sitzt eine junge Mutter auf einem schwarzen Küchenhocker, streichelt ihr Baby und flüstert ihm liebevolle Worte ins Ohr. In einem anderen Brutkasten setzt ein kleines Mädchen in einem weißen Hemdchen mit rosa Herzen zum typischen Gebrüll an, das immer schriller wird und auf dem Monitor Alarm auslöst. Auf der anderen Seite des Raumes sitzt ein Arzt neben einem Baby, hält ihm einen Plastikstöpsel mit zwei Zinken unter die Nase und versucht, dem kleinen Mädchen das Atmen beizubringen. Neben ihm dreht eine Schwester ein Baby auf den Bauch und beginnt eine sanfte Massage. Was für alte Gesichter die Frühgeburten haben! Im Schlaf wechseln sie den Gesichtsausdruck und scheinen Gefühle durchzuspielen. Die Schwester hält sich an ihren Massageplan und streichelt jeden Körperteil sechsmal zehn Sekunden lang. Diese Massage hat die Schlafgewohnheiten des Babys nicht verändert, doch es hat täglich 30 Gramm zugenommen und kann bald entlassen werden, fast eine Woche früher als vorgesehen. »Die Babys bekommen nichts Besonderes«, erklärt Field, »doch sie sind aktiver, nehmen schneller zu und werden kräftiger. Es ist erstaunlich, wie viele Informationen durch eine Berührung vermittelt werden können. Jeder andere Sinn hat ein Organ, auf das man sich konzentrieren kann, doch Berührung ist überall.«

Saul Schanberg, ein Neurologe, der an der Duke-Universität mit Ratten experimentiert, hat herausgefunden, daß, wenn eine Ratte ihr Junges ableckte, bei diesem chemische Veränderungen verursacht wurden. Wenn das Junge der Mutter weggenommen wurde, nahmen seine Wachstumshormone ab. Das ODC (das »Jetzt«-Enzym, das signalisiert, daß es jetzt an der Zeit ist, bestimmte chemische Veränderungen einzuleiten) verminderte sich in jeder Körperzelle, ebenso wie die Proteinsynthese. Das Wachstum ging erst weiter, wenn das Junge wieder zur Mutter zurückgebracht wurde. Als die Wissenschaftler versuchten, die negativen Wirkungen bei den Jungen, die von der Mutter getrennt worden waren, auszuschalten, entdeckten sie, daß sanftes Streicheln keine Wirkung zeigte, aber sehr energisches Streicheln mit einem Malerpinsel, der die Zunge der Mutter simulierte, sehr wohl wirkte. Danach entwickelte sich das Junge normal. Ob nun die Jungen der Mutter zurückgegeben oder mit einem Pinsel gestreichelt wurden – in beiden Fällen zeigten sie Überreaktionen und benötigten viel mehr Streicheleinheiten als üblich, um normal zu reagieren.

Schanberg begann seine Versuche mit Ratten im Verlauf seiner Arbeit in der Kinderheilkunde, bei der er sich speziell für psychosoziale Unterentwicklung interessierte. Einige Kinder, die in zerrütteten Familienverhältnissen leben, hören auf zu wachsen. Schanberg stellte fest, daß nicht einmal Spritzen mit Wachstumshormonen die unterentwickelten Körper solcher Kinder zum Wachstum anregen konnten. Nur durch zärtliche Zuwendung gelang das. Die liebevolle Fürsorge, die sie von den Krankenschwestern in der Klinik

erhielten, genügte oft, um sie in der Entwicklung voranzu-
bringen. Erstaunlich ist, daß der Prozeß überhaupt wieder in
Gang gebracht werden kann. Als Schanbergs Versuche mit
jungen Ratten gleiche Ergebnisse ergaben, machte er sich
Gedanken über Frühgeborene, die isoliert sind und einen
großen Teil ihrer ersten Lebenszeit ohne menschlichen Kontakt verbringen. Die Tiere müssen, um die erste Zeit ihres
Lebens überleben zu können, in engem Kontakt zur Mutter
stehen. Wenn ein Junges von der Mutter getrennt wird (bei
Ratten reichen schon 45 Minuten), stellt sich der Körper des
Jungen auf weniger Nahrung ein, um bis zur Rückkehr der
Mutter zu überleben. Dies funktioniert gut, wenn die Mutter
nur für kurze Zeit von dem Jungen getrennt ist, aber wenn sie
für immer weg ist, dann führt es zu einer Wachstumsbehin-
derung. Berührungen vermitteln dem Kleinkind Sicherheit,
scheinen dem Körper ein Signal zu geben, sich normal zu
entwickeln. Viele Versuche, die im ganzen Land durchgeführt wurden, zeigten, daß Babys, denen mehr Zärtlichkeit
zuteil geworden war, aufgeweckter waren und später bessere
kognitive Fähigkeiten entwickelten. Dies ist in etwa mit der
Strategie zu vergleichen, die man auf einem sinkenden Schiff
entwickelt: Zuerst springt man in ein Rettungsboot und ruft
um Hilfe. Jungtiere rufen mit einem schrillen Laut nach ihrer
Mutter. Dann stellt man fest, wie groß der Vorrat an Wasser
und Lebensmitteln ist, und versucht, Energie zu sparen,
indem man die Aktivitäten einschränkt, die viel Energie
kosten, zum Beispiel das Wachstum.

An der Medizinischen Fakultät der Universität von Colo-
rado machten Wissenschaftler ein Experiment mit Affen, bei
dem sie die Mutter von dem Jungen trennten. Dieses zeigte
Anzeichen von Hilflosigkeit, Verwirrung und Depression,
und erst die Rückkehr der Mutter und deren Zärtlichkeiten
in den nächsten Tagen normalisierten die Lage wieder. Während der Trennung traten Veränderungen im Herzschlag, in
der Körpertemperatur, den Gehirnströmen, den Schlafgewohnheiten und der Funktion des Immunsystems auf. Die
Aufzeichnungen am Monitor ergaben, daß die von der Mutter getrennten Jungen unter physischen und psychischen

Störungen litten. Doch als die Mutter wieder bei ihnen war, schienen lediglich die psychischen Störungen beseitigt; zwar entwickelte sich das Verhalten der Jungen normal, doch die körperlichen Störungen – wie Krankheitsanfälligkeit und so weiter – blieben bestehen. Das könnte bedeuten, daß solch ein Schaden nicht wieder zu beheben ist und daß der Mangel an mütterlichem Kontakt eventuell langfristige Störungen verursachen kann.

An der Universität von Wisconsin fand eine weitere Untersuchung mit Affen statt. Hierbei wurde ein Junges durch eine Glasscheibe von seiner Mutter getrennt. Sie konnten einander sehen, hören und riechen, nur nicht berühren, doch bedeutete dies einen solchen Mangel, daß das Baby ständig weinte und unruhig hin und her lief. Bei einer anderen Gruppe hatte die Trennscheibe Löcher, so daß sich Mutter und Junges berühren konnten. Anscheinend reichte dies aus, denn die Jungen zeigten keine ernsthaften Verhaltensschäden. Jene Jungen, die kurzfristig getrennt worden waren, entwickelten sich zu Jungtieren, die ständig aneinander hingen, statt sich zu selbständigen, selbstsicheren Individuen zu entwickeln. Waren sie über einen längeren Zeitraum von ihrer Mutter getrennt, gingen sie einander aus dem Weg und reagierten aggressiv, wenn sie miteinander in Kontakt kamen; sie entwickelten sich zu hitzigen Einzelgängern, die keine guten Beziehungen aufbauen konnten.

Bei Versuchen mit Primaten an der Universität von Illinois fanden die Wissenschaftler heraus, daß zuwenig Berührungskontakt Gehirnschäden zur Folge hatte. Sie untersuchten drei Situationen: 1) Berührung war nicht möglich, der übrige Kontakt dagegen schon, 2) im Zeitraum von 24 Stunden wurde die Glasscheibe vier Stunden lang entfernt, so daß die Affen miteinander Kontakt aufnehmen konnten, und 3) völlige Isolierung. Autopsien des Kleinhirns ergaben, daß die Affen, die völlig isoliert worden waren, Gehirnschäden aufwiesen; dies galt auch für vorübergehend von ihren Müttern getrennte Tiere. Die anderen, die mit der Mutter aufwuchsen, entwickelten sich normal. Es ist erschreckend, daß bereits ein geringer Mangel an Berührung Gehirnschäden verursachte, was sich bei den Affen oft in Fehlverhalten äußerte.

Als ich es dem Winzling in seinem Brutkasten bequem mache, betrachte ich an der Wand ein Zirkusbild mit Clowns, einem Karussell, Zelten, Ballons und einem Plakat mit der Aufschrift: »Glücksrad«. »Die Berührung ist der bei weitem wichtigste unserer Sinne«, sagte Saul Schanberg, als wir uns im Frühjahr 1989 in Key Biscayne bei einer Konferenz unterhielten; es war ein dreitägiger Gedankenaustausch zwischen Neurophysiologen, Kinderärzten, Anthropologen, Soziologen, Psychologen und anderen Leuten, die sich dafür interessierten, inwieweit die Berührung und der Mangel an Berührung Geist und Körper beeinflussen. Der Tast- oder Berührungssinn ist in vielerlei Hinsicht schwer zu erforschen. Jeder andere Sinn hat ein Schlüsselorgan, das untersucht werden kann. Bei diesem ist es die Haut, die sich über den ganzen Körper verteilt. Für jeden anderen Sinn gibt es mindestens ein bedeutendes Forschungsinstitut. Der Tastsinn stellt ein sensorisches System dar, dessen Einfluß schwer einzugrenzen oder auszuschalten ist. Die Wissenschaftler können Blinde beobachten, um mehr über das Sehen zu erfahren, und Taube, um mehr über das Hören zu erfahren, aber mit dem Tastsinn ist das unmöglich. Sie können auch keine Versuche mit Personen unternehmen, die ohne besagten Sinn geboren wurden, wie das oft bei Blinden oder Tauben möglich ist. Der Tastsinn hat einmalige Funktionen und einmalige Eigenschaften, doch er ist auch oft mit anderen Sinnen kombiniert. Er erfaßt den gesamten Organismus und die Individuen, mit denen er in Kontakt kommt. »Berührungen sind zehnmal stärker als verbale oder emotionale Kontakte«, erklärte Schanberg, »und der Tastsinn beeinflußt nahezu alles, was wir tun. Kein anderer Sinn kann uns so erregen; wir wußten das von jeher, doch wir waren uns nie darüber im klaren, daß es dafür einen biologischen Grund gibt.«

»Sie meinen, für seine große Anpassungsfähigkeit?«

»Genau. Wenn die Berührung nicht angenehm wäre, würde es keine Lebewesen geben, keine Eltern und kein Überleben. Eine Mutter würde ihr Baby nicht berühren, wenn ihr das nicht angenehm wäre. Wenn es uns nicht gefiele, den anderen zu berühren und zu streicheln, gäbe es keinen Sex. Jene Tiere, die instinktiv ihre Jungen besonders viel berührten, sorgten dafür, daß diese überlebten, ihre Gene wurden vererbt, und der Hang zur Intensivierung der Berührung wurde noch ausgeprägter. Wir vergessen, daß die Berührung nicht nur grundlegend für unsere Gattung ist, sondern sogar eine Schlüsselfunktion einnimmt.«

Wenn ein Fötus im Mutterleib, umgeben von Fruchtwasser, wächst, spürt er feuchte Wärme, den Herzschlag, den inneren Rhythmus der Mutter und wiegt sich wie in einer wunderbaren Hängematte, die beim Gehen sanft hin- und herschwingt. Nach solch heiterer Gelöstheit muß die Geburt ein Schock sein, und die Mutter versucht auf mannigfache Weise (durch Liebkosen, Streicheln und indem sie das Baby an ihr Herz drückt) die Behaglichkeit im Mutterleib wiederherzustellen. Nach der Geburt drücken bei Menschen und Affen die Mütter ihre Babys an sich. Bei Naturvölkern hat eine Mutter ihr Baby Tag und Nacht bei sich. Bei den Pygmäen in Zaire befindet sich ein Baby mindestens die Hälfte der Zeit in Körperkontakt mit einem Menschen. Es wird ständig von anderen Stammesmitgliedern gestreichelt. Eine Kung!-Mutter trägt ihr Baby in einem Schultertuch mit sich herum, so daß es gestillt werden, mit ihrer Perlenkette spielen oder mit anderen in Berührung kommen kann. Kung!-Kinder haben während 90 Prozent ihrer Zeit Kontakt mit anderen. Demgegenüber werden in unserem Kulturkreis die Babys in Kinderbettchen, Kinderwagen oder Kindersitze verbannt, auf Abstand und aus dem Weg gebracht.

Eine Besonderheit bei Berührungen ist, daß sie nicht immer von einer anderen Person oder gar von etwas Lebendigem ausgeführt werden müssen. Im Mütterhospital von Cambridge in England fand man heraus, daß ein Frühgeborenes, das einen Tag lang auf eine Lammfelldecke gelegt wurde, im Durchschnitt mehr als 15 Gramm zunahm. Dies rührte nicht etwa von der zusätzlichen Wärme der Decke her, da ja der ganze Raum warm war, sondern hatte mehr mit dem »Wickeln« von Babys zu tun, das die Stimulierung durch Berühren erhöht, Streß abbaut und ihnen das Gefühl verleiht, gehätschelt zu werden. Bei anderen Experimenten verlangsamten eng umschließende Decken oder ein entsprechender Strampelanzug den Herzschlag, entspannten das Baby; unter dieser Art von Decken, die an den Mutterleib erinnerten, schliefen die Babys mehr.

Alle Tiere reagieren auf Berührung, auf Streicheln, und das Leben als solches hätte sich ohne Berührung nicht entwickeln können, das heißt, ohne daß sich chemische Substanzen berühren und Bindungen eingehen. Menschen jeden Alters, die Berührungen entbehren müssen und selber keinen anderen berühren, können krank werden und aus Mangel an Berührung dahinsiechen. Ein Fötus entwickelt als erstes den Tastsinn; bei Neugeborenen funktioniert er automatisch, bevor sie die Augen öffnen und die Welt wahrnehmen. Kaum sind wir auf der Welt, beginnen wir, obwohl wir noch nicht sehen oder sprechen können, zu tasten. Die Tastzellen der Lippen ermöglichen das Stillen, Greifmechanismen an den Händen lassen die Wärme fühlen. Unter anderem lehrt uns der Tastsinn den Unterschied zwischen dem Ich und den anderen, daß es jemanden außer uns gibt: die Mutter. Mütter und Kinder pflegen sich ausgiebig zu berühren. Das erste angenehme Gefühl, zu berühren und von unserer Mutter berührt zu werden, bleibt die stärkste Erinnerung an selbstlose Liebe, die uns ein Leben lang begleitet.

Das kleine, drei Pfund leichte Geschöpf namens Geoffrey, das ich zärtlich mit weit ausholenden Bewegungen streichle, verzieht träge seinen Mund und entspannt ihn auch genauso schnell wieder. Auch bei den anderen Brutkästen im Raum fassen Freiwillige durch die Öffnungen, um den Winzlingen zu helfen, die Welt zu erfassen. Die als Oberschwester dieser Station fungierende Doktorandin der Neonatologie, also der medizinischen Betreuung von Neugeborenen, macht bei einem Jungen mit einer hellroten Rassel den Brazelton-Sinnestest. Sie nimmt das Baby hoch und dreht die Rassel herum, und seine Augen wandern mit der Drehung, ganz ordnungsgemäß, und richten sich dann wieder geradeaus. Dann läutet sie zehn Sekunden lang auf jeder Seite mit einer kleinen Schulglocke und wiederholt dies viermal. Es ist eine Szene wie bei Buddhisten. In einem Bettchen in der Nähe liegt ein frühgeborenes Baby, dessen Gehör getestet wird. Mit seinem Kopfhörer sieht es wie ein Funker aus. Früher meinte man, Frühgeburten sollten nicht mehr als unbedingt erforderlich gestört werden, und so lebten sie in einer Art Isolierzelle; doch inzwischen sind die Erkenntnisse über die Wirkung von Berührungen so vielfältig, daß viele Kliniken umdenken. »Haben Sie heute Ihr Kind schon geknuddelt?« fragt ein Autoaufkleber. Wie sich zeigt, steckt dahinter mehr, als man zunächst meinen könnte. Berührungen scheinen so lebensnotwendig zu sein wie das Sonnenlicht.

Was ist eine Berührung?

Der Tast- oder Berührungssinn ist der älteste und wichtigste der Sinne. Wenn Ihnen ein Tiger seine Pranke auf die Schulter legt, müssen Sie das sofort erkennen. Jede erstmalige Berührung oder Veränderung in der Berührung (sagen wir, von sanft bis schmerzhaft) versetzt das Gehirn in flirrende Aktivität. Jede dauernde gewöhnliche Berührung wird dagegen unauffällige Routine. Wenn wir etwas bewußt berühren – unseren Liebsten, die Stoßstange eines neuen Wagens, die Zunge eines Pinguins –, setzen wir unser komplexes Netz von Tastrezeptoren in Bewegung, entzünden sie, indem wir sie mal dem einen, dann dem anderen Gefühl aussetzen. Das Gehirn registriert das Ertasten wie einen Morsecode, es speichert »glatt«, »rauh«, »kalt«.

Tastrezeptoren können allein durch Gewöhnung stumpf werden. Wenn wir einen dicken Pullover anziehen, sind wir uns des Gewebes, des Gewichts und des Gefühls auf unserer Haut ganz genau bewußt, doch nach einer Weile achten wir nicht mehr darauf. Ein ständiger Druck aktiviert, wenn er zum erstenmal registriert wird, die Tastrezeptoren, doch dann hören die Rezeptoren auf zu reagieren. Das Tragen eines Wollpullovers oder einer Armbanduhr oder einer Kette stört uns nicht weiter, es sei denn, es wird plötzlich heiß oder die Kette reißt. Wenn eine Veränderung eintritt, werden die Rezeptoren aktiviert, und wir werden uns dessen bewußt. Wissenschaftler fanden heraus, daß es neben den vier Hauttypen von Rezeptoren noch viele andere gibt, die auf vielfache Weise reagieren. Schließlich ist unsere Palette an Gefühlen, die durch Berührung hervorgerufen werden, weitaus vielschichtiger als die bloße Wiedergabe von heiß, kalt, Schmerz oder Druck. Im Zusammenwirken vieler Tastrezeptoren ergibt sich das, was wir einen stechenden Schmerz nennen. Man bedenke nur all die Varianten von Schmerz, Verwirrung, Verletzung, all die Empfindungen wie Tätscheln, Hätscheln, Knuddeln, Prickeln, Kribbeln, Kratzen, Küssen, Stupsen. Das Einreiben mit Magnesium vor dem Barrenturnen. Ein Sprung in einen eiskalten Teich an einem Sommertag, wenn Luft- und Körpertemperatur gleich sind. Ein Insekt spüren, das behutsam Schweißtropfen von Ihrem Knöchel leckt. Das Herausziehen des Fußes aus Schlammboden. Das Knirschen feuchten Sands zwischen den Zehen. Die fast orgastischen Gefühle von Lust, Schaudern, Schmerz und Erleichterung, die sich beim Rückenkratzen einstellen. Vor einigen Jahren half ich während der Zeit des Kalbens auf einer Farm aus. Wenn wir entdeckten, daß eine Kuh Schwierigkeiten hatte, mußte jemand in ihre Vagina greifen und prüfen, was los war. »Sie sind eine Frau«, bekam ich immer wieder gesagt. »Sie sind dran«, was bedeuten sollte, daß ich ja zwangsläufig das Innere eines anderen weiblichen Wesens kennen mußte, auch wenn es nur entfernt mit mir verwandt war und dessen Organe horizontal lagen. »Suchen Sie nach den beiden Klumpen über der Schwellung...«, riet mir ein spanischamerikanischer Cowboy. Wenn man bis zur Schulter in einer Kuh steckt, fühlt man vor allem ihr heißes Pressen, doch ich werde nie meine Verblüffung vergessen, als ich langsam meine Hand zurückzog und spürte, wie sich die Muskeln der Kuh einer nach dem anderen zusammenzogen und dann entspannten, wie bei einer Menschenschlange, bei der mir jeder die Hand drückt. Ich frage mich, ob es so ist, wenn man geboren wird. Die Wissenschaftler haben herausgefunden, daß die meisten Nervenrezeptoren auf Druck reagieren, auch wenn sie auf anderes spezialisiert sind. Lange Zeit nahmen wir an, daß jedes Gefühl seinen eigenen Rezeptor und dieser seinen eigenen Weg zum Hirn habe, doch es scheint in Wirklichkeit so zu sein, daß die Neuronenfelder des Körpers jedes Gefühl wie elektrische Codes weitergeben. Schmerz erzeugt in unregelmäßigen Abständen verschieden starkes Nervenzukken. Jucken bewirkt ein schnelles, regelmäßiges Muster. Hitze erzeugt ein Crescendo, wenn die entsprechende Zone sich aufheizt. Ein kleiner Druck erzeugt eine pulsierende Erregung, verebbt dann wieder, ein starker Druck wirkt sich entsprechend stärker aus.

Nach einer Weile »gewöhnt sich«, wie gesagt, ein Tastrezeptor an die Stimuli und reagiert nicht mehr, was auch gut ist, denn sonst würde uns an einem kühlen Sommerabend das Gefühl des leichten Pullovers auf der Haut verrückt machen oder wir würden bei einer anhaltenden Brise durchdrehen. Diese Ermüdung tritt bei den tieferliegenden Pacini-Körperchen, Ruffini-Körperchen oder Golgi-Körpern nicht ein; sie informieren uns über unsere innere Verfassung, und wenn sie einnicken würden, fielen wir mitten im Gehen um. Doch die anderen Rezeptoren, die zuerst so aufgeweckt waren, so gierig nach etwas Neuem, sagen nach einer Weile »Oh, schon wieder das«, und beginnen zu dösen, so daß wir in unserer Beschäftigung fortfahren können. Wir können vielleicht einen großen Teil der Zeit geistig bewußt sein, doch unseres physischen Ichs sind wir uns meistens nicht bewußt, denn sonst würden wir in einem Taifun von Gefühlen untergehen.

Einige Arten der Berührung ärgern und freuen uns gleichzeitig. Kitzeln kann eine Kombination aus den Signalen für Druck und Schmerz sein, Feuchtigkeit eine Mischung aus Temperatur und Druck. Doch wenn wir gefühllos werden (der Zahnarzt gibt uns eine Spritze; ein Arm oder Bein schläft wegen verminderter Blutzufuhr ein), fühlen wir uns seltsam und fremd. Stellen Sie sich vor, wie entsetzlich es sein muß, wenn man nichts mehr spüren kann. Dieser Verlust des Tastsinns kann punktuell sein: Zum Beispiel verliert jemand das Gefühl für warm und kalt. Als mir mein Zahnarzt Carbocain verabreichte, fiel mein Kiefer herunter. Ich konnte noch Druck und warm und kalt empfinden – auch wenn sich dies verkehrte (Eiswasser schmeckte wie Wasser, aber heiß) –, doch ich spürte keinen Schmerz mehr im Kiefer. Die fehlenden Schmerzsignale – Kratzen, Kneifen, Stechen – bewirkten, daß sich das Fleisch wie tot anfühlte. Vor Jahren ging ich eines Tages in St. Louis in Missouri zu einer Lesung des Romanautors Stanley Elkin, der seit Jahren an multipler Sklerose (MS) litt. Stanley konnte immer noch Auto fahren, und wir beschlossen, seinen Wagen zu nehmen. Doch als wir zum Wagen gingen und er sich an die Fahrerseite stellte, stand er eine Ewigkeit da und kramte in seiner Hosentasche. Schließlich beförderte er den ganzen Inhalt zutage und legte ihn auf das Wagendach, so daß er seine Schlüssel *sehen* konnte. Viele MS-Kranke können einen Gegenstand in ihrer Tasche fühlen (z. B. Autoschlüssel), doch sie können ihn nicht durch die Berührung identifizieren. Das Gehirn identifiziert nicht die Form. Wie Taube und Blinde bewiesen haben, ist es möglich, sich vor allem durch Tasten zu orientieren, doch wenn man keinen Tastsinn mehr besitzt, ist es, als bewege man sich durch eine verschwommene, stumpfe Welt, in der man ein Bein verlieren, sich die Hand verbrennen und die Orientierung verlieren könnte, ohne es zu merken, Leben in einer nebelhaften Welt.

*D*ie *Codesender*

Es bedarf einer ganzen Gruppe von Rezeptoren, um das symphonisch zarte Gefühl einer Liebkosung entstehen zu lassen. Zwischen Oberhaut und Lederhaut liegen die winzigen eiförmigen Meissnerschen Körperchen, das sind in Kapseln eingeschlossene Nerven. Sie scheinen hauptsächlich an den haarlosen Teilen des Körpers vorzukommen – an den Fußsohlen, den Fingerspitzen, der Klitoris, dem Penis, den

Brustwarzen, den Handflächen und der Zunge; also an erogenen und anderen sehr sensiblen Stellen –, und sie reagieren sofort auf die geringste Stimulierung. Im Innern eines Meissnerschen Körperchens liegen wie Glühfäden in einer Glühlampe sich verästelnde, verschlungene Nervenenden parallel zur Oberfläche der Haut und nehmen eine Fülle von Empfindungen auf. Ihre parallele Anordnung macht sie vielleicht ganz besonders empfindsam für alles, was im rechten Winkel auf sie trifft. Außerdem sind sie äußerst spezialisiert, da jede Stelle der Körperchens für sich reagieren kann. Ein Wissenschaftler beschrieb es so: »Es ist, als ob der Rezeptor aus einzelnen Spiralen bestünde, wie das Innere einer Matratze: Eine kann zusammengedrückt werden, ohne die anderen zu stören.« Sie registrieren Schwachstromvibrationen, zum Beispiel das Gefühl, wenn ein Finger über einen schön gewebten Sari streicht oder über die weiche Haut auf der Innenseite der Ellbogen.

Die Pacini-Körperchen reagieren sehr schnell auf Druckveränderungen, und sie liegen häufig in der Nähe von Gelenken, in tiefem Gewebe und in den Genitalien und Brustdrüsen. Dicke zwiebelförmige Sensoren geben ans Gehirn weiter, was drückt, wie sich die Gelenke bewegen oder wie die Organe ihre Position verändern, wenn wir uns bewegen. Es bedarf keines starken Drucks, damit sie schnell reagieren und Botschaften ans Gehirn weitergeben. Doch sie reagieren auch auf Vibrationen oder unterschiedliche Reize, insbesondere solche mit hoher Frequenz (zum Beispiel die Saite einer Geige); wahrscheinlich sind es die zwiebelähnlichen Schichten des Korpuskels, die die verschiedenen Vibrationen so gut entziffern. Die Pacini-Körperchen verwandeln mechanische Energie in elektrische, wie Bernhard Katz vom University College in London 1950 bei Experimenten mit Muskeln herausgefunden hat. Spätere Untersuchungen trugen dazu bei, diesen Vorgang noch besser zu verstehen, wie Donald Carr in *The Forgotten Senses* beschreibt:

Neurologen glauben jetzt, daß man den Tastrezeptor als eine Membrane darstellen kann, die viele Löcher enthält oder zumindest potentielle, wie ein Stück Schweizer Käse, das mit Zellophan bedeckt ist. Im Ruhezustand sind die Löcher zu klein oder das Zellophan ist zu dick, um bestimmte Ionen durchzulassen. Mechanische Deformierung öffnet diese Löcher... Wenn... durch einen starken Druck, wie z. B. einen Nadelstich, Strömungen entstehen, sind diese stark genug, um Nervenimpulse auszulösen, und die Intensität des Stichs wird durch die Häufigkeit der Impulse angezeigt, da dies die einzige Möglichkeit für Nervenfasern ist, Intensität zu signalisieren.

Zu unserer Sammlung von Tastrezeptoren gehören auch die untertassenförmigen Merkel-Zellen, die direkt unter der Hautoberfläche liegen und auf Dauerdruck reagieren (sie übermitteln eine anhaltende Botschaft, bewirken dauernde Überwachung), außerdem verschiedene freie Nervenenden, die nicht in Kapseln eingeschlossen sind und langsamer auf Berührung und Druck reagieren, die Ruffini-Körperchen, die tief unter der Hautoberfläche lokalisiert sind und ständigen Druck registrieren, Thermorezeptoren, zylindrische Wärmerezeptoren; und der bekannteste, wenn auch seltsamste Tastrezeptor von allen: das Haar.

Haar

Das Haar übt auf die Menschen eine starke Wirkung aus; es kann sie verklären oder abstoßen. Es ist ein Symbol für das Leben. Wie die Früchte der Erde kann es geerntet werden und wächst wieder nach. Wir können je nach Laune die Farbe und Beschaffenheit verändern, doch mit der Zeit gewinnt es seine ursprüngliche Farbe und Form zurück, genauso wie die Natur mit der Zeit unsere so sorgfältig geplanten Städte wieder in Unkrautfelder verwandeln wird. Es war früher einmal eine rührende Geste der Zärtlichkeit, wenn man dem Geliebten eine Haarlocke schenkte, die er in einem kleinen Medaillon um den Hals tragen konnte, doch es war auch riskant, da Zauberer, Voodoo-Anhänger und

Geisterbeschwörer aller Art ein Haarbüschel dazu verwenden konnten, einen Bann über jemanden zu sprechen. Als Variante dieses Brauchs nahm im Mittelalter ein Ritter eine Locke des Schamhaars seiner Angebeteten mit in den Kampf. Da einer der Pfeiler höfischer Liebe die Heimlichkeit war, war die Wahl dieses kleinen Andenkens statt einer Haarlocke vom Kopf vielleicht eher eine praktische als eine philosophische Frage, doch es symbolisierte jedenfalls ihre Lebenskraft, die er mit sich trug. In der Antike trugen führende Männer langes Haar als Zeichen der Männlichkeit. In der biblischen Geschichte symbolisiert Samsons Verlust seiner Lockenpracht seine Schwäche und seinen Fall, genauso wie vor ihm schon für den Helden Gilgamesch. In Europa wurden Frauen, die im Zweiten Weltkrieg mit dem Feind kollaborierten, gedemütigt, indem man ihnen ihre Haare abschnitt. Bei einigen orthodoxen Juden herrscht der Brauch, daß eine junge Frau bei der Heirat ihr Haar abschneiden muß, damit ihr Mann sie nicht zu anziehend findet und aus Begierde mit ihr schlafen möchte und nicht wegen der Fortpflanzung. Rastafaris sehen in ihren zusammengedrehten Haarsträhnen »Hochspannungskabel zum Himmel«. Heutzutage tragen viele junge Leute, um die braven Bürger zu schockieren und auch, um ihre eigene Identität zu finden, das Haar malerisch frisiert, mit Gel gestylt, kurzgeschnitten, zu Mustern rasiert und in Farben, die an Vogelkäfige oder Graffitiwände erinnern. Als das erste Mal ein Student mit einer blauen Punkfrisur zu mir kam, war ich verblüfft. Königsblaue Haarbüschel waren seitlich eng an seinen Kopf gebürstet und geklebt, eine lange Strähne weißen Haars fiel über seine Augenbrauen, und das Haar am Hinterkopf glänzte schwarz, war hochgebürstet und mit Gel geglättet. Ich fand das nicht unsympathisch, stellte mir nur vor, daß es jeden Tag sehr viel Arbeit macht. Ich bin davon überzeugt, daß meine Großmutter über die hochtoupierte Frisur meiner Mutter genauso gedacht hat, und ich weiß, daß meine Mutter wiederum meine Löwenmähne schockierend findet. Die Haartracht kann das Kennzeichen einer Gruppe sein – zum Beispiel beim Militär oder bei manchen Mönchen und Nonnen. In den sechziger Jahren waren Eltern oft schockiert über die langen Haare vor allem ihrer Söhne; deshalb kann man das Musical *Hair* als Symbol einer Generation bezeichnen. Auf die Polizisten, die so proper angezogen und gekämmt waren, folgte eine Generation von Polizisten mit langen Koteletten und Schnurrbart. Ich erinnere mich, wie beim Bostoner Love-in von 1967, als ich das erste Jahr im College war, ein junger Mann zu einem Paar sagte, das sich über seinen Pferdeschwanz lustig machte: »Ich pfeif auf euch und eure Friseure.« Einmal in den fünfziger Jahren, als ich aus dem Bad kam und mein Haar hochtoupiert hatte, sagte mein Vater: »Was hast du mit deinem Haar gemacht?« Ich erwiderte: »Ich habe es einfach toupiert.« – »Toupiert? Du hast es kaputtgemacht.« Heute trage ich mein lockiges Haar ganz natürlich, mit einem Schnitt, den die Franzosen »la coupe sauvage« nennen, doch die Fülle und leicht erotische Unordnung stören das Anstandsgefühl meiner Mutter. Nach Ansicht ihrer Generation haben seriöse Frauen seriöse Frisuren, die ordentlich sind, mit Spray besprüht und starr. Vor ein paar Wochen rief sie mich an und warnte mich, daß berufstätige Frauen nicht ernst genommen werden, wenn sie nicht ein »Frisierset« haben (Lockenwickler, Trockenhaube, Frisierlotion, Haarspray). Lockeres Haar ist ein Indiz für lockere Lebensweise. Diese Ansicht war lange Zeit verbreitet. Danach läßt eine Frau ihr Haar lang wachsen, doch streng gebunden in einem Knoten, unter einem Hut oder Tuch versteckt, oder mit Haarspray gebändigt. Offen trägt sie es nur nachts.

Die meisten Menschen haben ungefähr 100000 Haarfollikel auf dem Kopf und verlieren jeden Tag zwischen fünfzig und hundert Haare durchs Kämmen oder Bürsten. Jedes Haar wächst nur ungefähr zwei bis sechs Jahre lang und jährlich ungefähr 12 bis 15 cm; dann ruht der Follikel ein paar Monate, das Haar fällt aus und wird schließlich durch ein neues ersetzt. Wenn man schönes Haar sieht, dann sind das Haare in verschiedenen Phasen eines komplexen Wachstumssystems, das Tod und Erneuerung vereint. 15 Prozent sind im Ruhestadium, die übrigen 85 Prozent sind

Haare, die wachsen; Dutzende von Haaren werden bereits morgen absterben, und tief in den Follikeln sprießen neue.

Das Haar hat eine feste äußere Schicht, Kutikula genannt, und eine weiche innere, den Kortex. Menschen mit dickem Haar haben größere Follikel und auch eine dünne äußere Schicht (10 Prozent des Haares) mit einem großen inneren Kortex (90 Prozent). Menschen mit dünnem Haar besitzen kleinere Follikel und beinahe die gleiche Menge Kutikula (40 Prozent) und Kortex (60 Prozent). Wenn die Follikelzellen nach einem regelmäßigen Muster wachsen, ist das Haar glatt; wenn sie unregelmäßig wachsen, ist das Haar gewellt. Läuse dringen schwer durch dichtes Haar, deshalb leiden schwarze Schulkinder weniger häufig an Läusen als ihre weißen Schulkameraden. Das Haar wirkt nicht nur sexy auf manche Menschen, sondern es schützt auch das Gehirn vor Sonnenhitze und ultravioletten Strahlen, umgibt den Schädel wie ein Polster, dämpft einen Aufprall und überwacht ständig die Welt, nur »Haaresbreite« von unserem Körper entfernt, diesem Bereich von Gefahr und Romantik, in den wir nur wenige Menschen vorlassen.

Natürlich wachsen an vielen Körperstellen Haare, sogar auf den Zehen, in der Nase und in den Ohren. Die Chinesen, die Indianer und einige andere Völker haben sehr wenig Haar im Gesicht und am Körper; Menschen im Mittelmeerraum dagegen können sehr dicht behaart sein. Kahlköpfige Männer gelten als sexuell anziehend; sie werden aufgrund eines hohen Testosterongehalts im Blut kahl. Deshalb gibt es keine kahlköpfigen Kastraten oder Eunuchen. Männer mit dicken Haarbüscheln auf Schultern und Rücken machten mir früher angst. Wenn ich sie am Strand sah, erweckten sie in mir die Assoziation »fleischfressende Raubtiere«. Frauen haben gewöhnlich eine weichere Haut als Männer. Wir rasieren uns die Beine und benutzen Lotions, um den Unterschied zwischen den Geschlechtern hervorzuheben. Obwohl wir uns bemühen, unsere Körperhaare zu entfernen, bleiben bei Frauen immer noch genug an Armen, Gesicht und am Kopf und bei Männern auf Brust, Armen und Beinen, um ihre Funktion erfüllen zu können.

Nur Säugetiere sind mit Haaren ausgestattet, obwohl Reptilien Schuppen bilden, die mit dem Haar verwandt sind. Jedes Haar bildet sich in der Papille, einem Gewebepfropfen an der Wurzel eines Follikels, wo sich ein Nervenende befindet und wo unter Umständen weitere Nervenenden vorhanden sind. Der Durchschnittskörper besitzt ungefähr fünf Millionen Haare. Da behaarte Haut dünner ist, ist sie empfindlicher als weiche Haut. Ein Haar kann leicht gereizt werden: Wenn etwas dagegen drückt oder daran zieht, wenn die Spitze berührt wird, wenn die umgebende Haut gedrückt wird, vibriert das Haar und aktiviert einen Nerv. Die Haare am Unterleib sind am empfindlichsten, brauchen sich nur eine Winzigkeit zu bewegen, um einen Nerv in Unruhe zu versetzen. Doch der Nerv kann nicht die ganze Zeit unter Hochspannung stehen, da sonst der Körper überreizt würde. Das ist ein winziger kleiner Fleck, wo sich nichts zu ereignen scheint. Dann kommt eine fast unmerkliche Brise auf, noch gar keine wirkliche Störung. Doch wenn sie stark genug wird, um eine elektrische Schwelle zu erreichen, gibt sie einen Impuls ans Nervensystem. Die Haare sind ausgezeichnete Tastorgane.» Eine Brise«, sagt unser Gehirn ohne große Alarmzeichen, wenn sich ein paar Haare auf unserem Arm aufrichten. Wenn ein Staubkorn oder ein Insekt unsere Wimpern berührt, blinzeln wir, um das Auge zu schützen. Obwohl die Haare alle möglichen Formen annehmen können, sind einige besonders nützlich, zum Beispiel die steifen Sinneshaare, die die Katzen als Schnurrbart besitzen und die viele Säugetiere einschließlich der Wale und Delphine aufweisen. Eine Katze ohne diese Sinneshaare prallt nachts gegen Hindernisse und kann sich irgendwo mit dem Kopf einklemmen, genau wie wir. Wenn es je so weit kommen sollte, daß wir in der Evolution ein Mitspracherecht haben, würde ich dafür plädieren, daß wir schnurrbartähnliche Fühler bekommen, die uns davor bewahren, in der Nacht gegen Möbel oder Menschen oder Waschbären zu prallen.

Die innere Verfassung

Es gibt Menschen, die meditieren oder Bogenschießen im Geist des Zen praktizieren. Ich gehe im Sommer frühmorgens als erstes durch die Blumenbeete in meinem Garten, wo fünfundzwanzig blühende Teerosensträucher, achtundzwanzig blauviolette und gelbe Tageslilien, ein Dutzend Schattenpflanzen wie Eisenhut und viele winterharte und einjährige Pflanzen blühen. Oft verbringe ich eine halbe Stunde damit, eine pinkfarbene Lupine zu bewundern oder den Stiel einer Glockenblume (der sehr saftig ist, was fast immer ein Zeichen für Gift ist), eine orangerote Rose namens »Bing Crosby«, den Stiel von rotweißen Blutenden Herzen, eine hellgelbe Coriopsis, eine riesige Fuchsiendahlie, eine rotweiße, gänseblümchenartige Minidahlie oder eine leuchtende gefleckte rotgelbe Pavonia tigridia, die aussieht wie eine Iris, die sich mit einer Tageslilie vermählte und zu einem Fest ging (der Name bedeutet »Pfau mit dem Tigergesicht«, ein wahrlich fantasievoller Name, doch ich habe ihr den Namen »mexikanischer Sombrerotanz« gegeben). Da ich nicht weiß, welche Blume über Nacht aufgegangen ist, habe ich manchmal morgens das Gefühl, einen Smaragd in der Suppe zu entdecken. Dann verbringe ich ungefähr eine halbe Stunde im Haus und arrangiere die Blütenlese des Tages in einer Glasschale voller durchsichtiger Glaskugeln, versuche eine Harmonie zwischen Form und Farbe herzustellen. Ich arbeite mit ruhiger Konzentration und lasse so etwas Gewöhnliches wie einen Gedanken nicht zu.

Als ich eines Morgens dabei war, einen Strauß zusammenzustellen, merkte ich, daß wir ein seltsames Temperaturempfinden haben. Neben einer Pfanne mit heißem Wasser befanden sich eine Schüssel mit kaltem Wasser und eine mit lauwarmem Wasser in der Spüle. Ich legte eine Hand in das kalte und die andere in das heiße Wasser. Dann beide in das warme, und zu meiner Überraschung vermittelten sie mir unterschiedliche Signale. Sie erfaßten die Temperaturbewegung, nicht heiß oder kalt als solches. Ich bemerkte auch, daß aus irgendeinem Grund Gegenstände gleichen Gewichts im kalten Zustand schwerer als im warmen sind. Auf dieses Phänomen gibt es keine einfache Antwort. Vielleicht sind die Hitzerezeptoren spezialisierter, während die Kälterezeptoren auch noch den Druck vermerken.

Die meisten der Kälterezeptoren liegen im Gesicht, insbesondere auf der Nasenspitze, den Augenlidern, den Lippen und der Stirn; auch die Genitalien reagieren auf Kälte. Unsere äußere Hülle scheint die Kälte am meisten zu fürchten, reagiert wie eine Dauerwache. Wärmerezeptoren liegen tiefer in der Haut, und es gibt weniger davon. Es ist nichts Neues, daß die Zunge auf Heißes empfindlicher reagiert als viele andere Körperzonen. Wenn heiße Suppe den Zungentest besteht, besteht auch keine Gefahr, daß man sich Speiseröhre oder Magen verbrennt. Im Gegensatz zu anderen Tastzellen teilen die Temperaturrezeptoren dem Gehirn Veränderungen sowie Höhen und Tiefen mit, und das in kurzen Abständen. Immer wenn ich stark erhitzt war, riet mir meine Mutter, einen Eiswürfel aufs Handgelenk zu legen. Dies veranlaßt die Kälterezeptoren zu Überreaktionen und zur Auslösung von Impulsen. Wenn man den Eiswürfel wieder wegnimmt, bleibt das Handgelenk eine Zeitlang kühl. Die Haut braucht nur um drei oder vier Grad erwärmt zu werden, und man fühlt sich richtig warm; wird sie nur um ein bis zwei Grad abgekühlt, ist einem schon kühl. Dann fängt Ihr Körper an, die Dinge wieder zurechtzurücken, und Sie reiben die Hände gegeneinander, frösteln oder stecken die Hände unter die Achseln, um sich aufzuwärmen. Sie nehmen kühle Drinks zu sich oder duschen kalt oder gehen schwimmen, um sich abzukühlen. An einem unerträglich schwülen Sommertag, an dem die Luft so schwer ist, daß man sie schneiden könnte, und der Körper sich wie geschmolzenes Blei anfühlt, brauche ich nur bis zum Hals in einen Swimmingpool mit kaltem Wasser zu steigen und meine Stirn abzukühlen, um mich wie neugeboren zu fühlen. Weshalb kann Aspirin das Fieber senken, aber nicht eine normale Temperatur beeinflussen? Weil es verhindert, daß das körpereigene Pyrogen ausgeschüttet wird, eine Substanz, die Fieber hervorruft. Es gibt immer noch viele Geheimnisse um die Fähigkeit des Körpers, seine Temperatur zu regeln. Wenn wir morgens aufwachen, ist die Körpertemperatur niedriger als abends, wenn wir zu Bett gehen, aber weshalb erreichen wir ungefähr gegen vier Uhr morgens die niedrigste Temperatur?

Was passiert, wenn wir den Körper von innen heraus abkühlen? Bei der Hypothermie wird das Blut abgekühlt und wieder in den Kreislauf geleitet. Danach läßt man es weiterfließen, was die Körpertemperatur auf ungefähr 26 Grad Celsius senkt. In Science-fiction-Geschichten kommt oft ein Astronaut vor, dessen Körpertemperatur gesenkt wurde und der wie in einen Winterschlaf versetzt wirkt. Trotz des Dementis von Walt Disneys Familie hält sich seit längerem das Gerücht, er habe sich nach seinem Tod einfrieren lassen und ruhe nun in einem Zauberreich aus Eis in Erwartung seiner Wiedergeburt. Die Firma Trans Time Inc., ein Mitglied der American Cyrogenics Society, läßt Tote tatsächlich einfrieren und verspricht, sie zu einem späteren Zeitpunkt wieder ins Leben zu rufen, wenn die Geheimnisse des Todes gelöst und ihre Krankheiten rückgängig gemacht werden können. Filme wie *Ice Man* spielen mit der Vorstellung, daß jemand Jahrzehnte oder Jahrhunderte lang eingefroren ist und dann in einer neuen Welt aufwacht. Ich glaube, das klingt deshalb so einleuchtend, weil es von der Religion her so vertraut ist: Man verläßt diese Welt durch den Tod, um in der nächsten zu neuem Leben zu erwachen. Ich glaube nicht, daß es genügend Argumente dafür gibt, daß Gehirn und Körper eingefroren und wieder aufgetaut werden können, ohne daß daraus körperlicher Schaden entsteht, doch die Befürworter dieser Technik behaupten, man habe nichts zu verlieren. Könnte statt des Einfrierens eine extreme Stoffwechselreduzierung möglich sein? Wie die Leblosigkeit in den Science-fiction-Geschichten? Unterschiedliche Gewebe haben schließlich unterschiedliches Gefrierverhalten. Würde das nicht bedeuten, daß einige überkühlt und andere unterkühlt wären? Wie würden wohl Abtreibungsgegner (die sich bereits leidenschaftlich gegen das Einfrieren von Sperma, Eizellen und Embryos wehren) und religiöse Fanatiker auf das Auftauen von Menschen reagieren – was für ethische Debatten und sozialen Aufruhr wird das verursachen?

Als Warmblütler laufen wir schnell Gefahr, uns zu überhitzen, und dann ergreift uns ein alter Schrecken. Wir stöhnen, daß wir gebraten werden, so wie wir es mit Tieren machen. Wir sagen:»Ich glühe«, »Das ist hier ja wie im Feuerofen«. Da wir heute keine starke Körperbehaarung mehr besitzen, frösteln wir leicht, so daß wir warme Kleidung tragen müssen, wenn die Temperatur fällt. Manche Leute tragen an Wintertagen gefütterte Mäntel, Wollpullover und Daunenmäntel; sie sehen aus wie wandernde Betten. Die Entwicklung warmblütiger Tiere bedeutete einen außerordentlichen Durchbruch in der Evolution. Es bedeutete, daß sie ihre Körpertemperatur trotz der Umwelteinflüsse aufrechterhalten und umherstreifen konnten. Kaltblütler (ausgenommen Schmetterlinge, Aale und Meeresschildkröten) können das nicht. Einige, wie die Klapperschlange und die Nattern allgemein, sind hervorragend beim Aufspüren von Hitze, ebenso wie Moskitos, Motten und andere Insekten (was einige Wissenschaftler zu der Schlußfolgerung brachte, daß Menschen, die häufiger gebissen werden als andere, vielleicht mehr Hitze ausstrahlen, was sie zur Hauptzielscheibe werden läßt). Obwohl wir keine solche Hitzesensoren in unserem Körper eingebaut haben, stellen wir sie für militärische Zwecke her – Raketen, die sich ihre Ziele nach deren Temperaturabstrahlung suchen und die wie Nattern angreifen. In neuesten Science-fiction- und Horrorfilmen leben blutrünstige Monster mit rasiermesserscharfen Klauen in einer Welt außerhalb unserer visuellen Erfaßbarkeit; doch sie können uns finden, da sie sich an Infrarotstrahlen orientieren. Das Monster taucht ohne Warnung auf, schlitzt jemandem den Bauch auf und verschwindet. Etwas an seiner Wärmeorientierung macht es doppelt erschreckend. Es bedient sich einer unserer angenehmsten Eigenschaften, um uns zu zerstören. Seit Tausenden von Jahren verlassen wir uns auf unsere Warmblütigkeit als Lebenskraft; wir schätzen liebevolle, mitleidsvolle Menschen, die wir als warmherzig bezeichnen. Und hier ist ein Monster, das diese Wärme ausnutzt. Unser Wesen ist unser Unglück, heißt die Botschaft dieses Sinnen-Alptraums.

Da wir kein dickes Haarkleid haben, das uns schützt, müssen wir uns vor Kälte hüten. Obwohl Hände, Füße und andere exponierte Körperteile unschätzbar wertvoll scheinen, da sie auf Berührung so empfindsam reagieren, werden sie, wenn sie auf Kälte stoßen, weniger nützlich. Hände und Füße können erfrieren, und der Körper kann nach wie vor weiterleben, doch wenn die Bluttemperatur sinkt, sind wir verloren. So reagiert der Rumpf sofort auf Temperaturunterschiede, und ein großer Teil unseres Körpers fühlt sich kalt an. Weit mehr Frauen als Männer behaupten, kalte Hände und Füße zu haben, was keineswegs überrascht. Wenn der Körper abkühlt, beschützt er als erstes die inneren Organe (deshalb kann man leicht Frostbeulen bekommen); bei den Frauen schützt er die Fortpflanzungsorgane. Wenn die Lippen blau werden oder die Zehen Frostbeulen bekommen, verengen sich die Blutgefäße, der Körper opfert die äußeren Gliedmaßen und schickt Blut zu den wichtigsten inneren Organen.

Tiere lieben es, in der Sonne zu liegen und zu dösen. Was wirkt zufriedener im Winter als ein schwarzweißer Cockerspaniel, der auf dem Teppich im Wohnzimmer im hellen Sonnenlicht liegt und alle viere von sich streckt? Einige Lebewesen, wie Reptilien oder Hausfliegen, tun dies, um ihre Körpertemperatur zu regulieren. Im Sumpfgebiet in Florida sieht man Alligatoren, die sich mit wahrer Wollust in der Sonne plazieren: ein Bein und der Schwanz unter Wasser, einen Teil des Rückens und ein weiteres Bein im Schatten eines Gebüschs, Kopf, Rücken und Vorderbeine in der Sonne... Die Alligatoren scheinen sich übertrieben anspruchsvoll zu verhalten, regulieren aber in Wirklichkeit nur ihren Thermostaten, genau wie wir es an einem Herbstnachmittag tun, wenn wir wohl einen Pullover anziehen, aber Hut und Handschuhe weglassen. Der Tourismus verläßt sich darauf, daß sich die Menschen gerne in der Sonne aalen, und fast jeder kann sich einen Urlaub in der Sonne leisten. Auch wenn einige von uns den Abenteuerurlaub vorziehen, lieben es die meisten, wie Spareribs in der Sonne zu rösten, sich regelmäßig mit Creme zu bestreichen und in aller Ruhe zu brutzeln. Wir achten darauf, daß wir auf beiden Seiten geröstet werden. Man kann sich denken, wieso wir es lieben, in der Sonne zu liegen. Die Evolution, diese Designerin genialer Muster, entwarf vermutlich auch das Gespür, welches Tiere Klimazonen aufsuchen läßt, die gute Gesundheit garantieren. Doch wenn es des Guten zuviel wird und ein Tier zu sehr aufgeheizt ist, dehnen sich die kleinsten Hautkapillaren, um Hitze entströmen zu lassen. Beim Menschen rötet sich das Gesicht. Beim Hasen werden die Ohren rot. Alle Tiere transpirieren auf die eine oder andere Weise, und Schweiß verdunstet, kühlt den Körper ab. Es ist nicht die Hitze, sondern die Luftfeuchtigkeit, stöhnen wir an einem glühendheißen Tag, wenn uns sogar das Baumwollhemd am Leib klebt. Wenn die Außentemperatur fast 50 Grad erreicht hat, fängt der Körper an zu leiden. Wenn es dann auch noch schwül ist, das heißt, wenn die Luft mit Feuchtigkeit gesättigt ist, schwitzen wir zwar immer noch, um uns auf die übliche Art abzukühlen, doch nichts geschieht. Die Luft ist zu stikkig, um Schweiß verdunsten zu lassen. So sitzt man also auf einer Veranda in Alabama, schlaff und matt, und fächelt sich Luft mit dem Reklamezettel einer Baufirma zu, die sich laut Werbung danach sehnt, »Ihre Abflußrohre durchzuspülen«, während man Eistee mit einer Prise frischem Pfefferminz oder Ananas genießt. Wenn dagegen ein Tier unterkühlt wird, bekommt es oft Gänsehaut und fröstelt. Die Hautmuskeln ziehen sich zusammen (um die bloßgelegte Hautfläche zu verkleinern), und das anschließende Schütteln wärmt den Körper auf. Auch wenn wir nicht unser Fell aufplustern können, wie es die Tiere tun, um groß zu wirken oder sich warm zu halten, besitzen wir winzige Überbleibsel von sogenannten Erector-Pili-Muskeln, die einige unserer Haare zu Berge stehen lassen, wenn es uns kalt ist oder wir erschreckt sind. Bestimmte Tiere haben faszinierende Strategien entwickelt, um sich warm zu halten. Von Buddenbrock berichtet von einem deutschen Bienenzüchter, der entdeckte, daß es in Bienenstöcken nie richtig kalt wird:

> Die Erklärung ist erstaunlich. Im Winter sind Zehntausende von Bienen in einem Bienenstock eng beieinander. Die Bienen in der Mitte haben es immer noch warm genug, wenn die Temperatur fällt, doch jene in den äußeren Schichten leiden unter der Kälte. Sie zappeln mit Beinen und Flügeln – das heißt, sie verhalten sich so wie wir, wenn wir vor Kälte zittern. Doch das wichtigste scheint zu sein, daß ihre Bewegung den ganzen Stock mit zehntausend oder mehr Bienen erfaßt. Die gemeinsamen Anstrengungen der Gruppe erzeugen schließlich eine beträchtliche Hitze. Die Temperatur steigt immer mehr, bis sich alle Bienen beruhigt haben, und fällt dann allmählich, bis sich der gleiche Vorgang wiederholt.

Ich erinnere mich wieder an diese Woche im Dezember, als ich mit Chris Nagano vom Monarch-Projekt des Museums in Los Angeles die kalifornische Küste entlangfuhr, wobei wir Tausende von überwinternden Monarch-Schmetterlingen fanden und ihnen hinterherjagten. Die Schmetterlinge, die in leuchtendorangen Girlanden von den Eukalyptusbäumen herunterhingen, breiteten ihre Flügel wie Sonnenkollektoren aus oder klappten sie kurz zusammen, um sich warm zu machen, bevor sie sich auf die Suche nach Nektar begaben. Es war nicht schwierig, sie in einem Netz zu fangen, das an einem langen Teleskopstab befestigt war. Meistens plumpsten sie lautlos ins Netz, während wir auf dem Boden des ruhigen, insektenlosen Eukalyptuswäldchens saßen. Wir holten sie einzeln aus dem Netz, um ihren Gesundheitszustand zu prüfen und ihr Geschlecht zu bestimmen und um zu sehen, ob sie schwanger waren, und dann klebten wir ein kleines briefmarkengroßes Etikett auf einen ihrer Flügel. Doch an manchen Vormittagen hatte es nur 13 Grad, und ein Monarch-Schmetterling benötigt mindestens 17 Grad, um seine Muskeln bewegen zu können. Manchmal, wenn ich einen Schmetterling gekennzeichnet hatte und ihn auf die übliche Art und Weise in die Luft flattern ließ, fiel er einfach zu Boden, ein Leckerbissen für einen Beutejäger. Wenn dies passierte, nahm ich den Schmetterling mit geschlossenen Flügeln hoch, hielt ihn an meinen Mund und hauchte meinen warmen Atem über seine Muskeln. Nach ein paar Sekunden war er aufgewärmt genug, um wieder fliegen zu können. Ich ließ ihn los, und er flog in das Wäldchen zurück.

Die Haut hat Augen

Durch den Tastsinn erfahren wir, in Verbindung mit der Wahrnehmung der Augen, daß wir in einer dreidimensionalen Welt leben. Wir betrachten ein Foto, auf dem wir mit jemandem, den wir lieben, bei einem winzigen Zirkus in einer ländlichen Stadt zu sehen sind, und erinnern uns, wie stickig es an jenem Sommertag war, als ein Lama seine samtene Nase in unsere Blusentasche steckte, sie in unserer Hand vergrub, unter unseren Arm steckte und an unsere Brust drückte, und dabei sanft, aber nachdrücklich Nahrung verlangte. Wir erinnern uns, wie sich die Hand des Geliebten anfühlte, stellen uns die Umrisse seines Körpers vor, die Struktur seines Haars. Die Berührung hilft uns, unseren Weg in der Welt der Dunkelheit zu finden oder in Lebensumständen, in denen wir unsere Sinne nicht voll einsetzen können.*

Durch die Kombination von Sehen und Fühlen können Primaten Gegenstände im Raum erkennen. Obwohl es kei-

* Der Tastsinn wird mit Erfolg als Ersatz für das Gehör eingesetzt. Verschiedene vergoldete Elektroden sind an einem Stimulatorgürtel befestigt, der um Taille, Arm, Stirn oder Beine getragen wird. Einem tauben Kind wird beigebracht, daß bestimmte Laute bestimmte Hautmuster haben. Dann bittet der Lehrer das Kind, Laute hervorzubringen, die das gleiche Muster auf der Haut erzeugen. Dies funktioniert besonders bei Worten wie »du« oder »tu«, die ein Taubstummer schwer von den Lippen lesen kann. Diese »taktilen Decodierer«, wie diese Geräte genannt werden, können nicht den ganzen Sprachcode übermitteln, doch sie können in Verbindung mit dem Lippenlesen erfolgreich benutzt werden. Die Kinder, die sich ihrer bedienen, können viel mehr verstehen als jene, die nur von den Lippen lesen. Das höchste Ziel von Dr. Kimbough Ollers Decodierungsprogramm an der Universität von Miami besteht darin, eines Tages das Gehör durch den Tastsinn zu ersetzen.

nen speziellen Begriff für diese Fähigkeit gibt, können wir, wenn wir etwas berühren, entscheiden, ob es schwer, leicht, gasartig, weich, hart, flüssig oder fest ist. In ihrem Buch *Rembrandt's Enterprise: The Studio and the Market* bemerkt Svetlana Alper scharfsinnig, daß, wenn Rembrandt auch die Blindheit oft zum Thema wählte (*Die Rückkehr des verlorenen Sohnes, Der blinde Jakob* und andere),

> Blindheit nicht als Hinweis auf eine höhere geistige Erkenntnis angeführt wird, sondern um auf die Bedeutung des Tastsinns bei unserer Erfahrung der Welt aufmerksam zu machen. Rembrandt sieht in der Berührung die Verkörperung des Sehens. … Dabei ist zu bedenken, daß die Analogie zwischen Sehen und Tasten in Rembrandts Maltechnik zum Ausdruck kommt: Seine Ausnutzung natürlicher Lichtreflexe, um Schlaglichter zu verstärken und Schatten zu werfen, verbindet das Sichtbare mit dem Wesentlichen.

Faszinierend an Rembrandts Porträts finde ich all das Ungemalte, das das Auge zwar aufnimmt, aber nur der Geist voll wahrnimmt. Man braucht nur die vordere Krempe einer Jungenmütze zu betrachten. Die ersten Male, wenn man das Bild anschaut, bemerkt man gar nicht, daß Rembrandt nur einen kleinen Schatten gemalt hat, die winzige Andeutung einer Mütze, die der Betrachter dank eigener Erfahrung vervollständigt. Wir alle haben schon *Rundes* berührt. Wir wissen, was *rund* ist, wenn wir es sehen. »Aha, wieder *rund*«, stellt unser Gehirn fest und wendet sich dann anderen Dingen zu.

Worin besteht das Bewußtsein? Es hat weitgehend mit Berührung zu tun, damit, wie wir empfinden. Unsere *Propriozeptoren* (die »Eigen-Rezeptoren« auf lateinisch) informieren uns darüber, wo wir uns befinden, ob unser Magen arbeitet, ob sich unser Darm entleert oder nicht, wo sich Beine, Arme und unser Kopf befinden, wie wir uns bewegen, wie wir uns im Augenblick fühlen. Das soll nicht heißen, daß wir uns unbedingt richtig sehen. Jeder von uns hat eine übertriebene geistige Vorstellung von seinem Körper, mit einem großen Kopf, Mund, Händen und Genitalien, und einem kleinen Rumpf. Die Kinder zeichnen oft Menschen mit großen Köpfen und Händen, da sie sie so sehen. Jeden Augenblick ist so vieles zu berücksichtigen. »Wie geht es Ihnen?« fragt in Kafkas Roman *Der Prozeß* ein Passant höflich. Doch der Held gerät in Panik, ist wie gelähmt von dem Schock, eine Frage gestellt zu bekommen, die er nicht beantworten kann. Der Alltag hält viele solcher Fragen bereit, die nicht unbedingt ernst gemeint sind, aber beim Gespräch immer wieder gestellt werden. Oft habe ich Lust, eine ausführliche Antwort zu geben. Wenn mich ein Freund fragt: »Wie geht es dir?«, möchte ich ihm am liebsten den Bericht meiner Propriozeptoren über den Zustand von Nieren, Nasenschleimhaut, Blutdruck, Gehörgang, Verdauung und allgemeinen Nebennierenproblemen geben. Die Berührung weckt in uns eine Vorstellung davon, wie wir aussehen. Ohne Berührung hätte ein Spiegel keinen Sinn. Unbewußt prägen wir uns die Maße unseres Ichs ein – wenn wir mit der Hand über unseren Arm streichen, wenn wir versuchen, mit Daumen und Zeigefinger unser Handgelenk zu umfassen, oder probieren, ob wir mit der Zunge die Nase berühren oder unseren Daumen zurückbiegen können. Wenn wir unsere Seidenstrümpfe vom Knöchel bis zum Schenkel hochziehen, fühlen wir, wie lang unsere Beine sind. Doch die Berührung lehrt uns vor allem, daß das Leben Tiefe und Konturen hat, läßt uns die Welt und uns selbst in drei Dimensionen sehen. Ohne dieses Gespür für das Lebendige gäbe es keine Künstler, deren Kunst darin besteht, sinnliche und emotionale Landkarten zu schaffen, und keine Chirurgen, die mit den Fingern ins Gewebe der Körper tauchen.

Abenteuer im Reich des Tastens

Während eines Flugs nach San Francisco öffne ich ein »Erst-während-des-Flugs-zu-öffnendes« Geschenk eines Freundes – ein erlesenes blaugoldenes Seidenbrokatetui, das zwei spiegelgleiche Chromkugeln enthält, jede in einer eigenen mit Seide ausgeschlagenen Vertiefung. Sie erinnern mich an den verrückten Captain Queeg, der zwanghaft zwei Metallkugeln kreisen ließ, während er von gestohlenen Erdbeeren sprach. Meinem Geschenk war ein zusammengefalteter Zettel beigefügt:

> Schon vor 800 Jahren glaubten die Mandarine, daß diese chinesischen Kugeln körperliches Wohlbefinden und geistige Heiterkeit bewirken. Solche kostbaren Kugeln wurden Präsident Reagan und seiner Frau anläßlich ihres Besuchs in der Volksrepublik China überreicht. Die Chinesen behaupten, daß, wenn man die Kugeln in den Handflächen hin und her rollt, die Finger und Akupunkturpunkte stimuliert werden und die Lebensenergie im ganzen Körper angeregt wird. Sportler, Musiker, Computerfreaks und gesundheitsbewußte Menschen auf der ganzen Welt betrachten sie als vorzügliche Muskeltrainer. Personen, die unter Arthritis leiden, behaupten, daß ihnen diese Übungen Linderung verschaffen. Diese chinesischen Kugeln, die sehr wirksam zum Entspannen und Meditieren sind, lassen, wenn man sie hin und her rollt, Töne wie ein geheimnisvolles Glockenspiel erklingen. Die wunderschön gearbeiteten 45 mm großen, hohlen, glänzenden Chromkugeln sind perfekt gewichtet und passen bequem in die Handfläche jeder Durchschnittsfrau und jedes Durchschnittsmannes.

Ich nehme sie heraus und bestaune ihre Geschmeidigkeit, den melodiösen Ton, den sie erzeugen, wenn sie gegeneinanderschlagen, das entspannende Gefühl, wenn sie hin und her rollen, zwei schimmernde Weltkugeln in meiner Hand. Sie erinnern an *rin no tan*, besonders gewichtete orientalische Kugeln, die eine Frau in ihre Vagina einführen kann: Wenn sie sich rhythmisch hin und her bewegt, geben die Kugeln ihr das Gefühl, Sexualverkehr zu haben.

Dies ist ein passendes, wenn auch etwas geheimnisvolles Geschenk für meine Reise zu San Franciscos »Reich des Tastens«, vor dem ich ein paar Stunden später stehe. Am äußersten Ende des Exploratoriums, einem außergewöhnlichen, praxisbezogenen Wissenschaftsmuseum, liegt ein dreidimensionaler Irrgarten, durch den man schlendert, klettert, kriecht und schlittert – in marmorner Dunkelheit. Die flexiblen Wände gewähren Durchgang oder fallen ab zu einem schrägen Boden, oder führen zu einem See, gefüllt mit etwas, das sich wie kleine weiße Bohnen anfühlt, oder führen an Taugeflechten entlang. Ab und zu fühlt man etwas Vertrautes – eine Bürste, eine Sandale –, was so überraschend wirkt wie plötzliches Flutlicht; dann wird man wieder von undurchdringlicher Dunkelheit eingehüllt. Einige Leute reagieren mit heftiger Klaustrophobie und fangen an zu schreien. Dann kommt ein Aufseher herbeigestürmt, um ihnen zu helfen; selbst Leute, die im allgemeinen nicht unter Klaustrophobie leiden, spüren Augenblicke nackter Panik, haben Angst, nicht wieder in die normale Welt zurückzufinden. Die Dunkelheit ist so undurchdringlich wie ein Felsen, und die Irrwege enden in Rutschbahnen, die zu schmal sind, als daß man darin aufrecht sitzen könnte. Man spürt den Anfang der Rutschbahn, die groben Umrisse, doch man weiß nichts über ihre Länge oder ihre Windungen. Wie weit fällt sie ab? Angenommen, man bleibt mittendrin stecken, kann weder den Kopf heben noch die Arme bewegen? Wenn man mit den Armen voran rutscht, um den Weg zu ertasten, könnte es passieren, daß sich die Bahn verengt und man nicht weiterkann. Angenommen, sie fällt unten steil ab, endet in einer weichen Fläche, auf die man mit dem Kopf zuerst fällt? Sie rutschen hinunter, mit den Händen über dem Kopf. Ein paar Minuten später krabbeln Sie in einen Raum, der keinen Ausgang zu haben scheint. Sie greifen nach oben und entdecken Griffe, klettern dann blindlings hoch und hieven sich zur nächsten Ebene des Irrgartens hoch. Etwas Leichtes, Klebriges streift Ihr Gesicht, die Dunkelheit verwandelt sich erneut in ein dichtes Geheimnis, verwirrend und voller Sackgassen. Sie fühlen Marmorkugeln unter den Füßen und stolpern dann in etwas Trockenes, doch Bewegliches, das bis zu den Knien reicht. Dann gehen Sie mit pochendem Herzen durch dicke Gummifransen, halten sich irgendwo fest und fallen eine Rampe hinunter, mitten hinein in helles Licht. Sie

haben eine kleine Expedition durch eine reine Tastwelt
überstanden.

*T*iere

Die Menschen mögen Berührungen genießen, aber die echten Meister des Tastsinns sind die Tiere. Schwämme besitzen
einen ausgeprägten Tastsinn; sie spüren jedes Zittern im
Wasser. Es heißt, Bandwürmer erfassen die Umgebung allein
durch Tasten. Insektenfressende Pflanzen ernähren sich
hauptsächlich durch ihren Tastsinn. Küchenschaben haben
am Unterleib Fortsätze, die *cerci*, die so stark auf Vibrationen reagieren, daß die Insekten oft zu Berührungsexperi-
menten in Labors verwendet werden. Schnecken haben
extrem empfindsame Füße. Alligatoren und Krokodile verwenden während der Paarungszeit die vielen Tastrezeptoren
an ihren Köpfen für intensives Streicheln und Liebkosen.
Auch wenn man glaubt, der Panzer der Schildkröte sei
gefühllos, lieben es die großen Meerschildkröten, wenn ihr
Panzer leicht gekrault wird; sie können sogar so etwas Zartes
wie einen darüberstreichenden kleinen Zweig fühlen. Alle
Tiere, die sich ihren Lebensunterhalt aus der Erde graben,
wie der Präriehund oder der Ameisenbär, und alle Nachttiere besitzen im allgemeinen einen stark entwickelten Tastsinn. Das Eimer-Organ (ein dem Pacini-Körperchen ähnliches Korpuskel in der Schnauze des Maulwurfs) kann die
geringsten Erschütterungen des Bodens registrieren, die vielleicht die Anwesenheit eines Regenwurms anzeigen. Der
Entenschnabel reagiert sehr empfindsam auf Wasservibra-
tionen, da seine Haut Herbst-Korpuskeln enthält, die den
Pacini-Korpuskeln ähneln. Ein Specht benutzt seine Zunge
– die ebenfalls ein Herbst-Korpuskel enthält –, um in der
aufgekratzten Rinde nach Insekten zu suchen. Pinguine
brauchen den Tastsinn, um zu überleben; sie stehen auf den
Füßen ihrer Eltern, schmiegen sich an deren warmen Körper
– und haben dadurch eine richtige Leidenschaft für Berührung und Berührtwerden entwickelt. Die Ratten sind geradezu zwanghafte Berührer. Einige Wassertiere können im Was-

ser über weite Entfernungen hinweg Vibrationen spüren und nehmen sehr präzise alles wahr, was sich in ihrer Umgebung bewegt. Der Tastsinn ist für Tiere, bei denen die geringste Berührung eines Gegenstandes oder eines anderen Tieres Reaktionen hervorruft, unersetzlich. Man braucht nur zu beobachten, wie sich die Hauskatze am Bein ihres Herrchens reibt oder wie zwei Giraffen umeinander werben und dabei ihre langen Hälse miteinander verschlingen. Es gibt Berührungsspiele, die man stundenlang spielen kann, seien es zwei Hunde, die miteinander herumtollen und sich auf dem Rasen wälzen, oder ein paar Jungs, die in einer Ecke einen Fußball balancieren und sich zuspielen.

Der Volksmund sagt, Tiere könnten Erdbeben erahnen. Es wird berichtet, wie Vieh aus der Scheune gestürmt ist, Haustiere aus dem Fenster gesprungen sind, nervös auf und ab liefen oder sich vor einem Erdbeben einfach seltsam benahmen, vermutlich aufgrund der elektrisch geladenen Luft. Helmut Tributsch von der Freien Universität Berlin stellte fest, daß die Haut der Tiere viel trockener als die menschliche Haut ist. Vor einem Erdbeben gibt es elektromagnetische Störungen, was die Luft auflädt und bewirkt, daß die Haare der Tiere zu Berge stehen und zu zittern anfangen. Ich erinnere mich, daß, als ich 1975 in Cap Canaveral den Start von *Viking II* miterlebte, beim Abheben des Raumschiffs die Luft sich elektrisch anfühlte. Ich war fasziniert, denn es war das erste Mal in der Geschichte unseres Planeten, daß wir ein Raumschiff ins Weltall schickten, das feststellen sollte, ob auf anderen Planeten Leben war, und das Gefühl dabeizusein, erregte mich. Der Start bewirkte eine elektromagnetische Störung, die der eines Erdbebens gleichkam, und verstärkte die Elektrizität in der Luft, wovon ich eine Gänsehaut bekam. Selbst die Skeptiker unter uns Zuschauern blieben nicht unberührt. Es sträubten sich ihnen die Nackenhaare, Schockwellen erschütterten sie wie Riesenfäuste, ihr Geist war hellwach von dem stimulierenden Tanz der negativen Ionen und dem Anblick des Raumschiffs, das im Schein orangeroten Feuers in den Himmel schoß.

Tätowierung

Eine der interessantesten und ältesten, die Haut betreffenden Künste, die wie der Klatsch über die Handelsstraßen und Kontinente gelangte, ist die Tätowierung. Bauern der Jungsteinzeit schmückten ihr Gesicht mit einer blauen Dreizacktätowierung; Sängerinnen, Tänzerinnen und Prostituierte im alten Ägypten liebten Tätowierungen. 1769 berichtete Captain Cook in seinem Tagebuch, daß auf Tahiti Männer und Frauen tätowiert seien (vermutlich kommt der Begriff von dem tahitischen Wort *tatau* für »schlagen«). König Georg V., Nikolaus II. und Lady Randolph Churchill hatten Tätowierungen ebenso wie souvenirsüchtige Amerikaner und modische Damen des viktorianischen Zeitalters, die sich dauerhaft rote Lippen wünschten. Die Maori auf Neuseeland pflegten eine besonders delikate Tätowierungart, die Terry Landu in *About Faces* schildert:

[Sie haben] eine besondere Tätowierungstechnik namens *moko*... Ein Reisender beschrieb einen Stammeshäuptling, der sich brüstete, am ganzen Körper tätowiert zu sein: sogar seine Lippen, seine Zunge, sein Zahnfleisch und sein Gaumen waren tätowiert.

Die japanische Tätowierkunst *irezumi* ist eine ernsthafte Volkskunst wie Landschaftsmalerei oder Blumenstecken, und große Tätowiermeister malen ihre chagallähnlichen Werke immer noch auf den ganzen Körper. Diese sind subtil, abstoßend, magisch, verführerisch, sinnlich, dreidimensional, herausfordernd und makaber.

Schließlich machen Tätowierungen den Körper des Menschen einmalig, verkörpern geheime Träume, schmücken mit magischen Emblemen das Altamira des Fleisches. Es ist auch eine Art der Selbstzerstörung; Menschen mit Ganzkörpertätowierungen leben kürzer, da ihre Haut nicht richtig atmen kann, und einige Tintenarten sind giftig. Menschen mit tätowierten Gesichtern und Händen haben sich in gewissem Sinne entschieden, sich für immer von den Durchschnittsmenschen zu unterscheiden, und so wundert man sich nicht, daß in Japan der größte Teil der tätowierten Menschen zur Unterwelt gehört. Tätowiermeister sind oft der Polizei bei der Identifizierung von Leichen behilflich. Ein Mensch, der von Kopf bis Fuß nach einem bestimmten Motiv, das durch seine Körperumrisse und sein Selbstbildnis bestimmt ist, durchgängig tätowiert ist, regt zum Nachdenken über Symbolik, Verzierung und Identität an. In ihrem Buch mit 46 fast lebensgroßen Polaroidreproduktionen, *The Japanese Tattoo*, erklärt die Fotografin Sandi Fellman, daß sie von Tätowierungen angezogen ist, weil sie das Paradoxe daran liebt: »Schönheit, die durch brutale Mittel geschaffen wurde«, »Macht für den Preis der Unterwerfung«, »die Glorifizierung des Fleisches als Mittel der Spiritualität«.

Wie die Menschen der westlichen Welt nach ihrem Tod ihre Organe spenden, schenkt vielleicht ein Japaner, der von einem großen Meister tätowiert wurde, seine Haut einem Museum oder einer Universität. Die Universität von Tokio besitzt dreihundert solcher Meisterwerke, eingerahmt. Wenn man diese Kunstwerke betrachtet, muß man wohl schockiert und verwundert reagieren: Was für eine Kuriosität, so viele Leben, durch Nadel und Tinte gekennzeichnet, hier ausgebreitet zu sehen, so viele Menschen, die ihre eigene Botschaft werden wollten.

Schmerz

Vor der Sandwüstenkulisse des Films *Lawrence von Arabien* sticht eine Szene ins Auge, die ausgeprägten Machismo symbolisiert: Lawrence hält seine Hand über eine Kerzenflamme, bis das Fleisch zu brutzeln anfängt. Als sein Kamerad dasselbe versucht, zuckt er vor Schmerz zurück und ruft: »Tut dir das denn nicht weh?«, während er seine verbrannte Hand verbindet. »Aber sicher«, erwiderte Lawrence kühl. »Worin besteht dann der Trick?« fragt der andere. »Der Trick«, erwidert Lawrence, »besteht darin, daß man nicht darauf achtet.«

Es ist eines der großen biologischen Rätsel, weshalb die Erfahrung des Schmerzes so subjektiv ist. Die Fähigkeit, Schmerz zu ertragen, hängt in erstaunlichem Maße von Kultur und Tradition ab. Viele Soldaten haben trotz schrecklicher Wunden den Schmerz ertragen, verlangten nicht einmal Morphium, was sie in Friedenszeiten bestimmt getan hätten. Die meisten Menschen, die sich in der Klinik einer Operation unterziehen, konzentrieren sich völlig auf ihren Schmerz und ihr Leiden. Dagegen sind Soldaten, Heilige oder Märtyrer in der Lage, an etwas Edleres zu denken, etwas, das ihnen wichtiger ist, und das mildert ihr Empfinden von Schmerz. Die Religionen haben ihre Märtyrer immer dazu ermutigt, Schmerz zu erleiden, um den Geist zu reinigen. Wir kommen in diese Welt mit dem winzigen Wort »Ich«, und es in heiligem Delirium aufzugeben ist die Schmerzekstase, die die Religionen verlangen. Wenn ein Fakir über heiße Kohlen läuft, fängt seine Haut zu schmoren an – es riecht nach verbranntem Fleisch. Doch er spürt es nicht. Vor ein paar Jahren erlebte meine Mutter auf Bali Männer in Trance, die aus offenem Feuer glühendheiße Kanonenkugeln holten und sie auf der Straße wegtrugen. Wie Meditationstechniken und Biofeedback-Methoden gezeigt haben, kann der Geist lernen, Schmerz zu überwinden. Dies gilt besonders in Krisenzeiten oder bei Aufregungen, wenn die Konzentration auf etwas anderes als das eigene Ich gerichtet ist, und dadurch der Geist vom Körper, und der Körper wiederum von Leid und Zeit abgelenkt zu werden scheinen. Natürlich gibt es auch Menschen, die den Schmerz suchen, um ihn zu überwinden. 1989 las ich, in Kalifornien gebe es ein neues verrücktes Hobby: Wohlhabende Geschäftsleute machten Wochenendkurse im »Feuerlaufen«, wobei sie über glühende Kohlen schreiten. Von jeher hat es die Menschen gereizt, den Körper bis an die Grenze oder darüber hinaus zu treiben. Es gibt in unserer Psyche einen Teil, der nur Leistungen und Stimmungen kontrolliert. Wir möchten nicht nur wissen, wie schnell wir laufen können, wie hoch wir springen, wie lang wir unter Wasser den Atem anhalten können – wir wollen diese Grenzen auch regelmäßig überprüfen, um zu erfahren, ob sie sich verändert haben. Warum? Welchen Unterschied macht es aus? Der menschliche Körper ist wunderbar und schön, ob er nun dreihundert Pfund hochstemmen, den Ärmelkanal durchschwimmen oder ein Jahr U-Bahn-Fahren überleben kann. Anthropologisch ausgedrückt: Wir sind die geworden, die wir sind, weil wir bessere Möglichkeiten entwickelt haben, uns der Umgebung anzupassen. Und was uns von Anfang an geleitet hat, war ein ausgeklügeltes System von Belohnungen. Es wundert nicht, daß wir süchtig nach Quizshows und Lotterien, nach Gehaltsschecks und Prämien sind. Auch unsere geistigen Grenzen haben wir von jeher erforscht und sie unaufhörlich ausgedehnt. Anfang der achtziger Jahre arbeitete ich ein Jahr als Fußballreporterin, verfolgte die faszinierende Beinarbeit von Pelé, Franz Beckenbauer und anderen legendären Weltstars, die von Cosmos New York zu ebenso legendären Summen unter Vertrag genommen worden waren. Nehmen Sie einmal Ihren Lieblingssport und stellen sich vor, daß die besten Spieler der Welt in einem Team spielten! Ich interessierte mich für die in Regeln gefaßte Gewalt des Sports, die Psychologie der Spiele, den Zauberkreis des Spielfelds, die Interaktionen der Beine, das anthropologische Schauspiel, 22 Männer im Sonnenschein über das Feld rennen zu sehen und mitzuverfolgen, wie sie den Ball ins Netz schießen. Die Gewandtheit und Anmut des europäischen Fußballspiels waren aus vielerlei Gründen faszinierend, und ich wollte die Atmosphäre für einen Roman einfangen. Ich stellte erstaunt fest, daß die Spieler häufig erst nach der Halbzeit oder nach dem Spiel bemerkten, daß sie sich stark verletzt und höllische Schmerzen hatten. Während des Spiels verspürten sie keinen Schmerz, doch als das Spiel vorbei war und sie sich den Luxus zu leiden leisten konnten, durchfuhr sie der Schmerz wie eine schrille Fabriksirene.

Oft macht die Angst vor Schmerz diesen noch schlimmer. In unserem Kulturkreis wird eine Geburt als ein schmerzliches Ereignis angesehen, und wir erleben es auch als solches. Frauen anderer Kulturen unterbrechen ihre Feldarbeit, um ihr Baby zur Welt zu bringen, und kehren kurz danach zur Arbeit zurück. Initiationsriten auf der ganzen Welt sind oft mit starken Schmerzen verbunden, die die jungen Leute erleiden müssen, um sich als würdig zu erweisen. Beim Sonnentanz der Sioux zum Beispiel ließ sich der junge Krieger die Brust mit Eisenstäben durchbohren und wurde dann an einen Pfosten gehängt. Als ich in den siebziger Jahren in Istanbul war, sah ich Jungen, die einen leuchtenden Seidenfez und einen reichverzierten Seidenanzug trugen. Sie bereiteten sich für die Beschneidung vor, ein festliches Ereignis im Leben eines Türken, das ungefähr im Alter von fünfzehn Jahren stattfindet. Dabei wird kein Betäubungsmittel benutzt, sondern dem Jungen nur etwas zum Kauen gegeben. Richard Burtons Schriften enthalten zahlreiche Beschreibungen von Verstümmelungen und Folterritualen bei Naturvölkern. Bei einem dieser Rituale schneidet der Schamane einen Streifen Fleisch aus dem Leib eines Jungen, vom Magen bis zu den Schenkeln. Es bleibt eine große weiße Narbe.

In einigen Kulturen müssen Frauen schmerzhafte Initiationsriten ertragen, auch Beschneidungen, wobei die Klitoris entfernt oder verstümmelt wird. Von den Frauen wird erwartet, daß sie die Schmerzen der Geburt aushalten, doch es gibt auch verdeckte Schmerzriten, Schmerzen, die aus Gesundheits- oder Schönheitsgründen ertragen werden. Zum Beispiel entfernen Frauen von alters her aus modischen Gründen ihre Haare an den Beinen mit Wachs. Als ich mir vor kurzem in einem Schönheitssalon in Manhattan die Beinhaare durch Wachs entfernen ließ, hatte ich das Gefühl, von Tausenden von Bienen gestochen zu werden, ein unerträglicher Schmerz. Man denke sich statt der Kosmetikerin eine Gestapoagentin, verwandle die Kosmetikkabine in eine Gefängniszelle, halte die Schmerzen auf dem gleichen Stand, und man würde ohne Zögern von Folter sprechen. Wir neigen dazu, Folterschmerzen aus Gründen der Schönheit als Verirrung der Alten anzusehen, doch es gibt auch moderne Folterkammern. Die Menschen hatten von jeher ihre Haut verstümmelt, oft der Schönheit wegen Schmerzen ertragen, als ob der Schmerz die Schönheit erhöhte, ihr die zusätzliche Note des Opfers gebe. Viele Frauen haben während ihrer Periode jeden Monat ungewöhnlich starke Schmerzen, doch sie akzeptieren sie, weil sie wissen, daß sie nicht durch andere verursacht wurden, nicht tückisch sind, sie nicht plötzlich überfallen, was sie von anderen Schmerzen unterscheidet.

Es gibt auch Schmerzillusionen, die genauso stark sind wie optische Illusionen, Zeiten, da der Leidende das Gefühl hat, Schmerzen zu fühlen, die eigentlich gar nicht möglich sind. In einigen Kulturen bilden sich Männer eine Scheinschwangerschaft ein *(couvade)* und legen sich mit Geburtswehen ins Bett. Die inneren Organe besitzen nicht viele Schmerzrezeptoren (die Haut wird hierfür als Wachposten angesehen), so daß jemand oft »versetzte Schmerzen« empfindet, wenn eines der Organe nicht funktioniert. Herzanfälle erzeugen oft Schmerzen im Magen, im linken Arm oder in der Schulter. In einem solchen Fall kann das Gehirn nicht genau definieren, woher die Botschaft kommt. Bei der klassischen Erscheinung des Phantomschmerzes erhält das Gehirn falsche Signale; man empfindet weiterhin Schmerzen in einem amputierten Glied. Ein solcher Schmerz kann qualvoll sein, ja einen verrückt machen, da körperlich nichts da ist, was weh tun kann.

Seit es Menschen gibt, gibt es Schmerzen. Das ganze Leben lang versuchen wir, sie zu vermeiden. In gewissem Sinne ist das, was wir als »Glück« bezeichnen, vielleicht einfach das Freisein von Schmerz. Doch es ist schwierig, Schmerz zu definieren. Er kann scharf, dumpf, stechend, bohrend oder eingebildet sein. Wir haben viele innere Schmerzen, die sich durch Krämpfe und anhaltende Beschwerden äußern. Und wir bezeichnen auch seelischen Kummer als Schmerz. Schmerzen treten oft zusammen auf, in physisch-psychischer oder auch physisch-physischer Kombination. Wenn man eine Verbrennung erleidet, schwillt die Haut an und bekommt Blasen. Wenn die Blasen aufbrechen, schmerzt die Haut wieder, aber auf andere Art. Eine Wunde kann eitern. Dann werden Histamin und Serotonin freigesetzt, die die Blutgefäße erweitern und eine Schmerzreaktion bewirken. Nicht alle inneren Verletzungen verursachen Schmerz, doch wenn der Blutfluß behindert wird, werden sie spürbar, zum Beispiel bei Angina pectoris, die auftritt, wenn die Koronargefäße sich so zusammenziehen, daß das Blut nicht mehr ungehindert durchfließen kann. Selbst intensive Schmerzen lassen sich oft nicht genau beschreiben, wie Virginia Woolf in ihrem Essay *On Being Ill* schildert: »Die englische Sprache, die Hamlets Gedanken und Lears Tragödie ausdrücken kann, hat keine Worte für das Frösteln und den Kopfschmerz. Wenn ein Schmerzgeplagter versucht, den Schmerz in seinem Kopf einem Arzt zu schildern, fehlen ihm auf einmal die Worte.«

Schmerzlinderung

Wie es viele Arten des Schmerzes gibt, gibt es auch viele Abhilfen dafür. Narkotika wie Novocain oder Kokain blockieren entweder die Fähigkeit des Körpers, Hochfrequenz-Schmerzsignale ans Gehirn weiterzugeben, oder verhindern, daß Natrium zu den Nervenzellen gelangt. Einige Drogen bringen die Signale, die in verschiedenen Phasen der Schmerzbotschaft gegeben werden, durcheinander. Natürlich vorkommende Opiate, die sogenannten Endorphine, besetzen die Stellen, wo sich Rezeptoren befinden, so daß diese nicht in der Lage sind, die Schmerzbotschaft des übermittelnden Nervs zu empfangen.*Auch Kokain wirkt so. Die Tatsache, daß Heroinsüchtige immer süchtiger werden, ist zum Teil darauf zurückzuführen, daß der Körper weniger eigene Endorphine produziert und diese Aufgabe durch das Heroin übernommen wird. Der gleiche Vorgang spielt sich bei Menschen mit Arthritis ab und bei Menschen, die über lange Zeit starke Schmerzmittel nehmen. Aspirin

---

* Das Ebers-Papyrus, ein ägyptisches Medizinhandbuch aus dem 16. Jahrhundert, bezeichnet Opium als Schmerzmittel. Schon in der Antike wußte man, daß Opiate schmerztötend wirken, doch erst vor kurzem fand man heraus, weshalb. Im 5. Jahrh. v. Chr. verwendete Hippokrates Weidenrinde, woraus Aspirin gewonnen wird.

behindert den Fluß von Substanzen, der die Schmerzrezeptoren anregt, wenn man eine Verletzung hat, so daß man nicht so viele Schmerzimpulse empfängt. Der fortgesetzte Gebrauch von Analgetika kann ihre Wirkung neutralisieren. Lediglich zwanzig Minuten Aerobic reichen aus, den Körper dazu anzuregen, mehr Endorphine, natürliche schmerzstillende Mittel, zu produzieren. Wenn man seine Aufmerksamkeit auf etwas anderes richtet, wird man vom Schmerz abgelenkt. Eine einfache und wirksame Art der Schmerzlinderung wird durch die »gegenseitige Verhinderung« bewirkt: Wenn eine Gruppe von Neuronen versucht, gleichzeitig zu reagieren, blockieren sie sich. Wenn Sie sich Ihre Zehe anstoßen und dann die benachbarten Stellen reiben, geht der Schmerz in der allgemeinen Verwirrung unter. Wenn Sie eine Prellung mit Eis behandeln, geht nicht nur die Schwellung zurück; es werden auch Kältebotschaften statt Schmerzbotschaften übermittelt. Beim Sex macht uns im allgemeinen ein gewisses Maß an Schmerz nichts aus (für manche Menschen scheint der Schmerz die Lust sogar noch zu erhöhen), was möglicherweise auf die wechselseitige Stimulierung zurückzuführen ist – das Gehirn empfängt so viele Lustsignale, daß es auf geringfügige Schmerzen kaum achtet. Entspannungstechniken, Hypnose, Akupunktur und Placebos können den Körper veranlassen, Endorphine zu produzieren, was verhindert, daß Schmerzsignale ausgesendet werden. Natürlich fühlen wir die Elektrizität nicht, wir haben nur bestimmte Empfindungen. Doch wenn der elektrische Code für Schmerz nicht weitergegeben wird, spüren wir keinen Schmerz. Die Menschen können ungeheure Schmerzen aushalten (wobei die Schmerzschwelle der Frauen höher ist als die der Männer), aber nicht ohne chemische Hilfe oder einen Trick des Bewußtseins. Während der Schwangerschaft steigt der Endorphingehalt, je mehr sich die Geburt nähert. Ein Wissenschaftler hat sogar vermutet, daß schwangere Frauen Heißhunger auf bestimmte Nahrungsmittel empfinden, weil diese Substanzen enthalten, die Serotonin erzeugen, das die Frau benötigt, um die Schmerzen bei der Geburt zu ertragen.

Ich kannte eine Songschreiberin mit einer wunderbar prickelnden Stimme, die Gitarre spielte und in Nightclubs in Pennsylvania auftrat. Mit 28 Jahren hatte sie eine so starke Arthritis, daß sie vor jeder Vorstellung ihre Hände in mit warmem Wachs gefüllten Handschuhen lockern mußte. Mit der Zeit wurde der Schmerz so stark, daß sie nicht mehr auftreten konnte und nur noch Unterricht gab. Für Menschen, die lange Zeit ein Leiden ertragen müssen, ist »der Schmerz gnadenlos und im höchsten Maße schwächend«, schreibt der Neurologe Russell Martin in dem Buch *Matters Gray and White.* »Er ist grausam und katastrophenträchtig und oft ständig vorhanden, und wie die lateinische Wurzel *poena* impliziert, ist er die körperliche Strafe, die jeder von uns dafür bekommt, daß er am Leben ist.« In verschiedenen spezialisierten Schmerzforschungszentren wird der Schmerz sowohl als emotionales und psychologisches wie auch als physisches Problem betrachtet. Teams von Neurologen, Psychologen, Physiotherapeuten und Angologen (Forscher, die den Schmerz untersuchen) arbeiten mit Patienten, die unter chronischen Schmerzen leiden, und versuchen, den Patienten in ihrer Qual Linderung zu verschaffen.

Der Sinn des Schmerzes

Die Frage, weshalb der Mensch Schmerz empfindet, ist seit Jahrhunderten Thema theologischer Diskussionen, philosophischer Kontroversen, psychoanalytischer Abhandlungen und aller möglichen sonstigen Bemühungen. Der Schmerz war die Strafe für sündiges Verhalten im Garten Eden. Es war der Preis, den man bezahlen mußte, weil man moralisch unvollkommen war. Der Schmerz war ein selbst auferlegtes Leid, das durch sexuelle Repression entstand. Er wurde von Rachegöttern verhängt oder war das Ergebnis der gestörten Harmonie mit der Natur. Der Zweck des Schmerzes besteht darin, den Körper auf eine mögliche Verletzung aufmerksam zu machen. Millionen freier Nervenenden alarmieren uns; wenn sie berührt werden, spüren wir Schmerz.

Russell Martin beschreibt, welche Wirkung es hat, wenn wir mit dem Ellbogen gegen ein Bücherregal stoßen:

...eine Menge chemischer Substanzen wie Prostaglandine, Histamin, Bradykinin und andere, die an der Stelle der Verletzung an den Nervenenden gespeichert sind, werden plötzlich freigesetzt. Prostaglandine beschleunigen den Blutzufluß zur Wundzone und unterstützen den Kampf gegen die Infektion und die Heilfunktionen der weißen Blutkörperchen, der Antikörper und Oxygene. Zusammen mit Bradykinin und anderen Substanzen, die nur in sehr kleinen Mengen vorhanden sind, stimulieren Prostaglandine auch die Nervenenden, bewirken, daß elektrische Impulse über die betroffenen Sinnesnerven bis zum Vorderhorngebiet des Rückenmarks weitergeleitet werden, zu einem Streifen grauer Substanz im Rückenmark, das von allen Teilen des Körpers sensorische Signale empfängt und sie an das Gehirn weitergibt – zuerst zum Thalamus, wo der Schmerz als erstes »empfunden« wird, dann weiter zum sensorischen Streifen der Großhirnrinde, wo der Schmerz bewußt empfunden wird und Lokalisierung und Intensität registriert werden.

Nach der Mustertheorie wirken die Nervenimpulse zusammen, um diese dem Morsecode ähnlichen Botschaften des Schmerzes wie ein Telegraf zu übermitteln. Einige Schmerzempfindungen werden sofort ans Rückenmark weitergegeben, so daß wir zurückschrecken, wenn wir etwa den heißen Herd berühren. Wir nennen dies einen Reflex, womit wir meinen, daß wir (wie wir schon immer vermutet haben) handeln können, ohne zu denken (was wir ja auch oft tun). Akuter Schmerz – eine aufgerissene Wunde, eine Verbrennung – schmerzt so sehr, daß wir einen Teil des Körpers immobilisieren, bis die Wunde verheilt ist. Ein Stich in die Haut ist vielleicht nicht der stärkste Schmerz, aber der am schnellsten empfundene: Das Signal, das zum Gehirn gesendet wird, legt 29 Meter pro Sekunde zurück. Brandwunden oder anhaltender Schmerz werden langsamer weitergegeben (ungefähr zwei Meter pro Sekunde). Beinschmerzen legen manchmal bis zu 460 Kilometer pro Stunde zurück. Wir achten erst dann auf unsere inneren Funktionen, wenn etwas schiefläuft, wenn wir nagenden Hunger, Kopfschmerzen oder Durst empfinden. Die Wissenschaftler sind sich nicht einig, was Schmerz genau ist. Einige behaupten, er sei eine Reaktion spezieller Rezeptoren auf spezielle Gefahren – giftige Chemikalien, Verbrennungen, Stich- oder Schnittwunden –, andere wiederum meinen, das Ganze sei viel komplizierter, nämlich eine extreme sensorische Stimulierung verschiedenster Art, da in dem komplexen Ökosystem unseres Körpers ein Übermaß einer Substanz das Gleichgewicht stört. So gesehen ist Schmerz wirklich ein Zeichen, daß wir nicht mehr in Harmonie mit der Natur sind. Wenn wir Schmerzen haben, tut die entsprechende Stelle weh, doch der ganze Körper reagiert. Wir schwitzen, unsere Pupillen erweitern sich, unser Blutdruck steigt. Seltsam ist, daß das gleiche geschieht, wenn wir verärgert sind oder erschrekken. Der Schmerz enthält eine starke emotionale Komponente. Wenn wir stark verletzt sind, sind wir vielleicht auch ängstlich. Und was ist mit den Menschen, die sadomasochistisch veranlagt sind, die Lust mit Schmerz kombinieren?

Iwan Pawlow verabreichte in seinen berühmten Experimenten Hunden einen starken elektrischen Schlag, der ihnen große Schmerzen zufügte. Nach jedem schmerzhaften Schlag fütterte er sie und konditionierte sie somit, den Schlag mit etwas Positivem in Zusammenhang zu bringen. Selbst, als er den Schlag verstärkte, wedelten sie mit dem Schwanz und hechelten in Erwartung des Futters. Bei anderen Experimenten ließ er Katzen mit einem Schalter in Berührung kommen, der ihnen einen elektrischen Schlag versetzte, und fütterte sie zur gleichen Zeit. Er fand heraus, daß sie den Schlag gerne in Kauf nahmen, um nur das Futter zu bekommen.

Kafka schrieb Erzählungen, in denen Menschen als Hungerkünstler oder Selbstverstümmler von Berufs wegen Schmerzen aushalten; oft zahlen Zuschauer für das zweifelhafte Vergnügen, jemand anderen leiden zu sehen. Es gab von jeher Schmerzdarsteller, Künstler der Selbstverstümmelung, für die der Schmerz eine andere Bedeutung hat als für die übrigen Menschen. Edward Gibson, ein Vaudeville-Künstler um die Jahrhundertwende, den man das »menschliche Nadelkissen« nannte, ließ sich von Zuschauern Nadeln in den Leib stechen. Einmal vollführte er auf der Bühne sogar eine Kreuzigung, ließ sich Nägel durch Hände und Füße treiben. Seine Vorstellungen wurden erst dann verboten, als mehrere Zuschauer in Ohnmacht gefallen waren. Dann gab es den deutschen Selbstverstümmler Rudolf Schwarzkogler, dessen »Vorstellungen«, in denen er sich mit Rasierklingen und Messern selbst Schnittwunden beibrachte, ein auf Horrorszenen erpichtes Publikum anlockten. Empfinden solche Menschen keinen Schmerz? Sind ihre Lust- und Schmerzzentren irrtümlich falsch verbunden? Oder empfinden sie, wie Lawrence von Arabien, Schmerz mit höchster Intensität und machen sich nichts daraus?

Küssen

Sex ist der Ausdruck höchster Intimität, die intensivste Berührung, wenn wir, wie zwei Einzeller, ineinander verschmelzen. Wir scheinen einander zu verschlingen, einander aufzuzehren, wir saugen die Säfte des anderen ein, gehen dem anderen buchstäblich unter die Haut. Beim Küssen verschmilzt unser Atem, wir öffnen die versiegelte Festung unseres Körpers für den geliebten Menschen. Wir lassen uns von heißen Küssen bedecken. Wir trinken von der Quelle des Mundes des anderen. In einer Kette von Küssen erforschen wir das neue Terrain mit Fingerspitzen und Lippen, machen Rast bei einer Brustwarze, dem kleinen Hügel eines Schenkels, der gewundenen Linie des Rückens. Es ist eine Art Pilgerreise der Berührung, die uns zum Tempel unserer Begierde führt.

Meist berühren wir die Genitalien des anderen erst, bevor wir sie wirklich sehen. Meist hindert uns ein Rest an Puritanismus daran, uns dem anderen nackt zu zeigen, bevor wir ihn geküßt und Zärtlichkeiten ausgetauscht haben. Es gibt einen Knigge, ein Protokoll, selbst bei leidenschaftlichem Gelegenheitssex. Doch das Küssen kann auch ohne Umschweife erfolgen, und wenn sich die beiden mögen, ist es weniger ein Vorspiel für Sex als ein Zeichen tiefer Zuneigung. Es gibt wilde, hungrige, leidenschaftliche Küsse und solche, die weich und federzart wie das Gefieder eines Kakadus sind. Es ist, als ob es in der vielschichtigen Sprache der Liebe ein Wort gäbe, das nur von Lippen ausgedrückt werden kann, die von anderen Lippen berührt werden, ein stillschweigender Vertrag, der mit einem Kuß besiegelt wird. Sex kann lediglich ein körperlicher Akt sein, ohne Romantik, doch ein Kuß ist Ausdruck höchster Begierde. Zeit und Geist weiten sich im romantischen Tun der Liebe, wenn man am ganzen Leib erzittert, wenn die Erwartung steigt, doch die Erfüllung hinausgezögert wird, um einem Crescendo von Gefühl und Leidenschaft Raum zu geben.

Als ich Anfang der sechziger Jahre auf der High-School war, gingen anständige Mädchen nicht so weit – die meisten von uns hätten sowieso nicht gewußt, wie. Aber küssen konnten wir! Stundenlang küßten wir uns auf dem Vordersitz eines geliehenen Chevy, der bei jeder Bewegung quietschte wie ein Servierwagen mit einem kaputten Rad. Unsere Küsse waren erfindungsreich, wir umklammerten unsere Freunde von hinten auf dem Motorrad, dessen Vibrationen unsere Hüften durchschüttelten. Unsere Küsse waren extravagant, neben einem Schildkrötenteich im Park oder im Rosengarten oder im Zoo. Unsere Küsse waren voller Finesse, wir saugten uns fest, schürzten die Lippen. Unsere Küsse waren brennend heiß, unsere Zungen glühten. Unsere Küsse waren zeitlos, Liebhaber jeden Alters verstanden, was wir wollten. Wir küßten ungezügelt, fast schmerzhaft, knallhart, fordernd, doch wir küßten auch behutsam, als ob durch uns der Kuß erst erfunden würde. Unsere Küsse waren flüchtig, wenn wir uns zwischen dem Unterricht auf dem Gang trafen, und seelenvoll bei Konzerten, so, wie wir meinten, daß Musikhelden wie die Righteous Brothers es mit ihren Mädchen taten. Wir küßten Kleidungsstücke unserer Freunde oder andere Sachen, die ihnen gehörten; wir küßten unsere Hand, wenn wir ihnen Küsse über die Straße zuhauchten. Wir küßten nachts unser Kopfkissen, stellten uns vor, es sei unser Freund; wir küßten ohne Hemmung, mit all der Gier der Jugend; wir küßten, als ob die Küsse uns vor uns selbst retten könnten.

Bevor ich ins Sommerlager fuhr, was vierzehnjährige Mädchen in Pennsylvania zu tun pflegten, legte mein Freund, den meine Eltern nicht billigten (falsches Gesangbuch) und den ich nicht sehen durfte, jeden Abend acht Kilometer zurück und kletterte in mein Schlafzimmer, nur um mich zu küssen. Es waren keine Zungenküsse, die wir sowieso nicht kannten, und Fummeln war auch nicht dabei. Es waren lediglich seelenvolle, atemberaubende Küsse, die Lippen so fest aufeinandergedrückt, daß man fast ohnmächtig wurde. Während meiner Abwesenheit schrieben wir uns Briefe, doch als im Herbst die Schule wieder anfing, schien sich die Romanze von allein zu erledigen. Ich denke immer noch an jene Sommernächte zurück, als sich mein Freund in meinem Schrank versteckte, wenn meine Eltern oder mein Bruder zufällig in mein Zimmer kamen, und er mich dann eine Stunde lang küßte und sich dann vor Einbruch der Dunkelheit auf den Weg nach Hause machte. Ich bewundere noch immer seine Entschlossenheit und die Macht eines Kusses.

Ein Kuß scheint die kleinste Lippenbewegung zu sein, doch er kann Gefühle einfangen, die wie Feuer brennen, oder einen Bund besiegeln oder schlagartig ein Geheimnis enthüllen. In einigen Kulturen wird nicht viel geküßt. In dem Buch *The Kiss and Its History* berichtet Christopher Nyrop von finnischen Stämmen, »die nackt zusammen baden«, doch das Küssen als »etwas Unschickliches« ablehnen. Bestimmte afrikanische Stämme, deren Lippen verziert, verstümmelt, ausgeweitet oder sonst irgendwie deformiert sind, küssen nicht. Doch das sind Ausnahmen. Die meisten Menschen auf der Welt begrüßen sich von Angesicht zu Angesicht. Die Begrüßung spielt sich sehr unterschiedlich ab, doch im allgemeinen gehört das Küssen dazu, auch Nasenküsse oder ein Nasengruß. Es gibt viele Theorien über die Anfänge des Küssens. Einige glauben, es habe sich daraus entwickelt, daß man am Gesicht des anderen roch, den Duft des anderen aus Freundschaft oder Liebe in sich aufnahm, um die Stimmung und das Wohlbefinden des anderen abschätzen zu können. Es gibt heute noch Völker, bei denen die Menschen zur Begrüßung die Köpfe zusammenstecken und den Duft des anderen einatmen. Einige riechen an den Händen des anderen. Die Lippenschleimhäute sind sehr empfindsam, und wir erforschen oft mit dem Mund die Beschaffenheit von etwas, während wir mit der Nase den Duft einatmen. Tiere lecken oft ihre Besitzer oder ihre Jungen hingebungsvoll und genießen den Eigengeschmack ihres Lieblings.* Es wäre möglich, daß das Küssen dadurch entstanden ist, daß wir jemanden abtasten und riechen wollten. In der biblischen Geschichte rief Isaak, als er alt und blind war, seinen Sohn Esau, damit er ihn küsse und seinen Segen empfange, doch Jakob zog Esaus Kleider an, und da er für den blinden Vater wie Esau roch, empfing er Kuß und Segen. In der Mongolei küßt der Vater seinen Sohn nicht, sondern riecht an seinem Kopf. Einige Völker ziehen es vor, die Nasen aneinanderzureiben (Eskimos, Maori, Polynesier und andere); bei einigen malaysischen Stämmen ist der Begriff für »Duft« identisch mit »Gruß«. Charles Darwin beschreibt das Nasenreiben der Malaysier wie folgt: »Die Frauen kauerten am Boden, die Gesichter nach oben gekehrt; meine Diener lehnten sich über sie und fingen an, die Nasen an den ihren zu reiben. Dies dauerte etwas länger als ein herzhaftes Händeschütteln bei uns. Während dieses Nasenreibens grunzten sie zufrieden.«

Manche Völker bevorzugen keusche Küsse, andere extravagante, und wieder andere küssen wild, knabbern und saugen an den Lippen des anderen. In dem Buch *The Customs of the Swahili People*, herausgegeben von J. W. T. Allen, wird berichtet, daß ein Suaheli-Ehemann und seine

---

* Nicht nur die Menschen küssen. Menschenaffen und Schimpansen wurden beobachtet, wie sie sich als »Friedensangebot« küßten und umarmten.

Frau sich auf die Lippen küssen, wenn sie allein sind, und daß sie ihre kleinen Kinder überall küssen. Doch Jungens über sieben werden gewöhnlich weder von der Mutter noch der Tante, der Schwägerin oder der Schwester geküßt. Der Vater mag wohl seinen Sohn küssen, doch ein Mädchen sollte von Bruder oder Vater nicht geküßt werden. Weiter heißt es:

Wenn die Großmutter oder Tante oder eine andere Frau kommt, wird ein ein- oder zweijähriges Kind aufgefordert, seine Liebe zur Tante zu zeigen. Es geht zu ihr. Die Tante bittet es, sie zu küssen, und das Kind tut, wie ihm geheißen. Dann sagt die Mutter, der Junge solle seiner Tante seinen Tabak zeigen, und der Junge zieht sich aus und zeigt der Tante seinen Penis. Sie zwickt ihn in den Penis, schnüffelt herum und sagt: »Oh, starker Tabak«. Dann sagt sie zu ihm: »Versteck deinen Tabak.« Wenn vier oder fünf Frauen zusammen sind, schnüffeln sie alle daran, sind sehr vergnügt dabei und lachen viel.

Wie kam es zum Kuß auf den Mund? Vielleicht betrachteten primitive Völker die heiße Luft, die ihrem Mund entströmte, als magischen Ausdruck ihrer Seele und den Kuß als eine Möglichkeit, zwei Seelen zu verschmelzen. Desmond Morris, der die Menschen aus der Sicht eines Zoologen beobachtet, gehört zu den Wissenschaftlern, die behaupten, Zungenküsse hätten folgenden – für mich einleuchtenden – Ursprung:

In der Frühzeit des Menschen, bevor die Babynahrung erfunden wurde, fütterten die Mütter ihre Kinder, indem sie die Nahrung erst vorkauten und dann durch Lippenkontakt in den Mund des Babys schoben – was natürlich jede Menge Zungenberührung und Lippendruck mit einschloß. Diese fast vogelähnliche Fütterung erscheint uns heute seltsam und befremdlich, doch vermutlich wurde sie von unserem Geschlecht eine Million Jahre und länger praktiziert, und die erotischen Küsse der heutigen Erwachsenen sind mit ziemlicher Sicherheit ein Überbleibsel dieser Fütterungsart. Ob uns dies nun von Generation zu Generation überliefert wurde... oder ob wir eine angeborene Prädisposition dafür haben, läßt sich nicht sagen. Aber wie auch immer, das intensive Küssen moderner Liebespaare ist offenbar ein Rückschritt in die infantile Mundfütterungs-Phase längst vergangener Zeiten... Wenn die jungen Paare, die mit ihrer Zunge den Mund des anderen erforschen, erneut die Geborgenheit elterlicher Mundfütterung fühlen, kann dies das gegenseitige Vertrauen und damit das Zugehörigkeitsgefühl zum anderen vertiefen.

Unsere Lippen sind wunderbar weich und geschmeidig. Lippenempfindungen werden in einem Großteil des Gehirns registriert – welch ein Segen für das Küssen. Natürlich gibt es nicht nur romantische Küsse; wir küssen auch die Würfel, bevor wir sie über den Tisch rollen, unseren verletzten Finger oder den des geliebten Menschen, ein religiöses Symbol oder eine Statue, die Nationalflagge oder den Heimatboden, einen Glücksbringer, ein Bild, den Ring des Königs oder Bischofs, unsere eigenen Finger, wenn wir uns von jemandem verabschieden. Die alten Römer pflegten den »letzten Kuß« zu geben, womit die Seele eines Sterbenden festgehalten werden sollte.

Junge Frauen drücken ihre geschminkten Lippen auf den Brief an ihren Liebsten. In Konditoreien kann man kleine, in Folie eingewickelte Süßigkeiten in Kußform kaufen, so daß wir bei jedem Bissen ans Küssen erinnert werden. Beim Gottesdienst geben sich Christen einen »Friedenskuß«. In William S. Walsh' 1897 erschienenem Buch *Curiosities of Popular Customs* wird ein gewisser Dean Stanley zitiert, der in einer Zeitschrift berichtet:»Touristen wurden in der Kathedrale in Kairo vom koptischen Priester gestreichelt und geküßt, auch alle Anwesenden küßten und umarmten sich.« Im alten Ägypten, dem Orient, in Rom und in Griechenland verlangte es die Ehre, daß man den Saum, die Füße oder Hände hochgestellter Persönlichkeiten küßte. Maria Magdalena küßte Jesus die Füße. Ein Sultan verlangte oft, daß Untertanen verschiedener Rangstufen verschiedene Teile seines königlichen Körpers küßten: hohe Offiziere die Zehen, andere bloß den Saum seiner Schärpe. Gewöhnliche Sterbliche verneigten sich bis zum Boden. Im Mittelalter fing man an, ans Ende des Briefes eine Reihe von XXXXXX zu setzen, was heute als Symbol für Küsse gilt. Viele Menschen waren Analphabeten, und ein Kreuz hatte auf offiziellen Dokumenten den Wert einer Unterschrift. Es symbolisierte nicht die Kreuzigung, auch war es kein willkürliches Gekritzel; es war vielmehr das Zeichen des hl. Andreas, und die Menschen schworen bei seinem heiligen Namen, ehrlich zu sein. Um ihre Aufrichtigkeit zu bezeugen, küßten sie die Unterschrift. Mit der Zeit wurde das »X« dann allein mit dem Kuß in Zusammenhang gebracht.*

Der vielleicht berühmteste Kuß der Welt ist Rodins Skulptur *Der Kuß* – zwei Liebende, die auf einem Stein sitzen, sich zärtlich und kraftvoll umarmen und sich auf ewig küssen. Sie hat die linke Hand um seinen Hals gelegt, scheint ganz verzückt zu sein, geradezu in seinen Mund hineinzusingen. Seine rechte Hand liegt auf ihrem Schenkel, den er gut kennt und den er liebt, es sieht aus, als wolle er mit ihrem Bein spielen wie mit einem Instrument. Ineinander versunken, an Schultern, Händen, Beinen, Hüften und Brust sich berührend, besiegeln sie ihr Schicksal mit ihrem Kuß. Seine Waden und Knie sind wundervoll geformt, ihre Knöchel stark und dezidiert weiblich, Gesäß, Taille und Brüste voll und üppig. Jede Pore verrät Ekstase. Auch wenn sie sich nur an einigen Körperstellen berühren, scheinen sie jede Zelle des anderen zu streicheln. Vor allem aber nehmen sie uns, den Bildhauer, oder irgend etwas sonst auf der Welt überhaupt nicht wahr. Als ob sie ineinander eingesunken wären. Sie sind nicht nur mit sich selbst beschäftigt, sondern scheinen regelrecht im anderen aufzugehen. Rodin, der oft insgeheim Skizzen von alltäglichen Bewegungen seiner Modelle gemacht hat, hat diesem Liebespaar eine Vitalität und eine Faszination verliehen, die durch die Ruhe der Bronze kaum

---

* In Spanien war es lange Zeit üblich, offizielle Briefe mit QBSP (»Que Besa Su Pies«, »Der Ihre Füße küßt«) oder OBSM (»Que Besa Su Mano«, »Der Ihre Hand küßt«) zu schließen.

ausgedrückt werden kann. Lediglich das fließende Streicheln und Umarmen eines lebendigen Liebespaars, das sich tatsächlich küßt, könnte dies wiedergeben. Rilke schreibt, daß Rodins Skulpturen erfüllt waren »von dieser tiefen, innerlichen Erregtheit, von dieser reichen und überraschenden Unruhe des Lebendigen. Auch die Stille, wo Stille war, bestand aus hundert und hundert Bewegungsmomenten, die sich im Gleichgewicht hielten... Hier war ein Verlangen, das unermeßlich war, ein Durst so groß, daß alle Wasser der Welt in ihm wie ein Tropfen vertrockneten.«

Nach Ansicht von Anthropologen assoziieren wir die Lippen mit den Schamlippen, da sie sich röten und anschwellen, wenn sie erregt sind, was bewußt oder unbewußt der Grund ist, weshalb Frauen dies mit Lippenstift noch unterstreichen. Heutzutage werden die Lippen ausgemalt, noch einladender gemalt, fast immer in Rosa- und Rotschattierungen. Ein Hauch von Glanz soll sie leuchtend und feucht aussehen lassen. Zumindest nach Meinung der Anthropologen ist der Kuß, und speziell der Zungenkuß mit dem Austausch von Speichel, eine andere Form des Sexualverkehrs, und so ist es nicht verwunderlich, daß er in Körper und Seele solch prickelnde Empfindungen entfacht.

Die Hand

1988 ist der Sommer in New York heiß und feucht. Das Ereignis der Woche ist ein Kongreß von medial begabten Menschen, die sich in einem Hotel treffen, um Zukunftsvisionen und Geschichten auszutauschen. In den angrenzenden Räumen finden Vorträge und spezielle Veranstaltungen statt. Für ein bescheidenes Eintrittsgeld kann das Publikum im großen Ballsaal einen der vielen Stände besuchen oder Bücher über Parapsychologie durchblättern, die auf verschiedenen Tischen verteilt sind. Es gibt Handleser, Zahlenmystiker, Telekineten – und UFO-Spezialisten, auch Männer und Frauen, die über Kristallkugeln und Tarotkarten gebeugt sind. Eine hochgewachsene magere Frau in einem

Batikkleid arbeitet an einer großen Staffelei mit Pastellfarben. Sie malt anwesende Besucher in ihrem »früheren Leben«, in ihren verschiedenen Inkarnationen, wie sie es nennt. Ich beobachte das Ganze eine Zeitlang aus höflicher Distanz und stelle fest, daß viele der Betroffenen früher Indianer gewesen zu sein scheinen, deren Namen hauptsächlich aus Konsonanten bestanden.

Schließlich entscheide ich mich für eine Handleserin mit ernstem Gesicht und einer toupierten Country-and-Western-Frisur, die in ihren Büchern aufzählt, wie viele Verbrechen sie aufgedeckt hat und wie viele ihrer Voraussagen eingetroffen sind. Ich gebe ihrem Manager und Ehemann 25 Dollar für eine kurze Sitzung und setze mich ihr gegenüber an einen kleinen Tisch an der Wand. Sie ist eine Frau mittleren Alters, trägt eine Weste aus Kaninchenfell und einen langen Rock. Es wundert mich eigentlich, daß Einladungen verschickt und Plakate geklebt wurden: Wenn es ein Kongreß von Medien ist, sollte dann nicht jeder Teilnehmer ohnehin wissen, wo und wann diese Veranstaltung stattfindet?

Sie nimmt meine Hand und streicht leicht mit den Fingerspitzen darüber. Dann hebt sie sie nahe an ihr Gesicht und studiert sie, als ob sie nach einem Splitter suche.

»Sie fahren einen roten Wagen«, sagt sie mit feierlicher Stimme.

»Nein, einen blauen...«, erwidere ich und bedaure, sie da enttäuschen zu müssen.

»Nun, Sie *werden* irgendwann einen roten fahren, und Sie müssen sehr vorsichtig sein«, warnt sie mich. »Im Dezember winkt Ihnen ein Geldregen, doch jemand, mit dem Sie zusammenarbeiten, betrügt Sie, und Sie müssen aufpassen... Steht Ihnen jemand namens Mary nahe?«

Ich schüttle den Kopf.

»Margaret? Melissa? Monica?«

»Meine Mutter heißt Marcia«, biete ich an.

»Ah ja, genau, und Sie sind sehr besorgt um sie, doch sie ist okay, Sie brauchen sich keine Sorgen zu machen.« Nun drückt sie auf die Innenfläche meiner Hand, biegt den Daumen zurück, spreizt die Finger und betrachtet sie intensiv. Die Hand ist »der sichtbare Teil des Gehirns«, sagte einst Kant. Sie sucht die Krümmungslinien (Falten, die durch das Bewegen der Hand enstanden sind), Spannungslinien (Falten, die im Laufe der Jahre entstehen, genau wie die Gesichtsfalten) und papilläre Furchen (Fingerabdrücke), dann die Kopf-, Herz-, Lebens- und Schicksalslinie. Unsere nächsten Verwandten, die Menschenaffen, haben die gleichen Herz- und Kopflinien, doch unsere Zeigefinger sind so beweglich und kräftig, daß sie bei den meisten Menschen die Linien auseinanderklaffen lassen. Meine Hände sind trocken und kühl. Die Handflächen werden feucht, wenn wir aufgeregt sind, ein Überbleibsel aus den Urtagen der Menschheit, als Streß physische Gefahr bedeutete und unser Körper bereit sein mußte, zu fliehen oder zu kämpfen. Eine winzige Hautverfärbung an der Wurzel meines zweiten Fingers erregt das Interesse der Handleserin. Es ist lediglich eine Narbe, die von einem Rosendorn stammt, nicht etwa ein Stigma, von denen manche Katholiken behaupten, sie träten bei ihnen spontan an den Handflächen und an den Füßen auf und bluteten, wie die Wunden des gekreuzigten Christus.

»Kennen Sie jemanden, der eine Abtreibung hatte?« fragt die Handleserin.

Seit jeher haben Handleser die Hand als symbolische Verbindung zur Psyche, als ihr Floß durch die Zeit betrachtet. Schließlich bedeutet die Hand Handlung, sie baut Straßen und Städte, wirft Speere und wickelt Babys. Selbst kleine Fingerbewegungen – das Wählen einer Telefonnummer, das Betätigen eines Knopfes – können das Schicksal von Völkern verändern oder Atombomben zünden. Wenn wir deprimiert sind, gestatten wir unseren Händen, sich gegenseitig durch Streicheln, Liebkosen und Tätscheln zu trösten, als ob sie zwei verschiedene Personen wären. Am Anfang einer Romanze besteht die erste Berührung darin, die Hand des anderen zu nehmen, während langjährige Paare, die den Alltag miteinander teilen, sich oft an den Händen halten, um sich liebevoll zu stützen. Wenn man die

Hand eines älteren Menschen oder eines Kranken hält, wirkt dies beruhigend und verleiht den entsprechenden Personen emotionale Lebenskraft. Experimente haben ergeben, daß der Blutdruck fällt, wenn jemand am Arm oder an der Hand berührt wird. In vielen Kulturen spielen die Menschen unablässig mit Perlenschnüren, glatten Steinen und anderen Dingen, und Gehirnstrommessungen zeigen, daß dies eine Beruhigung auslöst, die der durch wiederholte Berührungen erzielten entspricht.

In einer Zeit der Massenproduktion schätzen wir »handgemachte« Dinge. Wir sind der Meinung, daß Arbeiter härter arbeiten als Schreibtischmenschen, auch wenn dies nicht immer der Fall sein mag. Manchmal weisen arbeitende Hände eine Geschicktheit und Feinfühligkeit auf, die jeder Erklärung spottet. Lorraine Miller arbeitet, obwohl sie völlig blind ist, als Friseuse in einem Salon in Lancaster in Pennsylvania. Sie wollte immer Kosmetikern werden, doch die große Familie mit fünf Kindern ließ ihr keine Zeit dazu. Sie erblindete infolge einer Krankheit und entschloß sich später, sich ihren Lebenstraum zu erfüllen. Ein Friseur in Lancaster brachte ihr bei, Haare allein durch Tasten zu schneiden und sorgfältig die Kopfform zu ertasten. Mit der Zeit wurde sie so perfekt, daß man sie als Friseuse einstellte.

Die winzigen Rillen an unseren Fingerspitzen, deren rauhe Oberfläche es uns erleichtert, Gegenstände festzuhalten, sind willkürlich geformte Linien, die jenes einmalige Muster ergeben, das wir »Fingerabdrücke« nennen. Die Linien zeigen einige wenige Grundformen wie Windungen, Schleifen und Bögen, die aber eine unendliche Zahl von verschiedenen Kombinationen bilden. Nicht einmal eineiige Zwillinge haben identische Fingerabdrücke, was notfalls die Klärung einer Schuldfrage erleichtert. Die Vorstellung, daß die Fingerabdrücke eines Menschen das persönlichste Zeichen darstellen, ist nicht neu. Vor Tausenden von Jahren benutzten die Chinesen den Abdruck eines Fingers, um damit einen Vertrag zu unterzeichnen. Wenn das FBI auf einem bei einem Überfall erbeuteten Geldschein nach Fingerabdrücken sucht, benutzt es ein Lasergerät. Der ölige Rückstand absorbiert den Laserstrahl und reflektiert ihn auf längerer Wellenlänge. Die Laborexperten, die Schutzbrillen tragen, filtern das Laserlicht aus und erkennen die Fingerabdrücke – die spezielle Unterschrift eines Individuums.

Eine Hand bewegt sich mit einer Genauigkeit, die künstlich nicht zu erreichen ist, und spürt mit einer Empfindsamkeit, die undefinierbar ist, wie Konstrukteure von Roboterhänden heute feststellen. Da wir unsere Hände so oft für so viele Zwecke benutzen, sie ballen, beugen oder ausstrecken, haben Ingenieure des Forschungsinstituts der Universität von Utah einen Handschuh erfunden, den man über eine Hand ziehen kann, die den Tastsinn eingebüßt hat. Durch den Einsatz von Elektronik und Klangwellen bekommt der Träger ein Druckgefühl, das die Voraussetzung zum Greifen ist. Ein Draht führt vom Handschuh zu einem winzigen Kolben, der mit einem Teil des Körpers verbunden ist, in dem der Tastsinn noch unversehrt ist; der Träger spürt Handberührungen (zum Beispiel im Handgelenk oder dem Vorderarm) und lernt, dies in Handreaktionen umzusetzen.

Die Sensibilität der Fingerspitzen zeigt sich beim Gebrauch der Blindenschrift, die jetzt allgemein verbreitet ist, vom Liftplakat bis zu Münzen. Sie kann schnell gelesen werden, und man bemüht sich, sie immer mehr zu verbessern. Nach einer Studie, die kürzlich in einer Fachzeitschrift veröffentlicht wurde, vermutet man heute, daß die Brailleschrift noch genauer und effizienter gelesen werden kann, wenn die Leser ihre Finger vertikal über die Zeichen bewegen, da die Tastrezeptoren in den Fingerspitzen so empfindlicher reagieren.

Seit der Urzeit wurde Händeklatschen oder Händeschütteln dazu eingesetzt, zu zeigen, daß man keine Waffe hat oder um jemandem seinen guten Willen auszudrücken. Händeschütteln als übliche Begrüßung kam allerdings erst während der Industriellen Revolution in England in Mode, als die Leute so eifrig damit beschäftigt waren, Geschäfte zu machen und per Handschlag zu bekräftigen, daß diese Geste schließlich ihre Bedeutung verlor und zur Begrüßungshandlung im sozialen Leben wurde. Ein Handschlag ist nach wie vor ein verwässerter Vertrag, der besagt: Laßt uns zumindest so tun, als ob wir ehrenvolle Geschäfte miteinander machen wollen.

Man denke nur an all die Weisen, wie wir uns selbst berühren (womit ich nicht nur Masturbation meine – vom lateinischen Wort *manustuprare*, »besudeln mit der Hand«), wie wir mit den Händen unsere Schultern umfassen und uns hin- und herwiegen, wie eine Mutter, die ihr Kind tröstet; wie wir unser Gesicht in den Händen vergraben, um beim Beten allein zu sein oder um Tränen zu vergießen; wie wir uns beim Aufundabgehen mit den Händen die Arme hinauf- und hinunterstreichen; oder wie wir mit weit geöffneten Augen die Handfläche gegen die Wange pressen, wenn wir bestürzt sind. Die Berührung ist in bestimmten Gefühlslagen so wichtig, daß wir, um uns zu trösten, uns so berühren, wie wir uns wünschten, von einem anderen zum Trost berührt zu werden. Die Hände sind Boten des Gefühls. Und wenige haben diese Aufgabe so gut begriffen wie Rodin. Rilke schreibt über Rodins Kunst:

Es gibt im Werke Rodins Hände, selbständige, kleine Hände, die, ohne zu irgendeinem Körper zu gehören, lebendig sind. Hände, die sich aufrichten, gereizt und böse, Hände, deren fünf gesträubte Finger zu bellen scheinen, wie die fünf Hälse eines Höllenhundes. Hände, die gehen, schlafende Hände und Hände, welche erwachen; verbrecherische, erblich belastete Hände und solche, die müde sind, die nichts mehr wollen, die sich niedergelegt haben in irgendeinen Winkel, wie kranke Tiere, welche wissen, daß ihnen niemand helfen kann. Aber Hände sind schon ein komplizierter Organismus, ein Delta, in dem viel fernherkommendes Leben zusammenfließt, um sich in den großen Strom der Tat zu ergießen. Es gibt eine Geschichte der Hände, sie haben tatsächlich ihre eigene Kultur, ihre besondere Schönheit; man gesteht ihnen das Recht zu, eine eigene Entwicklung zu haben, eigene Wünsche, Gefühle, Launen und Liebhabereien.

Berühren als Beruf

Unter den Scharen sogenannter Heiler, die verzweifelte Menschen anlocken, gibt es solche, die die »therapeutische Berührung« praktizieren. Sie behaupten, sie könnten Menschen, die unter physischen Krankheiten leiden, heilen, ohne deren Körper anzufassen, indem sie in gewisser Entfernung ihre Hand über das Energiefeld der entsprechenden Person gleiten lassen. Die alte Methode des »Handauflegens« kann in den USA jede Woche im Fernsehen verfolgt werden. Ein Heiler ruft einen Kranken aus dem Publikum, scheint dessen Probleme zu erahnen, von denen er eigentlich nichts wissen kann (der Scharlatanentlarver Randi hat einfache Zaubertricks aufgedeckt, die dabei benutzt werden), und drückt dann mit solcher Kraft gegen dessen Stirn, daß er umfällt. In religiöser Ekstase fällt er zu Boden, steht auf und behauptet, geheilt zu sein. Auf der ganzen Welt vollziehen Schamanen und Medizinmänner ähnliche Rituale, scheinen den Dämon aus dem Körper des Kranken auszutreiben und ihn mit einem Zauberspruch und einer Berührung zu heilen.

Die Berührung besitzt solch starke Heilkraft, daß wir uns an Personen wenden, die berufsmäßig damit befaßt sind (Ärzte, Friseure, Masseusen, Tanzlehrer, Kosmetikerinnen, Gynäkologen, Fußpflegerinnen, Schneider, Chiropraktiker, Prostituierte), und Hochburgen der Berührung besuchen – Diskotheken, Schuhputzstände, Moorbäder. Im allgemeinen wenden wir uns, wenn wir krank sind, an den Arzt, oft aber gehen wir einfach deshalb zu ihm, weil wir berührt werden wollen. Ein Arzt kann nicht viel ausrichten, wenn man unter einer leichten Allergie, Grippe oder einem sonstigen Unwohlsein leidet, doch wir gehen hin, um getätschelt, gestreichelt, untersucht und berührt zu werden. Affen und andere Tiere lieben es, vor allem den Kopf des anderen zu berühren und zu untersuchen. Die alten Römer, Griechen und Ägypter trugen erlesenen Kopfschmuck, was eine ständige Pflege seitens der Friseure verlangte, doch schließlich kamen diese angenehm sinnlichen Berührungen aus der Mode und traten erst nach dem Mittelalter wieder auf. Erst im Viktorianischen Zeitalter schließlich kam der Schönheitssalon auf.

Die Gynäkologen vollziehen die intimste professionelle Berührung, und es gibt für eine Frau keine unangenehmere Situation, als wenn ein Gynäkologe, den sie kaum kennt, in den Untersuchungsraum kommt, kaum guten Tag sagt und gleich mit der Untersuchung beginnt. Doch nicht immer nahmen die Gynäkologen eine so blasierte Haltung ein. »Vor dreihundert Jahren mußte der Frauenarzt gelegentlich in das Schlafzimmer der Schwangeren auf Händen und Knien krabbeln, um die Untersuchung vorzunehmen«, schreibt Desmond Morris, »so daß sie nicht sah, wessen Finger sie so intim berührten. Später mußte der Gynäkologe in einem abgedunkelten Raum arbeiten oder ein Baby zur Welt bringen, indem er sich durch die Laken durcharbeitete. Im 17. Jahrhundert sieht man ihn am Fuße des Bettes sitzen, vor der Wöchnerin. Dabei sind die Bettücher wie ein Tischtuch über ihn gebreitet, so daß er nicht sehen kann, was seine Hände tun, wodurch zum Beispiel das Durchtrennen der Nabelschnur zu einer gewagten Sache wurde.«

Die offensichtlichste professionelle Berührung ist die Massage, die den Kreislauf anregen, Blutgefäße erweitern, verkrampfte Muskeln lockern und über die Lymphe Giftstoffe aus dem Körper treiben soll. Die »schwedische« Massage besteht vor allem aus langen Streichbewegungen in Richtung des Herzens. Das japanische »Shiatsu« ist eine Art Akupunktur ohne Nadeln; dabei wird der Finger *(shi)* benutzt, um Druck *(atsu)* auszuüben. Der Körper wird in Meridiane aufgeteilt, durch die die Lebenskraft des Menschen fließt, und die Massage fördert diese Zirkulation. Bei der »Neo-Reich«-Massage, die manchmal in Verbindung mit der Psychotherapie vorgenommen wird, erfolgen die Streichbewegungen vom Herzen weg, um nervöse Energie abzuziehen. Die »Reflexologie« konzentriert sich auf die Füße, und wie beim Shiatsu geht es um Akupressurpunkte auf der Haut, die verschiedene Organe repräsentieren. Wenn diese Punkte massiert werden, soll das entsprechende Organ besser funktionieren. Bei der »Rolfing«-Methode verwandelt sich die Massage in heftige, manchmal schmerzhafte Handbewegungen. Obwohl es viele verschiedene Massagetechniken und einige offizielle Schulen gibt und über dieses Thema viel geschrieben wird, haben Studien ergeben, daß allein schon liebevolles Berühren – egal welcher Art – die Gesundheit verbessern kann.

An der Universität von Ohio unternahm ein Wissenschaftler ein Experiment, bei dem Hasen Futter mit hohem Cholesteringehalt erhielten. Ein Teil der Tiere wurde gestreichelt, und bei diesen Hasen traten halb so viele Fälle von Arteriosklerose auf wie bei denen, die nicht gestreichelt wurden. Bei einem Experiment in Philadelphia ging es um die Überlebenschancen von Patienten, die einen Herzanfall erlitten hatten. Die Experimente, bei denen ein weites Spektrum von Variablen und ihre Bedeutung für das Überleben untersucht wurde, zeigten, daß die Variable mit der stärksten Auswirkung der Besitz eines Haustiers war. Es spielte keine Rolle, ob die Person verheiratet war oder nicht – die Besitzer von Haustieren überlebten am längsten. Das Streicheln unserer Haustiere, das so beruhigend ist und fast unbewußt erfolgen kann, während wir etwas anderes tun, uns mit Freunden unterhalten oder arbeiten, hat eine heilende Wirkung. Wie es einer der Forscher formulierte: »Wir ziehen unsere Kinder in einer nichttaktilen Gesellschaft auf und müssen sie mit nichtmenschlichen Geschöpfen entschädigen. Zuerst mit Teddybären und Decken, dann mit Haustieren. Wenn es an Berührung fehlt, bricht unsere tatsächliche Isolation durch.« Zu berühren hat die gleiche therapeutische Wirkung wie berührt zu werden; auch der Heiler, die Person, die berührt, wird geheilt.

Tabus

Trotz unserer Leidenschaft für Berührungen, ja unserem Bedürfnis danach, sind in den verschiedenen Kulturen viele Körperteile tabu. In den USA gilt es als unschicklich, daß ein Mann Brüste, Gesäß oder Genitalien einer Frau ohne deren Einwilligung berührt. Da Frauen im allgemeinen kleiner sind als Männer, fassen sie unwillkürlich um die Taille des Mannes, wenn er ihnen den Arm auf die Schulter legt. Die Folge ist, daß eine Frau öfter Taille und Becken des Mannes berührt, ohne daß dies zwangsläufig mit Sex zu tun hat. Doch wenn ein Mann das Becken einer Frau berührt, wird dies sofort mit sexuellen Absichten assoziiert. Frauen berühren viel öfter Haar und Gesicht einer Frau, als Männer dies bei anderen Männern tun. Frauen wird im allgemeinen häufiger – von Müttern, Vätern, Freunden, Freundinnen – über das Haar gestrichen als Männern. In Japan ist es tabu, den Nacken eines Mädchens zu berühren. In Thailand ist es tabu, den Kopf eines Menschen zu berühren. Auf den Fidschi-Inseln ist es genauso tabu, das Haar einer Person zu berühren, wie in Iowa die Berührung der Genitalien eines Fremden. Sogar primitive Völker, bei denen Männer und Frauen nackt sind, haben Tabus, was das Berühren von Körperteilen angeht. Tatsächlich gibt es nur zwei Situationen, in denen keine Tabus gelten: Liebende dürfen den Körper des anderen ungehindert berühren, und Mütter ihr Baby. Viele der Selbsterfahrungsgruppen, die in den sechziger Jahren wie Pilze aus dem Boden schossen, waren im Grunde genommen wenig mehr als angeleitete Berührungstreffen, bei denen häufig auch Drogen genommen wurden, um soziale Hemmungen und Tabus abzubauen.

Es gibt auch Geschlechts- und Statustabus. Täglich betrachten wir alle möglichen Leute, reden mit ihnen und hören ihnen zu, doch die Berührung ist etwas ganz Besonderes. Wenn man jemanden berührt, ist dies, als spreche man jemanden mit seinem Vornamen an. Stellen Sie sich zwei Menschen bei einer Geschäftsbesprechung vor: Der eine berührt den anderen leicht an der Hand, während er etwas darlegt, oder legt den Arm um die Schulter des anderen. Welcher der beiden ist der Chef? Die Person, die eine Berührung wagt, ist fast immer die höhergestellte Person. Wissenschaftler, die Hunderte von Menschen in einer kleinen Stadt in Indiana und einer großen Stadt an der amerikanischen Ostküste beobachteten, stellten fest, daß Männer Frauen zuerst berührten, Frauen eher Frauen berührten als Männer andere Männer berührten, und daß höhergestellte Personen im allgemeinen solche mit niedrigerem Status zuerst berührten. Rangtiefere Personen warten ein Signal der ranghöheren ab, bevor sie sich – selbst unbewußt – eine vertrautere Geste erlauben.

Unbewußte Berührungen

In der Bücherei der Purdue-Universität verrichtet eine Bibliothekarin ihre Arbeit und gibt Bücher aus. Sie hat in einem Experiment über unbewußte Berührung eine Rolle übernommen: Die Hälfte ihrer Zeit soll sie ihre normale Arbeit tun, die andere Hälfte damit verbringen, Menschen so flüchtig wie möglich zu berühren. Wenn sie einem Studenten eine Benutzerkarte zurückgibt, streift sie zum Beispiel seine Hand. Beim Verlassen der Bibliothek wird der Student dann gebeten, einen Fragebogen über die Zeit in der Bibliothek auszufüllen. Unter anderem wird er gefragt, ob die Bibliothekarin gelächelt und ihn berührt hat. Die Bibliothekarin hatte nicht gelächelt, doch der Student berichtet, sie habe gelächelt, ihn aber nicht berührt. Dieses Experiment zieht sich über den ganzen Tag hin, und bald zeichnet sich ein Muster ab: Jene Studenten, die leicht berührt worden waren, waren mit der Bibliothek und dem Leben im allgemeinen viel zufriedener.

Bei einem ähnlichen Experiment in zwei Restaurants in Oxford in Mississippi berührten die Bedienungen leicht und unauffällig Hand oder Schulter der Gäste. Jene Gäste, die berührt wurden, fanden nicht unbedingt das Essen oder das

Restaurant besser, doch sie gaben durchgängig ein höheres Trinkgeld. Bei einem anderen Experiment in Boston ließ eine Wissenschaftlerin Geld in einer Telefonzelle liegen. Sie kehrte um, als sie sah, daß der nächste Benutzer das Geld einsteckte. Sie fragte beiläufig, ob er ihr Geld gefunden hatte. Wenn sie die Person berührte, während sie sie um Hilfe bat, und zwar so unmerklich, daß diese sich nachher nicht daran erinnerte, stieg die Wahrscheinlichkeit, daß das Geld zurückgegeben wurde, von 63 auf 96 Prozent. Ungeachtet der Tatsache, daß wir unabhängige Individuen sind, die sich wie kleine, absolut herrschende Könige in der Welt bewegen, spüren wir Wärme bei Kontakten, selbst bei solchen, die uns gar nicht bewußt sind. Vermutlich erinnern sie uns an jene lang vergangene Zeit, als unsere Mutter uns liebkoste und wir entzückt waren und uns liebenswert fühlten. Selbst Berührungen, die so flüchtig sind, daß wir sie gar nicht bewußt wahrnehmen, gehen nicht spurlos an uns vorüber.

Das Schmecken

Wem aber die Natur die Fähigkeit zur Geschmacksapperzeption versagt hat, der hat längliche Gesichtsform, Nase, Augen; ob groß oder klein, sein Wuchs hat etwas Längliches; er ist brünett, glatthaarig, mager. Mit einem Wort, es sind die Leute, die die langen Hosen erfunden haben.

Brillat-Savarin,
Physiologie des Geschmacks

Der soziale Sinn

Während die anderen Sinne durchaus voll ausgekostet werden können, wenn man allein ist, ist der Geschmack ausgesprochen gesellschaftsbezogen. Im allgemeinen mögen es die Menschen nicht, allein zu essen, und das Essen hat eine starke gesellschaftliche Komponente. Die Bantus glauben, der Austausch von Nahrungsmitteln schaffe ein Bündnis zwischen zwei Menschen, die dann einen »Essens-Clan« bilden. Im allgemeinen essen wir im Kreise der Familie, und daher ist leicht zu verstehen, warum das gemeinsame »Brotbrechen« einen Außenstehenden symbolisch mit einer Familie verbinden kann. Auf der ganzen Welt werden Geschäfte beim Essen besprochen; Hochzeiten werden mit einem Fest gefeiert; Kinder feiern ihren Geburtstag mit Eis und Kuchen; bei religiösen Zeremonien werden Speisen geopfert; Wanderer werden mit einem Mahl begrüßt. Wie Brillat-Savarin schreibt, »findet man oft um denselben Tisch alles versammelt, was die Kultur der Geselligkeit bei uns eingeführt: Liebe, Freundschaft, Geschäft, Spekulation, Macht, Streberei, Protektion, Ehrgeiz, Intrige...« Wenn ein Ereignis emotional, symbolisch oder mystisch von Bedeutung ist, sind Speisen zur Hand, um es feierlich zu begehen. Jede Kultur verwendet Nahrungsmittel als Zeichen der Zustimmung oder der Erinnerung; manchen Nahrungsmitteln werden sogar übernatürliche Kräfte zugesprochen, andere symbolisch verzehrt, wieder andere bei einem Ritual verzehrt, wobei den Skeptikern, die das Rezept vergessen oder die Reihenfolge durcheinanderbringen, Unglück droht. Juden verzehren beim Seder-Mahl etwas Meerrettich, was die Tränen symbolisieren soll, die ihre Vorfahren vergossen haben, als sie in Ägypten Sklaven waren. Die Malayen feiern große Ereignisse mit Reis, ihrer wichtigsten Nahrung für Leib und Seele. Katholiken und Anglikaner nehmen bei der Kommunion Wein und Hostien zu sich. Die alten Ägypter dachten, Zwiebeln symbolisierten das vielschichtige Universum, und schwörten auf eine Zwiebel wie einige von uns auf die Bibel.

Die meisten Völker lieben es, an einem mit Gläsern und Tellern gedeckten Tisch ein Essen zu genießen, das umrahmt wird von Musik, einer Party, Theaterstücken, Grillfesten und anderen Formen von Festlichkeiten. Der Geschmack ist ein intimer Sinn. Wir können nichts aus der Ferne schmecken. Und sowohl die Art, wie wir die Dinge schmecken, als auch die Beschaffenheit unseres Speichels können individuell wie unsere Fingerabdrücke sein. Viele Völker verehrten Götter, die als Schutzgötter für bestimmte Nahrungsmittel betrachtet wurden. Die Hopi-Indianer, die den Mais verehren, essen blauen Mais, um stark zu sein; vielleicht würden alle Amerikaner dem Mais huldigen, wenn sie wüßten, wie stark ihr Leben davon abhängt. Margaret Visser schildert uns in *Much Depends on Dinner* die Geschichte des Maises und seiner Verwendung: Rinder und Geflügel fressen ihn; er ist in der Flüssigkeit in den Konserven enthalten; bei den meisten Papierprodukten, Plastikmaterialien und Klebstoffen wird er verwendet; Konfekt, Eis und andere Süßigkeiten enthalten Maissirup; entwässerte Speisen und Fertiggerichte enthalten daraus gewonnenes Stärkemehl. Für die Hopi ist der Verzehr von Mais als solchem eine Huldigung. Ich habe gerade eine wunderschöne, aus Pappelholz geschnitzte Hopi-Maispuppe vor mir liegen; sie ist eine Verkörperung der vielen geistigen Elemente ihrer Welt. Der kolbenförmige Körper ist okkerfarben, gelb, schwarz und weiß bemalt, mit Dutzenden von Quadraten, die wie der Querschnitt eines Korns zusammengefügt sind; unten sind abstrakte grüne Blätter aufgemalt. Das Gesicht hat eine lange, schwarze, wurzelähnliche Nase, rechteckige schwarze Augen, eine schwarze Krause aus Kaninchenfell, weiße Maisfädenohren, braune Vogelfederfransen und zwei grün-, gelb- und ockergestreifte Hörner mit Quasten aus Rohleder. Es ist eine seelenvolle Kachina-Puppe, aus der einfühlsam gestalteten Verkörperung blickt mir der alte Gott Mais entgegen.

In vielen Kulturen hatte das Wort »Geschmack« schon immer eine Doppelbedeutung. Die Menschen, die Geschmack haben, sind jene, die das Leben auf ihre ureigene

Weise erprobt haben und einiges wunderbar, vieles aber mangelhaft finden. Schlechter Geschmack ist häufig obszön oder vulgär. Und wir wenden uns an berufsmäßige Wein-, Speisen-, Kunst- und sonstige Kritiker, denen wir zutrauen, Dinge für uns prüfen zu können, da wir ihnen einen feineren und trainierteren Geschmackssinn zuschreiben als uns selbst. Ein »Kompagnon« ist jemand, mit dem man das Brot teilt, und Menschen, die als Zeichen des Friedens oder der Gastfreundschaft ihr Essen miteinander teilen, lieben es, zusammenzusitzen und genüßlich zu essen.

Als erstes schmecken wir die Muttermilch, die wir mit Liebe, Zuneigung, Streicheln, dem Gefühl von Sicherheit, Wärme und Wohlbefinden, unseren ersten intensiven Lustgefühlen, verbinden. Später füttert die Mutter uns mit fester Nahrung oder vorgekauter, die sie uns in den Mund schiebt. Solch eindrucksvolle Assoziationen bleiben haften. Wir sagen »Nahrung«, als ob dies etwas Selbstverständliches wäre, etwas Neutrales wie ein Felsen oder wie der Regen. Doch im Leben der meisten Menschen ist sie eine Quelle lustvollen Vergnügens, ein komplexer Bereich der körperlichen und emotionalen Befriedigung, die Kindheitserinnerungen einschließt. Essen muß gut schmecken, muß uns befriedigen, sonst wären wir nicht in der Lage, das Feuer zu schüren, das in jeder unserer Zellen brennt. Wie das Atmen brauchen wir das Essen zum Leben. Doch unser Atmen erfolgt unwillkürlich, die Nahrungssuche nicht; sie bedarf der Planung und der Energie, rüttelt uns aus unserer natürlichen Trägheit. Sie treibt uns morgens aus dem Bett, zwingt uns, zu arbeiten und Aufgaben zu erfüllen, die uns acht Stunden pro Tag und fünf Tage pro Woche nicht immer besonders behagen, die wir jedoch tun müssen, um »unser täglich Brot zu verdienen«. Da wir Allesfresser sind, finden viele unterschiedliche Geschmacksrichtungen Anklang bei uns, so daß wir neue Nahrungsmittel ausprobieren. Wenn Kinder heranwachsen, treffen sie sich mehrmals am Tag bei den Mahlzeiten, hören den Gesprächen der Erwachsenen zu, stellen Fragen, hören von fremden Sitten und Sprachen, von anderen Ländern. Wenn die Sprache auch vielleicht nicht bei den Mahlzeiten entstanden ist, so hat sie sich doch dabei entwickelt und vervollkommnet.

Wir neigen dazu, unsere weit zurückliegende Vergangenheit wie durch ein umgekehrtes Teleskop zu sehen, das sie zusammenzieht: eine kurze Zeit als Jäger und Sammler und eine lange Zeit als »zivilisierte« Menschen. Doch die Zivilisation ist ein junges Stadium der Menschheit und, soweit wir es überblicken können, auch nicht unbedingt eine große Errungenschaft. Vielleicht ist sie nicht einmal das Endstadium. Seit ungefähr zwei Millionen Jahren leben wir – erkennbar als Menschen – auf diesem Planeten, und von den letzten zwei- oder dreitausend Jahren abgesehen, waren wir Jäger und Sammler. Auch wenn wir im Chor singen und unsere Wutanfälle hinter einem Schreibtisch abreagieren, durchwandern wir die Welt mit Impulsen, Motiven und Fertigkeiten der Jäger- und Sammlerzeit. Das ist allerdings nicht beweisbar. Sollte je eine fremde Zivilisation mit uns Kontakt aufnehmen, wäre das größte Geschenk, das sie uns machen könnte, eine Reihe von Videos: Filme über das Menschengeschlecht auf jeder Stufe seiner Entwicklung. Bewußtwerdung scheint so unwahrscheinlich, so unmöglich, und doch stehen wir hier mit unserer Einsamkeit und unseren großen Träumen. Wenn wir in den Telefonhörer sprechen, als ob es sich um einen Beichtstuhl handelt, teilen wir manchmal unsere Gefühle mit einem Freund, doch gewöhnlich ist uns dies zu körperlos, kommt uns vor wie Rufen gegen den Wind. Am liebsten sprechen wir mit jemandem persönlich, als ob wir uns vorübergehend in die Gefühle des anderen versetzen könnten. Unser Freund bietet uns zuerst etwas zu essen und zu trinken an. Dies ist ein symbolischer Akt, eine Geste, die besagt: Diese Nahrung nährt deinen Körper, wie ich deine Seele nähren will. In Krisenzeiten oder in der Wildnis heißt das auch: Ich gefährde mein eigenes Leben, indem ich einen Teil von dem, was ich zum Überleben brauche, abgebe. Durch solche Urerfahrungen geprägt, nehmen wir das angebotene Wasser und das Stück Käse dankbar an.

Nahrung und Sex

Was wäre das ganze Drumherum der Werbung um einen Menschen ohne Essen? Wie uns die köstlich sinnenfreudige und derbe Tavernenszene in Fieldings *Tom Jones* zeigt, kann ein Essen ein vorzüglicher Schauplatz für das Vorspiel sein. Was ist am Essen so sexy? Weshalb nennt eine Französin ihren Liebhaber »mon petit chou« (mein kleiner Kohlkopf)? Oder ein Amerikaner seine Freundin »Süßes«? Sexueller und physischer Hunger waren von jeher Verbündete. Seit den Anfängen der Menschheitsgeschichte haben uns räuberische Bedürfnisse vorangetrieben, uns durch Hungersnot und Krieg zu Blutvergießen und Ausgelassenheit geführt. Im rechten Licht betrachtet, kann jede Art von Nahrung als Aphrodisiakum betrachtet werden. Phallusähnliche Nahrungsmittel wie Karotten, Gurken, Aale, Bananen und Spargel wurden zu allen Zeiten als Aphrodisiaka gepriesen, genauso wie Austern und Feigen, da sie an die weiblichen Genitalien erinnern, wie Kaviar, weil es sich um Eier eines weiblichen Tieres handelt. Die Hörner von Nashörnern, Hyänenaugen, das Maul des Nilpferds, der Schwanz des Alligators, der Höcker des Kamels, die Genitalien des Schwans, das Gehirn der Taube und die Zunge der Gans implizieren die Vorstellung, daß etwas so Seltenes und Exotisches magische Kräfte besitzen muß. Pflaumen (die es in den Bordellen des Elisabethanischen Zeitalters kostenlos gab) zählen dazu ebenso wie Pfirsiche (wegen ihrer gesäßähnlichen Form?), Tomaten, »Paradiesäpfel« genannt, da sie im Paradies Eva in Versuchung geführt haben sollen, Zwiebeln und Kartoffeln, die aussehen wie Hoden, genauso wie die »Prärieaustern«, die gekochten Hoden eines Stiers, und schließlich die Alraunwurzel, die an Schenkel und Penis eines Mannes erinnert. Die Spanische Fliege, das bevorzugte Aphrodisiakum des Marquis de Sade, mit dem er die Bonbons präparierte, die er Prostituierten und Freunden gab, wird aus einem südeuropäischen Käfer gewonnen. Sie enthält einen Reizstoff, der sich im Magen-Darm-Trakt auflöst, und bewirkt eine bessere Blutzirkulation, was eine starke Erektion des Penis oder eine Schwellung der Klitoris zur Folge hat, gleichzeitig aber auch die Nieren schädigt, ja sogar tödlich sein kann. Moschus, Schokolade und Trüffel wurden ebenfalls als Aphrodisiaka angesehen und könnten durchaus so wirken. Doch, wie die Weisen in alter Zeit bereits festgestellt haben, das beste Aphrodisiakum ist und bleibt die Fantasie.

Primitive Völker sahen die Schöpfung sowohl als persönlichen als auch allgemeinen Prozeß, wobei die Erde die Nahrung lieferte und die Menschen (oft aus Ton oder Staub geformt) Kinder zeugten. Der Regen fällt vom Himmel und befruchtet die Erde, die Früchte und Korn hervorbringt. Fruchtbarkeitsrituale konnten, wenn sie kunstvoll ausgeführt wurden und wild genug waren, die Freigebigkeit der Natur fördern. Köche bereiteten Fleisch und Brot in Form von Genitalien zu, insbesondere in Form von Penissen, und weibliche und männliche Statuen, deren Geschlechtsorgane übertrieben ausgeprägt waren, schmückten Orgien, auf denen heilige Paare vor aller Augen kopulierten. Die mythische Gaia ließ Milch aus ihren Brüsten fließen, und daraus entstanden die Galaxien. Antike Venusfiguren haben riesige Brüste, einen aufgeschwollenen Leib, ein mächtiges Hinterteil und kräftige Schenkel – Symbole der weiblichen Lebenskraft, der Mutter von Mensch und Getreide. Die Erde selbst war eine Gottheit, kurvenreich und reif, voller Fruchtbarkeit, angefüllt mit Reichtümern. Man denkt gewöhnlich, die Venusfiguren seien fantasievolle Übertreibungen, doch die Frauen jener Zeit könnten sehr wohl so ausgesehen und, wenn sie schwanger waren, außergewöhnlich üppige Formen angenommen haben.

Die Nahrung entsteht durch die Befruchtung der Pflanzen oder Tiere, und wir finden sie sexy. Wenn wir einen Apfel oder einen Pfirsich essen, nehmen wir damit die Plazenta der Frucht zu uns. Doch selbst wenn dem nicht so wäre und wir nicht unbewußt Essen mit Sex assoziierten, würden wir es aus rein physischen Gründen immer noch sexy finden. Wir gebrauchen unseren Mund für viele Dinge – zum Reden, zum Küssen, zum Essen. Lippen, Zunge und Genitalien haben alle die gleichen Neuralrezeptoren, Krause-Endkolben genannt, die sie hypersensitiv machen und stark aufladen. Die Reaktionen gleichen sich. Ein Mann und eine Frau sitzen sich in einem schwach beleuchteten Restaurant gegenüber. Ein kleiner Strauß rotweißer Lilien erfüllt die Luft mit süßlichem, zimtartigen Duft. Ein Ober geht mit einem Teller mit Kaninchenfleisch vorbei. Am nächsten Tisch duftet es nach Heidelbeersoufflé. Austern in der halben Muschel sind auf einem Tablett mit Eis arrangiert. Die Frau genießt ihren seidigen Salzgeschmack. Die Krabbenomeletts auf dem Teller des Mannes strömen einen starken Fenchelduft aus. Kleine Brötchen duften frisch. Als sie beide danach greifen, berühren sich ihre Hände. Er blickt ihr in die Augen, als wolle er sie hypnotisieren. Beide wissen, wohin dieses köstliche Vorspiel führen wird. »Ich bin so hungrig«, flüstert sie.

Das Picknick eines Allesfressers

Man hat Sie zum Dinner ins Haus von Außerirdischen eingeladen und gebeten, Freunde mitzubringen. Die aufmerksamen Gastgeber fragen Sie zuerst, ob Sie irgendwelche Lebensmittelallergien oder Diätvorschriften haben und dann, was Sie am liebsten essen. Was essen die Menschen? erkundigen sich die Außerirdischen. Bilder steigen vor Ihrem inneren Auge auf, ein Reigen von Pflanzen, Tieren, Mineralien, flüssigen und festen Speisen und die verschiedenen internationalen Küchen. Den Massai schmeckt zum Beispiel Kuhblut. Orientalen lieben gebratene junge Hunde. Deutsche essen ranzigen Kohl (Sauerkraut), Amerikaner verwitterte Gurken (Pickles), Italiener fritierte Singvögel, Vietnamesen vergorenen Paprikafisch, Japaner und andere Völker Pilze, Franzosen Schnecken in Knoblauchsauce. Die Azteken der Oberschicht liebten gegrillten Hund (eine haarlose Mischung namens *squintili*, die immer noch in Mexiko gezüchtet wird), die Chinesen der Chu-Dynastie liebten

Ratten, die sie »Hauswild« nannten*. Auch heute verzehren viele Menschen Nagetiere, Heuschrecken, Schlangen, Vögel, Känguruhs, Hummer, Schnecken und Fledermäuse. Im Gegensatz zu den meisten Tieren sind die Menschen Allesfresser. Die Erde bietet allein an eßbaren Pflanzen rund 20 000. Eine schlechte Saison für Eukalyptusbäume kann für die Koalas verheerend sein, da sie keine andere Nahrungsquelle haben. Doch die Menschen sind groß im Improvisieren und Korrigieren. Wir lieben die Abwechslung. Wenn Dürre herrscht, können wir unseren Aufenthaltsort wechseln oder einen Kaktus aufschneiden oder einen Brunnen graben. Wenn eine Heuschreckenplage unser Getreide zerstört, können wir auf wilde Pflanzen und Wurzeln ausweichen. Gehen unsere Herden ein, werden wir durch Insekten, Bohnen und Nüsse mit Protein versorgt. Nicht, daß es einfach wäre, ein Allesfresser zu sein. Ein Koalabär braucht sich keine Sorgen darüber zu machen, ob seine Nahrung Gift enthält oder nicht. Der Eukalyptus ist tatsächlich äußerst giftig, doch der Koala besitzt einen schützenden Darm, so daß er, genau wie seine Vorfahren, weiterhin Eukalyptus fressen kann. Die Kühe kauen genüßlich und unbedenklich ihr Gras. Doch die Allesfresser sind vorsichtig. Sie müssen dauernd neue Speisen probieren, um herauszufinden, ob sie nahrhaft und wohlschmeckend sind; dabei gehen sie das Risiko ein, sich zu vergiften. Sie müssen exotische Gerichte ausprobieren und gewinnen oft Geschmack an etwas Ausgefallenem, das, auch wenn es nahrhaft ist, nicht unbedingt das ist, was sie im allgemeinen anspricht – Cayennepfeffer (den Kolumbus nach Europa brachte), Tabak, Alkohol, Kaffee, Artischocken oder Senf. Als wir noch Jäger und Sammler waren, nahmen wir alle möglichen Nahrungsmittel zu uns. Einige von uns tun dies nach wie vor, doch häufiger würzen wir die uns bekannten Speisen, um Abwechslung zu schaffen. Monotonie behagt

---

* Es waren die essensvernarrten Chinesen, die während der T'ang-Dynastie (618–907 n. Chr.) die ersten richtigen Restaurants eröffneten. Als die Sung-Dynastie die T'ang-Dynastie ablöste, wurden sie Mehrzweckgebäude mit vielen privaten Speisezimmern. Man ging dorthin, um zu speisen und um Sex und Small talk zu genießen.

uns gar nicht. In gewisser Hinsicht wäre dies zwar gesünder, doch andererseits auch viel gefährlicher. Die meisten Menschen möchten ihre Nahrung dampfend wie gerade erlegtes Wild essen. Wir haben keine superscharfen Raubtierzähne, benötigen sie auch nicht. Wir haben statt dessen scharfe Werkzeuge hergestellt. Wir besitzen Schneidezähne, um in eine Frucht beißen zu können, und Backenzähne, um Nüsse aufzuknacken. Zudem haben wir Eckzähne, um Fleisch abzureißen. Manchmal essen wir Kapuzinerkresse und Erbsenschoten und sogar den Inhalt von Kuheutern, den wir schlagen, bis er dick wird, oder zu Eis gefrieren und auf ein Holzstückchen stecken.

Unsere Gastgeber schlagen ein Picknick vor, da hinter ihrem Haus eine Wiese liegt, die von zwei Sonnen beschienen wird, und sie heißen uns und unsere Freunde willkommen. Unser japanischer Freund wählt die Vorspeisen: Sushi und Shrimps, noch lebendig und sich windend. Unser französischer Freund schlägt Baguette vor oder Croissants, die eine so unwahrscheinliche Geschichte haben, daß er sie unbedingt zum besten geben muß: Um den Sieg Österreichs über die Türken zu feiern, stellten die Bäcker Gebäck in der Form des Halbmonds auf der türkischen Flagge her, so daß die Wiener ihre Feinde bei Tisch verschlingen konnten, wie sie es auf dem Schlachtfeld getan hatten. Die Croissants wurden bald in Frankreich Mode, und in den zwanziger Jahren gelangten sie über den großen Teich nach Amerika. Unser Freund vom Amazonas wählt als Hauptgericht Blattschneiderameisen, die wie Walnußbutter schmecken, danach gegrillte Schildkröte und Piranhafleisch. Unser deutscher Freund besteht auf Spätzle und Pumpernickel, ein Begriff, der sich von »pumpern«, also furzen ableitet und »Nickel«, das heißt Kobold oder Teufel, weil man sagte, es sei so schwer zu verdauen, daß dabei sogar der Teufel furzen müßte. Unser Freund vom Tasaday-Stamm auf den Philippinen möchte etwas *natek*, eine feste Paste, die sein Volk aus Palmenmark herstellt. Der englische Freund verlangt eine kleine Portion Ochsenzunge in Madeira, sehr alten Roquefortkäse und zum Dessert *trifle* – Eiercreme mit sherrygetränktem Löffelbiskuit, Schlagsahne und gehackten Mandeln.

Zum Abschluß des Picknicks schlägt unser türkischer Freund türkischen Kaffee vor – wobei er die Bohnen in einem Mörser zerstößt, statt sie zu mahlen. Er bereitet ihn für uns zu, indem er über das Kaffeemehl heißes Wasser in eine Kanne gießt. Er bringt die Flüssigkeit leicht zum Kochen, gießt sie durch ein Sieb und bietet uns den besten Kaffee an, den wir je getrunken haben. Er erklärt uns, daß nach der Legende der Kaffee von einem Schafhirten im 9. Jahrhundert erfunden wurde. Er soll eines Tages entdeckt haben, daß seine Ziegen jedesmal, wenn sie bestimmte Beeren fraßen, sehr lebhaft wurden. Vierhundert Jahre lang wurden diese Beeren von den Menschen lediglich gekaut. Doch im 13. Jahrhundert machte jemand den Versuch, die Beeren zu rösten, was einen durchdringenden Ölgeruch hinterließ und das bittere Aroma, das uns heute so vertraut ist. Unser indischer Freund reicht Zuckerwürfel herum, die wir, während wir an unserem Kaffee nippen, auf der Zunge zergehen lassen. Das erste Mal wurde der Zucker in der *Atharvaveda*, einem heiligen Hindu-Text aus dem Jahre 800 v. Chr., erwähnt, in dem eine Königskrone aus glitzernden Zuckerkristallen beschrieben wird. Dann reicht er einen kleinen Teller mit Korianderkörnern herum. Wir legen sie auf die Zunge und spüren, wie unser Mund von dem aromatischen Geschmack erfrischt wird. Es war ein ideales Picknick. Wir danken unseren Gastgebern für das wunderbare Fest und laden sie zu uns nach Hause zum Essen ein. »Was essen Außerirdische?« fragen wir.

Über Kannibalismus und heilige Kühe

Wie Solschenizyn in seinem Buch *Ein Tag im Leben des Iwan Denissowitch* schreibt, war Grassuppe das Hauptgericht in den russischen Gulags. Holz, Blätter oder auch Gras sind für Menschen keine gute Nahrung, da die Zellulose unverdaulich ist. Auch der Verzehr von Exkrementen, Kreide oder Petroleum liegt uns nicht, obwohl einige Tiere dies mögen. Doch aufgrund kultureller Tabus verschmähen wir auch viele Nahrungsmittel, die gesund und nahrhaft sind. Die Juden essen kein Schweinefleisch, die Hindus kein Rind, und Amerikaner essen im allgemeinen keine Hunde, Ratten, Pferde, Heuschrecken, Raupen oder andere schmackhafte Speisen, die von anderen Völkern gepriesen werden. Der Anthropologe Claude Lévi-Strauss hat herausgefunden, daß primitive Völker die Nahrungsmittel in »gut zum Denken« oder »schlecht zum Denken« einteilen. Die Notwendigkeit, die Mutter der Erfindung, bringt viele Verhaltensregeln hervor. Denken wir nur an die »heilige Kuh«, eine Vorstellung, die so prägend ist, daß sie in unseren Wortschatz übernommen wurde als Bezeichnung für eine Sache, ein Ereignis oder eine Person, die unantastbar ist. Obwohl Indien ungefähr 700 Millionen Einwohner hat und ständigen Bedarf an Protein, dürfen über 200 Millionen Kühe als Gottheiten auf der Straße herumlaufen, während viele Menschen hungern. Die Kuh spielt im Hinduismus eine zentrale Rolle. Wie Marvin Harris in *The Sacred Cow and the Abominable Pig* (dt: *Wohlgeschmack und Widerwillen. Die Rätsel der Nahrungstabus*) schreibt:

Schutz und Huldigung der Kuh symbolisieren auch Schutz und Verehrung der Mutterschaft. Ich besitze eine Sammlung farbenprächtiger indischer Kalender, auf denen juwelengeschmückte Kühe mit prallen Eutern und dem Gesicht einer wunderschönen Madonna abgebildet sind. Hinduistische Kuhanbeter sagen: »Die Kuh ist unsere Mutter. Sie gibt uns Milch und Butter. Die Stierkälber bestellen das Land und geben uns Nahrung.« Kritikern, die entgegenhalten, daß es sinnlos sei, Kühe zu füttern, die zu alt sind, um zu kalben oder Milch zu geben, erwidern die Hindus: »Bringen Sie Ihre Mutter zum Schlachthof, wenn sie alt ist?«

Nicht nur die Kuh ist in Indien heilig, sondern auch der Staub unter ihren Hufen. Und nach Hindu-Auffassung leben 330 Millionen Götter in jeder Kuh. Es gibt viele Gründe für die Entstehung dieses Phänomens. Ein Faktor mag sein, daß ein überbevölkertes Land wie Indien die Rinderzucht nicht fördern kann, da sie außerordentlich unergiebig ist. Wenn die Menschen Tiere verzehren, die mit Getreide gefüttert werden, sind »neun von zehn Kalorien und vier von fünf Gramm Protein für den menschlichen Verbrauch verloren«. Das Tier verbraucht den Großteil der Nährstoffe. So hat sich wohl die vegetarische Lebensweise als eine Abhilfe entwikkelt, die durch die Religion ritualisiert wurde. »Ich bin sicher, der Buddhismus entstand auf der Basis der Armut der Bevölkerung und des Raubbaus an der Umwelt«, schreibt Harris, »da mehrere ähnliche Religionen, in denen die Tötung von Tieren untersagt ist, ...zur selben Zeit in Indien aufkamen.« Dazu gehört auch der Jainismus, dessen Priester nicht nur streunende Hunde und Katzen aufnehmen, sondern auch einen speziellen Raum für Insekten haben. Wenn sie die Straße entlanggehen, läuft ihnen ein Helfer voraus, um Insekten beiseite zu kehren, damit sie nicht zertreten werden. Sie tragen hauchdünne Masken, damit sie nicht zufällig eine kleine Mücke oder ein anderes Insekt einatmen.

Es gibt ein Tabu, das als das fantastischste und strikteste gilt. »Was nagt an dir?« fragt vielleicht ein Mann seinen verärgerten Freund. Obwohl sein Freund soeben von einem tyrannischen, engstirnigen Chef gefeuert wurde, würde er nie fragen: »*Wer* nagt an dir?« Der Kannibalismus ist uns so artfremd, daß wir ungeniert den Ausdruck »auffressen« zum Beispiel in der Liebe benutzen können, da niemand auf den Gedanken kommen würde, daß wir das wörtlich meinen. Doch Allesfresser können alles essen, sogar einander, und Menschenfleisch ist eine der besten Proteinquellen. Primitive Völker auf der ganzen Welt haben dem Kannibalismus gefrönt, immer im rituellen Sinn, manchmal aber auch wegen des Proteins. Für viele geht es dabei um Kopfjagd; der Kopf des Feindes wird mit viel Magie und Aufwand zur Schau gestellt, und um nichts zu verschwenden, verspeisen sie dessen Körper. In der Eisenzeit verzehrten die Kelten in England große Mengen Menschenfleisch. Einige Indianerstämme Amerikas folterten und verspeisten ihre Gefangenen, und die Einzelheiten (die von christlichen Missionaren, die Zeuge der Riten waren, überliefert wurden) waren haarsträubend. Während einer vier Tage dauernden Feier sollen die Azteken im Jahr 1487 ungefähr 80 000 Gefangene geopfert haben. Ihr Fleisch wurde mit den Göttern geteilt, vor allem aber von einer fleischgierigen Menge aufgegessen. In *The Power of Myth* (dt.: *Die Kraft der Mythen*) berichtet Joseph Campbell, ein erfahrener Beobachter der Bräuche und Religionen vieler Völker, vom Kannibalismusritual auf Neuguinea, das »den Mythos der Ackerbaugesellschaft von Tod, Auferstehung und kannibalistischer Verzehrung« darstellt. Der Stamm betritt heiligen Boden, wo er vier oder fünf Tage lang singend und trommelnd alle Konventionen bricht und eine sexuelle Orgie feiert. Bei diesem Ritus der Männlichkeit werden heranwachsende Jungen in die Sexualpraktiken eingeweiht:

Da ist eine Hütte aus riesigen Blöcken, die von zwei Pfosten gestützt wird. Eine junge Frau, die geschmückt ist wie eine Gottheit, muß sich hier unter dem großen Dach niederlegen. Die Jungen, ungefähr sechs, tanzen mit Trommeln um sie herum und singen. Nacheinander haben sie ihren ersten Sexualverkehr mit dem Mädchen. Und wenn der letzte Junge mit ihr schläft, werden die Pfeiler weggezogen, die Blöcke lösen sich, und das Paar wird getötet. Das ist die Vereinigung von Mann und Frau... wie es am Anfang war... Das ist die Vereinigung von Zeugung und Tod. Beides ist das gleiche.
Dann wird das Paar herausgezogen, gebraten und am selben Abend verzehrt. Das Ritual ist die Wiederholung der ursprünglichen Tötung eines Gottes, der daraufhin als toter Retter für Nahrung sorgt.

Als der Forscher Livingstone in Afrika starb, verzehrten zwei seiner eingeborenen Begleiter seine inneren Organe, um damit seine Kraft und seinen Mut in sich aufzunehmen. In der katholischen Kirche werden bei der Kommunion symbolisch der Leib und das Blut Christi eingenommen. Einige Formen des Kannibalismus waren besonders blutrünstig. Nach Philippa Pullar »versuchten sich die Druidenpriester in der Kunst der Prophezeiung, indem sie einen Mann ins Zwerchfell stachen und die Zukunft anhand der Zuckungen seiner Glieder und des ausfließenden Blutes vorhersagten... Dann... verzehrten sie ihn.« Der Kannibalismus erschreckt uns nicht, weil wir menschliches Leben als heilig ansehen, sondern, weil unsere gesellschaftlichen Tabus ihn zufällig verbieten, oder, wie Harris sagt: »Das wahre Rätsel besteht darin, weshalb wir, die wir in einer Gesellschaft leben, die ständig die Kunst perfektioniert, unzählige Menschen auf dem Schlachtfeld sterben zu lassen, die Menschen gut zum Töten, aber schlecht zum Essen finden.«

Das Erblühen einer Geschmacksknospe

Durch das Elektronenmikroskop gesehen, wirken unsere Geschmacksknospen so groß wie Vulkane auf dem Mars, während die eines Hais wie schöne Hügel aus pastellfarbenem Fließpapier aussehen – bis wir uns darauf besinnen, wofür sie benutzt werden. In Wirklichkeit sind Geschmacksknospen außerordentlich klein. Erwachsene besitzen ungefähr 10000 davon, nach Kategorien geordnet (salzig, sauer, süß, bitter), an verschiedenen Stellen des Mundes. In jeder geben ungefähr fünfzig Geschmackszellen eifrig Informationen an ein Neuron weiter, das das Gehirn benachrichtigt. Auf der Zunge erfolgt keine wesentliche Geschmacksaufnahme, doch gibt es Geschmacksknospen im Gaumen, in der Rachenhöhle und an den Rachenmandeln, die wie Fledermäuse an der feuchten, glitschigen Kalksteinwand einer Höhle hängen. Hasen haben 17000 Geschmacksknospen, Papageien etwa 400, Kühe dagegen 25000. Was schmecken sie? Vielleicht benötigt eine Kuh so viele Geschmacksknospen, um ihre zähe Grasnahrung genießen zu können? An der Spitze der Zunge schmecken wir Süßes, Bitteres an der Unterseite, Saueres am Rand und Salziges mit der ganzen Oberfläche, hauptsächlich aber vorn. Die Zunge ist wie ein Königreich, das entsprechend dem sensorischen Talent in Fürstentümer aufgeteilt ist. Man stelle sich vor, jene, die sehen können, lebten im Osten, jene, die hören können, im Westen, jene, die schmecken können, im Süden und jene, die berühren können, im Norden. Ein aromatischer Duft, der dieses Königreich erfüllen würde, könnte nie an zwei Plätzen gleich empfunden werden. Wenn wir an einem Eis schlecken oder an einem Lutscher, berühren wir sie mit der Zungenspitze, wo sich die Geschmacksknospen für Süßes befinden, und dies bereitet uns besonderes Vergnügen. Ein Zuckerwürfel unter der Zunge würde nicht so süß schmecken wie auf der Zunge. Unsere Schwelle für den Geschmack von bitter ist die niedrigste. Da die Geschmacksknospen für bitter sich hinten an der Zunge befinden, können sie uns als Verteidigungsmöglichkeit bei Gefahr zum Würgen veranlassen, um eine Substanz daran zu hindern, die Kehle hinunterzurutschen. Einige Menschen würgen tatsächlich, wenn sie Chinin nehmen oder zum ersten Mal Kaffee trinken oder Oliven probieren. Unsere Geschmacksknospen können in einer Substanz Süßes schmecken, selbst wenn davon nur ein Zweihundertstel süß ist. Schmetterlinge und Schmeißfliegen, die die meisten Geschmacksorgane in den Vorderfüßen haben, brauchen nur in eine süße Lösung hineinzutreten, um sie zu schmecken. Hunde, Pferde und viele andere Tiere mögen Süßes genausogern wie wir. Wir können Salz als vierhundertsten Teil einer Substanz schmecken, Saures als 130000sten Teil, Bitterkeit als Zweimillionstel in einem Stoff. Es ist nicht erforderlich für uns, herauszufinden, daß giftige Substanzen unterschiedlich schmecken; sie schmekken einfach bitter. Die Unterscheidung zwischen bitteren und süßen Substanzen ist so wesentlich für unser Leben, daß sich dies auch in der Sprache niedergeschlagen hat. Kinder, Freude, eine Freundin, ein Liebhaber – alle werden als »süß« bezeichnet. Bedauern, ein Feind, Schmerz, Enttäuschung, ein böser Streit – all das ist »bitter«. Die »bittere Pille«, die wir bildlich gesprochen fürchten, ist für uns wie Gift.

Die Geschmacksknospen erhielten ihren Namen im 19. Jahrhundert von den deutschen Wissenschaftlern Georg Meissner und Rudolf Wagner, die Hügel entdeckten, welche aus Geschmackszellen bestehen, die sich wie Blütenblätter überlappen. Die Geschmacksknospen erschöpfen sich alle acht bis zehn Tage und werden ersetzt, allerdings langsamer, wenn wir über 45 Jahre alt sind, denn unser Gaumen wird mit zunehmendem Alter träger. Um die gleiche Empfindung hervorzurufen, bedarf es eines immer stärkeren Geschmacks. Kinder haben die empfindlichsten Geschmacksknospen. Der Mund eines Babys hat viel mehr Geschmacksknospen als der eines Erwachsenen; einige sitzen sogar in den Wangen. Die Kinder lieben Süßigkeiten, zum Teil auch deshalb, weil ihre Zungenspitzen, die viel zuckerempfänglicher sind, noch nicht abgestumpft sind durch den jahrelangen Genuß opulenter Essen oder heißer, noch nicht abgekühlter Suppe. Ein Mensch, der ohne Zunge geboren oder dessen Zunge herausgeschnitten wurde, kann immer noch Geschmack empfinden. Brillat-Savarin berichtet von einem Franzosen in Algerien, der für einen versuchten Gefängnisausbruch dadurch bestraft wurde, »daß ihm der vordere Teil der Zunge bis zum Zungenbändchen abgeschnitten wurde«. Es fiel ihm schwer zu schlucken; sein Geschmackssinn funktionierte jedoch noch recht gut, wenn ihm auch »sehr saure oder bittere Substanzen unerträgliche Schmerzen verursachten«.

Genauso wie wir etwas nur riechen können, wenn es anfängt zu verdampfen, können wir nur dann etwas schmekken, wenn es sich auflöst, und dies können wir nur mit unserem Speichel. Jeder Geschmack, den wir uns vorstellen können – von Mango bis zu uralten Eiern –, entsteht aus der Kombination der vier Hauptgeschmacksrichtungen und ein bis zwei weiteren. Und doch können wir mit großer Feinheit zwischen den verschiedenen Geschmacksrichtungen unterscheiden, wie es die Wein-, Tee-, Käse- und andere Berufstester tun. Die Griechen und Römer, die in bezug auf Fisch einen ausgeprägten Geschmack hatten, konnten allein durch den Geschmack bestimmen, aus welchem Wasser ein

Fisch kam. Auch wenn unser Geschmackssinn sehr stark ausgeprägt ist, können wir uns täuschen lassen. Zum Beispiel schmeckt Natriumglutamat nicht salziger als Tafelsalz, doch es enthält mehr Natrium. Eine seiner Ingredienzen, das Glutamat, schränkt unsere Fähigkeit, es als salzig zu schmecken, ein. Ein Neurologe am Albert-Einstein-Institut untersuchte einmal den Natriumglutamat-Gehalt einer Wonton-Suppe in einem chinesischen Restaurant in Manhattan und stellte 7,5 Gramm fest, das entspricht einer ganze Tagesdosis an Natrium. Nach dem morgendlichen Zähneputzen kommt uns der Orangensaft bitter vor. Weshalb? Weil unsere Geschmacksknospen Membranen haben, die fettähnliche Phospholipide enthalten und die Zahnpasta eine Reinigungssubstanz enthält, die Fett und Öl aufspaltet. So greift die Zahnpasta erst die Membranen an und entzieht die Phospholipide. Chemikalien in der Zahnpasta, wie Formaldehyd, Kalk und Saccharin, bewirken dann einen sauren Geschmack, wenn sie sich mit der Zitronen- und der Ascorbinsäure des Orangensafts vermischen. Wenn man die Blätter der Seidenpflanze kaut (eine Verwandte des Schwalbenwurzgewächses), verliert man die Fähigkeit, Süßes zu schmecken. Zucker würde fad und sandig schmecken. Wenn die Afrikaner eine Frucht kauen, die sie »Wunderfrucht« nennen, sind sie nicht mehr imstande, Saures zu erkennen: Zitronen schmecken süß, saurer Wein schmeckt süß, Rhabarber schmeckt süß. Alles, was normalerweise furchtbar sauer schmeckt, hat plötzlich einen wunderbar süßen Geschmack. Eine schwache Salzlösung schmeckt süß, und manche Menschen salzen Melonen, um den süßen Geschmack zu vertiefen. Blei- und Berylliumsalze können verführerisch süß schmecken, auch wenn sie giftig sind und wir sie eigentlich als bitter empfinden sollten.

Wenn zwei Menschen eine Pflaume essen, hat jeder eine andere Geschmacksempfindung. Aufgrund ererbter Anlagen haben manche Leute nach Spargelgenuß einen streng riechenden Urin, oder sie können Artischocken essen und dann jedes Getränk, sogar Wasser, als süß empfinden. Einige

Menschen sind empfänglicher für bitteren Geschmack als andere und finden Saccharin scheußlich, während andere Diätsodawasser fast gierig trinken. Salzliebhaber haben einen salzigeren Speichel. Ihr Mund ist an mehr Natrium gewöhnt, und Nahrungsmittel müssen salziger sein, damit sie sie als salzig empfinden. Natürlich hat jeder einen anderen Speichel; er ist durch die Nahrung bestimmt, ist abhängig davon, ob man raucht oder nicht, durch Erbanlagen beeinflußt, vielleicht sogar von der Stimmung. Wie seltsam, daß wir beim Heranwachsen Geschmacksvorlieben entwickeln. Was Babys nicht mögen: Oliven, Senf, Peperoni, Bier, saures Obst oder Kaffee. Schließlich ist Kaffee bitter, ein Duft aus dem verbotenen und gefährlichen Reich. Wenn man eine saure Gurke ißt, handelt man gegen seinen gesunden Menschenverstand, erstickt die Warnung des Körpers mit Vernunftgründen. *Beruhige dich, es ist nicht gefährlich*, sagt das Gehirn, es ist neu und interessant, etwas anderes, Erregendes.

Der Geruch trägt viel zum Geschmack bei. Ohne Geruch würde uns der Wein zwar nach wie vor beschwipst machen, doch er würde viel von seinem Reiz verlieren. Oft riechen wir etwas, bevor wir es schmecken, und das genügt schon, um uns das Wasser im Mund zusammenlaufen zu lassen. Geruch und Geschmack haben einen gemeinsamen Luftschacht, wie die Bewohner eines Hochhauses, die wissen, wann ihre Nachbarn einen Curry- oder Lasagne-Abend feiern. Wenn wir etwas im Mund haben, können wir es riechen, und wenn wir eine bittere Substanz einatmen, zum Beispiel ein Nasenspray, haben wir oft einen Messinggeschmack in der Kehle. Den Geruch nehmen wir schneller wahr: Man benötigt bei einer Kirschtorte 25000mal mehr Moleküle, um sie zu schmecken statt nur zu riechen. Eine Erkältung beeinträchtigt, da sie das Riechen behindert, auch den Geschmack.

Im allgemeinen kauen wir ungefähr hundertmal in der Minute. Doch wenn wir etwas im Mund haben, die Beschaffenheit spüren, das Aroma einatmen, es auf der Zunge rollen, dann langsam kauen, so daß wir die Geräusche hören, dann kosten wir erst richtig aus, gebrauchen mehrere Sinne und lassen alles zusammenwirken. Das Aroma eines Nahrungsmittels setzt sich zusammen aus seiner Beschaffenheit, dem Duft, der Temperatur, der Farbe, der Schärfe (wie bei Gewürzen) und vielen anderen Eigenschaften. Da wir Klänge lieben, sprechen uns einige Nahrungsmittel schon akustisch mehr an als andere. Wenn man von einer Karotte abbeißt, verursacht dies ein befriedigendes Knacken, ein Steak in der Pfanne verursacht ein verführerisches Brutzeln, eine kochende Suppe einen blubbernden Wirbel, eine Schüssel Cornflakes ein Knuspergeräusch. »Lebensmittel-Ingenieure«, Meister subtiler Beeinflussung, schaffen Produkte, die möglichst viele unserer Sinne ansprechen. Werbeagenturen geben sich beim Design von Fast Food viel Mühe. Wie David Bodanis so humorvoll in *The Secret House* (dt.: *Das geheimnisvolle Haus*) schildert, sind Kartoffelchips

ein Beispiel totaler Vernichtungsnahrung. Das wilde Herumfummeln an der Plastiktüte, das Aufreißen und Zerren, das man auf sich nehmen muß, ist genau das, was die Hersteller wollen. Denn das besondere an Knuspergebäck ist, daß es lauter ist als Nichtknuspriges... Das Aufreißen der Packung schafft gute Stimmung... Knuspergebäck kann nicht laut genug sein. Es muß ein sehr starkes Vernichtungsgeräusch verursachen. Nahrungsmittel, die nur leise Geräusche ergeben, sind knirschend oder knisternd, aber nicht knusprig...

Lebensmittel-Designer entwerfen Kartoffelchips, die zu groß sind, um in den Mund zu passen, denn um das durchdringende Krachen zu hören, muß man den Mund offenlassen. Die Chips bestehen zu 80 Prozent aus Luft, und jedesmal, wenn wir in einen hineinbeißen, beißen wir auf die luftgefüllten Zellen des Chips, was das Knuspergeräusch verursacht. Bodanis schreibt:

Wie kann man Zellwände bekommen, die starr genug sind, um diese quiekenden Geräusche erklingen zu lassen? Indem man sie stärkt. Die Stärkegranulate in Kartoffeln entsprechen der Stärke in steifen Hemdenkragen...

der Wäschestärke... sind in der chemischen Zusammensetzung nahezu identisch... Alle Chips werden in Fett getränkt... So erzeugt also ein Schrapnell aus Stärke und Fett die konische Luftdruckwelle, wenn unser entschlossener Chip-Mampfer schließlich sein Werk vollendet.

Natürlich sind das High-Tech-Kartoffelchips. Der ursprüngliche Kartoffelchip wurde 1853 von George Crum, einem Chefkoch in der Moon Lake Lodge in Saratoga Springs im Staat New York, erfunden. Als ein Gast immer schlankere Pommes frites verlangte, schnitt er sie geradezu lachhaft dünn (dachte er) und wendete sie in der Pfanne, bis sie dunkelbraun waren. Der Gast war entzückt, auch die anderen Gäste verlangten danach. Die Kunde verbreitete sich, und schließlich machte Crum sein eigenes Restaurant auf, das sich auf Kartoffelchips spezialisierte.

Der Mund ist die Öffnung zu unserem Körper. Nahezu alles, was in unseren Körper gelangt, sei es zum Guten oder Schlechten, dringt durch unseren Mund in uns ein, was erklärt, weshalb er in der Evolution so früh entstanden ist. Jede Schnecke, jedes Insekt und jedes höhere Tier besitzt einen Mund. Sogar Einzeller wie die Urtierchen besitzen einen Mund, und der Mund bildet sich auch gleich zu Beginn bei menschlichen Embryos. Der Mund ist mehr als der bloße Beginn der langen Röhre zum After: Es ist die Tür zum Körper, der Ort, von dem aus wir die Welt grüßen, der Ort großer Risiken. Wir benutzen unseren Mund für viele Dinge – für die Sprache, wenn es sich um uns Menschen handelt; um ein Loch in die Baumrinde zu bohren, wenn es ein Buntspecht ist; um Blut zu saugen, wenn es um Moskitos geht – doch der Mund gibt in erster Linie der Zunge Raum, einem dicken schleimigen Muskelstück, das winzige Stollen aufweist, als ob es ein Fußballer wäre.

Die tollsten Festgelage

Die Römer liebten es, genießerisch zu speisen: Sie liebten den scharfen Pfeffergeschmack, den lustvollen Schmerz süßsaurer Gerichte, die verhaltene Erotik der Currygerichte, den pikanten Geschmack zarter und seltener Tiere, deren exotisches Leben sie sich beim Verzehr vor Augen führen konnten, Saucen, die sie an die Düfte und den Geschmack der Liebe erinnerten. Es war eine Zeit fabelhaften, mästenden Reichtums und gefährlicher, todbringender Armut. Die Armen dienten den Reichen und konnten wegen eines unachtsamen Wortes geschlagen oder aus reinem Vergnügen getötet werden. Bei den Reichen war die Langeweile zu Besuch wie eine ungeliebte angeheiratete Verwandte, die zu unterhalten sie den größten Teil ihres Lebens verwendeten. Orgien und Gelage waren der Hauptzeitvertreib, und die Römer amüsierten sich mit der verschwenderischen Freizügigkeit eines Volkes, das völlig unbelastet von lästigen Schuldgefühlen war. In ihrer Kultur galt das Vergnügen als hohes Gut, als positive Errungenschaft, bei der Reue keinen Platz hatte. Epikur sprach im Namen einer ganzen Gesellschaft, als er fragte:

Soll der Mensch die Gaben der Natur verschmähen? Wurde er nur geboren, um die bittersten Früchte zu pflükken? Für wen wachsen die Blumen, die die Götter zu Füßen der Sterblichen sprießen lassen?... Wir sind der Vorsehung gefällig, wenn wir uns den verschiedenen Freuden hingeben, die sie uns anbietet; unsere Bedürfnisse entspringen ja ihren Gesetzen und unsere Wünsche ihrer Inspiration.

Um die Langeweile zu bekämpfen, veranstalteten die Römer Festmahle, die die ganze Nacht dauerten, und wetteiferten miteinander bei der Erfindung ungewöhnlicher, köstlicher Gerichte. Bei einem Essen servierte ein Gastgeber nach und nach ein immer kleineres Glied der Nahrungskette, das in das nächstgrößere gestopft war: Im Kalb verbarg sich ein

Schwein, im Schwein ein Lamm, im Lamm ein Huhn, im Huhn ein Hase, im Hasen eine Schlafmaus und so weiter. Ein anderer Gastgeber servierte verschiedene Gerichte, die unterschiedlich aussahen, aber alle aus den gleichen Zutaten bestanden. Beliebt waren themenbezogene Partys, auf denen eine Art Schatzsuche veranstaltet wurde, wobei Gäste, die das Gehirn des Pfaus oder die Zungen der Flamingos fanden, einen Preis erhielten. Beim nächsten Gang schwebten Akrobaten von der Decke herab, oder auf einem aalförmigen Tablett wurde ein Fisch präsentiert. Sklaven brachten Blumengirlanden, mit denen sie die Gäste schmückten, und rieben deren Körper zur Entspannung mit parfümierten Essenzen ein. Der Boden war zentimeterhoch mit Rosenblüten übersät. Es wurde ein Gang nach dem anderen aufgetragen, einige mit scharfen Saucen, um die Geschmacksknospen zu reizen, andere mit sämigen Saucen, um sie zu beruhigen. Sklaven bliesen durch Pfeifen exotische Düfte in den Raum und besprengten die Gäste mit starkem Moschusparfüm wie dem der Zibetkatze und Ambra. Manchmal sprühte aus der Speise selbst dem Gast Safran oder Rosenwasser oder eine sonstige Köstlichkeit ins Gesicht, oder Vögel flogen daraus auf, oder es stellte sich heraus, daß die Speise nicht eßbar war (da sie aus reinem Gold bestand). Die Römer pflegten vor allem auch die Schadenfreude, ergötzten sich am Mißgeschick eines anderen. Sie umgaben sich gern mit Zwergen und Krüppeln, die auf den Partys für sexuelle oder kabarettistische Einlagen sorgten. Caligula ließ Gladiatoren auf der Eßtafel kämpfen und die Gäste mit Blut bespritzen. Nicht alle Römer waren Sadisten, doch ein Großteil der Oberschicht und viele Kaiser waren es durchaus, und sie konnten ihre Sklaven nach Belieben mißhandeln, foltern oder ermorden. Zumindest ein Römer der High-Society ist dafür bekannt, seine Aale mit dem Fleisch seiner Sklaven gemästet zu haben. Deshalb kann es nicht verwundern, daß das Christentum als eine Bewegung der Sklavenschicht entstand, als eine Bewegung, die Selbstverleugnung und Mäßigung betonte, als Prophezeiung, daß die Armen die Erde erben und nach dem Tod ein reiches und freies Leben führen und die dem Luxus frönenden Reichen in der Hölle schmoren würden. Wie Philippa Pullar in *Consuming Passions* schreibt, wurde die Verleugnung des Körpers aus diesem »Klassenbewußtsein und dem Stolz auf Armut und Schlichtheit geboren... Alle angenehmen Gefühle wurden verdammt, der Anwärter auf den Himmel mußte allen Verlokkungen des Geschmacks und des Geruchs, des Klangs, des Sehens und Fühlens widerstehen. Lust war ein Synonym für Schuld und für Hölle... ›Wählt euch Gefährtinnen, die blaß und dünn vom Fasten sind‹, riet Hieronymus.« Oder, wie Gibbon schrieb, »man dachte, alles, was dem Menschen widerstrebt, sei Gott wohlgefällig«. So wurde die Leugnung der Sinne ein Teil des christlichen Erlösungsstrebens. Die Shaker-Sekte zimmerte später ihre rohen Holzbänke, Stühle und einfachen Kisten aus einer solchen Haltung heraus, aber was würden sie zu der Genüßlichkeit sagen, mit der sich heute die Leute auf Shaker-Möbelstücke stürzen, die sie nicht etwa als notwendige Einrichtungsgegenstände, sondern als Extravaganz, als Kunst, als teure Luxusobjekte fürs Foyer oder Landhaus kaufen.

Essen wurde zu allen Zeiten mit den immer wiederkehrenden Phasen sexueller Ausschweifung, moralischer Hemmungslosigkeit und Rückkehr zu moralischer Zucht assoziiert, der dann wieder sexuelle Freizügigkeit folgte – doch niemand tat dies mit so schamlosem Genuß wie die alten Römer. Möglicherweise trugen zum Untergang des Römischen Reiches Bleivergiftungen bei, die zu Fehlgeburten, Unfruchtbarkeit sowie allen möglichen körperlichen und geistigen Krankheiten führen können. Blei durchzog das Leben der Römer – es war in ihren Wasserrohren enthalten, in den Kochtöpfen, auch in den Kosmetikartikeln. Doch bevor das Blei sie vergiftete, inszenierten sie noch die wildesten und extravagantesten Festgelage, die die Geschichte kennt. Römische Dichter wie Catull schrieben deftige Gedichte über Sexaffären mit beiden Geschlechtern, Ovid schrieb entzückende Strophen über seine unverwüstliche Liebe zu Frauen, die seine Seele quälten, und über die Flirtgewohnheiten, die er bei den Festgelagen beobachtete.

»Wenn ich einen Himmel ohne Geschlechter angeboten bekäme«, schrieb er, »würde ich sagen, nein danke, denn die Frauen sind eine so süße Hölle.« In einem seiner Gedichte warnt er seine Geliebte, daß er sie, da sie beide zum selben Abendessen eingeladen sind, dort mit ihrem Mann sehen würde. »Laß nicht zu, daß er deinen Nacken küßt«, sagt Ovid ihr, »das treibt mich zum Wahnsinn.«

Makabre Speisen

Als die eleganten, hochkultivierten Römer die Wildnis Britanniens eroberten, kam auch ihre Küche auf die Insel. Wie Pullar aufgezeigt hat, leiten sich die angelsächsischen Begriffe »cook« für »Koch« und »Kitchen« für »Küche« aus dem Lateinischen ab, und die Römer bewirkten in beiden Bereichen zweifellos eine starke Anhebung des Niveaus. Im Mittelalter herrschte immer noch der römische Geschmack vor (süß-saure Saucen, würzige Currygerichte). Die Kreuzfahrer entwickelten eine Vorliebe für die Gewürze des Orients wie Zimt, Muskatnuß, Muskatblüte, Gewürznelken und Rosenöl, ebenso für die Parfüms, die Seidenstoffe, die sexuellen Praktiken und andere Feinheiten. Die einfachen Briten lebten in Armut, die Reichen im Überfluß; sie veranstalteten prächtige Feste zu Hochzeiten und anderen Anlässen. Es wurde oft geschrieben, die mittelalterlichen Köche seien sehr verschwenderisch mit Gewürzen umgegangen, um den Geschmack halbverfaulten Fleisches zu überdecken, doch die Verwendung von Gewürzen war ein Erbe der Römer und der Kreuzfahrer.

Im 18. Jahrhundert entstanden in England einige seltsame kulinarische Gewohnheiten, als gelangweilte Stadtbewohner sich für Sadismus und Hexenkunst zu interessieren begannen und einen makabren Sinn für Humor entwickelten. Es entstand die Vorstellung, das Fleisch eines Tiers, das gequält wurde, sei gesünder und schmackhafter, und obwohl Pope, Lamb und andere sich mit Ekel über diese Praktik äußerten, machte das Volk diese makabre Mode mit und verwandelte die Küche in ein Schlachthaus. Es wurden lebende Fische zerhackt, weil das Fleisch dadurch angeblich fester blieb. Stiere wurden gequält, bevor man sie schlachtete, weil so ihr Fleisch bekömmlicher sein sollte. Schweine und Kälber wurden mit verknoteten Stricken zu Tode geschlagen, Geflügel an den Füßen aufgehängt und langsam ausgeblutet, lebende Tiere abgehäutet. In Kochbüchern dieser Zeit war zu lesen:»Man nehme einen roten Hahn, der nicht zu alt ist, und schlage ihn tot...« Dies alles wurde durch die Vorstellung genährt, der Geschmack des Tieres könnte verbessert werden, wenn das arme Tier erst durch die Hölle ging. William Kitchiner zitiert in *The Cook's Oracle* ein groteskes Rezept, das von einem Koch namens Mizald stammte. Es ging darin um Zubereitung und Verzehr einer lebendigen Gans:

Man nehme eine Gans oder Ente oder ein ähnliches Tier und rupfe ihm alle Federn aus, nur Kopf und Hals bleiben ausgespart. Dann mache man ein Feuer um das Tier, nicht zu nahe daran, damit der Rauch es nicht berühre und das Feuer das Tier nicht zu schnell versenge; aber auch nicht zu weit entfernt, damit es nicht entfliehen kann. Um das Feuer stelle man kleine Gefäße und Wassertöpfe auf, in denen Salz und Honig vermengt werden, dazu kommen gedünstete, in Stücke geschnittene Äpfel. Die Gans muß dann ganz gefüllt und mit Butter bestrichen werden. Dann entzünde man das Feuer um das Tier herum, aber nicht zu eilig, denn es wird noch versuchen, herumzufliegen, wird aber durch das Feuer festgehalten. Es wird das Wasser trinken, um seinen Durst zu stillen und sein Herz zu beruhigen, und die Apfelsauce bewirkt, daß es sich entleert. Und wenn es anfängt zu rösten und innerlich verbrennt, benetze man Kopf und Herz mit einem feuchten Schwamm, und wenn man sieht, daß ihm schwindlig wird und es zu wanken beginnt, braucht sein Herz Feuchtigkeit, und es ist gar. Man serviere es den Gästen; es wird schnattern, wenn es zerlegt wird, und verzehrt sein, bevor es tot ist: Es ist ein wahres Vergnügen, das zu beobachten!

Das höchste Verlangen

Das ist nicht nach meinem Geschmack, sagen wir, wenn es um eine Neigung oder eine Vorliebe geht, und es ist erstaunlich, wie individuell der Geschmack sein kann – aber nur, solange es nicht ums Überleben geht. Als ich auf einer Rinderfarm in New Mexico arbeitete, aß ich in der Küche mit den übrigen Cowboys. Die meisten waren aus Mexiko stammende Amerikaner mit geringer Schulbildung und keinerlei Kenntnissen über den Nährwert ihrer Speisen. Ihre Arbeit war so anstrengend, daß sie nur noch ihrem Körper gehorchten, der ihnen diktierte, was sie benötigten, um die physische Anstrengung und die drückende Hitze des Tages zu ertragen. Jeden Morgen nahmen sie reines Protein zu sich – sechs Eier, zwei Gläser Milch und Schinkenspeck. Obwohl sie viel Wasser und Limonade tranken, nahmen sie auch Kaffee, Tee oder andere koffeinhaltige Getränke zu sich. Sie aßen nur selten einen Nachtisch und wenig Zucker, doch bei jeder Mahlzeit gab es die schärfsten Peperoni. Oft belegten sie ihre Brote damit. Abends nahmen sie nur leichte Kost zu sich; diese Mahlzeit bestand hauptsächlich aus Kohlehydraten. Wenn man sie darauf ansprach, erwiderten sie lediglich, daß sie das aßen, was ihnen schmeckte, doch ihr Geschmack hatte sich den Anforderungen ihres Lebens angepaßt.

Solche nützlichen Vorlieben sind auch in größerem Rahmen zu beobachten: Viele Völker bevorzugen eine Küche, die ihnen hilft, sich abzukühlen (etwa im Nahen Osten), oder die sie beruhigt (zum Beispiel in den Tropen), oder sie gegen regionale Krankheiten schützt, wie Pete Farb und George Armelagos in ihrem Buch schreiben, das wie das Werk von Pullar den Titel *Consuming Passions* trägt:»Das äthiopische *Chow*, das hauptsächlich aus Cayennepfeffer, aber außerdem noch bis zu fünfzehn anderen Gewürzen besteht, hat sich als wirksam gegen Staphylokokken, Salmonellen und andere Mikroorganismen erwiesen.« Peperoni haben einen hohen Anteil an Beta-Karotin (das der Körper in Vitamin A umwandelt), das antioxidative, krebsbekämpfende Eigenschaften besitzt, ebenso wie Kapsaizin, das zum Schwitzen anregt und damit die Körpertemperatur senkt.

Seit Ewigkeiten trinken die Engländer ihren Tee mit Milch: Tee enthält viel Tannin, das giftig ist und krebsfördernd sein kann, doch Milchprotein wirkt zusammen mit dem Tannin als Schutz und hindert den Körper daran, es zu absorbieren. Speiseröhrenkrebs kommt in Ländern wie Japan, wo der Tee unverfälscht getrunken wird, weit häufiger vor als in England, wo Milch hinzugefügt wird. Farb und Armelagos beschreiben einige weitere interessante nationale Vorlieben:

Bauern in Mexiko weichen Mais für Tortillas in Wasser ein, in dem sie zuvor Kalksteinpartikel aufgelöst haben, ein Verfahren, das wir eher als unüblich ansehen. Aber... diese Vorbereitung vermehrt den Kalziumanteil um mindestens das Zwanzigfache im Vergleich zum ursprünglichen Mais, und vermutlich erhöht sich auch die Zahl bestimmter Aminosäuren – was insofern von Bedeutung ist, da die Bauern in einer Gegend leben, wo Tiernahrung Mangelware ist. In einigen Gegenden Afrikas wird Fisch gegessen, der in Bananenblätter eingehüllt ist. Die Säure löst die Gräten auf und setzt Kalzium frei; das französische Verfahren, Fisch mit Sauerampfer zuzubereiten, hat die gleiche Wirkung. Verdorbene Nahrung... wie sie in vielen Gesellschaften gegessen wird... erhöht den Nährwert... da die Bakterien, die die Verwesung bewirken, Vitamine wie B_1 freisetzen...

Es steht außer Zweifel, daß ein Mensch, der sich in echter Not befindet, von Eßerfahrungen oder Körperweisheit gesteuert wird. Patienten, die an der Addisonschen Krankheit leiden, werden wegen eines Mangels an Hormonen der Nebennierenrinde krank. Es ist bekannt, daß sie oft nach Salz verlangen und sich dadurch unbewußt selbst behandeln. Eine Methode besteht darin, jede Menge Lakritze zu essen, die eine Säure enthält, die Natrium im Körper zurückhält. Die Ärzte verschreiben sie sicherlich nicht, wissen aber, daß sich die Patienten, die unter dieser Krankheit leiden, besser fühlen, wenn sie viel Lakritze essen.

Einige Quechua-Indianer in Peru leben hauptsächlich von Kartoffeln, doch da die Wachstumsperiode so kurz ist, sind sie oft gezwungen, halbreife Kartoffeln zu essen. Die Kartoffeln enthalten Solanin, ein bitteres giftiges Alkaloid, doch die Quechuas geben Kaolin auf die Kartoffeln, damit die Bitterkeit überdeckt wird und sie keine Magenschmerzen bekommen! Das Kaolin entgiftet auch die Alkaloide in den Kartoffeln, macht sie schmackhafter und nahrhafter. Man kann sich nur schwer vorstellen, daß Menschen Schmutz essen. Salz scheint das einzige Gestein zu sein, das uns schmeckt, aber das liegt daran, daß wir selbst ein kleines Meeresumfeld darstellen, mit Salz in unserem Blut, unserem Urin, unserem Fleisch und unseren Tränen. Doch Sie können auf einigen Märkten in den USA immer noch Kalk finden, der zum Kauf angeboten wird. Schwangere Frauen kaufen ihn. In Afrika essen schwangere Frauen gelegentlich Termitenhügel. Sie wollen sich vermutlich Kalzium und bestimmte andere Mineralien, die sie in ihrer Nahrung nicht finden, verschaffen. In Ghana verdienen sich einige Dörfer ihren Lebensunterhalt damit, daß sie eiförmige Lehmklumpen verkaufen, die reich an Pottasche, Magnesium, Zink, Kupfer, Kalzium, Eisen und anderen Mineralien sind. Eine Schwangere, die auf Milchprodukte aus ist, tut dies aus guten Gründen, denn wenn der Fötus nicht genügend Kalzium erhält, nimmt er es sich aus den Zähnen und den Knochen der Mutter. Die meisten Kulturen kennen Tabus für Schwangere, bestimmte Fische oder Pilze oder Gewürze dürfen von ihnen nicht gegessen werden. Doch das ist nicht das gleiche, wie wenn eine Frau gierig auf bestimmte Nahrungsmittel ist. Das erhöhte Blutvolumen einer Schwangeren senkt ihren Natriumspiegel; deshalb kann sie den Salzgeschmack nicht mehr so erkennen wie vor der Schwangerschaft und verlangt nach wirklich salzigen Speisen wie der berühmten Essiggurke. Unter den vielen Erklärungen, weshalb Schwangere Eis und andere Süßigkeiten lieben, ist eine der interessantesten Theorien die, daß sie Nahrungsmittel mögen, die den Neurotransmitter Serotonin produzieren, den sie brauchen, um die Geburtsschmerzen zu ertragen.

Einige Nahrungsmittel können Endorphine stimulieren, also morphiumähnliche Schmerzkiller, die vom Gehirn erzeugt werden und uns ein Gefühl der Ruhe und Geborgenheit verleihen. Deshalb haben wir, auch wenn wir wissen, daß sie nicht gut für uns sind, eine Vorliebe für salzige, fettige und süße Speisen. Neurobiologen vermuten, daß Endorphine und andere Neuro-Chemikalien unseren Appetit auf Nahrungsmittel kontrollieren. Das heißt, wenn wir Süßigkeiten essen, versorgen wir unseren Körper mit Endorphinen und fühlen uns ruhig. Wenn jemand unter Streß steht und das Verlangen nach Endorphinen stärker wird, sehnt er sich nach einer Schachtel Pralinen. Da unser Appetit auf Fett, Proteine und Kohlehydrate durch spezifische Neurotransmitter kontrolliert wird, die leicht aus dem Gleichgewicht geraten können, brauchen wir diese Neurotransmitter nur zu stören, und wir werden zu unmäßigen Essern, was weitere Unausgewogenheiten nach sich zieht. Ratten, deren Neurotransmitter in einem Experiment dadurch ausgeschaltet wurden, daß sie kein Frühstück bekamen, schlemmten für den Rest des Tages.

Steht die Stimmung eines Menschen mit seiner Ernährung in Zusammenhang? Die Biochemikerin Judith Wurtman hat stark widersprüchliche Ergebnisse darüber veröffentlicht, inwieweit die Ernährung unsere Stimmung beeinflussen kann. Sie gelangt zu der Schlußfolgerung, daß es »Kohlehydrat-Hungrige« gibt, die in Wirklichkeit versuchen, ihren Serotoningehalt zu erhöhen. Wenn dieser Gehalt durch Medikamente, die in überwachten Experimenten verabreicht werden, erhöht wird, verlieren die Kohlehydrat-Süchtigen den Drang danach. Einige Wissenschaftler am Monell Chemical Senses Center und anderswo bezeichnen ihre Ergebnisse als zu simpel, als eine zu einfache Darstellung der Funktionsweise des Körpers, aber ich finde einiges davon überzeugend. Nach dem Abendessen trinke ich nie Kaffee, aber ich fand zufällig heraus, daß ich auch besser schlafe, wenn ich spätabends keine Proteine mehr zu mir nehme, sondern nur Toast und Marmelade oder einige andere Kohlehydrate. Andererseits kann ich mich um halb vier Uhr nachmittags, wenn meine Energie schwindet, ich aber noch Arbeit vor mir habe, durch einen Proteinstoß, im allgemeinen etwas Käse, wieder aufmuntern. Mein Reaktionsmuster stimmt mit Wurtmans Experimenten überein. Ihrer Ansicht nach beginnt ein wirklich nahrhaftes Essen mit Protein, dann folgen ein einfaches Protein-Entrée und leicht gedünstetes Gemüse, danach Obst zum Dessert, kein Alkohol. Kohlehydrate wirken dämpfend. Wenn ich mich mit jemandem zum Essen treffe und fit bleiben möchte, bestelle ich eine proteinhaltige Vorspeise wie einen Krabbencocktail oder Austern oder Mozzarella mit Tomaten und Basilikum, und kein Brot! Ein Teller Spaghetti und danach eine Mousse au chocolat als Dessert könnten mich reizen, doch ich habe festgestellt, daß mich dies träge macht. Allerdings teile ich nicht Wurtmans Ansicht, weshalb wir Verlangen nach Schokolade haben – ich glaube nicht, daß es einfach das allgemeine Verlangen nach Kohlehydraten ist, sondern das Verlangen nach etwas Besonderem, das die Schokolade darstellt.

Ein Wissenschaftler am National Institute of Mental Health fand heraus, daß Menschen mit SAD-Symptomen (»Seasonal Affective Disorder«, jahreszeitlich bedingte Gefühlsstörungen), die im Winter schwere Depressionen haben, in dieser Zeit auch ein starkes Verlangen nach Kohlehydraten haben; dies hilft ihnen, ihre Stimmung zu heben. Ein Zusammenhang zwischen dem Verlangen nach Kohlehydraten, Serotonin und unserer Sehnsucht, seelisch wieder ins Gleichgewicht zu kommen, scheint eindeutig zu sein. Das Gehirn ist eine chemische Fabrik, und Nahrungsmittel sind höchst komplexe Chemikalien. Umstritten ist lediglich, in welchem Maße das eine oder andere Nahrungsmittel unsere Stimmung beeinflußt.

Die meisten Menschen brauchen bei ihrer Ernährung einen Anteil von fünfzehn Prozent Protein, und instinktiv wählen sie solche Nahrungsmittel, die ihnen diese verschaffen. Doch Wissenschaftler an der Medizinischen Fakultät der Universität von Toronto, die eineiige und zweieiige Zwillinge untersuchten, fanden heraus, wie stark dieses Bedürfnis genetisch bedingt sein kann. Eineiige Zwillinge nahmen, obwohl sie getrennt voneinander aufwuchsen, die gleiche Menge Kohlehydrate und Protein zu sich, was bei zweieiigen nicht der Fall war. Hyperaktive Kinder reagieren oft positiv auf Ernährungsumstellung; das gilt auch für Menschen, die unter Addisonscher Krankheit oder Diabetes leiden. Aber es ist schwer zu entscheiden, wo die Konditionierung aufhört und Körperbedürfnisse oder genetische Einflüsse beginnen. Wir haben vielleicht deshalb Verlangen nach Süßigkeiten, weil wir sie mit Belohnungen in der Kindheit assoziieren oder mit den süßen Säften für Babys. Oder wir verlangen danach, um zur Ruhe zu kommen, was durch das Serotonin begünstigt wird. Oder beides.

Die meisten Ernährungswissenschaftler, die konservativ eingestellt sind, behaupten, es gebe keine magische Formel, und man sollte eine abwechslungsreiche und ausgewogene Ernährung zu sich nehmen.* Unter bestimmten Umständen kann die Ernährung mehr ausrichten als nur die Stimmung verändern: Sie kann töten. Schwangeren Frauen oder Personen, die an Eisenmangel litten, wurde lange Zeit rohe Leber empfohlen, aber wir wissen jetzt, daß die Leber Gifte speichert und vielleicht ganz von der Speisekarte gestrichen werden sollte. Die Leber des Polarbären besitzt so viel Vitamin A, daß sie für Menschen giftig ist. Alexander Pope und Heinrich I. von England starben nach dem Verzehr von Aalen. Vermutlich hatten die Köche vergessen, giftige Fasern in den Fischen zu entfernen. Balzac trank über fünfzig Tassen Kaffee am Tag und starb an Koffeinvergiftung. Auch durch giftige Pilze, Salmonellen oder angebliche Aphrodisiaka sterben jedes Jahr viele Menschen. Wir betrachten Pflanzen nicht als aggressive Wesen, aber da sie vor Räubern nicht fliehen können, entwickeln sie oft außerordentliche Schutzsysteme und Säfte (wie zum Beispiel Strychnin), die

---

* Mit einer Ausnahme: Tiere, die wenig Nahrung bekommen, haben eine längere Lebenserwartung. Die Wissenschaftler wissen nicht, weshalb dies so ist – vielleicht wegen der Wirkung auf das Immunsystem oder auf den Stoffwechsel. Es ist jedoch wichtig, daß die Tiere nicht unterernährt sind, sondern lediglich erheblich weniger Nahrung bekommen als üblich und daß sie zusätzliche Vitamine erhalten. Es laufen derzeit Studien dazu mit Primaten, unseren nächsten Verwandten; doch bisher hatte jedes Tier, das untersucht wurde, infolge der Tatsache, daß es dünner war, eine höhere Lebenserwartung.

sie in der Wildnis schützen und die dann manchmal auch auf unsere Teller gelangen.

Psychopharmakologie der Schokolade

Nach welcher Nahrung haben Sie Verlangen? Stellen Sie die Frage mit schmelzender Betonung, und die Antwort heißt vermutlich Schokolade. Zuerst tauchte sie bei den Indianern in Mittel- und Südamerika auf. Die Azteken nannten sie *xocoatl* (Schokolade), machten aus ihr ein Geschenk ihres weißbärtigen Gottes der Weisheit und des Wissens, Quetzalcoatl, und servierten sie den Höflingen als Getränk – nur Herrschern und Soldaten durfte die Macht, die sie verlieh, anvertraut werden. Die Tolteken huldigten dem göttlichen Getränk, indem sie Rituale vollführten, bei denen sie schokoladenbraune Hunde opferten. Die Itzá gaben geopferten Menschen oft einen Becher Schokolade mit, um ihre Reise zu heilen. Hernán Cortés fand am Hofe Montezumas eine Gesellschaft, die Schokolade liebte, sie mit Paprika, Nelkenpfeffer, Vanilleschoten oder sonstigen Gewürzen anreicherte und sie dick wie Honig in goldenen Bechern servierte. Um die Ruhr zu heilen, fügten sie die zermahlenen Knochen ihrer Vorfahren hinzu. Montezumas Hofgesellschaft trank täglich zweitausend Krüge Schokolade, und er selbst liebte Schokolade-Eis; dazu wurde die Schokolade über Schnee gegossen, der ihm von Boten aus den Bergen gebracht wurde. Cortés, der von der Fülle und den wohltuenden Kräften der Schokolade beeindruckt war, führte sie im 16. Jahrhundert in Spanien ein. Sie breitete sich wie ein Drogenkult in Europa aus. Karl V. beschloß, sie mit Zucker zu vermischen, und jene, die es sich leisten konnten, tranken sie dick und kalt. Manchmal fügten sie auch Orangen, Vanille oder Gewürze hinzu. Brillat-Savarin berichtet: »Drüben die Spanierinnen lieben die Schokolade bis zum Wahnsinn, ja, nicht befriedigt, sie täglich mehrmals zu Hause zu trinken, lassen sie sie sich noch in die Kirche nachtragen.« Heute gibt es in jeder Stadt Schokoladensüchtige, die den ganzen Tag von dem kleinen Schokoladenriegel träumen, der auf dem Heimweg nach der Arbeit auf sie wartet. In Wien sind die schönsten Schokoladetorten mit eßbaren Goldblättern verziert.

Mehr als einmal mußte ich der Versuchung widerstehen, mal schnell für den Nachmittag nach Paris zu fliegen, zu Angelina, einem Restaurant in der rue de Rivoli, wo in jeder heißen Schokolade ein ganzer Riegel aufgelöst wird. Die Schokolade, ursprünglich ein Getränk der Oberschicht, wurde später deklassiert und mit einer Klebrigkeit überzogen, die sie nicht verdient hat. Zum Beispiel wird in einer Anzeige einer Konditorenfachzeitschrift die Schokolade-Nachbildung einer Diskette angeboten. Die Firma kann sogar eine »vollständige Computerausstattung bieten, bestehend aus einem Schokoladen-Terminal, einem Schokoladen-Eingabegerät, Schokoladen-Chips und Schokoladen-Bytes«. Ihr Slogan lautet: »Besser in den Mund damit statt ins Diskettenlaufwerk.« Im September 1984 veranstaltete das Fontainebleau-Hotel in Miami ein Schokolade-Festival-Wochenende zu Sonderpreisen, mit Spezialmenüs und besonderen Darbietungen. Die Gäste konnten mit Schokolade als Fingerfarben malen, Vorträge über Schokolade hören, verschiedene Schokoladensorten testen, Rezepte ausprobieren oder zuschauen, wie ein Fernsehstar von Kopf bis Fuß in Schokoladensirup getaucht wurde. Fünftausend Menschen nahmen daran teil. Schokolade-Festivals werden in allen möglichen Städten Amerikas abgehalten, und auch für Europa kann man Schokoladefahrten buchen.

Da Schokolade eine so stark gefühlsbesetzte Nahrung ist, die wir zu uns nehmen, wenn wir sitzengelassen wurden, unsere Periode bekommen oder uns ganz allgemein nach liebevoller Zuwendung sehnen, haben Wissenschaftler sie chemisch analysiert. 1982 boten die beiden Psychopharmakologen Michael Liebowitz und Donald Klein eine Erklärung dafür, weshalb liebeskranke Menschen Verlangen nach Schokolade haben. Im Laufe ihrer Arbeit mit Frauen, die auf der Suche nach prickelnden Erlebnissen waren, entdeckten sie, daß sie alle etwas Bemerkenswertes gemeinsam hatten – alle aßen in ihrer depressiven Phase Schokolade, und zwar pfundweise. Sie vermuteten daraufhin, daß dieses Phänomen vielleicht in Zusammenhang mit dem im Gehirn vorkommenden Phenylethylamin (PEA) stehen könnte, das für die Höhen und Tiefen des Gefühls verantwortlich ist, das wir mit Verliebtsein verbinden. Wenn dann die stürmische Liebe endet und das Gehirn kein PEA mehr produziert, sehnen wir uns weiterhin nach diesem Hochgefühl, dem emotionalen Überschwang. Und wo findet man dieses stimulierende PEA in Mengen? In Schokolade. Es ist also möglich, daß einige Menschen Schokolade essen, weil sie das angenehme Gefühl vermittelt, das wir empfinden, wenn wir verliebt sind. Ein raffinierter Kavalier schenkte mir einmal drei Schokoladenorangen, und jedes Stück, das ich in den nächsten vierzehn Tagen verzehrte und dabei genüßlich in meinem Mund schmelzen ließ, weckte in mir liebevolle Gedanken an diesen Mann.

Nicht jeder stimmt der PEA-Hypothese zu. Der amerikanische Verband der Schokoladenhersteller argumentiert, daß

der PEA-Gehalt der Schokolade außerordentlich gering ist, insbesondere im Vergleich zu dem einiger anderer, weitverbreiteter Nahrungsmittel. 100 g geräucherte Salami enthalten 6,7 mg Phenylethylamin; die gleiche Menge Hüttenkäse enthält 5,8 mg Phenylethylamin. Ein durchschnittlicher Schokoladenriegel enthält erheblich weniger als 1 mg (0,21 mg). Wenn die Theorie von Dr. Liebowitz stimmte, würde man in weitaus größeren Mengen Salami und Käse verzehren, als dies heute der Fall ist.

Und Liebowitz selbst schrieb später in *The Chemistry of Love* über das Verlangen nach Schokolade:

Könnte dies ein Versuch sein, den PEA-Anteil im Körper zu erhöhen? Das Problem besteht darin, daß PEA, das in der Nahrung vorkommt, im allgemeinen von unserem Körper schnell abgebaut wird, so daß es nicht einmal ins Blut gelangt, geschweige denn ins Gehirn. Um die Wirkung von PEA zu testen, aßen Wissenschaftler am National Institute of Mental Health pfundweise Schokolade, und maßen dann den PEA-Gehalt im Urin über einen Zeitraum von zwei Tagen; der PEA-Gehalt veränderte sich nicht.

Als eingefleischter Schokoladenfan sollte ich dazu anmerken, daß ich auch viel Käse esse. Geräucherte Salami kommt nicht in Frage, da sie zu ungesund ist; die Gesellschaft zur Krebsbekämpfung hat empfohlen, keine geräucherten Nahrungsmittel oder solche, die Nitrate enthalten, zu verzehren. So ist es durchaus möglich, daß Käse einen Teil meines PEA-Bedarfs deckt. Was essen Schokoladensüchtige sonst? Anders ausgedrückt, wieviel PEA kommt insgesamt im Körper zusammen? Die Schokolade mag, da sie mit Luxus und Belohnung assoziiert wird, eine reizvollere, wenn auch kleinere PEA-Quelle sein. Die erwähnte Studie testete Durchschnittsbürger, aber was, wenn Schokoladenfans keine Normalbürger wären? Liegt vielleicht hierin das Problem? Liebowitz behauptet nun, daß PEA, um das Gehirn zu beeinflussen, vielleicht zu schnell abgebaut wird. Wir wissen immer noch sehr wenig über die geheimnisvolle Art und Weise, wie einige Drogen aufs Gehirn wirken, nicht genug jedenfalls, um eine Verbindung zwischen Schokolade und PEA völlig auszuschließen.

Wurtman und andere behaupten, wir verlangten nach Schokolade, weil sie ein Kohlehydrat sei, das, wie andere Kohlehydrate, die Bauchspeicheldrüse veranlaßt, Insulin zu produzieren, was letztlich zu einem Anstieg des Neurotransmitters Serotonin führt, der die Ruhe fördert. Wenn dies stimmte, wären ein Teller Spaghetti oder Kartoffeln oder Brot genauso hilfreich. Schokolade enthält auch Theobromin (Nahrung der Götter), eine milde, koffeinähnliche Substanz, und so könnten wir nun also behaupten, daß wir in Wirklichkeit Verlangen nach dem Serotonin und der koffeinhaltigen Substanz haben, also nach Ruhe und Stimulierung zugleich, ein kulinarisches Paradox, das nur wenige

Nahrungsmittel bieten.* Das erklärt vielleicht sogar, weshalb einige Frauen vor der Menstruation ein solches Verlangen nach Schokolade haben. Man hat herausgefunden, daß Frauen, die an vormenstruellen Beschwerden leiden, einen niedrigeren Serotoninspiegel haben, und daß Frauen allgemein vor der Menstruation dreißig Prozent mehr Kohlehydrate zu sich nehmen als sonst. Doch wenn es so einfach wäre, dann würden ja auch ein Krapfen und eine Tasse Kaffee das Problem lösen. Außerdem besteht ein großer Unterschied zwischen Menschen, die Schokolade mögen, Frauen, die nur zu bestimmten Zeiten des Monats Schokolade lieben, und wirklich Schokoladensüchtigen. Diese haben kein Verlangen nach Spaghetti und Kartoffelchips, sondern nur nach Schokolade. Ersatz in irgendwelcher Form reicht nicht aus. Nur der Schokoladensüchtige, der in einer kalten Winternacht, wenn die Straßen unpassierbar sind, in einem Haus sitzt, in dem kein Krümelchen Schokolade mehr vorhanden ist, versteht, wie stark dieses Verlangen sein kann. Ich weiß nicht genau, weshalb das so ist, doch ich bin davon überzeugt, daß dieses Verlangen aus einem speziellen Bedürfnis heraus entsteht und deshalb der Schlüssel zur Lösung eines speziellen chemischen Geheimnisses ist, das wir eines Tages verstehen werden.

Das Restaurant »Four Seasons« in Manhattan serviert eine Schokoladenbombe, die der Inbegriff eines Schokoladendesserts ist. Sie ist so gehaltvoll, daß nur wenige Leute die Normalportion von zwei Scheiben schaffen. In St. Louis bekam ich einst eine Schokoladencreme serviert, die »Schokoladen-Selbstmord« hieß, eine drogenähnliche Schokoladenköstlichkeit. Ich war danach völlig benommen. Ich erinnere mich noch genau, als ich das erste Mal bei einem Freund belgische Schokolade kostete; sie kam aus Brüssel, hatte einen perfekten Glanz und ein köstliches Aroma, das berauschend, aber nicht übertrieben war, und sie schmolz auf der Zunge dahin. Einer der Gründe, weshalb Schokola-

---

* In einem Riegel Milchschokolade sind ungefähr neun Milligramm Koffein enthalten (das die Pflanze als Insektizid benutzen kann); eine Tasse aufgebrühten Kaffees hat ungefähr 115 Milligramm; eine Cola zwischen 32 und 65 Milligramm.

de in Belgien, Wien, Paris und in einigen amerikanischen Städten so hervorragend ist, liegt darin, daß die Schokolade zum größten Teil ein Milchprodukt ist. Der Kakaogeschmack kommt zwar von der Pflanze, doch der seidige, schmelzende Genuß stammt von der Milch, von Sahne und Butter, die frisch sein müssen. Die Schokoladenhersteller haben gelernt, daß ihr Konfekt genau das richtige Schmelzgefühl auslösen muß, daß es sahnig und üppig schmecken muß und keinen Nachgeschmack haben darf. In George Orwells *1984* ist Sex verboten und Schokolade »ein stumpfbraunes krümeliges Zeug, das schmeckt... wie der Rauch aus verbranntem Abfall«. Bevor Julia und Winston es wagen, sich zu lieben, essen sie echte »dunkel-glänzende« Schokolade. Bevor Montezuma die Frauengemächer betrat, trank er eine große Tasse Schokolade. Strahlende Filmstars wie Jean Harlow sah man ganze Schachteln voll Pralinen verzehren. M. F. K. Fisher, die Diva der Gastronomie, gestand einst, daß ein Arzt ihrer Mutter Schokolade gegen rasenden Liebeskummer verschrieb. Andererseits durften die Aztekenfrauen keine Schokolade trinken. Hatte man Angst, sie könnte in ihnen geheime Schleusen öffnen?

Lob der Vanille

Ich habe Verlangen nach Vanillegeruch. Während ich mir ein Bad einlasse, schraube ich den Stöpsel eines schweren Glasflakons ab, gefüllt mit Ann Steegers Pariser Badecreme mit Vanilleduft. Als ich in das Glas fasse, steigt mir der würzige Vanilleduft in die Nase; ich lasse die Flüssigkeit durch meine Finger rinnen und verteile eine Handvoll im Badewasser. Duftende Blasen füllen die Badewanne. Ein großes Stück Vanillebadeseife in einer antiken Porzellanschale fungiert als Duftspender. Während ich in die Vanillewogen eintauche, bringt mir eine Freundin ein Vanilleselters und eine Creme, zubereitet mit Vanillestangen, die aus dem weit entfernten Madagaskar kommen. Braune Körnchen heben sich von der cremigen gelben Masse ab.

Obwohl ich Vanillestangen von den Seychellen oder den Tonga-Inseln, aus Tahiti, Polynesien, Uganda, Mexiko, Java, Indonesien, den Komoren oder anderen Orten hätte haben können, liebe ich die lange sinnliche Form der Vanilleschoten aus Madagaskar und ihre dunkle, üppige, weiche Hülle, die wie sorgfältig gekämmte Locken oder wie das Fell eines kleinen Wassertiers aussehen. Einige Connoisseurs ziehen die kleinere Schote aus Tahiti vor, die dicker und saftiger ist (obwohl sie weniger Vanille enthält und die Feuchtigkeit nur Wasser ist, kein Duftöl), oder den rauchigen Geschmack der Schoten aus Java (der zum Teil von Holzfeuer kommt) oder den malzigeren Geschmack der Vanille von den Komoren. Der größte Teil der echten Vanille kommt von Inseln im Indischen Ozean (wie Madagaskar, Réunion oder den Komoren), die jedes Jahr Tausende von Vanilleschoten liefern. Doch selten bekommen wir die echten. Die Vanille, die wir in der Gewürzabteilung des Lebensmittelladens kaufen und die in unserem Eis, unseren Kuchen, Joghurts und anderen Nahrungsmitteln wie auch in Shampoos und Parfüms enthalten ist, ist ein künstlicher Stoff, der im Labor entstand und mit Alkohol und anderen Ingredienzen vermischt wurde. Marshall McLuhan warnte uns einst, daß wir uns schon so weit vom natürlichen Geschmack der Dinge entfernt hätten, daß wir sogar anfingen, das Künstliche zu bevorzugen, und uns damit begnügten, die Beschreibungen der Speisen zu schmecken statt die Speise selbst. Die meisten Menschen sind den nach Medizin riechenden künstlichen Vanillegeschmack schon so gewöhnt, daß sie gar keine Vorstellung davon haben, wie echte Vanille schmeckt und riecht. Mit ihren vielen Aromaschleiern und prickelnden Duftnoten läßt sie die künstliche als erbärmlichen Abklatsch erscheinen. Vanillin ist nicht der einzige Bestandteil der echten Vanille, aber der einzige synthetisch herstellbare (ursprünglich aus Nelkenöl, Teer und anderen ziemlich obskuren Substanzen, heute aber hauptsächlich aus den Sulfit-Nebenprodukten der Papierherstellung). Der weltweit größte Hersteller synthetischer Vanille ist die Ontario Paper Company. Die echte Vanille besitzt alle Nuancen von süß und staubig bis zu feucht und lehmig, je nach Sorte, Frische, Ursprungsland, Trocknungszeit und Sonneneinwirkung.

Wenn eine Vanilleschote auf dem Ladentisch liegt oder in einer Kaffeetasse schwimmt, verleiht ihr Aroma dem Raum einen besonderen Charakter, den Geruch eines exotischen Treffpunkts, wo exotische Nahrungsmittel nicht das einzige Geheimnis sind. In den siebziger Jahren aß ich in Istanbul mit meiner Mutter türkisches Feingebäck, das mit Vanille gewürzt, mit Karamelzucker überzogen und mit zarten Sirupstreifen verziert war. Erst im Laufe des Tages, als wir in Begleitung von zwei attraktiven Studenten, die meine Mutter kennengelernt hatte, durch den Basar schlenderten, ging uns auf, was wir so genußvoll gegessen hatten. Auf einem langen Messingtablett sahen wir das Gebäck, das wir gegessen hatten. Es war umschwirrt von Hunderten von zuckersüchtigen Bienen, deren Beine in dem Sirup steckten. Verzweifelt flog eine nach der anderen wieder davon, allerdings ohne Beine. »Bienenbeine«, hatte meine Mutter schockiert ausgerufen, »wir haben Bienenbeine gegessen.« Unsere Begleiter beherrschten nur ein paar Brocken Englisch und wir kein Türkisch. Vermutlich fanden sie es befremdlich, daß sich zwei Amerikanerinnen beim Anblick von Gebäck so hysterisch aufführten. Sie wollten uns etwas von dem Gebäck kaufen, was meine Mutter nur noch mehr aufbrachte.

Spazieren Sie durch eine Küche, wo Vanilleschoten köstlichen Duft verbreiten, und Sie werden ganz unbewußt den Duft vernehmlich einatmen. Vanille ist ja sowohl ein Geschmack als auch ein Geruch. Füllen Sie Ihre Nase mit glänzendem gehaltvollem Vanillegeruch, und Sie können die Vanille schmecken. Es ist nicht wie ein Gang durch ein Süßwarengeschäft, sondern viel urwüchsiger und wilder. Sicherlich ist es die rohe Vanille selbst, die Ihre Sinne so umfängt, oder? Doch Vanilleschoten sind so, wie wir sie im Dschungel finden, nicht genießbar. Von allen Nahrungsmitteln auf der Welt, die von Menschen angebaut werden, bedarf die Vanille der größten Mühe: Viele mühsame Handgriffe bringen die Vanilleorchideen zum Blühen, woraus üppige Früchte entstehen. Die Vanille kommt aus der den

Gartenbohnen ähnlichen Schote einer Kletterorchidee, deren grünlich-weiße Blüten nur kurze Zeit aufblühen und keinen Duft ausströmen. Da sie nur einen Tag blühen, müssen sie genau nach Zeitplan per Hand bestäubt werden. Die Schoten reifen sechs Wochen nach der Befruchtung, können aber erst Monate später gepflückt werden. Wenn eine Schote reif ist, werfen die Pflücker sie in siedendes Wasser, um den Reifevorgang aufzuhalten; sie trocknen sie mit Hilfe von Decken, Öfen, Gestellen und Wärmekästen; sechs bis neun Monate lang werden sie dann noch in der Sonne getrocknet. Der einzigartige Duft und der Geschmack haften den wachsenden Pflanzen noch nicht an. Erst wenn sie sich durch Fermentation zu runzligen, knisternden braunen Schoten entwickeln, bilden sich die weißen Punkte des Vanillins auf der Außenseite, und das bekannte durchdringende Aroma erfüllt die Luft.

1518 entdeckte Cortés, daß die Azteken ihre Schokolade mit Vanilleschoten würzten, die sie *tlilxochitl* (»schwarze Blume«) nannten und so hoch schätzten, daß Montezuma sie als königliches Getränk zu sich nahm und von seinen Untertanen Vanilleschoten als Tribut verlangte. Die Spanier nannten die Schote *vainilla* (»kleine Scheide«) aus dem Lateinischen *vagina* – die längliche Form der Schote mit einem Schlitz an der Oberseite hatte wohl die einsamen Spanier an das erinnert, was sie vermißten. Es gab bestimmt viele anzügliche Witze über Montezuma, der seine Schokolade mit einer kleine Vagina umrührte. Cortés schätzte die Vanille so sehr, daß er ganze Säcke mit nach Europa brachte, neben dem Gold, dem Silber, den Juwelen und der Schokolade der Azteken. In Europa, wo Vanille als ein Aphrodisiakum gepriesen wurde, war man ganz verrückt danach, insbesondere in Verbindung mit Schokolade. Thomas Jeffersons Briefe enthalten die Bitte an einen Pariser Freund, ihm ein paar Vanilleschoten zu schicken, für die er während seiner Tätigkeit als amerikanischer Gesandter in Frankreich eine Vorliebe entwickelt hatte und die er in Amerika nicht bekommen konnte.

So kostbar und begehrenswert die Vanille auch war, niemand wußte, wie man sie außerhalb Mexikos anpflanzen konnte. Das Problem warf ein Licht auf das subtile Ökosystem im Regenwald und war ein gutes Beispiel dafür, wie prekär diese üppige grüne Pracht in Wirklichkeit ist. Doch niemand erkannte das. Obwohl Insekten, Vögel und Fledermäuse die meisten Pflanzen in den Tropen bestäuben, wird die Vanilleorchidee nur von einer einzigen Bienenart bestäubt, der winzigen Melipone. 1836 entdeckte ein Belgier das heimliche Sexualleben der Vanilleorchidee, als er sah, wie eine Melipone ihr Werk verrichtete. Dann entwickelten die Franzosen eine Methode zur Handbestäubung der Orchideen und legten auf ihren Inseln im Indischen Ozean und in der Karibik Plantagen an. Die Holländer brachten die Vanille nach Indonesien und die Engländer nach Indien. Erst um 1800 gab es in den USA »Vanilleessenz«; dies entsprach der Ungeduld der Amerikaner, ihrer Abneigung gegenüber aufwendigen Verfahren und ihrer Vorliebe für Praktisches. Die Europäer verwendeten die Vanilleschote, liebten ihren Geschmack und ihr Aroma, doch in Amerika wurde sie als Konzentrat in Flaschen vorgezogen. Im 19. Jahrhundert, als der Bedarf stieg, wurde Vanille synthetisch hergestellt, und die Welt schwelgte in dem billig produzierten Geschmacksstoff. Heute kommt Vanille als Zutat in Gebäck, in vielen Parfüms, Putzmitteln und sogar in Spielsachen vor. Vanille ist aus vielen Küchen nicht mehr wegzudenken, hat die Gaumen vieler Gourmets erobert. Lediglich Safran ist ein noch teureres Gewürz.

Als ich schließlich wieder aus der Wanne steige, in die ich zu Beginn dieser Überlegungen getaucht bin, nehme ich Ann Steegers Vanillekörperlotion, die so stark riecht, als könnte man hineinbeißen. Dann kommt als nächstes Jean Laporte's Vanilleparfüm, das eine bittere Nuance hat. Das Innere der Vanilleschote enthält ein feigenähnliches Mark, und wenn ich etwas davon zusammenkratzen würde, könnte ich eine würzige Vanillesuppe zum Abendessen bereiten, dann Huhn mit Vanilleglasur, Salat mit Vanillevinaigrette, Vanilleeis mit einer Sauce aus in Vanille eingelegten Kastanien, und abschließend könnte ich einen handwarmen Cognac, gewürzt mit gehackter Vanilleschote, trinken und dann in angenehmer Vanille-Mattigkeit ins Bett fallen und in einen tiefen orchideenhaften Schlaf versinken.*

Die Wahrheit über Trüffeln

Man bezeichnete Trüffeln einmal als »das anheimelndste Gemüse der Welt«, aber auch als »göttlich sinnlich«, mit dem »dekadentesten Geschmack der Welt«. Die Trüffel ist so teuer wie Kaviar und wird zur Zeit in Manhattan für über 500 Dollar das Pfund verkauft, womit sie das teuerste Gemüse auf der Erde ist. Oder vielmehr unter der Erde. Trüffelsucher brauchen Glück und einen guten Blick. Trüffeln können schwarz oder weiß sein und im ganzen gekocht werden, obwohl man im allgemeinen rohe Scheibchen davon über Nudeln, Eier oder andere kulinarische Gerichte streut. Seit 2000 Jahren gelten sie als Aphrodisiakum, wurden von Balzac, Huysmans, Colette und anderen sinnenfreudigen Literaten wegen ihrer angeblichen Fähigkeit, erotisierend zu wirken, hochgeschätzt. Als Brillat-Savarin die Eßgewohnheiten des Herzogs von Orléans beschrieb, war er so entzückt über die Trüffel, daß er zwei Ausrufungszeichen verwendete:

Getrüffelte Truthähne!! Deren Ruhm und Preis nur immer steigt! Selige Gestirne, deren Glanz die Gourmands aller Klassen mild erstrahlen und leise mit den Füßen trippeln läßt!

Ein Schriftsteller hat den Geruch von Trüffeln mit »dem Moschusgeruch eines zerwühlten Betts nach einem Liebes-

---

* Zur Herstellung echten Vanilleextrakts: Man schneide... eine Vanilleschote längsseits auf, lege sie in ein Glas und bedecke sie mit einem ¾ Glas Wodka. Das Glas soll mindestens sechs Wochen ruhen. Wenn Sie den Extrakt benutzen, fügen Sie weiterer Wodka hinzu, die Schote wird noch einige Zeit ihr Aroma verströmen. Streichen Sie einen Teelöffel voll Vanilleextrakt auf einen Toast, um ihn in die New-Orleans-Version »verlorenes Brot« zu verwandeln. Vanillezucker schmeckt im Kaffee wunderbar: Schneiden Sie eine Vanilleschote von oben bis unten auf, und zerkleinern Sie sie. Vermischen Sie das Ganze mit zwei Tassen Zucker, und lassen Sie es sechs Wochen ziehen. Je länger sich der Vanillegeschmack entfalten kann, desto intensiver wird er.

nachmittag in den Tropen« verglichen. Die Griechen glaubten, Trüffeln seien ein Produkt des Donners, als Wurzeln in den Boden versenkt. Im Périgord im Südwesten Frankreichs wachsen schwarze Trüffeln, die einen starken Duft verbreiten. Sie werden als das Nonplusultra unter den Trüffeln angesehen, köstlich mundende schwarze Punkte in der berühmten Gänseleberpastete des Périgord. Die besten weißen Trüffeln stammen aus dem italienischen Piemont, aus der Gegend um Alba. Es heißt, Napoleon habe »seinen einzigen legitimen Sohn nach dem Genuß eines getrüffelten Truthahns gezeugt«, und jahrhundertelang haben Frauen ihre Liebhaber mit Trüffeln verwöhnt, um ihre Lust zu steigern. Einige Trüffelhändler setzen abgerichtete Hunde ein, um die Trüffeln aufzuspüren, die in der Nähe der Wurzeln von Linden, Eichen und Haselnußsträuchern wachsen. Doch die besten Trüffeljäger sind nach wie vor die Schweine. Lassen Sie eine Sau in einem Trüffelfeld los, so wird sie wie ein Bluthund wittern und dann wie wild graben. Weshalb sind Schweine so versessen auf Trüffeln? Wissenschaftler an der Technischen Universität München und der Medizinischen Fakultät in Lübeck haben herausgefunden, daß Trüffeln doppelt soviel Androstenol, ein männliches Schweinehormon, aufweisen, wie ein Eber normalerweise hat. Und Wildschwein-Pheromon gleicht chemisch sehr stark dem männlichen Hormon beim Menschen, was vielleicht der Grund dafür ist, daß auch sie Trüffeln stimulierend finden. Experimente haben ergeben: Wenn etwas Androstenol in einem Raum versprüht wird, in dem Frauen Fotoaufnahmen von Männern betrachten, geben sie an, daß die Männer attraktiver sind.

Für den Trüffelzüchter und seine Sau muß es eine seltsame und traurige Sache sein, über einem unterirdischen Trüffelgarten zu gehen. Da riecht nun die schöne, gesunde Sau den sexuell aufregendsten Eber ihres Lebens, doch aus irgendwelchen Gründen scheint er sich unter der Erde zu befinden. Das macht sie rasend, und sie gräbt wie wild und befördert doch nur einen seltsamen, klumpigen, fleckigen Pilz zutage. Dann wittert sie einen weiteren Supermacho-

Eber, nur ein paar Schritte weiter, wieder unter der Erde, und versucht verzweifelt, ihn auszugraben. Die Sau wird bestimmt halb verrückt vor Lust und Frustration. Schließlich sammelt der Trüffelzüchter die Pilze ein, legt sie in seinen Sack und treibt seine Sau zurück nach Hause, obwohl doch der ganze Trüffelgarten das üppige Lustaroma attraktiver Eber verströmt, von denen jeder einzelne sie begehrt, doch unauffindbar ist!

*I*ngwer und andere Arznei

Während einer Reise in die Antarktis werde ich bei tobender See seekrank und krabble in meine Kabine. Doch sie dreht sich im Kreis, hebt und senkt sich mit jeder Welle, schlingert und hüpft. Ich fasse in ein kleines Glas voller kurzer, brauner Wurzeln, nehme mir eine, stecke sie in den Mund, sauge und kaue methodisch daran und spüre ein angenehmes Brennen auf der Zunge. In China wird Ingwer schon seit Jahrhunderten medizinisch verwendet. Man trinkt Ingwertee gegen Erkältung, Grippe und andere Leiden. Chinesische Fischer kauen die Ingwerwurzeln gegen Seekrankheit.

In den letzten Jahren haben Forscher auf der ganzen Welt die Verwendung des Ingwers untersucht und festgestellt, daß diese knollenartige Wurzel ihrem legendären Ruf durchaus gerecht wird. Wissenschaftler in Japan entdeckten, daß Ingwer tatsächlich ein gutes Hustenmittel ist. Außerdem wirkt es als Analgetikum, senkt das Fieber, stimuliert das Immunsystem, wirkt herzberuhigend und stärkt gleichzeitig den Herzschlag, genau wie Digitalis. Nigerianische Wissenschaftler fanden heraus, daß es antioxidierend wirkt und Salmonellen abtöten kann. In Kalifornien entdeckten Wissenschaftler, daß es als guter Fleischzartmacher und -konservierer wirkt. In einer ähnlichen Studie an der Brigham-Young-Universität in Utah und am Mount Union College in Ohio kam man zu der Erkenntnis, daß Ingwer besser als Dramamin wirkt, um die Seekrankheit einzudämmen. In Dänemark zeigten Experimente, daß Ingwer Blutgerinnsel verhindert. In Indien zeigte sich, daß Ingwer den Cholesterinspiegel senkt.

Angesichts all der Vorgaben, was wir wann essen sollen und was nicht, hat es manchmal den Anschein, als ob wir uns einer medikamentösen Behandlung unterzögen statt zu essen. Aluminiumtöpfe sind out, seit man weiß, daß winzige Aluminiumpartikel ins Essen gelangen können, und Aluminium soll auch bei der Alzheimer Krankheit eine Rolle spielen. Butter, Sahne und gesättigte Fette sind verpönt, da sie zu Herzkrankheiten führen können. Ballaststoffe sind erwünscht, seit man weiß, daß sie Darmkrebs verhindern können, aber wenn man zuviel davon zu sich nimmt, sind sie wieder schädlich. Grünes Blattgemüse ist wegen seiner antioxidierenden Wirkung beliebt – aber nicht, wenn Sie zu dickes Blut haben. Fischöl wird empfohlen, da es gut fürs Herz ist, doch oft enthält Fisch Umweltgifte. Frisches Obst ist wichtig wegen des Vitamin C, der Ballaststoffe und anderer Elemente, obwohl es oft gespritzt ist und damit krebserregend sein kann. Rind hat einen zu hohen Fettgehalt, was zu Polypen und Brustkrebs führen kann, und gegrilltes Fleisch wirkt sowieso krebserregend. Geflügel wird oft mit Hormonen behandelt, die uns schaden, und es enthält häufig Salmonellen. Schellfisch, als Proteinquelle mit wenig Fett, ist in Ordnung, doch bei Austern muß man vorsichtig sein, denn sie könnten aus verschmutztem Wasser stammen. Und ist es wirklich gesund, Hummer und Garnelen zu essen, obwohl beide einen hohen Cholesteringehalt haben und außerdem Aasfresser sind, also die verwesten Überreste anderer Tiere fressen? Wie kann man in diesem Labyrinth der Widersprüche ohne Schuldgefühle noch über Geschmack reden?

In unserer Gesellschaft ist man fasziniert von gesunder Ernährung, schwört auf Joghurt, Karottensaft, Ginseng, Honig und viele andere Nahrungsmittel, die in Mode kommen und wieder verschwinden. Wir vergessen, daß vor noch nicht allzu langer Zeit die Natur unsere Apotheke darstellte. Für viele primitive Völker ist sie es immer noch, genauso wie für die modernsten Arzneimittelfirmen, die ihre Leute auch heute noch in den Regenwald schicken, um dort Blätter für alle möglichen Medikamente zu sammeln. »Sage mir, was du ißt, und ich sage dir, was du bist«, sagte einst Brillat-Savarin, doch wir verstehen das in einem weiteren Sinne als er, stellen uns all die Vitamine vor, die heilen, die Proteine, die stärken, die Ballaststoffe, die reinigen und schützen, die Kohlehydrate, die beruhigen, den Zucker, der Energie spendet. Als Kinder des industriellen Zeitalters stellen wir uns Essen immer noch als Anheizen des Körpers vor, das heißt, wir schüren den winzigen Ofen in jeder Zelle. Wir stellen uns unseren Körper als Fabrik vor und verwenden manchmal sogar diesen Begriff, wenn wir über Körpervorgänge reden. Viele unserer Schöpfungen ähneln uns. Eine Zeitlang wehrten sich die Neurologen dagegen, das Gehirn mit einem Computer zu vergleichen, da dies erschreckend automatisch, amoralisch und mechanistisch schien. Nun ist dieser Vergleich wieder en vogue, da die Ähnlichkeit so offensichtlich ist, daß man sie nicht mehr abstreiten kann. Das Gehirn ist der Computer, und Religion, Vorurteile oder Vorlieben bilden die Software. Die Neurologen wurden nicht über Nacht kaltblütig, sondern Computer haben sich in vertrautere und weniger erschreckende Apparaturen verwandelt. Ja, wir sagen, daß die Gehirne, die mehr Information speichern mußten, als sie bewerkstelligen konnten, künstliche Gehirne erfanden, die lediglich das vertraute Registratursystem reproduzierten. Das war nicht sonderlich überraschend. Als wir Energie außerhalb unseres Körpers schaffen wollten, kopierten wir auch dabei das einzige Modell, das wir kannten: Man füllt etwas mit Brennstoff, der es eine Zeitlang laufen und dabei auch Abfallprodukte entstehen läßt, und der dann wieder nachgefüllt werden muß. Wie gern wir doch Analogien bilden. Es gehört zu den guten Zügen der Menschen, daß sie die Fußspuren eines Elefanten im getrockneten Schlamm neben einer Wasserstelle sehen, dann beobachten, wie sich darin Wasser ansammelt, und daraus den Schluß ziehen: So könnte man Wasser tragen. In *Heinrich IV.* läßt Shakespeare Falstaff sagen, daß der Körper uns ebenfalls als Gesellschaftsmodell diene, daß er seine eigene Politik und seine Klassen habe. Doch Analogien können wie

Wechselstrom in zwei Richtungen gehen. Wir errichten nach dem Prinzip unseres Körpers nicht nur Kraftwerke, wir essen dann auch wieder Schokoladenriegel, die »Kraftwerke« heißen, um damit unseren Körper zu stärken. Und ungeachtet unseres Alters essen wir alle auch Sachen, die wir heimlich verabscheuen, nur, weil wir vermuten, daß sie uns guttun. Wir schreiben anderen vor: »Iß deinen Spinat« und beharren darauf, weil wir an seine vielen Vitamine und Ballaststoffe denken, aber nicht etwa, weil er wie ein kleiner Wald aussieht, der im Topf dahintreibt. »Er ist gesund!«

Wie man Elchsuppe in einem Erdloch zubereitet oder im Weltraum speist

In einem kleinen Regal neben meinem Bett liegen oft Überlebensbücher. Daraus erfährt man zum Beispiel, von welcher Seite man ein Nomadenzelt betreten sollte, wenn man mit dem Flugzeug in der Wüste Gobi abgestürzt ist. In Bradford Angiers Buch *How To Stay Alive in the Woods* findet sich folgendes Rezept für eine Elchsuppe, die in einem Erdloch zubereitet wird:

> Sie haben soeben einen Elch getötet. Sie sind hungrig und sehnen sich nach einer warmen Suppe, die vielleicht mit wildem Porree gewürzt wird, dessen flache Blätter Sie in der Nähe entdecken. Graben Sie mit dem scharfen Ende eines Knochens ein kleines Loch in den Boden und kleiden es mit einem frischen Stück Elchhaut aus. Und dann, wenn Sie Wasser und andere Zutaten hinzugefügt haben, lassen Sie ein paar heiße Steine das Kochen für Sie erledigen, während Sie das Tier vollends enthäuten.

Ja, warum eigentlich nicht? Mir gefällt besonders der Anfang dieses Rezepts: »Sie haben soeben einen Elch getötet.« Es erinnert mich an das Rezept für einen gegrillten Hund, das ich einmal las: »Zuerst säubern Sie einen gesunden, jungen Hund und nehmen ihn aus.« Wenn Sie wie ich Säugetiere nur essen, wenn Sie von einem ahnungslosen Gastgeber oder der schieren Notwendigkeit dazu veranlaßt werden, läßt keines dieser Gerichte Ihnen das Wasser im Mund zusammenlaufen. Doch die Vorstellung, in einem Erdloch Elchsuppe köcheln zu lassen, gefällt mir. Das Buch geht davon aus, daß man zwar zünftig gekleidet, bewaffnet und mit einem Kompaß ausgestattet ist, aber die Streichhölzer vergessen hat. Abkochen ist zwar nicht lebensnotwendig, macht aber das Überleben gewiß leichter. Es werden viele Möglichkeiten aufgezeigt, ein Feuer zu entzünden: mit Wasser (das Wasser wird als Brennglas verwendet), mit Uhren (»wenn man die Kristalle von zwei Uhren oder Taschenkompassen, die ungefähr die gleiche Größe haben, gegeneinanderhält...«) oder wenn man ein Jagdmesser an einem Zündstein wetzt.

Überlegen Sie, was wohl Überlebenshandbücher für Weltraumreisen alles enthalten werden! Der Geruch trägt viel zum Geschmack bei. Und wir können etwas nur dann riechen, wenn es verdampft. Ich stelle mir deshalb vor, daß es im schwerelosen Raum weniger Gerüche gibt. Und das würde bedeuten, daß das Essen nicht so gut schmeckt. Doch man reißt sich darum, die sowjetischen und amerikanischen Raumfähren mit Speisen und Getränken zu beliefern. Ein potentieller Zulieferer des nächsten sowjetischen Raumschiffs ist eine Firma, die einem französischen Astronauten, einem Biologen, der sich mit der Schwerelosigkeit befaßt, und dem Besitzer von L'Espérance, einem Drei-Sterne-Restaurant in der Nähe von Paris, gemeinsam gehört. Das Weltraummenü umfaßt solche Köstlichkeiten wie Artischockenböden und Hühnchen à la Dijonnaise, in Tuben und Dosen verpackt. Die Firma beliefert bereits Polar- und Wüstenforscher, Bergsteiger, Rennwagenfahrer und andere gastronomisch ambitionierte Abenteurer mit Delikatessen, die der jeweiligen Umgebung angepaßt sind. Wenn wir an gepflegtes Essen denken, stellen wir uns dampfende Teller mit Currygerichten, Langusten, Erdnußsuppe, Chili, Fettuccine oder anderen regionalen Küchenspezialitäten vor. Doch es gibt bereits eine richtige Weltraumküche, wenn auch noch in den Kinderschuhen. Ich habe selbst einmal getrocknete Weltraumpfirsiche der NASA gegessen, die einen süß-sauren Geschmack haben, und ich habe die Berichte der Astronauten über andere Nahrungsmittel gelesen; die Weltraumküche ist bestimmt nicht gerade großartig. Aber die Faszination würzt Dinge besser als alles andere, und so mag Tiefkühlkost für kurze Aufenthalte im All durchaus genügen, bis einmal Weltraumreisen genauso üblich sein werden wie ein Bummel über die Rialtobrücke in Venedig, und bis wir es wagen können, in einem gemütlichen kleinen Lokal im All Mondsichel mit Sternbeilage zu genießen.

Fugu, der Giftige.
Essen als Abenteuer

Eine sensationsgierige Nation mag durchaus speisen, wie es die Schickeria zu tun pflegt: Rhabarber- und Himbeertorten, geräucherter Hummer, in Hibiskusblätter gehüllter Engelhai, mit Himbeerbutter bestrichen, dann im Lehmofen gebacken und kurz dem Rauch des Mesquitholzes ausgesetzt. Als ich noch aufs College ging, aß ich weder Goldfische noch zwängte ich mich mit zig Leuten in einen Volkswagen oder kippte ganze Flaschen Wodka, doch andere taten dies in einer Neuauflage des Zwanziger-Jahre-Überdrusses sehr wohl. Von jeher war es das ungeschriebene Gesetz bei Collegestudenten und Künstlern, das Bürgertum zu schockieren, und manchmal bedeutet dies auch, die Gesellschaft durch Zurschaustellung bizarrer Eßgewohnheiten auf den Arm zu nehmen. Ein Sketch des Klassikers *Monty Python's Flying Circus* zeigt, wie ein Schokoladenfabrikant von der Polizei ins Kreuzverhör genommen wird, weil er kleine, mit Schokolade überzogene Frösche inklusive Knochen (»ohne Knochen wären sie doch nicht knusprig«, jammert er), Insekten und andere tabuisierte Tiere, die Geschmacksknospen der Westeuropäer ganz sicher abschrecken, verkauft hatte. Ich traf alle möglichen Forscher, die in fremden Ländern Gerichte wie Heuschrecken, Blutegel oder Fledermäuse in Kokosnußmilch gegessen haben, einerseits, um nicht unhöflich zu sein, andererseits aus Neugier, und wohl zum Teil auch, um danach eine gute Anekdote auf Lager zu haben. Aber es sind doch Gerichte, die im allgemeinen nicht auf unserer Speisekarte stehen.

Nicht immer essen wir etwas nur des Geschmacks wegen, sondern manchmal auch wegen des Gefühls. Einmal aß ich in Brasilien ein am Amazonas bekanntes Entengericht, *pato no tucupí* (Ente in Manioksaft), dessen Hauptattraktion darin besteht, daß es im Mund ein völlig taubes Gefühl hinterläßt. Die betäubende Zutat ist *jambu*, ein gelbes Gänseblümchen, das in ganz Brasilien vorkommt und manchmal als ein Mittel gegen Erkältung verwendet wird. Die Wirkung war verblüffend – als ob meine Lippen und mein ganzer Mund vibrierten. Doch viele Kulturen kennen Speisen mit erstaunlicher physischer Wirkung. Ich liebe Peperoni und andere würzige Speisen, die im Mund wie ein Sandstrahlgebläse wirken. Wir sprechen vom »Geschmack«, wenn wir jemandem eine solche Speise beschreiben, doch in Wirklichkeit ist es eine Kombination von Berührung, Geschmack und dem Fehlen von Unbehagen, wenn das taube oder brennende Gefühl schließlich nachläßt. Nur eine kleine Nuance trennt bei der Szechwan-Currysauce das Prickelnd-Angenehme (daß es immer noch auf den Lippen nachwirkt, wenn das Mahl vorüber ist) vom Schweflig-Widerlichen, das beim Essen einen Würgereiz verursacht.* Ein weniger extremes Beispiel ist unsere Vorliebe für knusprige oder knackige Nahrungsmittel wie Karotten, die wenig Geschmack haben, aber viel Geräusch verursachen. Eines der beliebtesten Getränke der Welt ist Coca-Cola, eine Kombination aus intensiver Süße, Koffein und einem prickelnden Gefühl in der Nase, das wir erfrischend finden. 1888 kam es als Mundwasser auf den Markt und enthielt damals noch Kokain, ein echtes Aufputschmittel – doch diese Zutat wurde ab 1903 weggelassen. Der Geschmack kommt immer noch vom Ex-

---

* Wasser kann nicht als Gegenmittel wirken, da es sich nicht mit Öl, dem Bindemittel im chinesischen Essen, verbindet; Reis ist das beste Mittel.

trakt der Cocablätter, doch ohne Kokain. Im 16. und 17. Jahrhundert kamen im Westen Kaffee, Tee, Tabak und andere Stimulantien in Mode und verbreiteten sich schnell in ganz Europa. Beim Essen versetzten diese modischen Suchtmittel dem Nervensystem einen richtigen Stoß, bewirkten entweder narkotische Ruhe oder koffeinbedingte Unruhe; sie konnten – im Gegensatz zu anderen Nahrungsmitteln – dosiert genommen werden, je nachdem, wieviel Anregung man haben wollte oder wie süchtig man bereits war.

In Japan bereiten speziell dazu befugte Küchenchefs die seltenste *sashimi*-Köstlichkeit zu: das weiße Fleisch des Fugu, der roh serviert und in einem exquisiten Blumenmuster auf einer Platte arrangiert wird. Man ist bereit, für diesen sorgfältig zubereiteten Fisch, der einen leicht süßlichen Geschmack hat, viel Geld auszugeben. Doch er sollte auch sorgfältig zubereitet werden, denn er ist äußerst giftig. Man sollte eigentlich nicht denken, daß er solche chemischen Waffen benötigt, da seine Hauptverteidigungsform darin besteht, viel Wasser zu schlucken und sich so aufzublähen, daß ihn die meisten Feinde nicht schlucken können, weil er zu groß ist. Doch Haut, Eierstöcke, Leber und Darm enthalten Tetrodotoxin, einen der giftigsten Stoffe der Welt, hundertmal tödlicher als Strychnin oder Zyanid. Nur eine Fingerspitze davon kann eine ganze Familie auslöschen. Wenn das Gift nicht von einem erfahrenen Küchenchef vollständig entfernt wird, stirbt der Gast noch während des Essens. Das ist der Reiz des Gerichts: Man nimmt die Möglichkeit des Todes in Kauf, hat den Todeshauch auf den Lippen. Doch die Zubereitung ist eine traditionelle Kunst in Japan, die viele Anhänger hat. Die am höchsten angesehenen Fugu-Küchenchefs sind diejenigen, die es verstehen, so viel Gift übrigzulassen, daß dieser tödliche Hauch noch auf den Lippen prickelt, die Dosis aber nicht ausreicht zu töten. Natürlich sterben jedes Jahr Fugu-Fans, doch das kann einen echten Fugu-Liebhaber nicht abschrecken. Der exaltierteste Fugu-Connoisseur bestellt *chiri*, also Fugu leicht gedünstet in einem Sud, der aus der giftigen Leber und den

Innereien besteht. Man kann nicht unterstellen, daß Fugu-Liebhaber nicht über die Gefahr des Gifts informiert wären. Die alten Ägypter, Chinesen, Japaner und andere Völker beschreiben die Fugu-Vergiftung in allen Details: Erst wird einem schwindlig, Mund und Lippen werden gefühllos, das Atmen fällt schwer, man bekommt Krämpfe, blaue Lippen, hat das Gefühl, daß Insekten über den ganzen Körper krabbeln, muß sich übergeben, die Pupillen erweitern sich, und dann folgt eine Art Nervenlähmung, während der man noch merkt, was um einen herum vor sich geht, und die schließlich tödlich ist. Doch manchmal wacht das Opfer auch wieder auf. Wenn in Japan jemand an Fugu-Gift stirbt, wartet die Familie mit der Beerdigung ein paar Tage, für den Fall, daß er wieder aufwacht. Es kommt immer wieder vor, daß jemand, der eine Fugu-Vergiftung erlitten hat, beinahe lebendig begraben worden wäre und dann im Detail das Grauen seiner Beerdigung beschreibt, als er verzweifelt versuchte, zu schreien oder ein Zeichen zu geben, daß er noch am Leben sei, sich aber nicht bewegen konnte.

So erinnert der Verzehr des Fugu zwar an russisches Roulett, wird aber als höchst ästhetische Erfahrung gewertet – was einen zum Nachdenken über den Menschen anregt. Als Geschöpfe, die eines Tages durch diese höchste Negation des Sinnlichen, die wir Tod nennen, von der Erde verschwinden, verbringen wir unser Leben damit, den Tod zu hofieren, Kriege zu führen, uns Horrorfilme anzusehen, in denen Verrückte ihre Opfer quälen, beschleunigen wir unseren eigenen Tod durch schnelle Autos, Zigaretten und Selbstmord. Der Tod fasziniert uns, was auch verständlich ist, doch unsere Haltung ihm gegenüber ist so seltsam. Angesichts von Tornados, die Häuser wegfegen, Sandstürmen, die die Ernte vernichten, Überschwemmungen und Erdbeben, die ganze Städte verschwinden lassen, scheußlichen Krankheiten, die einen körperlich oder geistig zerrütten können – angesichts grassierenden Elends, das von selbst auftaucht und seinen Schrecken gratis verteilt, würde man annehmen, daß die Menschen gemeinsam gegen die Naturkräfte angingen, ihre Kräfte vereinigten und sich verbündeten, anstatt auch noch eigene Verwüstungen anzurichten und das Elend zu vermehren. Der Tod verrichtet diese Arbeit auch ohne unsere Mithilfe. Wie seltsam, daß die Menschen, manchmal ganze Länder, seine willigen Komplizen sein wollen.

Unsere Horrorfilme sagen viel über uns und unsere Eß-ticks aus. Ich meine damit nicht die Filme, in denen geistes-gestörte Männer mit Kettensägen und Rasierklingen allein-stehende Frauen dafür bestrafen, daß sie allein leben oder einem Job nachgehen – obwohl auch sie alarmierend sind. Ich meine auch nicht jene Gespenstergeschichten, bei denen wir befreit aufatmen, wenn in den Schlußszenen aus Chaos wieder Ordnung wird, auch nicht schaurige Krimis, an deren Ende die Welt vorübergehend weniger willkürlich, gewalt-tätig und unerklärlich erscheint. Unsere echte Leidenschaft gilt den saftigsten Horrorfilmen, in denen abscheuliche, gräßliche Untiere, die mit unglaublicher Kraft und Tücke ausgestattet sind, Menschen verfolgen und auffressen. Es spielt keine Rolle, ob das Tier eine schnellebige »Killer-maus« ist oder ein störrischer »Katzenmensch« oder ein Wolf oder ein namenloser Außerirdischer. Es ist immer das gleiche Strickmuster. Wir sind gierig nach dieser Art von Schrecken.

Es ist schlicht so, daß wir noch nicht daran gewöhnt scheinen, an der Spitze unserer Nahrungskette zu stehen. Es muß uns stark beunruhigen, denn sonst würden wir nicht immer wieder Filme nach dem gleichen Schema machen: Der Spieß wird umgedreht, und wir sind das Futter. Wir mögen uns wohl fühlen, wenn wir durch Manhattan schlen-dern, aber angenommen – was für ein Horror! – wir stehen auf anderen Planeten am Ende der Nahrungskette. Dann wird die unheimliche Geschichte wahr. Außerirdische, die Menschen einfangen, verwenden sie als Wirte für ihre lar-venähnlichen Jungen und hängen sie schließlich an Schleimalgen in einer Vorratskammer auf.

Wir laufen wie besessen ins Kino, sitzen in der höhlenähn-lichen Dunkelheit und genießen den Horror. Wir lassen uns ein auf die scheußlichen Tiere und versetzen uns in sie.

Nächste Woche oder nächsten Sommer wiederholen wir es. Und auf dem Heimweg lauschen wir auf das Geräusch von Klauen auf dem Pflaster, auf das Flattern eines Vampirs. Die Menschheit hat ihre prägenden Jahre als techniklose Spezies verbracht, die sich – mit gutem Grund – vor Löwen und Bären, Schlangen, Haien und Wölfen fürchtete. Man sollte annehmen, daß wir das jetzt hinter uns hätten. Ein Blick auf die appetitlichen Schweineschnitzel im Supermarkt, die in Folie verpackt und beschriftet sind, sollte uns beruhigen. Doch die Anfänge der Zivilisation liegen nicht so lange zurück, wie wir es gerne hätten. Sind die Horrorfilme unsere Version jener magischen Höhlenmalereien, denen sich unsere Vorfahren gegenübersahen? Sind auch wir noch damit konfrontiert?

Fugu scheint nicht viel mit atomarer Abrüstung oder Weltfrieden zu tun zu haben, doch er ist ein kleiner Indikator unserer Psyche. Wir finden die Todesgefahr erregend. Natürlich nicht alle von uns, und nicht zu jeder Zeit. Doch es reicht, daß wir friedliebenden Zeitgenossen mißtrauisch bleiben, auch wenn wir lieber ein üppiges Mahl mit Freunden genießen würden.

Die Schöne und die Tiere

In Jean Cocteaus außergewöhnlicher Filmfassung des klassischen Märchens *La belle et la bête (Es war einmal)* lebt ein sensibles Tier in einem Zauberschloß, dessen Wände und Möbel mit Empfindungen ausgestattet sind. Auf der Lehne des Stuhles, auf dem das Tier sitzt, steht auf lateinisch das Motto: *Alle Menschen sind Tiere, wenn sie nicht geliebt werden.* Jeden Abend muß das gebildete, menschenähnliche Tier sein Essen erjagen, ein Wild erlegen und das dampfende Fleisch essen oder Hungers sterben. Danach erleidet es die größten Qualen, und sein ganzer Körper beginnt unwillkürlich zu rauchen. In diesem Augenblick zeigt sich der unausgesprochene Schrecken unserer Spezies. Wie das sensible Tier müssen wir anderes Leben töten, um selbst zu leben. Wir müssen anderen das Leben nehmen und ihnen oft großen Schmerz zufügen. Jeder von uns vollführt oder billigt stillschweigend täglich diese kleinen Handlungen, die mit Qual, Tod und Schlächterei zu tun haben. Die Höhlenmalerei spiegelte die Achtung und Liebe des Jägers für seine Beute wider. In unserem Herzen wissen wir, daß das Leben das Leben liebt. Und doch tun wir uns gütlich an anderen Lebewesen, mit denen wir unseren Planeten teilen; wir töten, um zu leben. Der Geschmack hilft uns über dieses steinige Gebiet der Moral hinweg, macht den Schrecken für die Zunge genießbar, und das Paradoxon, das wir mit dem Verstand nicht rechtfertigen könnten, schmilzt dahin in einem Dschungel süßer Versuchungen.

Das Hören

Ich war ganz Ohr,
nahm Melodien auf,
die selbst dem Tod noch
hätten eine Seele schaffen können.

John Milton
Comus

Das hörende Herz

Im Arabischen bedeutet »Absurdität«, nicht hören zu können. Im medizinischen Ausdruck für Taubheit, »Surditas«, steckt das lateinische *surdus*, »taub oder stumm«, das eine Übersetzung aus dem Arabischen *jadr asamm*, »stumme Wurzel«, ist, was wiederum dem griechischen *alogos*, »sprachlos oder irrational«, entspricht. Die in diesem etymologischen Spinnennetz verborgene Annahme geht davon aus, daß für jemanden, der blind ist, keinen Arm oder keine Nase hat, die Welt immer noch erfaßbar ist. Doch wenn man den Gehörsinn verliert, geht dadurch eine entscheidende Orientierungsmöglichkeit verloren, und man verliert den Anschluß an die Zusammenhänge des Lebens. Man wird aus dem täglichen Weltgeschehen ausgeschlossen wie eine Wurzel, die tief im Boden steckt. Trotz der Bemerkung von Keats, »Gehörte Melodien sind lieblich, doch lieblicher noch die ungehörten«, ziehen wir die von Gesang, Lärm und Gesprächen erfüllte Welt vor. Laute verdichten die Sinneseindrücke unseres Lebens, und wir sind von ihnen abhängig, um uns verständlich zu machen, um mit anderen zu kommunizieren und um die Welt um uns herum zu beschreiben. Der Weltraum ist still, doch auf der Erde kann fast alles Geräusche erzeugen. Paare haben ihre Lieblingslieder, und schon ein paar Takte bringen süße Erinnerungen an die erste Begegnung zurück oder an gemeinsam verbrachte, heiße Sommernächte. Mütter singen ihre Babys mit beruhigenden Liedern in den Schlaf. Es sind nicht nur Wiegenlieder, sondern auch Wiegen der Lieder. Die Musik treibt die Menschen zum Handeln an, wie Versammlungen der Bürgerrechtsbewegung, Live Aid-Konzerte, politische Demonstrationen und sonstige Massenveranstaltungen gezeigt haben. Arbeiter- und Militärlieder lassen lange Märsche oder monotone Aufgaben weniger langweilig erscheinen. Jogger, Wanderer, Skisportler, die die Hänge im Schuß hinunterfahren, Astronauten, die ihr Fitneßprogramm in der Weltraumstation absolvieren, Aerobicfans im Gymnastikanzug – sie alle werden durch laute Musik mit regelmäßigem, hämmerndem Rhythmus in Fahrt gebracht. Ein Lagerfeuer wäre halb so aufregend, wenn es um das Feuer herum still wäre. Und wenn amerikanische Campingfreunde am Ende des Sommers bei Sonnenuntergang ihre Kerzen auf den See hinausgleiten lassen, begleiten sie dieses Ritual gewöhnlich mit einem hymnenartigen Lobgesang auf das Lager und die Campingfreunde. Die Menschen wollen bestimmte Nahrungsmittel (Kartoffelchips, Brezeln, Cornflakes und dergleichen), die knirschen; das Geräusch ist bei der Vermarktung solcher Nahrungsmittel ein wichtiger Teil. Bei Hochzeiten und auf Beerdigungen, bei Staatsbesuchen und an religiösen Feiertagen wird Musik gemacht. Im Fernsehen wird in der Werbung musikalisch für Hausbesitzerversicherungen, Waschseifen und Toilettenpapier geworben. Auf einer belebten Straße können wir trotz des Verkehrs und des Gewimmels der vielen Menschen die Stimme eines Freundes erkennen, der hinter uns herruft und uns begrüßt. Es mag entspannend sein, in einem Sessel im Wohnzimmer zu sitzen und die Katze zu streicheln, während das Sonnenlicht durch ein mit Eisblumen verziertes Fenster flutet, doch wenn wir die Katze laut schnurren hören, fühlen wir uns noch zufriedener. Die meisten Restaurants servieren ohne zu fragen zu jedem Gang Musik; einige engagieren sogar Geiger oder Gitarrenspieler, die an Ihrem Tisch stehen und Sie mit großen Portionen Musik versorgen, während Sie essen. In Alcatraz flüsterten die Insassen während der sogenannten »Ruhezeiten« in das Wasserrohr, das von Becken zu Becken führte, und legten dann das Ohr ans Rohr, um zu lauschen. Wanderer, die an der kalifornischen Küste entlangwandern oder den Mount Camelback in Pennsylvania hinaufklettern, schwärmen vom Gesang der Vögel, den Geräuschen der Stromschnellen, des pfeifenden Windes, der trockenen Samenhülsen, die wie winzige Kürbisflaschen in den Bäumen klappern. Bei einem festlichen Essen gießt uns der Ober einen köstlichen Weißwein ein, dessen Aprikosenschimmer wir bewundern, dessen Bouquet wir einatmen und dessen fruchtigen Geschmack wir genießen. Dann prosten wir einander zu und stoßen an, da uns zu unserem ungetrübten Weingenuß nur noch das klingende Geräusch der Gläser fehlt.

Was wir als »Geräusch« bezeichnen, ist in Wirklichkeit eine anstürmende, hoch aufsteigende und wieder abfallende Welle von Luftmolekülen, die sich bei jeder Bewegung eines Gegenstandes, egal, ob klein oder groß, bildet und in alle Richtungen ausläuft. Zuerst muß sich etwas bewegen – ein Traktor etwa oder die Flügel einer Grille –, das die Luftmoleküle aufwirbelt, dann fangen die Moleküle daneben an zu zittern, und so weiter. Klangwellen rollen wie Gezeiten an unser Ohr, bringen das Trommelfell zum Schwingen; dieses bewegt drei Knochen mit malerischen Namen (Hammer, Amboß und Steigbügel), die kleinsten Knochen des Körpers. Obwohl die Höhlung, in der sie liegen, nur knapp einen Zentimeter breit und einen halben Zentimeter tief ist, befindet sich hier die durch blockierte Eustachische Röhren festgehaltene Luft, die den Tiefseetauchern und Fluggästen solche Probleme bereitet, wenn sich der Luftdruck verändert. Die drei Knochen pressen Flüssigkeit im Innenohr gegen Membranen, die kleine Härchen streifen, welche wiederum auf die umliegenden Nervenzellen drücken, die Botschaften an das Gehirn weitergeben: Wir *hören*. Das scheint kein besonders komplizierter Vorgang zu sein, doch praktisch wird dabei ein ausgeklügelter Weg eingeschlagen, der an eine verrückte Minigolfanlage erinnert, mit Windungen, Verzweigungen, Kreisen, Staffel- und Hebelsystemen, Druckvorrichtungen und Umkehrschleifen.

Der Klang wird in drei Stufen übermittelt. Das Außenohr fungiert als Trichter, um ihn aufzufangen und zu lenken. Obwohl bei manchen Menschen das Außenohr fehlt, hören sie gut (wie es der Fall ist, wenn man einen Hut oder einen Helm trägt). Wenn die Klangwellen auf die fächerähnliche Ohrtrommel treffen, wird der erste kleine Knochen bewegt, dessen oberer Teil in das schalenähnliche Kugelgelenk des zweiten paßt, das dann den dritten bewegt, welcher wie ein Kolben gegen das weiche, mit Flüssigkeit gefüllte Innenohr drückt, in dem sich eine gewundene Röhre befindet, die

Schnecke, welche Härchen enthält, die Signale an die Gehörnerven geben. Wenn die Flüssigkeit vibriert, bewegen sich die Härchen, erregen die Nervenzellen, und diese geben ihre Information an das Gehirn weiter. So wird beim Hören die alte Schranke zwischen Luft und Wasser überbrückt; Klangwellen werden aufgenommen, in flüssige Wellen umgesetzt und dann in elektrische Impulse verwandelt. Stärker als die anderen Sinne gleicht das Gehör einem komplizierten Apparat, den ein erfinderischer Klempner aus Einzelteilen zusammengebaut hat. Zum Teil hat das Gehör auch Aufgaben, die den Raum betreffen. Ein sanft sich wiegendes Kornfeld, das einen mit Geflüster zu umgeben scheint, klingt nicht so eindringlich wie ein dahinter oder zur Rechten knurrender Panther. Klanglaute müssen im Raum lokalisiert und durch Art, Intensität und andere Merkmale identifiziert werden. Hören hat eine räumliche Komponente.

Aber alles beginnt mit dem Vibrieren von Luftmolekülen, wobei jedes zum nächsten hingedrängt wird, wie eine Menschenmenge, die sich in die U-Bahn schiebt. Die Wellen, die sie erzeugen, haben eine bestimmte Frequenz (Zahl der Schwingungen pro Sekunde), die wir als Tonhöhe vernehmen: Je größer die Frequenz, desto höher der Laut, den wir hören. Eine große Menge an Ton wird als laut empfunden. Der Klang bewegt sich mit 335 Metern pro Sekunde durch die Luft, deutlich langsamer als das Licht (299 274 Kilometer pro Sekunde). Deshalb sieht man während eines Gewitters zuerst einen Blitz und hört erst ein paar Augenblicke später den Donner. Als Pfadfinderin lernte ich, die Sekunden direkt nach dem Auftauchen des Blitzes bis zum Donner zu zählen, dann durch fünf zu teilen, um festzustellen, wie viele Meilen der Blitz entfernt war.

Die Geräusche, die wir hören, umfassen eine ganze Klangskala – vom Geräusch, das ein Marienkäfer verursacht, wenn er auf einem Blatt landet, bis zu einem Raketenstart auf Cape Canaveral; doch selten hören wir, wie unser Körper im Innern arbeitet, wie unser Magen Nahrung durchmischt, unser Blut strömt, unsere Gelenke sich bewegen, unsere Lider sich ständig öffnen und schließen. Wenn wir

Wattepfropfen in den Ohren haben oder nachts ein Ohr gegen das Kissen pressen, können wir unseren Herzschlag hören. Für ein Baby im Mutterleib bedeutet der Herzschlag der Mutter das schönste Wiegenlied; die brandungsähnlichen Wellen ihres Atems wirken beruhigend und einlullend. Der Mutterleib ist vertraute Umgebung, eine Hülle rhythmischer Wärme, und der Herzschlag der Mutter ein Signal der Sicherheit. Vergessen wir irgendwann diesen Klang? Wenn die Babys zu sprechen anfangen, sagen sie im allgemeinen als erstes Mama oder Papa. Frischgebackene Eltern können ein kleines Gerät in die Wiege legen, das ein Band mit starkem, regelmäßigem Herzrhythmus abspielt, der ungefähr 70 Schläge in der Minute beträgt. Wenn aus Testgründen dieser Rhythmus jedoch beschleunigt wird, was eine kranke Mutter oder eine Mutter unter Streß signalisiert, wird das Baby nervös. Mutter und Kind sind durch eine Nabelschnur des Klangs miteinander verbunden.

Nichts wird je wieder so vollkommen sein wie dieser Aufenthalt im Mutterleib, als wir in unsere weichen Zellen eingebettet waren, wunschlos glücklich und zeitenthoben. Ein Neugeborenes, das gestillt oder von der Mutter an die Brust gedrückt wird, hört den regelmäßigen Herzschlag und empfindet das Leben als etwas Beständiges und Lebenswertes. Unser eigener Herzschlag versichert uns, daß es uns gutgeht. Wir haben Angst, daß unser Herz eines Tages stehenbleibt, haben Angst, daß das Herz jener, die wir lieben, eines Tages versagt. Wenn wir morgens mit unserem Liebhaber im Bett liegen, uns dösend aneinanderkuscheln, spüren wir seinen Herzschlag, seine Wärme, die uns einhüllt, und fühlen uns wohl. *Was empfindest du wirklich, tief in deinem Herzen?* fragen wir. *Mein Herz ist gebrochen*, antworten wir, als ob es ein Stück Kalk wäre, das gerade mit einem Hammer zerschlagen wurde. Vom Kopf her ist uns klar, daß Liebe, Leidenschaft und Hingabe nicht in einem Organ zu finden sind. Ein Mensch wird noch nicht unbedingt für tot erklärt, wenn sein Herz zu schlagen aufgehört hat; entscheidend ist der Gehirntod. Doch wenn wir von Liebe sprechen, bedienen wir uns der Metapher vom Herzen, und jeder versteht sie. Man braucht nichts zu erklären. Von unserem ersten Augenblick an ist das Herz unser Maßstab für Leben und Liebe. Bei Filmszenen, die schaurig wirken sollen, werden in die Musik oft harte, schnelle Herzschläge eingeblendet. Doch es gibt auch Filme, wie beispielsweise *Herzflimmern*, ein Film über die inzestuöse Beziehung zwischen Mutter und Sohn, in denen ein weicher, regelmäßiger Herzschlag in die Musik einfließt, um eine schwierige Liebesbeziehung zu unterstreichen. Gedichte wurden traditionsgemäß im jambischen Versmaß geschrieben, was so betont wird: ba-BUM, ba-BUM, ba-BUM, ba-BUM, ba-BUM: Natürlich gibt es viele andere Versmaße, und heutzutage halten sich die meisten Dichter sowieso nicht mehr daran. Ein in Jamben verfaßtes Gedicht vermittelt beim Lesen irgendwie eine tiefe innere Zufriedenheit. Dieser Rhythmus wirkt wie ein Bummel, bei dem man sich treiben läßt. Doch er fängt auch den Herzschlag in einem Käfig von Worten ein, und wir, die wir so stark auf Herztöne reagieren, lesen das Gedicht mit unserem eigenen Pulsschlag als stillem Metronom.

Phantome und Vorhänge

Selbst jene unter uns, die die aufdringliche banale Musikberieselung verfluchen – man denke sich ein romantisches Restaurant am Meer, wo man eine lange, kitschige Instrumentalversion von *Danny Boy* dreimal über sich ergehen lassen muß, bevor man nach Begleichung der Rechnung davon erlöst wird –, wissen, daß sich das Gehirn seine eigene Tonberieselung schafft, und zwar aus dem, was es als normal und unbedrohlich ansieht: Bürogeräusche, Verkehrslärm, Geräusche der Heizung und des Ventilators, Stimmen in Räumen mit vielen Menschen. Wir leben in einer Landschaft vertrauter Geräusche. Doch wenn Sie nachts allein sind, kann Sie ein vertrauter Laut wie ein Verbrecher anspringen. War das das Scharnier des Fliegenfensters, das durch einen Mörder geöffnet wurde, oder nur ein knackender Zweig? Wir bilden uns öfter Geräusche ein als Bilder. Es gibt akusti-

sche Trugbilder, die spurlos wieder verschwinden; Hörillu-
sionen, die sich als etwas anderes erweisen, als sie schienen,
und natürlich Stimmen, die zu Heiligen, Propheten oder
Psychotikern sprechen und ihnen sagen, was sie tun und
glauben sollen. »Hör auf die leise Stimme in dir«, sagen wir,
als ob das Gewissen ein Gnom wäre, der unter dem Brustbein wohnt. Doch wenn Menschen, die sonst ganz normal
sind, von einer Stimme verfolgt werden – zum Beispiel dem
Ruf eines kleinen Jungen, wie Anthony Quinn in seiner
Autobiographie berichtet –, dann suchen sie, wie Quinn, die
Hilfe eines Psychiaters auf. Manchmal ist es nicht eine
Stimme, sondern eine Musik, die die Menschen hören, und
die Halluzination ist so stark, daß sie glauben, verrückt zu
werden. Ein Arzt berichtete 1987 in einem australischen
Ärztefachblatt von zwei schweren Fällen musikalischer Epi-
lepsie. Er war der Ansicht, daß sie vermutlich Folge eines
Schlaganfalls waren, der Auswirkungen auf die Schläfenlap-
pen des Gehirns hatte. Eine der Frauen hörte immer wieder
Green Shamrock of Ireland in ihrem Kopf und nahm Medikamente, um es etwas abzuschwächen, die andere, die 91
Jahre alt wurde und lieber Musik hörte, als Medikamente
einzunehmen, hörte ein Potpourri verschiedener Lieder.
Eine derartige Störung wird vor allem wegen ihrer Unkon-
trollierbarkeit gefürchtet.

Andererseits wünschen wir uns manchmal, daß uns ein
Geräusch anspringt. Wir wollen, daß uns das krampfhafte
Weinen unseres Babys auf der anderen Seite des Hauses aus
tiefem Schlaf reißt, auch wenn wir dies von einem stärkeren
und penetranteren Geräusch wie etwa einem Müllwagen
nicht wünschen. Bei einer Cocktailparty in einem Raum mit
niedriger Decke und schlechter Akustik schlagen Klangwellen gegen die Wand, werden nicht geschluckt, sondern prallen zurück, und Sie haben das Gefühl, bei einem Handball-
spiel mitten auf dem Feld zu stehen. Und doch können Sie
durch alle Geräusche hindurchhören und einer Unterhal-
tung lauschen, die zwischen Ihrem Ehemann und einer
flirtenden Fremden stattfindet. Es ist, als ob wir ein Teleob-
jektiv in den Ohren hätten. Unsere Fähigkeit, einige Geräu-

sche in den Hintergrund zu drängen und andere herauszuheben, ist wirklich erstaunlich. Es ist möglich, weil wir in Wirklichkeit alles zweimal hören. Das Außenohr ist ein komplizierter Reflektor, der den Ton aufnimmt und einen Teil davon direkt in die Öffnung schleudert, doch ein winziger Teil des Tons wird von oben, von unten oder von den Seitenrillen des Außenohrs reflektiert und ein paar Sekunden später in die Öffnung geleitet. Als Ergebnis entstehen Verzögerungen, je nachdem, aus welchem Winkel der Ton kommt. Das Gehirn liest die Verzögerungen und weiß, wo es den Ton zu lokalisieren hat. Blinde benutzen ihre Ohren, um durch Tasten mit einem Stock die Umrisse der Welt zu erfassen und dann sorgfältig den Echos zu lauschen. Es gibt auch Zeiten, da wir uns wünschen, daß uns Töne so beschäftigen, daß wir gedanklich abschalten können. Gibt es etwas Beruhigenderes, als auf dem Balkon zu sitzen und zu lauschen, wie das Meer rhythmisch das Ufer umspielt? Es gibt Geräusche-Geräte, die den Raum eines Schlafenden mit einer Luftbrandung erfüllen, was oft ausreicht, den Kopf von drückenden Gedanken zu befreien.

Als ich gestern abend mein Haus betrat, hörte ich ein Geräusch, das mich zuerst verwirrte, ein sporadisches Knarren und fast unhörbares Klappern. Nach einem kurzen Augenblick erkannte ich, was es war: eine Feldmaus, die versuchte, sich aus einer Falle unter dem Küchenbuffet zu befreien. Als ich den gelben Vorhang zurückzog, sah ich sie. Die Falle sollte ihr eigentlich schnell und schmerzlos das Genick brechen, doch sie hatte das Tier über dem Magen gefangen. Ohne zu jammern, kämpfte die Maus gegen Holz und Federung. Dann plötzlich hörte sie auf zu zappeln. Mit einer Feuerzange nahm ich Maus, Falle und alles Drumherum, stopfte es in eine Tüte und brachte es in die Garage, wo die Temperatur unter Null lag. Ich bin davon überzeugt, daß sie eine angenehme letzte Nacht verbrachte. Ein Hausbesitzer muß den Blutdurst einer getigerten Katze haben, was bei mir nicht der Fall ist. Einmal sah ich im Stall, wie eine klapperdürre Katze eine Maus quälte, bis ihre blutigen Überreste wimmerten, doch sie konnte nicht sterben. Die Katze folgte ihrem Instinkt, und sie spielten beide die ihnen von der Natur zugedachte Rolle, bei der die Katze keine Gnade walten läßt und die Maus auch nicht damit rechnet. Die Stallbesitzer hielten sich die Katze hauptsächlich, um Mäuse zu fangen. Ich durfte nicht eingreifen. Doch als die Katze begann, die Überreste der Maus abzunagen, ging ich hinaus, denn ich hatte eine Gänsehaut und wollte mich beruhigen, indem ich dem Geräusch des in einer Tonne gefrorenen Wassers lauschte, das schmelzend auf verstreutes Heu tropfte. Vielleicht hätte mich diese Szene aus dem Schauspiel der Natur nicht so aus der Fassung bringen sollen. Doch was hätte ich davon gehabt, wenn ich das blutige Ende abgewartet hätte, das Knacken der Rippen, bis sie sich auseinandergebogen hätten wie offene Flügel, und das Ausströmen der heißen roten Säfte auf dem blanken Zementboden? Statt dessen konzentrierte ich mich auf ein einziges Geräusch – nämlich das Eiswasser, das auf das Heu tropfte – und entspannte mich, bis ich weiterarbeiten konnte. Ich hatte den Ton als emotionalen Vorgang benutzt.

*Der Jaguar des Süßen Gelächters**

Wir öffnen unseren Mund, pressen Luft aus der Lunge in den Kehlkopf und durch eine Öffnung zwischen unseren Stimmbändern, die zu vibrieren beginnen. Und dann sprechen wir. Wenn die Stimmbänder schnell vibrieren, erscheint uns die Stimme höher, eine Tenor- oder Sopranstimme; wenn sie langsam vibrieren, hören wir eine Alt- oder Baßstimme. Es scheint so einfach zu sein, doch es kann zum Aufstieg oder Fall von Imperien beitragen; kann wichtig sein für Kinder, um bei den Eltern kleine Waffenstillstände zu erreichen; für Konzerne, um eine Nation zu kontrollieren, als ob sie ein großes aufblasbares Badewannenspielzeug wäre; für Liebende, um die emotionalen Stromschnellen der Werbung zu

---

* Ein Schöpfungsmythos im *Popol Vuh*, einem heiligen Buch der Maya, besagt, daß die ersten Menschen auf der Erde der »Jaguar des Süßen Gelächters«, der »Schwarze Jaguar«, der »Jaguar der Nacht« und »Mahucutah« waren. Sie hatten eines gemeinsam: Alle konnten sprechen.

überstehen; für Gesellschaften, um ihre kühnsten Träume oder tiefsten Vorurteile auszudrücken. Die Sprache zeichnet die Moderichtungen und Gefühle eines Volkes auf. Als Wilhelm der Eroberer 1066 England eroberte, brachte er französische Bräuche, Gesetze und die Sprache mit, und vieles davon ist noch heute in Gebrauch. Die klassenbewußte französische Elite hielt die unterjochten Angelsachsen für ungehobelt und grob und ihre Sprache für rauh und primitiv, zum einen, weil es kein Französisch war, zum zweiten, weil die Sprache so direkt war. Das aus dem Französischen abgeleitete Wort »transpirieren« wurde als gebildet angesehen, das angelsächsische »Schweiß« nicht; die französischen Worte »Urin« und »Exkrement« galten als vornehm, die angelsächsischen Begriffe »pissen« und »Scheiße« nicht. Das angelsächsische Wort für Lieben lautet »fuck«, »ficken« (aus dem Altenglischen *fokken*, »dagegen schlagen«), doch die Franzosen benutzten den Begriff »fornicate«, »Unzucht treiben« (aus dem lateinischen *fornix*, ein überwölbter Raum im Kellergeschoß in Rom, den Prostituierte mieteten; daraus wurde ein Euphemismus für Bordell und dann ein Verb, das »ein Bordell besuchen« bedeutete, und schließlich der im Bordell vollführte Liebesakt). *Fornix* steht in Zusammenhang mit *fornax*, ein »gewölbter Ofen aus Ziegeln«, was sich aus dem lateinischen *formus* ableitet, das lediglich »warm« bedeutet. So bedeutete »to fornicate«, »Unzucht treiben«, einen kleinen, warmen, unterirdischen Raum mit einer gewölbten Decke aufzusuchen. Dies entsprach der französischen Sensibilität offensichtlich mehr als die Vorstellung, »gegen jemanden zu schlagen«, was als zu tierisch und primitiv erschien, als typisch angelsächsisch.

Geräusche nehmen uns so gefangen, daß wir es lieben, wenn sich Worte reimen; es gefällt uns, wenn ihre Laute aneinander abprallen. Manchmal ziehen wir es vor, daß Worte genauso klingen wie ihr Inhalt, daß sie lautmalerisch sind: zischen, flüstern, zwitschern, schlittern, lallen, plumpsen. Das Wort »murmeln« bewirkt, daß wir es murmelnd aussprechen. Deshalb klingen auch diese Verse von Alfred Lord Tennyson so nach Sommertag:

Das Gurren der Tauben in uralten Ulmen,
und das Gesumme unzähliger Bienen.

Die Griechen nannten dieses Phänomen *onomatopoeia*,
doch es gibt so subtile Formen davon, daß sich ihr Ursprung
in der etymologischen Geschichte verliert. Zum Beispiel ist
das Wort »Poet« aus einem aramäischen Wort abgeleitet, das
das Geräusch von Wasser, das über Kieselsteine fließt, bezeichnet. Die Art, wie wir Worte betonen, charakterisiert
uns, gibt uns ein Gefühl nationaler oder regionaler Identität,
verwebt die rauhen Fäden der Betonungseigenarten der
Einwanderer zu einem geschmeidigen nationalen Gewebe.
Wenn die Menschen neue Vokabeln benötigen, um sich
neuen Aufgaben, neuen Gebieten oder sozialen Beziehungen zu stellen, entstehen Mischsprachen oder Dialekte. Sie
sind faszinierend, da man in ihnen die Entwicklung einer
vertrauten Sprache erkennen kann, etwas, das sich gewöhnlich Jahrhunderte hinzieht. Die Amtssprache auf den Bermudas ist Englisch, und die einheimische Bevölkerung wird
mit Ihnen in einem normalen Standardenglisch reden, das
mit Slang aus dem amerikanischen Fernsehen vermischt ist;
doch unter sich sprechen sie einen Dialekt, der zwar nicht so
gedrängt wie der jamaikanische ist, doch genauso geheimnisvoll und farbig.

Im Laufe der Zeit haben wir versucht, vielen verschiedenen Arten von Säugetieren beizubringen, wie Menschen zu
sprechen, aber obwohl wir bei Primaten, Delphinen und
Seehunden bescheidene Erfolge verzeichnen konnten, waren die Ergebnisse nicht gerade großartig. Unsere Fähigkeit
zu sprechen ist etwas Besonderes. Wir können aus dem
gleichen Grund sprechen, aus dem wir so leicht würgen:
Unser Kehlkopf liegt tief in der Kehle. Bei anderen Säugetieren liegt er weit oben in der Kehle, so daß sie während des
Essens weiteratmen können. Wir können das nicht. Das
Glanzstück des Bauchredners? Wenn er so tut, als trinke er
Wasser, und gleichzeitig seine Puppe reden läßt. Wenn wir
schlucken, schlüpft das Essen an der Luftröhre vorbei; wenn
es dort steckenbleibt, blockiert es die Luft auf dem Weg zur

Lunge. Viele von uns verschlucken sich oft, und jeder kennt das Gefühl, wenn man fast erstickt. »Es rutschte die falsche Kehle hinunter«, keuchen wir und heben vielleicht die Arme über den Kopf, um mehr Luft zu bekommen. Es gibt ein medizinisches Verfahren, das sich der in der Lunge gestauten Luft bedient, um das blockierte Essen aus der Luftröhre wieder herauszupumpen. Diese Nähe von Luft- und Speiseröhre ist recht ungünstig für uns. Im Laufe der Evolution muß die Sprache für das Überleben so bedeutend gewesen sein, daß sie das Risiko von Erstickungsanfällen wert war.

Selbst wenn andere Säugetiere einen tiefliegenden Kehlkopf hätten und eine Zunge, die so plaziert wäre, daß sie die gleichen Geräusche wie wir erzeugen könnten, würden sie einen speziellen Teil des Gehirns benötigen, das Brocasche Feld, um so zu sprechen wie wir. Mein letzter Anrufbeantworter hatte eine Computerstimme, die mir Informationen übermittelte und mir berichtete, was für Anrufe gekommen waren. Ich nannte ihn »Gort«, nach dem Roboter in dem alten Science-fiction-Film *Der Tag, an dem die Erde stillstand* von Michael Rennie, weil seine stark abgeflachte männliche Stimme – halb Zombie, halb Butler – an den Film erinnerte. Doch wenn die Stromspannung schwankte, geriet Gorts Logik durcheinander, und er wurde so unzuverlässig, daß ich ihn schließlich aus dem Verkehr ziehen mußte. Mein neues Gerät, das ich »Gertie« taufte, spricht mit noch flacherer, aber diesmal weiblicher Stimme, mit einer Stimme, die sich unkultiviert anhört. Wenn sie in Aktion sind, hören sich Gort und Gertie unterwürfig und harmlos an, und ich vermute, der Hersteller war wohl der Meinung, daß dies ein Pluspunkt sei. In den Cockpits großer Flugzeuge habe ich die Computerwarnung durch den Lautsprecher gehört – es war fast immer eine leicht erotische Frauenstimme*, die zu dem Piloten so wichtige Dinge sagte wie: »Fliegen Sie höher! Sie sind zu tief. Fliegen Sie höher, Sie sind zu tief« oder »Ihre Landeklappen sind unten«. Diese Cockpitstimmen klingen

---

* Untersuchungen haben gezeigt, daß die ruhige Stimme einer Frau schneller die Aufmerksamkeit des Piloten erregt als die eines Mannes, der ruhig spricht, oder eines Mannes oder einer Frau, die laut sprechen.

etwas lebendiger, weil sie Höhen und Tiefen haben, doch im allgemeinen hören sich Computerstimmen immer noch künstlich an. Ich bin überzeugt, daß sich das sehr bald ändern wird, und wir werden dann einen freundlichen Schwatz mit deutlich sprechenden Computern wie Hal in dem Film *2001* von Arthur C. Clarke haben. Es dauert nur so lange, weil die Sprache mehr ist als die Summe der Laute. Wir können Menschen verstehen, die so schnell sprechen, daß sich die Phoneme verwischen, oder so langsam, daß sie sich auseinanderziehen, oder auch in unterschiedlicher Tonlage und mit unterschiedlichem Akzent. Wir sind erstaunlich flexibel, wenn es um das Verstehen eines anderen geht, auch wenn wir uns gelegentlich anstrengen müssen.

*L*aute Geräusche

Vor ein paar Jahren nahm ich im Herbstsemester eine Gastprofessur an einem College in einer kleinen Stadt in Ohio an. Die einzige Unterbringungsmöglichkeit für Auswärtige war ein Appartement im Wohnheim der Studenten im 2. Collegejahr, für die die Tatsache, daß eine Frau mitten unter ihnen wohnte – wenn auch so unauffällig wie möglich –, eine zu große Versuchung darstellte. Es herrschte immer noch eine Gluthitze, und fast jede Nacht machte sich jemand am Sicherungskasten vor meiner Tür zu schaffen und schraubte die Sicherungen heraus, so daß meine Klimaanlage und andere elektrisch betriebene Geräte mit lautem Knall aussetzten. Wenn ich die Tür öffnete, um die Sicherungen wieder einzusetzen, hörte ich auf dem Gang Gekicher und Getrippel. Wann immer ich am Türspion vorbeikam, starrte ein Auge herein. Also klebte ich einen Streifen darüber. Zweimal wachte ich auf und entdeckte einen jungen Mann, der kopfüber vor meinem Wohnzimmerfenster hing und mein Fernsehkabel anzapfte, so daß ich fast kein Bild mehr hatte. Und jeden Morgen um neun begann unweigerlich ein Höllenspektakel mit Heavy-Metal-Rock, der bis in die Nacht hinein anhielt. Wenn ich eines dabei lernte, dann, daß

Jungs im 2. Collegejahr nur aus Lautstärke und Testosteron bestehen. Nicht nur, daß ihre Musik durch die Wände drang, es war auch physisch qualvoll, durch die Gänge zu gehen, dem hämmernden Geräusch entgegen, und dann, um an eine Tür zu klopfen, eine Hand vom Ohr nehmen zu müssen. Gewöhnlich betrat man ein rauchiges Zimmer, wo Mädchen schnell Kleidung und Frisur in Ordnung brachten und Alkohol und Drogen hastig verschwanden. Der teuflische Lärm schien niemanden zu stören. In dieser Lautstärke war die Musik kaum mehr als solche erkennbar. Zum Teil waren sie wohl schon halb taub geworden, wie dies heute häufig bei den Fans lauter Rockmusik der Fall ist. Doch viele Teenager lieben es, Musik in solch verzerrender Lautstärke zu hören, wo sie nichts anderes mehr ist als laut. Ich denke, daß dies irgendwie erotisch auf sie wirken muß. Leider kann das Gehör durch Überlautstärke für immer zerstört werden. Wissenschaftler haben Aufnahmen von Haarzellen der Ohrschnecke gemacht, die, nachdem sie ein einziges Mal lauter Musik ausgesetzt wurden, für immer zerstört waren.* Wenn man an einem beschaulichen Nachmittag an einem ruhigen Ort oder auf den Straßen einer geschäftigen Stadt ein Radiooder Tonbandgerät in voller Lautstärke spielt, dann steckt dahinter vermutlich mehr Aggression und Herrschaftsgebahren als Liebe zur Musik: Jeder, der in Hörweite ist, wird in seiner Privatsphäre gestört, in seiner Ruhe beeinträchtigt.

Arlene Bronzaft, eine Psychologin, fand heraus, daß »Aggressionen gesteigert und normales Verhalten beeinträchtigt werden« wenn Kinder ständig Lärm ausgesetzt sind. In einer Studie über Schüler der Klassen 2 bis 6 an einer Grundschule in Manhattan zeigte sie, daß Kinder in Klassenzimmern, die Bahngleisen gegenüberlagen, im 6. Jahr beim Lesen elf Monate hinter ihren Kameraden zurückgeblieben waren, die im ruhigen Teil des Gebäudes untergebracht waren. Nach

---

* Finnische Wissenschaftler, die sich mit Ernährung und Herzkrankheiten beschäftigten, entdeckten, daß eine fettarme Ernährung das Gehör verbessern kann. Offensichtlich können ein hoher Cholesterinspiegel, hoher Blutdruck, Rauchen und zuviel Koffein nicht nur den Kreislauf beeinträchtigen, sondern auch die Blutversorgung des Ohres behindern. Als Ratten bei fettarmer Ernährung lauten Geräuschen ausgesetzt waren, waren die Hörschäden geringer.

dem die städtische Verkehrsbehörde geräuschdämpfende Vorrichtungen an den Schienen angebracht hatte, ergab eine anschließende Studie keinen Unterschied mehr zwischen den beiden Gruppen. Eltern machen sich keine großen Gedanken darüber, auf welcher Seite des Gebäudes ihr Kind untergebracht ist, doch ein Rückstand von elf Monaten in nur vier Jahren ist katastrophal. Ein Kind würde alle Mühe haben, das aufzuholen. Und dann fragen wir uns, weshalb die Kinder nicht lesen können und weshalb in New York Schulversagen so häufig ist. Preßlufthämmer und anderer Bauarbeiterlärm gehören in den Großstädten zum Alltag, doch wenn man die Baustelle mit stählernen Netzen umgibt, kann ein Gebäude leise gebaut werden. Bei fortschreitender Zivilisation könnten sogar die Erholungsräume auf dem Land zu laut werden, und wir könnten extreme Lösungen brauchen, um Frieden und Ruhe zu finden: ein stiller Park in der Antarktis oder ein unterirdisches Wochenendhäuschen.

Wenn wir an Lärm denken, stellen wir uns Lautsprecher vor oder Radios, die sich anhören wie Geschütze an vorderster Front, oder donnernde Untergrundbahnen. Was ist Lärm? Sind es lediglich die Töne, die über der Schmerzschwelle liegen? Technisch gesehen ist Lärm ein Geräusch, das alle Frequenzen enthält. Es ist im akustischen Bereich das, was die Farbe Weiß beim Licht ist. Doch Geräusche, die uns ärgern, sind Töne, die laut oder grell genug sind, um das Ohr zu schädigen. Da Lärm uns nervlich belastet oder uns tatsächlich weh tut, möchten wir ihm entkommen. Doch es gibt auch harmlose Töne, die wir einfach nicht mögen und die wir ebenfalls als Lärm bezeichnen. Musikalische Dissonanz ist ein Beispiel. Als Arnold Schönbergs revolutionäre *Verklärte Nacht* 1899 zum ersten Mal aufgeführt wurde, empfand man sie mehr als Lärm denn als Musik. »Was für ein Lärm«, brüllt ein Flugpassagier einem anderen über den engen Gang eines kleinen Zubringerflugzeugs zu, wenn die Propeller erst wie der Bohrer des Zahnarztes surren und dann zum hämmernden Geräusch werden. Wenn jemand mit den Fingernägeln über eine Wandtafel schrammt, zukken wir zusammen. So viele Menschen auf der ganzen Welt bekommen eine Gänsehaut, wenn sie dieses Geräusch hören, so daß es sich nicht nur um eine erlernte Reaktion handeln kann, sondern einen biologischen Grund haben muß. Neurologen haben vermutet, es könnte sich um ein Relikt unserer Evolution handeln, als schrille Schreckensschreie eine plötzliche Gefahr anzeigten. Oder vielleicht hört es sich eher wie das sanfte Geräusch der Klauen des Raubtiers an, das sich direkt hinter uns am Felsen festkrallt.

Die Grenzen des Hörens und die Macht des Klangs

In der Jugend können unsere Ohren Frequenzen zwischen 16 und 20 000 Hertz wahrnehmen – fast zehn Oktaven-, und das umfaßt eine ganze Skala von Tönen. Das mittlere C beträgt lediglich 256 Hertz, während die Hauptfrequenzen der menschlichen Stimme zwischen 100 Hertz bei Männern und 150 bei Frauen betragen. Wenn wir altern und das Trommelfell dicker wird, gelangen Hochfrequenztöne nicht mehr so leicht zwischen den Knochen zum Innenohr, und allmählich sind wir nicht mehr in der Lage, die hohen und tiefen Töne zu unterscheiden; dies betrifft besonders die hohen, was wir feststellen können, wenn wir unsere Lieblingsmusik hören. Wir Menschen können niedere Frequenzen nur schlecht hören, was durchaus positiv ist. Denn wenn wir es könnten, würden die Geräusche unseres eigenen Körpers so überlaut wirken, als ob wir direkt neben einem Wasserfall säßen. Doch auch wenn wir auf eine bestimmte Hörskala beschränkt sind, sind wir recht geschickt darin, unsere Sinne zu erweitern. Ein Arzt hört das Herz des Patienten mit dem Stethoskop ab. Wir befestigen an allen möglichen Stellen Mikrofone: unter Booten, um den Gesang der Wale aufzunehmen, und innerhalb des Körpers, um den Blutstrom aufzuzeichnen. Wir »hören« mit Radioteleskopen in die tiefen Schichten von Raum und Zeit. Fledermäuse und Große Tümmler (eine Delphinart) setzen auf ausgeklügelte Weise Geräusche ein, die wir nicht hören können und die wir später erfunden haben. Die Ärzte benutzen oft eine Art Echoton oder Ultraschall, der aus über 20000 Hertz besteht, um Tumore zu diagnostizieren. Das erste, was eine Schwangere von ihrem Baby sieht, sind dessen Umrisse auf einem Monitor. Ingenieure benutzen den Ultraschall, um die Flugtüchtigkeit von Flugzeugteilen zu testen. Juweliere benutzen ihn zur Reinigung kostbarer Edelsteine. Sportmediziner heilen damit Verstauchungen. Und natürlich verwendet die Marine den Ultraschall bei U-Booten, auch wenn man hier von Sonargeräten spricht. Sie können für Ihren Hund oder Ihre Katze ein Flohband kaufen, das die Flöhe durch einen Hochfrequenzton abschrecken soll. Wir sagen »ich bin ganz Ohr«, doch wir heben dabei unseren Kopf oder halten eine Hand hinter das Ohr um nachzuhelfen, und wenn das Gehör nachläßt, unterstützen wir es mit kleinen Hörgeräten. Die ursprünglichen Hörgeräte waren so groß wie Lampenschirme und verstärkten nur um zwanzig Dezibel; jetzt sind sie klein und diskret und viel leistungsfähiger. Doch auch wenn sie das Hörfeld erweitern, treffen sie keine Auswahl, was aus der Palette der Geräusche hörenswert ist.

Auf einer Intensivstation für Herzkranke befindet man sich in einem Dschungel von Drähten und Monitoren. Kleine Lichter funkeln wie die Augen von Raubtieren, und die Rastlosigkeit der menschlichen Herzen äußert sich durch winzige monotone Pieptöne. Wenn ein Herz zu rasseln anfängt, vernehmen hellhörige Techniker den veränderten Ton und eilen herbei. Doch Wissenschaftler der Universität von Michigan arbeiten an komplexeren und subtileren Monitoren, die nicht nur Pieptöne hervorbringen, sondern verschiedene Noten erklingen lassen. Die wechselnde Melodie eines Herzens könnte dann wertvolle Aufschlüsse über seine Verfassung geben. Da wir es gewohnt sind, das Herz mit Geräuschen zu assoziieren, erscheint uns dies durchaus nicht an den Haaren herbeigezogen. Anders verhält es sich mit dem zweiten Vorschlag der Wissenschaftler, nämlich Töne einzusetzen, um damit chemische Abnormitäten im Urin eines Patienten zu hören. Ihre Studien über das musikalische Pinkeln haben ihnen endlosen Spott eingetragen.

Wir betrachten den Klang als etwas Schwereloses, das leichter als die Luft ist, als etwas Nicht-Substantielles. Doch bei der Firma Intersonics Inc. in Northbrook, Illinois, hat man angefangen, mit Hilfe von Tönen Dinge hochzuheben; man nennt dies »akustisches Heben«. Bis jetzt wurden die meisten Gegenstände aerodynamisch oder elektromagnetisch gehoben. Ultraschall kann Gegenstände hochheben. Vier akustische Umwandler, die Ultraschallwellen ausstrahlen, werden so aufgestellt, daß ihre Strahlen auf einen zentralen Punkt zielen. An der Stelle, wo sich die Strahlen treffen, entstehen unsichtbare Haken, an denen kleine Gegenstände aufgehängt werden können. Obwohl dieser Ton lauter als ein Jet ist, hören ihn Erwachsene nicht. Während sie dahingleiten, verspüren die Gegenstände keinerlei akustische Kraft, doch wenn sie an den Rand des Feldes abdriften, werden sie von der »Klangpolizei« an ihren Platz zurückgeschubst. Die Gegenstände spüren den Käfig erst, wenn sie ihn verlassen wollen; bis dahin scheinen sie im Zauberreich der fliegenden Teppiche zu schweben. Aber für die Industrie ist dies keine Spielerei, denn dieses ideale Behältnis ermöglicht es, einen Gegenstand an Ort und Stelle zu halten, ohne ihn zu berühren oder zu infizieren. Ultraschallwellen sind stark genug, um einen kleinen Raum auf Sonnentemperatur aufzuheizen oder Moleküle zu zerstören und wieder zusammenzusetzen; ganze Schichten davon können wie Pfannkuchen aufeinandergelegt werden. Die Wissenschaftler hoffen, den Ultraschall dazu benutzen zu können, eine neue Art von Gläsern zu schaffen – zum Beispiel völlig identische Glaskapseln für den Wasserstoff in Atomreaktoren, Linsen für Metallegierungen, fantastische Elektronikteile und Supraleiter. Eine wahrscheinliche Anwendung werden Herstellungsmöglichkeiten im Weltraum sein: 1983 und 1985 waren »Überschall-Levitations-Öfen« an Bord der Raumfähren. Damit könnten neue Metallegierungen aus äußerst hitzebeständigen Materialien hergestellt werden, da kein Schmelzofen nötig wäre.

Taubheit

John Cage kam einst aus einem schalldichten Raum und erklärte, daß es keine absolute Stille gebe. Auch wenn wir die Außenwelt nicht hören, vernehmen wir das Rascheln, Pochen und Brodeln unseres Körpers, außerdem Brummen, Klingeln und Quieksen. Taube äußern sich oft über die Vielfalt von Tönen, die sie vernehmen. Viele, die medizinisch als taub gelten, können Maschinenfeuer, Tiefflieger, Preßluftbohrer, Motorräder und andere laute Geräusche hören. Die Taubheit schützt sie nicht vor Ohrenkrankheiten, da die Menschen die Ohren für mehr als das bloße Hören benutzen. Wie jeder, der einmal eine Mittelohrentzündung hatte, weiß, besteht eine der Hauptaufgaben des Ohres darin, für das Gleichgewicht zu sorgen; das Innere der Ohren funktioniert wie ein biologisches Gyroskop. Im Innenohr informieren halbkreisförmige Kanäle (drei mit Flüssigkeit gefüllte Röhren) das Gehirn, wann und wie sich der Kopf bewegt. Wenn Sie ein Glas halb mit Wasser füllen und es im Kreis drehen, dreht sich das Wasser, und selbst wenn Sie damit aufhören, dreht sich das Wasser noch eine Weile weiter. Wenn wir von einem Karussell gestiegen sind, fühlen wir uns noch eine ganze Weile benommen. Nicht alle Tiere können hören, doch sie müssen alle wissen, welchen Weg sie einzuschlagen haben. Wir stellen uns Taube immer als Menschen ohne Ohren vor, doch Ohrenkrankheiten sind sie genauso ausgesetzt wie Menschen mit normalem Gehör.

Trotz der Volksweisheiten über die Wichtigkeit des Gehörs (wozu auch der zweitausend Jahre alte Satz des Stoikers Epiktet gehört: »Gott gab den Menschen zwei Ohren, doch nur einen Mund, damit sie doppelt soviel hören wie sprechen«), würden die meisten Menschen, vor die Wahl gestellt, lieber das Gehör einbüßen als die Sehkraft. Doch Menschen, die taub und blind sind, bedauern oft den Verlust des Gehörs viel stärker. Vermutlich hat dies niemand so überzeugend ausgedrückt wie Helen Keller:

Ich bin so taub, wie ich blind bin. Die Probleme der Taubheit sind tiefschürfender und komplexer, eigentlich gravierender als jene der Blindheit. Die Taubheit ist das größere Unglück. Denn sie bedeutet den Verlust des vitalsten Stimulus – des Klangs der Stimme, der die Sprache übermittelt, Gedanken anregt und uns am intellektuellen Leben der Menschen teilnehmen läßt. Wenn ich nochmals auf die Welt käme, würde ich noch viel mehr für die Tauben tun, denn Taubheit ist nach meiner Erfahrung eine viel stärkere Behinderung als Blindheit.*

Es gibt umfassende Literatur über Taubheit. Schriftsteller und Philosophen von Herodot bis Guy de Maupassant haben über ihre eigene Taubheit oder die von Freunden und Geliebten voller Akribie, Eloquenz und Liebenswürdigkeit geschrieben. Der interessierte Leser kann sich Brian Grants Anthologie *The Quiet Ear* vornehmen, einen Abriß über die Taubheit im Laufe vieler Jahrhunderte und in vielen Kulturen. Mark Medoff hat das eindrucksvolle Stück *Children of a Lesser God* geschrieben, nach dem vor kurzem ein ebenso eindrucksvoller Film gedreht wurde. Meine beiden Lieblingsbücher über die Taubheit sind: *Deafness: A Personal Account*, eine Autobiographie des Dichters David Wright, und *Words for a Deaf Daughter*, eine persönliche Schilderung des Romanautors Paul West. Von Wright erfahren wir, daß seine Welt, obwohl sie arm an Lauten ist, »selten stumm *erscheint*«, da sein Gehirn Bewegungen in das angenehme Gefühl von Tönen verwandelt:

> Angenommen, es ist ein ruhiger Tag, absolut still, kein Zweig knackt, kein Blatt raschelt. Mir erscheint er so stumm wie ein Grab, obwohl die Hecken voller lauter, aber unsichtbarer Vögel sind. Dann kommt eine Brise, die ein Blatt bewegt; ich sehe und höre dann diese Bewegung wie einen Ausruf. Die vermeintliche Geräuschlosigkeit ist unterbrochen. Ich sehe, als ob ich es hören würde, das Geräusch des Windes, der über die Blätter streicht.

---

* in einem Brief vom 31. März 1910 an Dr. J. Kerr Love.

Manchmal muß ich mich gewaltsam daran erinnern, daß ich nichts höre, da es nichts zu hören gibt. Solche Nicht-Töne schließen den Flug und die Bewegung der Vögel mit ein, sogar die Bewegung der Fische im klaren Wasser oder im Aquarium. Ich überlege, daß der Flug der meisten Vögel wohl stillschweigend vonstatten gehen muß, zumindest aus der Ferne. Doch er *erscheint* hörbar, da jede Art von Lebewesen eine unterschiedliche »Augenmusik« bietet, von der nonchalanten Melancholie der Seemöwen bis zum Stakkato flatternder Meisen...

Wests Buch *Words for a Deaf Daughter* steht oft auf dem Collegelehrplan, aber nicht nur, wie man meinen könnte, in Kursen für oder über Taube. Dieses schön geschriebene Buch voller Witz und Einsicht spricht auch Philosophie- und Literaturstudenten als überschäumende Hymne an die Sprache und das Leben an. Und im Gegensatz zu vielen Berichten über behinderte Kinder ist es keineswegs rührselig, sondern schildert lebhaft und voller Poesie den Kampf, den wir alle kämpfen müssen, um uns selbst kennenzulernen und den anderen zu erkennen zu geben. Diese Bücher gewähren uns Einblick in die Seele der Tauben, was gut ist, da viele Menschen annehmen, daß Taube, insbesondere wenn sie nicht lesen oder schreiben können, anders denken, sich in einem Niemandsland zwischen Idee und Wort bewegen. Doch wie die Literatur zeigt, finden Gedanken und Gefühle auf einfallsreiche Weise Ausdrucksformen; sie sprechen von der Stille der inneren Welt, in der Worte »gehört« werden können.

*T*iere

Ein altes chinesisches Sprichwort sagt: »Ein Vogel singt nicht, weil er eine Antwort weiß – er singt, weil er ein Lied weiß.« Wenige Tierlaute sind so schön wie der Gesang der Vögel. Wenn Sie einmal gehört haben, wie der Schreiende Ziegenmelker den Bumerang seiner Stimme über das Sommersumpfland geworfen hat, spüren Sie Dankbarkeit, daß

Sie dies haben hören dürfen. Jungvögel können noch nicht singen, sie müssen es erst von ihren Eltern lernen. Wenn Sie Vögel fern von ihren Eltern aufziehen und ihnen ein Lied vorsingen würden – die ersten Takte von Beethovens Neunter zum Beispiel –, dann würden sie dies nachzwitschern, und die Nachbarn würden sie vermutlich »die Beethoven-Vögel« nennen. Bis sie es raushaben, wie man richtig singt, plappern sie so dahin und machen viel Lärm, der nichts zu bedeuten scheint. Genau wie Menschenbabys entdecken sie mit Schrecken, daß sie Töne erzeugen können. Schließlich lernen sie, die Töne zu kontrollieren, und beginnen zu üben. Die Stimme ist ein kunstvolles Instrument, das man benutzen kann, ohne viel darüber zu wissen. Doch um es sinnvoll zu gebrauchen, muß man seine Grenzen und Möglichkeiten kennen. Deshalb das Plappern. Die Vögel sprechen, genau wie die Menschen, Dialekte. Eine Krähe aus New Hampshire, die nie über ihre Heimat hinauskam, wird nicht auf den Ruf einer Krähe aus Texas antworten, doch Krähen aus verschiedenen Gegenden können lernen, sich zu verständigen, wie Geiger aus verschiedenen Staaten, wenn sie zu einem Treffen zusammenkommen.

Einige Tiere hören höhere oder tiefere Töne als wir, und zwar mit erstaunlicher Schärfe und Feinheit. Ein Hund kann zwischen den Schritten seines Herrchens und denen anderer Familienmitglieder oder Besucher unterscheiden. Meine Familie hatte einst einen Hund, der aus dem Verkehrslärm vor unserem Haus den Motor des Wagens meiner Mutter identifizieren konnte. In Kaufhäusern in den USA kann man jetzt Vorrichtungen kaufen, die wie kleine Miniaturnebelhörner aussehen und die man auf beiden Seiten des Wagens befestigt. Wenn der Wagen ungefähr 55 Kilometer in der Stunde fährt, erzeugt der Wind, der über die Hörner streicht, einen hohen Pfeifton, der Wild, Hunde oder andere Tiere warnt. Er ist zu hoch, um das menschliche Ohr zu behelligen, doch für einen Hund, der gerade auf der Straße ein Nickerchen macht, hört er sich wie eine Alarmsirene an. Das Wild verhält sich fast lautlos, doch es hört gut. Einem Wissenschaftler in Neuseeland gelang es vor kurzem, Rehe durch das Imitieren des werbenden Röhrens eines Hirsches paarungsbereit zu machen. Fische besitzen außen am Körper keine Ohren, doch sie hören Vibrationen durch das Wasser, wie wir Töne durch die Luft hören. Einige Tiere können ihre Ohren wie kleine Radarscheiben verstellen, ohne dabei den Kopf zu bewegen. Ich habe Wild, Katzen und Pferde dabei beobachtet, wie sie mit den Ohren optisch ganze Melodien zuckten. Aufgrund einer weisen Anordnung ihrer Ohren – das eine steht etwas höher als das andere – können Nachteulen einen Ton ganz genau orten, und ihr Gefieder ist weich umsäumt, um das Geräusch des Anflugs beim Jagen abzudämpfen. Vielleicht wäre es praktischer, nur ein Ohr in der Mitte zu besitzen, doch die Tatsache, daß man zwei besitzt, erleichtert es, einen Laut zu lokalisieren, ebenso wie zwei Augen räumliches Sehen ermöglichen. Die afrikanischen Elefanten haben große Schlappohren, die hauptsächlich Geräusche von unten aufnehmen, und sie erzeugen Infraschall niederer Frequenz, der zu tief ist, als daß wir ihn hören könnten, der ihnen aber zur Kommunikation dient.* Die Insekten haben oft Ohren an ungewöhnlichen Stellen, zum Beispiel an den Beinen oder unter den Flügeln.

Ich kannte eine alte Katze, die, wenn sie paarungsbereit war, ständig miaute, durch die Wohnung schlich und als Aufforderung zur Paarung den typischen Katzenbuckel machte. Zu den schönsten Tiergeräuschen gehören die der Baumfrösche auf den Bermudas in Puerto Rico und anderen Sonneninseln. Diese Frösche, die oft nur zweieinhalb Zentimeter lang sind, erfüllen die Nacht mit Lauten, die an das süße Spiel einer Harfe erinnern. Man nimmt an, daß die Coqui-Frösche in Puerto Rico Töne über ihre Lungen lokalisieren. Klangwellen berühren den Froschkörper seitlich und gelangen über die Lungen zum Trommelfell. In unserer Zeit der Superspezialisierung unterstellen wir, daß sich auch der

---

* In einem Brief an den Herausgeber des *National Geographic* schrieb Armand E. Singer im Dezember 1989: »Ich ritt im Dschungel in Nepal auf einem Elefanten, als ich in so tiefer Tonlage, daß es fast unhörbar war, ein vages, dumpfes Geräusch vernahm, wie das eines weit entfernten Dieselmotors. Es stellte sich heraus, daß es von meinem Elefanten stammte, der damit seine Angst vor einem Nashorn in der Nähe ausdrückte, das er gewittert hatte.«

Körper spezialisiert und daß jeder Teil einen bestimmten Zweck zu erfüllen hat. Doch tatsächlich haben einige Teile mehrere Aufgaben. Nicht nur Frösche, sondern auch einige Schlangen und Echsen hören über die Lungen. Bei den Delphinen wandert der Klang vermutlich durch einen mit Öl gefüllten Unterkiefer. Nicht allen Tieren dienen Töne nur zum Hören. Pottwale, Tümmler und andere Tiere könnten sie auch als Waffe benutzen. Man vermutet, daß sie ihre Beute mit lauten »Bangs« erschrecken, was bei kleinen Fischen wie Sardellen sogar innere Blutungen auslösen kann.

Heute nacht sind die Grillen laut und außer Rand und Band, reiben ihre Flügel gegeneinander und erzeugen schrille Töne. Sie scheinen alle im Chor zu singen, doch das ist lediglich ein glücklicher Zufall. Ich kann nicht hören, wie sie sich untereinander verständigen, da Grillen im Bereich des Ultraschalls miteinander kommunizieren, der für menschliche Ohren zu hoch ist. Was ich höre, sind für sie unbedeutende Töne, die durch die Reibung ihrer Flügel verursacht werden. Wenn ich das Zirpen aufnehmen und den Grillen vorspielen würde, würden sie nicht darauf reagieren. Die Tiere scheinen ihre eigenen Klangebenen zu haben, auf denen sie kommunizieren und für die ihre Ohren am empfänglichsten sind. Sonst müßten sie die ganze Zeit schrille Töne ausstoßen, um sich inmitten des Lärms der anderen Tiere Gehör zu verschaffen.

Es gibt akustische Nischen. Die Natur gewährt den Tieren ein Refugium der Ungestörtheit, wenn es um die eigene Art geht.* Sonst würde ein Warnruf an die Artgenossen auch einen Feind auf den Plan rufen. Natürlich funktioniert dies nicht immer wunschgemäß. Eine Fledermaus in Mittelamerika, die eine Vorliebe für eine bestimmte Froschart hat, findet ihre Beute nach dem Gehör. Sie lauscht dem Lockruf

* Wie es auch am Himmel Nischen gibt, nämlich Flughöhen, die Vögel, Fledermäuse, Insekten und andere fliegende Tiere bevorzugen (Blaue Eichelhäher fliegen in der Wanderzeit tagsüber tief; Küstenvögel fliegen bei Nacht hoch), so daß die Konkurrenz untereinander nicht so stark ist.

des männlichen Frosches und weiß, daß, je lauter er ist, desto draller und saftiger der Leckerbissen sein wird. Dies versetzt den Frosch in eine mißliche Lage. Von sexuellem Verlangen getrieben, muß er in einer schwülen Tropennacht laut singen, um eine Partnerin anzulocken, womit er Gefahr läuft, auch die hungrige Fledermaus herbeizulocken. Aber wenn er nicht laut genug singt, kommt gar niemand.

An einem Dezembertag fuhr ich mit dem Fledermaus-experten Merlin D. Tuttle zur Bracken-Höhle in Texas, wo Millionen von Fledermäusen mit ihrem Nachwuchs leben. Kurz vor Sonnenuntergang nahmen wir auf dem natürlichen Amphitheater aus Stein vor der Höhle Platz und warteten auf das erregende Schauspiel, das uns bevorstand. Als sich der Himmel rot färbte, flogen ein paar Fledermäuse aus der Höhle heraus, drehten ein paar Runden, um Höhe zu gewin-nen, und flogen in die Nacht davon, auf der Suche nach Beute. Dann folgten die nächsten und immer mehr und mehr, bis sich der Himmel dunkel färbte. Merlin und ich spürten die Luftbewegung, die sie verursachten, als sie uns durch Echoortung ausmachten und dicht an unserem Kopf vorbeiflogen, ohne uns zu berühren. Dann machte Merlin eine schnelle Armbewegung und holte eine Fledermaus aus der Luft. Wir suchten nach den Vorrichtungen für die Echo-ortung, die sich offensichtlich sogar auf der Gesichtshaut befanden: kleine Falten und Lappen, die wie Radarschüs-seln funktionieren.

Die Fledermäuse pfeifen oder locken ihre Beute mit ho-hen Schnalzlauten an. Für die meisten von uns ist ihre Tonlage zu hoch, um sie zu hören, da sie bei Fledermäusen durchschnittlich 50000 Hertz beträgt. In unserer Jugend konnten wir nur Laute bis 20000 Hertz vernehmen. Fleder-mäuse schnalzen zehn- bis zwanzigmal pro Sekunde, und der Fledermausdetektor, den die Zoologen benutzen, über-trägt die Ultraschallgeräusche in Triller- und Schnalzlaute, die für das menschliche Ohr vernehmbar sind. Wie geflügelte Megaphone senden die Fledermäuse ihre Töne hinaus und hören dann, welche Töne als Echo zu ihnen zurückkehren. Wenn sie ihre Beute näher einkreisen, kommen die Echos schneller oder lauter, und die Fledermaus erkennt an den Intervallen zwischen den Echos, wie nah sich die Beute befindet. Die Fledermaus kann zwischen den klaren Echos, die von einer Wand aus Ziegelstein oder vom Boden abprallen, und den fließenden Echos einer Blume oder eines Blatts unterscheiden. Sie kann ein vollständiges Echobild ihrer Welt errichten, eine Leinwand, auf der alle Gegenstände und Tiere im einzelnen erscheinen, je nach Beschaffenheit, Bewegung, Größe und Entfernung. Wenn Sie in einem Hof voller Fledermäuse stehen und es sehr ruhig ist, sind die Fledermäuse in Wirklichkeit sehr laut, Sie hören sie nur nicht. In seinem Buch *The Scale of Nature* macht der Biologe John Tyler Bonner mit einem Bild deutlich, was Echoortung bedeutet:

Wir fuhren einmal im Nebel durch den Pugetsund an der kanadischen Grenze. Die Fahrrinne zwischen den San-Juan-Inseln ist sehr eng, trotzdem konnte man weder das eine noch das andere Ufer sehen. Der Fährmann bat zuerst alle Mütter höflich, ihren Kindern zu sagen, sie sollten sich die Ohren zuhalten. Dann blies er in sein Horn, wobei er sich auf der einen Seite aus dem Ruderhaus lehnte; dann wiederholte er den Vorgang auf der anderen Seite. Indem er die Zeit maß, die das Echo benötigte, konnte er seine Entfernung zum Ufer abschätzen. Er schien bei diesem Vorgang viel gelassener als ich.

Die Echoortung ist nur einer der vielen Tierlaute, die sich unserem Gehör entziehen. Die Gottesanbeterin benutzt Ultraschall, Elefanten und Krokodile Infraschall. Wenige Verhaltensweisen von Tieren sind so aufregend wie der »Wassertanz« eines männlichen Alligators. Er steckt den riesigen Kopf aus dem Wasser, plustert sich auf wie ein Bodybuilder, dann dröhnt ein donnernder Blasebalg los, das Wasser spritzt hoch um seinen Körper und glitzert dabei wie Diamanten. Wir sehen den Wassertanz, doch die anderen Alligatoren hören das Infraschallsignal, das nur von den Männchen erzeugt wird und vermutlich als Brautwerbung oder als verächtliches Schnauben gegenüber den übrigen männlichen Artgenossen dient. Auch weibliche Alligatoren brüllen und schütteln den Kopf hin und her, doch sie führen keinen Wassertanz auf. Die Botschaft lesen sie aber wie gewiefte Codeknacker. Und gelegentlich vollführt ein Männchen, das voller Verlangen ist, einen regelrechten Reigen von bis zu acht bis neun Wassertänzen – in einem langen, sehnsuchtsvollen Ballett.

Die meisten Unterwassertöne vermögen wir nicht zu hören und nehmen deshalb an, daß die großen Meere ruhig sind, was keineswegs der Wirklichkeit entspricht. Leonardo da Vinci schlug einst vor, ein Ruder ins Wasser zu tauchen, ein Ohr an den Griff zu legen und zu lauschen. Fischer in Westafrika und in der Südsee entdeckten den gleichen Trick. Wenn man das Ruder als eine Art Hörrohr benutzt, kann man die Geräusche der Unterwasserwelt hören. Einige Fische sind sehr geräuschvoll. Trommelfische und andere Fische erzeugen Geräusche mit ihren Schwimmblasen; Unken grunzen so laut, daß die chinesischen Fischer bei Nacht aufwachen; der Krötenfisch brummt, Tümmler quietschen wie schlecht geölte Bürostühle; Grönlandwale schnurren, und Buckelwale veranstalten ein richtiges Liederfest. Das Meer sieht stumm aus, ist aber in Wirklichkeit voller Tierlaute, und ist außerdem erfüllt vom Brausen der Brandung, dem Lärm der Schiffe und den umherziehenden Stürmen, die an die Atmosphäre des Wassers gebunden sind wie unsere Sprache an die Luft.

Wie leer doch die Welt ohne Tiergeräusche wäre! Amseln, die wie Philosophen disputieren; Pferde, die auf weichem Gras galoppieren; Krähen, die sich anhören, als ob sie in den Bäumen erstickten; zwitschernde Meisen, die kopfüber an den Ästen hängen; Elche, deren Röhren wie ferne Video-Kriegsspiele klingen; das metallische »Ping« der Nachteulen; das Zirpen des Grillennachwuchses; das elektrisch klingende Surren hungriger weiblicher Moskitos; oder auch der Morsecode der Buntspechte.

Treibsand und Walgesänge

Ich sitze auf Bermuda am Strand und beschließe, in einem Glas Treibsand herzustellen. Zuerst fülle ich das Glas teilweise mit Sand, gieße Wasser nach, bis dieses den Sand bedeckt, und schüttle das Ganze kräftig. Man glaubt, festen Sand vor sich zu haben, doch wenn ich einen Finger hineinstecke, versinkt er schnell. Treibsand ist eine Aufschwemmung von Sand im Wasser, Sand, der so gesättigt ist, daß er wie ein Milchshake fließt – etwas Vorübergehendes, keine ständige Falle. In Gruselfilmen sieht man, wie jemand einen falschen Schritt macht, tief einsinkt, immer weiter versinkt und dann erstickt. Aber dies passiert nur, wenn man so in Panik gerät, daß der Körper untergeht, man Wasser schluckt und einatmet und folglich ertrinkt, wie es in jedem Swimmingpool oder See möglich ist. Wasser ist dichter als der menschliche Körper, genauso wie der Sand, und beides zusammen ermöglicht doppelt leichtes Dahingleiten. Der Körper wird vom Wasser getragen. Ich entdeckte den Treibsand auf einer Ranch im Westen, wo ich einmal arbeitete. Eine Kuh war eingesunken, geriet in Panik, als sie sich befreien wollte, und versank schließlich. Als wir ihren Kadaver mit dem Lasso herauszogen, war die Haut mit einem dicken Brei überzogen, und die Lider wirkten, als wären sie mit Jute zugenäht worden. Ich bedaure jetzt, daß ich nicht selbst hineingewatet bin und es ausprobiert habe, doch damals hörte ich auf die Warnung der Cowboys. Ihr Gespür für die Natur beeindruckte mich, ihre Intuition und Klarsicht war faszinierend. Sie hatten erlebt, wie erschreckte Pferde und Rinder im Schlamm versanken, und gingen davon aus, daß Treibsand aggressiv und immer tödlich sei.

Die hypnotisierende Wirkung der Wellen lullt mich ein. Ich lege mein Ohr auf den Sand und höre sogar noch früher, wie sich die Wellen brechen. Die Vibrationen pflanzen sich im Boden zehnmal schneller fort. Wäre ich ein Buschmann in der Wüste Kalahari, würde ich heute nacht, das Ohr gegen den Boden gepreßt, auf der rechten Seite schlafen und könnte hören, wenn sich ein gefährliches Tier nähert. Mein Mann würde auf seiner linken Körperseite liegen, und zwischen uns loderte ein kleines wärmendes Feuer, während wir im Schlaf beide unsere Ohren an die Erde pressen würden. Wenn ich Darsteller in einem alten Cowboyfilm wäre, würde ich mein Ohr auf die Schienen legen und auf das Herandonnern des Postzugs achten. Da Klangwellen sich eher am Metall fortpflanzen als sich in der Luft auflösen, würde ich die Erschütterung schon in einiger Entfernung hören und wissen, daß die Löhne oder mein Liebster bald eintreffen würden.

Stundenlang habe ich das Meer beobachtet und Ausschau nach Buckelwalen gehalten, deren Gesänge zuerst von Frank Watlington vor den Bermuda-Inseln und später von Roger Payne aufgezeichnet wurden. Als ich an der Cornell-Universität studierte, besuchte ich ein Konzert, bei dem Payne auf seinem Cello spielte und sich dabei von Walgesängen begleiten ließ. Die Wale dröhnten, heulten, knirschten, quiekten und erfüllten den Saal mit geradezu außerirdischer Musik. Meine Knochen vibrierten unter den tiefen Baßtönen. Es war nicht das erste Mal, daß ich den Gesang der Wale vernahm. Ich hatte eine Platte von Alan Hovhaness' Komposition *Und Gott erschuf große Wale*, ein Stück mit Tönen, von denen man nicht erwarten würde, daß sie einen Gesang ergeben könnten. Und doch singen die Wale, genauer, sie summen leise. Einsame männliche Wale singen während des Winters und in der Brutzeit und setzen ihre Balladen so lange fort, bis sie Gesellschaft finden. Ihr Gesang dauert oft fünfzehn Minuten, und sie wiederholen ihn viele Stunden lang. Die Gesänge weisen Strukturen auf, die fast an die Gesetzmäßigkeiten klassischer Musik erinnern.

Zudem variieren die Wale ihre Gesänge. Jedes Jahr kommen neue Phrasen und Elemente hinzu, und ihre Gesänge entwickeln sich wie eine Sprache. Jeder Gesang enthält rund ein halbes Dutzend Themen, nach einem bestimmten Schema angeordnet. Wenn ein Thema wegfällt, verbleiben die anderen in ihrer ursprünglichen Form. Es gibt Wiederholungen, die einer ausgefeilten Grammatik folgen. Das vielleicht

Beeindruckendste daran ist, daß die Wale nicht nur die komplexe Sprache lernen, sondern sich von Jahr zu Jahr daran erinnern. Sie singen das Lied vom Vorjahr, wie die Schulkinder, die im September wieder zur Schule gehen, ihren Stoff vom letzten Jahr wiederholen. Wenn sich im Laufe der Saison neue Sätze oder sonstige Elemente ergeben, erinnern sie sich im nächsten Jahr wieder daran und lassen »veraltete« Partien weg. Sie singen nicht, indem sie Luft ausstoßen, wie man vermuten könnte. Sie benutzen auch nicht ihre Nasenlöcher wie eine Klarinette, wie man manchmal auf Cartoons sehen kann. Vermutlich bringen sie die Töne hervor, indem sie in ihrem Kopf Luft herumwirbeln. Wie Opernsänger kontrollieren sie ihre Atmung sehr sorgfältig, um den Gesangsfluß nicht zu unterbrechen. Die meisten Wale holen immer an den gleichen Absätzen Luft, wodurch die Wissenschaftler den Sänger identifizieren können.

Leute, die zwischen singenden Walen unter Wasser geschwommen sind, beschreiben die Wirkung des Gesangs wie ein Trommeln auf der Brust oder wie das Spielen einer Orgel zwischen den Rippen. Wenn man nicht zwischen ihnen schwimmen kann, kann man sie auch durch die Holzwände eines Bootes singen hören und spüren. Und nicht nur die Buckelwale singen. Weißwale haben eine so süße, erregende Stimme, daß die frühen Walfänger sie »Kanarienvögel« nannten. Nun, da ihre Zahl durch die Umweltverschmutzung drastisch zurückgegangen ist, werden die Weißwale zu Kanarienvögeln in einem flüssigen Stollen, die uns vor dem Zustand unserer Meere warnen. Abergläubische Seeleute lauschten dem klagenden Gesang der Wale, der bis zu den Bullaugen der Schiffe drang, und waren hingerissen. Singende Wale lebten einst auch im Mittelmeer, und vermutlich sind sie auch die Sirenen, die in der griechischen Mythologie die Seeleute von ihrem Felsen aus anlockten. Ihr Gesang, der durch das Holz des Schiffes drang, wurde dadurch so verzerrt, daß der Seemann nicht in der Lage war, ihn zu lokalisieren. Die Töne schienen das Schiff in ein Gesangsgespinst einzuhüllen. Da die Wale einzigartige Laute von sich geben, die zudem sehr unterschiedlich sind, ist es etwas schwierig, ihre Stimmen zu beschreiben. Nachdem ich einmal ein Walkonzert gehört hatte, verfaßte ich folgendes Klanggedicht, das vielleicht einen Eindruck von den Walgesängen vermittelt.

Walgesänge

In der Sturmsprache singt
ein Buckelwal, bevor er bläst,
eine traurige Ballade im wogenden Meer,
murmelt tiefe Klagelaute; wie ein Weltenschöpfer
dröhnt er von Erb bis Santa Cruz,
tiefer Schlamm, das Nebelhorn dicker Likör.

Im schwarzen Trauerflor, wie zur Beerdigung,
gleitet die Herde geschickt vermummt,
durch fließendes Salzwasser,
singt jeder Wal die gleiche, lockere Weise:

Trockene Finger reiben, zerren, ziehen
an einem straffgespannten Ballon. Ein Knacklaut.
Ein Knall.
Wieder die Geräusche der trockenen Finger,
sie lassen Skelett-Glocken läuten,
sie klingeln und reimen – Gedichte, Lobgesänge,
sogar einen Gregorianischen Choral
mit tonnenschweren Zungen.

Wie sie, ausgeschlossen vom Bewußtsein der Luft,
hungrig oder wehklagend,
oder das Gemetzel betrauernd,
knallig oder entsetzt,
gegen die Klagemauer aus Wasser kämpfen,
Stimmen in der marzipanigen Trübheit,
in der sie schwimmen,
nur durch ihre Gesänge wahrnehmbar.

Und oft heben sie zum Refrain an,
wie die Engel ihre Lider,
verzückt wie das Meer, voller Fragen,
traurig, voller Fragezeichen,
als ob sie versuchten, das Unergründliche
des Meeresbettes zu ergründen,
die kühne Brandung, die Gischt
am Strand und die Wiege der blauen Alge.

Geschmeidige schwarze Troubadoure,
die ihre eigenen Instrumente blasen,
jeder Körper eine Mundharmonika, jede Silhouette
das Bild eines jubilierenden Mönchs,
wandern sie weiter, froh, das Brausen zu bannen
und das Klagen der Todesfee, durchstreifen sie
das Wasser wie rastlose Geister,
ein Lied auf den Gebeinen.

Die Geige erinnert sich

Musik, dieses Parfüm des Hörens, war vermutlich einst ein religiöser Akt, um die Menschen aufzuwühlen. Trommeln erhöhen den Herzschlag in kürzester Zeit, und eine Trompete entführt einen in Triumphzüge des Klanges. So weit man zurückdenken kann, machten die Menschen Musik. Die ersten Instrumente, die im Westen benutzt wurden, waren wohl Steine oder Stäbe, die gegeneinandergerieben wurden, um einen Ton zu erzeugen. Es gab viele Gelegenheiten dazu: bei religiösen Tänzen und anderen Ritualen; zur Begleitung der Lieder der Arbeiter oder als Lehrmethode für die Kinder. In Mesopotamien hat man Instrumente gefunden, die rund 5500 Jahre alt waren (Blasinstrumente, Triangeln, Saiteninstrumente und Trommeln), und die Mesopotamier hatten auch schon ein Notensystem entwickelt. Vermutlich machten die Menschen aber schon viel früher Musik, indem sie auf Grashalmen bliesen, die sie zwischen den Fingern hielten, oder Steine oder Stöcke gegeneinanderschlugen – Instrumente, die wir jetzt nicht mehr als solche erkennen würden. Die Maya spielten auf wunderschön verzierten Lehmpfeifen, Flöten und Okarinas. Pfeifen, die die Form von Männern hatten, erzeugten tiefere Töne als die, die wie Frauen geformt waren. Einige davon hatten geheime Kammern und konnten bis zu siebzehn Noten hervorbringen, andere waren während des Spiels mit Wasser gefüllt, was den Klang beeinflußte, und einige Flöten erzeugten sogar mehrere Töne gleichzeitig. Nach chinesischen Quellen hat die östliche Musik ihren Ursprung um 2700 v. Chr., als Kaiser Huang Ti befahl, Bambuspfeifen so zu schneiden, daß er den Gesang des Phoenix nachahmen konnte. Vergleicht man 2400 Jahre alte chinesische Glocken und eine chinesische Flöte von heute, so stellt man fest, daß die Töne sehr ähnlich sind und, mit einem Oszillographen dargestellt, übereinstimmen. Von Anfang an haben unser Gehirn und unser Nervensystem bestimmte Intervalle zwischen den Tönen bevorzugt. Unsere Instrumente entwickelten sich aus einer tiefen inneren Freude an der Musik, aus einer Freude, die allerdings auch Grenzen hat. Viele Geräusche, die wir hören, empfinden wir als Dissonanz oder als Lärm, und nur eine ganz bestimmte Art von Tönen empfinden wir als angenehm, intellektuell genießbar und einschmeichelnd.

In der Schule lernte ich Geige spielen, und obwohl ich acht Jahre mehr oder weniger übte, kam ich nie über lustlose Bogenstrich- und Griffübungen einer Amateurin hinaus. Ich mochte den festen, doch öligen Glanz des Harzes, der es dem Geigenbogen ermöglichte, sanft zu reiben, als ob er über eine rauhe Katzenzunge streiche. Schon als ich als Teenager stundenlang Märsche und Lieder für die Schulaufführung übte, hörte ich das Gerücht von einer dunklen, fast mythischen Geige, die wirklich von selbst spielte, einer Geige, die sogar, wenn sie im Kasten lag, vor verhaltenen Emotionen erglühte. Ihr Name zerging mir auf der Zunge: Stra-di-va-ri. Wie oft sehnte ich mich nach einer solchen Stradivari, die meine krächzenden Töne in pures Gold verwandeln würde. Mit der Zeit arbeitete ich mich im Orchester zu dem ehrenvollen Platz der »ersten Geigerin« hoch; ich durfte also die

Melodie spielen, was mich ja eigentlich ursprünglich dazu bewogen hatte, das Geigenspiel zu lernen. Ich hatte Mitleid mit den Tubabläsern, die kaum einer registrierte. Einige von ihnen hatten nicht gerade eine athletische Figur, und selbst wenn sie aufstanden, verschwanden sie halb hinter den glänzenden, schweren Blechinstrumenten. Die Schlagzeuger machten einen derart nervtötenden Radau, daß ich fand, sie sollten ehrenvoll unter ihren eigenen Pauken begraben werden. Die vogelähnliche Oboe konnte mich überhaupt nicht faszinieren. Den Mädchen, die Flöte spielten, lief immer die Nase, und sie sahen aus, als ob sie beim Spielen eine kleine Flamme ausblasen wollten. Die Klarinetten hörten sich zu sehr nach Mäusepiepen an. Und die Vorstellung, Cello, Viola, Baßgeige oder eines der anderen meiner Ansicht nach zweitrangigen Instrumente zu spielen, ließ mich kalt. Ich wollte Musik machen, und für mich war Musik vor allem Melodie, eine seelenvoll singende Geige. Ich kam zwar nie in den Genuß, eine echte Stradivari im Konzert zu hören, aber ich hörte sie mir auf Platten an, und genau wie alle anderen fragte ich mich, welch magisches Harz oder welcher Lack bei ihrer Herstellung verwendet worden war, um diese Klangfülle zu erzeugen. Es sind immer noch die kostbarsten Instrumente der Welt. Und allmählich verstehen die Wissenschaftler auch, weshalb.

Im Laufe der Zeit wurde versucht, den einmaligen Klang durch tierische Flüssigkeiten, spezielle Harze, Schwämme oder sonstige geheimnisvollen Zaubermittel zu erklären. Vor kurzem fanden Peter Edwards und ein Wissenschaftsteam an der Universität von Cambridge eine einleuchtendere Erklärung. Mittels EDAX (Energy Dispersive X-ray Spectroscopy, energetisch auflösende Röntgenstrahlen-Spektroskopie) bestrahlten sie ein Stückchen eines Cellos mit hochenergetischen Elektronen, um die Zusammensetzung des Holzes zu analysieren. Zu ihrer Überraschung fanden sie eine dünne Schicht Pozzolana, einer Vulkanasche aus Cremona, wo Stradivari lebte. Die Asche befand sich zwischen Lack und Holz, und Stradivari benutzte sie wohl lediglich als ein Bindemittel. Da sie im allgemeinen als Zement benutzt wurde, kam es Stradivari wohl nie in den Sinn, daß er damit den Klang beeinflussen könnte. Natürlich macht Pozzolana allein keine Stradivari aus, auch Alter, Form und die kunstvolle Fertigung tragen zu ihrer Klangfülle bei. Viele Geigenspieler und Geigenhersteller beharren darauf, daß Geigen ihren schönen, kehligen Klang erst allmählich entwickeln und daß eine Geige, die lange Zeit hervorragend gespielt werde, diese hervorragenden Töne schließlich in sich berge. Praktisch gesprochen: Bestimmte, über Jahre hinweg immer wieder erzeugte Vibrationen könnten, zusammen mit dem normalen Alterungsprozeß, winzige Veränderungen im Holz bewirken. Diese Zellveränderungen nehmen wir als volleren Ton wahr. Lyrisch gesprochen: Das Holz erinnert sich. Somit besteht ein Teil der Aufgabe eines Geigenspielers auch darin, eine Geige für zukünftige Generationen zu erziehen.

Musik und Gefühl

Es wirkt ungeheuer beruhigend, wenn man die Zunge gegen das Gaumendach hinter den Zähnen preßt und *la la la la la la* singt. Wenn wir singen, vibrieren nicht nur unsere Stimmbänder, sondern auch einige unserer Knochen. Summen Sie mit geschlossenem Mund, und der Klang bewegt sich durch Ihr Innenohr direkt durch den Schädel, ohne das Trommelfell zu berühren. Singen Sie »om« oder ein anderes Mantra in einem festen, gedehnten Ton, und Sie spüren, wie die Knochen in Ihrem Kopf und die Knorpel in Ihrem Brustbein vibrieren. Das ist wie eine Massage von innen, und sehr beruhigend. Ein weiterer Grund, weshalb es so anregend für die Meditation ist, mag darin liegen, daß es ein inneres, weißes Rauschen hervorruft, das fremde Geräusche ausschließt und Ihren Körper zu einem schalldichten Raum macht. Wenn Juden sich bei ihren Riten verbeugen und singen, hat das eine ähnliche Wirkung. Der Trommelschlag bei einer Macumba-Zeremonie bewirkt ein Crescendo der Ekstase, das immer höher steigt, als ob es die Spitze des eigenen Glaubens erklimmen wollte. All diese Töne werden wie in Hypnose wiederholt. Jede Religion hat ihre eigene Liturgie, die nicht nur für die Verbreitung der Lehre wichtig ist, sondern auch, weil der Gläubige veranlaßt wird, immer wieder die gleichen Worte auszusprechen, bis sie in seinem Gedächtnis haften und zu einer Art Hör-Landschaft werden. Wir sind eine Spezies, die es vermag, neue Dinge, Ideen und Kunstwerke, auch Töne in die Welt zu setzen, und wenn wir dies tun, werden sie so real wie ein Wald.

Das seltsame an der Musik ist, daß wir sie verstehen und darauf reagieren, ohne sie von Grund auf lernen zu müssen. Jedes Wort in einem Satz sagt für sich etwas aus; es hat eine Geschichte und es hat Nuancen. Doch Musiktöne haben nur eine Bedeutung in gegenseitigem Bezug, nur wenn sie zusammengefügt werden. Es ist nicht erforderlich, daß man die Töne versteht, um von ihnen bewegt zu werden. Sagen Sie: »Es ist ein Geschenk, einfach zu sein. Es ist ein Geschenk, frei zu sein. Es ist ein Geschenk, da zu sein, wo wir sein sollten«, und es wird nicht viel bewirken. Vielleicht sind Sie mit diesem minimalistischen Credo auch gar nicht einverstanden. Doch wenn Sie die melodische Shaker-Musik, die dazugehört, dazunehmen (die Aaron Copland in *Appalachian Spring* so wunderbar aufgegriffen hat), wird Sie diese betörende Melodie voller Jubel, Freude und Überzeugungskraft gefangennehmen. Als ich einmal in einer Künstlerkolonie in Florida war, überraschte uns einer meiner Journalistikstudenten, der ein geübter Pfeifer war, eines Abends mit einem Pfeifkonzert. Auch *Simple Gifts* war unter den Melodien, und in der darauffolgenden Woche summte, pfiff oder sang immer irgend jemand in diesem fröhlich hämmernden Rhythmus. Eine solche Melodie bezeichnet man ganz richtig als »eingängig«, sie wirkt auf das Unbewußte ein und läßt es nicht mehr los. Viele Hymnen sprechen uns auch ohne Worte an, doch mit Text sind sie doppelt einprägsam: Emotionale Musik, verbunden mit einer emotionalen Botschaft. Das funktioniert ganz besonders gut, wenn die Melodie eine fallende Linie hat. Meistens aber erheben sich die Melodien in langsamen, schwungvollen

Stufen, von tiefen zu hohen Tönen, als ob der Sänger eine mystische Treppe zu immer höheren Ebenen des Gefühls emporsteigen würde. Die Hymne *Amazing Grace* ist ein gutes Beispiel für diese Art von Melodie, die leichter als Luft ist, voll musikalischer Spannweite, fähig, sich auf den Geist eines Menschen auszudehnen. Lassen Sie Ihre Gedanken frei und hoch schweben, singen Sie dabei diese erhebende Melodie, und bald werden Sie sich erhaben fühlen. Hypnotiseure benutzen eine ähnliche Technik, um Menschen in Trance zu versetzen: Sie zählen mehrmals von eins bis zehn und fordern den Patienten auf, sich vorzustellen, mit jeder Zahl tiefer einzutauchen.

Die Musik erhebt sich wie reine Empfindung, sie seufzt, wütet oder wird ruhig und verhält sich in dieser Hinsicht ähnlich wie unsere Gefühle, die sie oft zu symbolisieren oder zu spiegeln scheint, die sie anderen mitteilt und uns dadurch von der Lästigkeit der Artikulierung und der Ungenauigkeit der Worte befreit. Eine Musikpassage kann uns zum Weinen bringen oder unseren Blutdruck hochtreiben. Wenn wir aufgefordert werden, ein Gefühl zu beschreiben, sagen wir vage: »Es machte mich traurig« oder »Es erregte mich«. In *Great Pianists Speak for Themselves*, sagt Paul Badura-Skoda über Mozarts *Fantasie in C-Moll*:

Wie steht es mit dem *emotionalen* Gehalt? Was *sagt* das Werk Ihnen und mir? Es ist erstaunlich, daß ich, wenn ich solche Fragen in meinen Kursen stelle, ziemlich oft vage Antworten erhalte wie: »Es ist ein ernstes Werk«, oder überhaupt keine Antwort. Ich muß dann einfach heftig werden: »Kapiert ihr denn nicht, liebe Leute, daß die Musik eine *Sprache* ist, die die Erfahrung *mitteilt*? Und was für eine Erfahrung! Leben und Tod sind in dieser *Fantasie* enthalten. Darf ich euch sagen, wie ich dieses Werk interpretiere? Der einleitende Satz ist ein Todessymbol: *Die Stunde hat geschlagen – es gibt kein Entkommen!* Was folgt, drückt Schrecken und Angst aus und wird dann abgelöst von einer Reihe von Erinnerungen: glückliche, heitere, wie das Adagio in D und das

Andantino in B-Dur oder heftige Erinnerungen voller Qual, wie die beiden schnellen, modulierenden Passagen, bis schließlich das Eingangsthema wiederkehrt. Das unausweichliche Schicksal scheint jetzt akzeptiert zu sein, wäre das nicht die heroische Geste des Trotzes ganz am Ende.

Nicht alle Komponisten bemühen sich darum, daß die Zuhörer in ihrem Werk eine so klare Struktur erkennen können. Oft werden die Menschen durch die Abstraktionen der Musik so frustriert, daß sie versuchen, ganze Skalen von Gefühlen und Ereignissen herauszuhören.

In der großen, offenen Struktur einer klassischen Komposition finden wir eine tiefe Geschlossenheit, doch sie ist auch voller Bewegung, mit kleinen Andeutungen und Abschweifungen, voller Sehnsucht und Unsicherheit, voll unüberwindlicher Berge, unterbrochener Leidenschaft, voller Verwicklungen, die aufgelöst werden müssen, voller großer sentimentaler Abschnitte, voll müßigen Grübelns, voll mitreißender Passagen, voller Liebe, die man empfangen möchte, voller Härte und Unordnung, doch – letztlich – voller Versöhnung. Man kann die emotionale Stimmung einer Affäre, einer Enttäuschung, eines religiösen Erlebnisses in einem Konzert wieder durchleben. Lieber zeigen als reden, raten die Lehrer in den Schreibkursen ihren Studenten. Was immer man will, nur selten können Worte die unmittelbare gefühlsmäßige Wirkung eines Musikstücks wiedergeben. Ein Komponist wird nicht sagen: »Ich fühlte etwas in dieser Art«, sondern eher »Hier ist das unbeschreibbare Gefühl, das ich hatte, und sogar meine Besessenheit in bezug auf Aufbau, Proportion und Zeit, das Gefühl *in Ihnen selbst*.« Oder, wie es T. S. Eliot in *The Dry Salvages* ausdrückt:

Musik, so tief gehört
Daß sie nicht mehr gehört wird, du selbst bist die Musik
Solange sie erklingt.

Es gibt immer noch viele offene Fragen über Musik und Gefühl. Deryck Cooke zum Beispiel bietet in seinem faszinierenden Buch über Musiktheorie, *The Language of Music*, ein musikalisches Vokabular, das die emotionalen Wirkungen bezeichnet, die der Komponist mit bestimmten Tönen bewußt erzeugen kann. Aber weshalb ist das so? Neigen wir dazu, auf eine Moll-Septime mit »Traurigkeit« zu reagieren, auf eine Dur-Septime mit »heftigem Verlangen« und auf eine Moll-Sekunde mit »blanker Angst«, weil wir uns angewöhnt haben, auf solche Töne so zu reagieren, oder steckt mehr dahinter? Wagners *Tristan und Isolde* beispielsweise: aufgetürmte, emporstrebende, zurückgewiesene Gefühle von einer Intensität, die *Sehnsucht* überflutet die Musik wie die gebogene Oberfläche eines übervollen Glases. Wagner selbst beschreibt das Werk als eine Geschichte endloser Sehnsucht, des Hochgefühls und des Elends der Liebe; Welt, Macht, Ruhm, Ehre, Ritterlichkeit, Loyalität und Freundschaft seien hinweggewischt wie ein unwirklicher Traum. Nur eines sei lebendig geblieben – Sehnsucht, unstillbare Sehnsucht, ein Hunger, eine Qual, die immer wiederkehre; eine einzige Erlösung – Tod, das Ende, ein Schlaf ohne Erwachen.

Eine weitere Frage, die wir, genau wie Cooke, stellen können, ist: Wenn wir Musik in Gefühl umsetzen, »wie stark gleicht dann dieses Gefühl... dem ursprünglichen Gefühl von Beethoven? ... Es kann darauf nur eine Antwort geben: So stark, wie die Gefühle eines Individuums denen eines anderen überhaupt gleichen können.« Aber da wir nicht Beethoven sind, hören wir sein jubelndes »Gloria« in der *Missa Solemnis* und empfinden Freude, aber vermutlich nicht so leidenschaftlich wie er, als er sie komponierte. Ich denke, ein Teil der Faszination jedweder Kreativität ist die Tatsache, daß der Autor die Notwendigkeit empfindet, sie mit der Welt zu teilen – oder sie ihr aufzuzwingen. Als Beethoven sein »Gloria« schrieb, erlebte er eine gewaltige, himmelhochjauchzende Freude, doch statt vor Freude herumzutanzen, »hatte er das Bedürfnis, sie in eine dauerhafte, aufgespeicherte, übertrag- und reproduzierbare Form von

Energie zu verwandeln«, wie Cooke es beschreibt, »in einen musikalischen Ausruf der Freude, damit es die ganze Welt vernehme und immer wieder höre, auch wenn er schon lange tot sein würde«. Die Noten, die er niederschrieb, »waren nicht mehr und nicht weniger als Beethovens Anweisung, seinen ewigen Ruf der Freude immer wieder neu erklingen zu lassen, zusammen mit einigen Instruktionen…, wie dies zu tun sei«. Wenn wir sagen, Künstler lebten in ihrem Werk weiter, meinen wir im allgemeinen die emotionalen Erfahrungen, die ihr Leben prägten, die verarbeiteten Stimmungen und Manien, aber vor allem ihre Sinne. Beethoven ist tot, doch sein Lebensgefühl in jenem Moment lebt heute und für immer in seiner Partitur weiter.

Ist Musik eine Sprache?

Musik spricht uns so stark an, daß viele Musiker und Musiktheoretiker der Meinung sind, sie stelle eine Sprache dar, die sich zur selben Zeit wie die gesprochene Sprache entwickelt habe. Ein Harvard-Psychologe ist der festen Überzeugung, daß Musik eine Art von Intelligenz darstelle, eine Fähigkeit wie die zum Erfassen von Zahlen und Wörtern, die angeboren ist. Bei Experimenten mit hirngeschädigten Musikern stellte er fest, daß sich die musikalische Begabung im rechten vorderen Teil des Gehirns befindet. Bei einem ähnlichen Experiment gaben Forscher Testpersonen eine Geschichte von Sherlock Holmes zum Lesen und ließen sie dann Musik hören. Die Gehirntätigkeit wurde in einem EEG aufgezeichnet. Das Lesen aktivierte die linke Hälfte des Gehirns, Musik die rechte. Aber die Tatsache, daß wir wissen, wo unsere Leidenschaft für Musik lokalisiert ist, erklärt noch nicht, woher sie stammt. So weit wir auch in der Geschichte zurückgehen, immer können wir feststellen, daß die Menschen Musik machten und hörten, doch wie und weshalb fingen wir an, uns dafür zu begeistern? Weshalb haben wir das Bedürfnis, Musik zu machen? Weshalb ist die Musik in den einzelnen Kulturen so unterschiedlich? Weshalb haben so viele Menschen das Bedürfnis, in einem Gespinst organisierten Klanges zu leben, Musik in unmittelbarer Nähe zu haben? Weshalb reagieren wir auf die musikalische Palette abstrakter Töne mit intensiven, manchmal heftigen Emotionen? Wenn sich die Musik gleichzeitig mit der gesprochenen Sprache entwickelt hat, *weshalb* hat sie sich entwickelt? Welchen Wert hatte sie für das Überleben? Musik ist bedeutungsvoll, wie jeder, der eine Symphonie oder eine Wagner-Oper hört, zugeben wird, aber was hat sie für eine Bedeutung? Wie ordnen wir einem Musikstück eine bestimmte Bedeutung zu? Weshalb erscheint Musik auch Menschen, die kein Instrument spielen, als sinnvoll, sogar solchen Menschen, die nicht besonders »musikalisch« sind? Und vor allem: Wie verstehen wir die Sprache der Musik, ohne sie zu *lernen*? Auf den ersten Blick scheint die einleuchtendste Erklärung zu sein, daß sie, wie die Fähigkeit zu lächeln oder zu analysieren, vererbt wird. Zu einem bestimmten Zeitpunkt unserer Geschichte wurde es wichtig, daß alle Menschen, ob Bengalen, Eskimos oder Quechuas, ob blind, linkshändig oder sommersprossig, nicht nur *fähig* waren, Musik zu machen, sondern diese sogar *benötigten*, um ihrem Leben Sinn zu geben. Schon ein Neugeborenes reagiert auf Musik, und wenn ein Kind laufen kann, kann es bereits singen und sogar Lieder erfinden. Bis zu einem gewissen Grad ist die Musik auch erlernt. Kinder in China lernen, Musik mit kleinen Intervallen und wechselnden Tonlagen zu lieben; Kinder auf Jamaika lernen, synkopische Balladen zu mögen, und Kindern in Afrika wird eine Musik mit schnellen, verschlungenen Rhythmen nahegebracht. Die musikalischen Vorlieben eines Menschen können bewußt gewählt sein. Ganze Generationen lieben Musik, die von ihren Eltern abgelehnt wird, da sie sie für Lärm, Zeitverschwendung, obszön und stillos halten. Als der Walzer aufkam, fand man ihn neumodisch und skandalös. Schließlich berührten sich dabei Männer und Frauen und bewegten sich in schnellem Rhythmus mit flatternden Haaren, die Unterröcke der Frauen rauschten, und die Hüften der Paare bewegten sich im gleichen Takt. Das gleiche galt für die Swingmusik, die die ältere Generation barbarisch, eintönig oder ganz einfach töricht fand. Und der Tango hatte seinen eigenen wiegenden, suggestiven Rhythmus, einen sexy Tanzschritt, bei dem die Frau ihr Bein um das des Mannes schlingt, als ob er ein Baum wäre und sie eine Kletterpflanze. Der Text zu dieser Musik war meist sinnlich, leidenschaftlich und außergewöhnlich rührselig. Hier ist der Text eines typischen argentinischen Tangos:

> Mein Leben lang war ich jedem ein guter Freund. Ich habe alles, was ich besitze, verschenkt, und jetzt bin ich allein, krank, in meinem schmutzigen und düsteren Zimmer in den Slums, und spucke Blut. Niemand besucht mich, nur meine liebe Mutter. Ah, jetzt erkenne ich, wie grausam ich zu ihr war. Am Rande des Grabes erkenne ich, wie sehr ich sie liebe. Sie ist die einzige, der ich wirklich etwas bedeute.

Neuerdings wird in Science-fiction-Filmen die Musik als Esperanto des Universums angesehen, als eine Sprache, die sogar Geschöpfe von weit entfernten Planeten verstehen könnten. *Unheimliche Begegnung der Dritten Art* ist vielleicht das beste Beispiel einer Geschichte, die von dieser Voraussetzung ausgeht. Ein Akkord ist wie eine Visitenkarte, ein ganz einfacher Gleichklang, der auf universalen mathematischen Grundlagen beruht. Das ist eine Vorstellung, die schon auf die Griechen und auf die Sphärenmusik zurückgeht. Es bestand immer eine Verbindung zwischen Musik und Mathematik, weshalb Wissenschaftler oft eine starke Vorliebe für Musik hatten, insbesondere für Komponisten wie Bach. Der Komponist Borodin war in erster Linie Wissenschaftler. Er entdeckte eine Methode, eine Reaktion von Fluor und Kohlenstoff auszulösen, um neue Verbindungen zu gewinnen. Ihm verdanken wir Teflon, Freon und verschiedene Aerosole. Als Hobby komponierte er. Einige deutsche Physiker befassen sich mit dem Zusammenhang zwischen Musik und mathematischen Brüchen. Weshalb ist Musik mathematisch? Weil, wie Pythagoras von Samos in fünften Jahrhundert v. Chr. entdeckte, die Noten mit einer vibrierenden Saite genau gemessen werden und die Intervalle zwischen den Noten als Quotienten ausgedrückt werden können. Natürlich sangen die Menschen das, was ihnen gefiel, sie achteten dabei auf keine Quotienten. Die Entdeckung, daß die Mathematik im geheimen die Schönheit der Musik ausmachte, muß den mathematisch ausgerichteten Griechen als ein weiterer zwingender Beweis erschienen sein, daß das Universum eine ordentliche, logische, erfaßbare Struktur hat. Die Griechen pflegten die Tonleiter von oben nach unten zu singen und zu spielen, wir machen es umgekehrt. Diese Veränderung kam mit dem Christentum und dem Gregorianischen Choral auf, und ich glaube, sie stand in Zusammenhang mit der religiösen Weiterentwicklung und dem Verlangen nach Transzendenz. Wenn die Musik mathematisch ist, dann – so die Science-fiction-Vertreter – muß sie auch universell sein. In den interstellaren Raum braucht man keine verbalen Botschaften zu senden; viel besser ist eine Fuge. Um sicherzugehen, entsende man am besten beides. Als 1977 Voyager I gestartet wurde, waren an Bord auch verschiedene Botschaften für die Bewohner anderer Planeten, einschließlich einer Platte mit verschiedenen Geräuschen der Erde und Musik sowie Anweisungen, wie die Platte zu spielen ist.

Hat die Musik, wie die Sprache, eine Grammatik oder eigene mathematische Gesetze? Wenn sie hauptsächlich mathematisch ist, wie können sich dann mathematisch nicht vorgebildete Leute daran ergötzen? Der Komponist George Rochberg behauptete 1971 in einem Essay in *New Literary History*, daß »die Musik ein sekundäres ›Sprachen‹-System ist, dessen Logik in engem Zusammenhang zur Alpha-Logik des zentralen Nervensystems, also des menschlichen Körpers steht. Wenn das zutrifft, folgt daraus, daß die Wahrnehmung von Musik auf dem umgekehrten Prozeß beruht, das heißt, wir hören mit unserem Körper, mit unserem Nervensystem, und dessen primären parallel-seriellen Erinnerungsfunktionen«. *Wir hören mit unserem Körper.* Es fällt uns ja tatsächlich schwer, uns ruhig zu verhalten, wenn wir Musik hören – unsere Füße fangen an zu scharren, unsere

Hände zucken, wir halten einen unsichtbaren Taktstock in der Hand oder wiegen uns in Tanzschritten. In Peter Shaffers Stück über Mozart, *Amadeus*, sagt Salieri, der etablierte Komponist und Rivale:

> Es fing ganz einfach an: Nur ein Takt in den niedrigsten Tonlagen – Fagott und Bassetthorn – wie eine eingerostete Quetschkommode... Und dann, plötzlich, erklang ganz hoch ein einziger Ton auf der Oboe. Er hing in der Luft, unbeirrbar, ging mir durch und durch, bis der Atem versagte und eine Klarinette ihn wieder ablöste, ihn lieblich auflöste in einer Phrase von solcher Schönheit, daß ich erzitterte.

Ein Ton ist pulsierende Luft, die die Organe in unseren Ohren stimuliert. Er kann verschiedene Eigenschaften wie Volumen, Höhe oder Länge haben, aber er ist trotzdem nur pulsierende Luft. Deshalb genießen Taube oft die Musik, die sie als anregende Vibration empfinden. Helen Keller »hörte« Caruso singen, indem sie ihm ihre Finger auf Lippen und Kehlkopf preßte. Sie beschreibt auch wunderbar, wie sie ein Radio mit den Händen umfaßte und ein Symphoniekonzert verfolgte, indem sie auf den Einsatz der verschiedenen Instrumente reagierte. Ein Oszilloskop kann Töne sichtbar machen. Da es die Vibrationen mißt, kann es die akustischen Eigenschaften des Tons anzeigen, doch es kann nicht die musikalische Erfahrung beurteilen. Wenn Duke Ellington Klavier spielt, höre ich viele der pastellfarbenen Phrasen von Ravel, doch wie könnte ich ein Stück von Ellington beschreiben? Wenn man nie zuvor einen Ton gehört hat, gibt es kein Wort, das ihn wiedergeben oder heraufbeschwören könnte. Teddy Wilson, der eine Zeitlang in Dukes Band Klavier spielte, erinnert sich, wie Ellington mit der linken Hand den Tanzrhythmus spielte, während er mit der rechten einen Wirbel von Tönen hervorbrachte, den er plastisch als »Hochwerfen schillernder Sandkörner« beschreibt.

Jedes Land hat seine eigene Sprache, doch ganze Kulturen lieben bestimmte Musikformen, die wir, vermutlich viel zu selbstbezogen, als westliche, östliche, afrikanische oder islamische Musik bezeichnen. Wir wollen damit zum Ausdruck bringen, daß offenbar jede Zivilisation nach bestimmten Mustern arrangierte Töne bevorzugt, die verschiedenen Gesetzmäßigkeiten folgen. Über 2500 Jahre hinweg konzentrierte man sich im Westen auf ein einziges polyphones Tonarrangement, doch es gibt viele andere solcher Ordnungen, eine so bedeutsam wie die andere, und doch unverständlich für Außenstehende. »Die Schranken zwischen Musik und Musik sind bei weitem schwieriger zu überwinden als Sprachbarrieren«, schreibt Victor Zuckerkandl in *The Sense of Music.* »Wir können von einer Sprache in die andere übersetzen, doch die bloße Vorstellung, chinesische Musik in westliche zu übertragen, ist absoluter Unsinn.« Weshalb ist das so? Dem Komponisten Felix Mendelssohn zufolge nicht deshalb, weil die Musik zu vage ist, wie man annehmen könnte, sondern weil sie zu präzise ist, um sie in andere Tonsysteme zu übertragen, geschweige denn in Worte. Worte sind willkürlich. Es besteht kein direkter Zusammenhang zwischen ihnen und den Gefühlen, die sie ausdrücken. Statt dessen fangen sie eine Idee oder ein Gefühl ein und beleuchten es einen Augenblick lang. Wir benötigen Worte, um auszudrücken, wie wir fühlen und denken; sie ermöglichen uns, unser Innenleben einem anderen mitzuteilen, und auch, Güter und Dienstleistungen auszutauschen. Doch die Musik ist ein geformter Aufschrei aus dem Reservoir der Gefühle, die alle Menschen verbinden. Obwohl die meisten fremden Wörter übersetzt werden müssen, um verstanden zu werden, verstehen wir instinktiv Wörter wie Wimmern, Weinen, Freude, Säuseln, Seufzen und die ganze Skala der Schreie und Rufe. Ich glaube, dies ließ einst die beiden Formen organisierter Laute entstehen – Wörter als rationale Laute für Gegenstände, Emotionen und Ideen und Musik als nichtrationale Laute für Gefühle. Wie Cooke bemerkt, »ruft beides beim Hörer eine emotionale Reaktion hervor; der Unterschied besteht darin, daß ein Wort sowohl eine emotionale Reaktion als auch das Verständnis für seine Bedeutung hervorruft, während eine Note, die keine Bedeutung hat, lediglich eine emotionale Reaktion hervorruft«. Wie viele Reaktionen lassen sich doch durch ein paar Töne auslösen: Ehrfurcht, Wut, Verwunderung, Ruhelosigkeit, Niedergeschlagenheit, Gelassenheit, Liebe, Patriotismus… »Welche Leidenschaft kann die Musik nicht erregen oder ersticken?« fragt John Dryden in seinem Lied zum Tag der heiligen Cäcilie:

> Die sanft klagende Flöte,
> In verklingenden Tönen enthüllt sie
> Den Kummer hoffnungsloser Liebender,
> Deren Klagelied die Laute flüstert.

> Grelle Geigen verkünden
> die Stiche der Eifersucht, die Verzweiflung,
> Den Zorn, die rasende Empörung,
> Die Tiefen der Qual, die Höhen der Leidenschaft,
> Für die schöne, hochmütige Dame.

Mozart schrieb am 26. September 1781 in einem Brief aus Wien an seinen Vater über die *Entführung aus dem Serail*:

> Nun die aria von Bellmont in ADur. O wie ängstlich, o wie feurig, wissen sie wie es ausgedrückt ist – auch ist das klopfende liebevolle herz schon angezeigt – die 2 violinen in oktaven.… man sieht das zittern – wanken – man sieht wie sich die schwellende brust hebt – welches durch ein crescendo exprimirt ist – man hört das lispeln und seufzen – welches durch die ersten violinen mit Sordinen und einer flaute mit in unisono ausgedrückt ist. –

Für Mozart war die Musik nicht nur ein leidenschaftlich intensives intellektuelles Medium, sie war auch das Medium, in dem er genau umrissene Gefühle empfand, ja, sie lenkte. Im ersten Satz der Neunten Symphonie läßt Mahler seine Herzrhythmusstörungen anklingen und beklagt damit seine Sterblichkeit. Kurz danach starb er, mitten in der Arbeit an seiner Zehnten Symphonie.

Natürlich kann man in gewisser Weise sagen, daß Musik überhaupt nicht gehört werden kann. Bei einer Musikkomposition geht es hauptsächlich um tonale Probleme, die auf einer sehr komplexen Ebene gelöst werden, ein Vorgang, der sich allein im Kopf des Komponisten abspielt. Nicht nur ist das Orchester für diese schöpferische Arbeit gar nicht nötig, es würde wahrscheinlich sogar eine schlechtere Version der Musik darbieten, die der Komponist sich vorstellt. Viele fragen sich, wie es Beethoven gelang, eine so großartige Neunte Symphonie zu komponieren, obwohl er doch taub war. Die Antwort ist, daß Beethoven die Musik gar nicht zu »hören« brauchte, nicht als Töne zumindest. Er hörte sie in perfekter Form und viel intensiver in seinem Kopf. Jeder, der ein Musikstück hört, hört etwas anderes. Der Komponist hört es in aller Vollkommenheit im Resonanzraum seiner Fantasie. Die Konzertbesucher hören es mit dem Gefühl, ohne das Handwerkliche zu begreifen. Andere Komponisten hören es mit dem Wissen der Fachleute bezüglich Form, Aufbau, Geschichte und Vorbildern. Die Orchestermitglieder, nach ihren Instrumenten geordnet, hören es aus dem Orchester heraus, aber nicht als ausgewogenes Werk.

Einige Tiere und Menschen drücken sich allein durch Musik aus. Ein Beispiel dafür findet sich auf Gomera, einer der Kanarischen Inseln. Die Abkömmlinge der Guanches, eines Eingeborenenvolks, über das wenig bekannt ist, außer, daß es in Höhlen lebte und seine Toten einbalsamierte, bedienen sich einer alten Pfeifsprache, um sich über die Täler hinweg zu verständigen. Sie trällern und trillern ähnlich wie die Wachteln und andere Vögel, nur ausgefeilter. Sie hören einander bis zu einer Entfernung von zwölf Kilometern und unterhalten sich wie ihre Vorfahren. *Silbo Gomero* heißt dieser Dialekt, den einige Inselbewohner mit spanischen Begriffen vermischen, wodurch eine Mischung aus Pfeiftönen und Wörtern entsteht. Sie finden diese Mischsprache präzise genug, um auszudrücken, was sie ausdrücken wollen.

In Australien haben die Aborigines ihr Land nach einem System unsichtbarer Gesangs-Straßen aufgeteilt, die sie benutzen, wenn sie ihren täglichen Geschäften nachgehen. Vergleichbar der Art, wie der Vogelgesang ein Revier absteckt, sind diese Gesangs-Straßen sehr alt und von magischer Bedeutung, doch gleichzeitig auch genaue Orientierungslinien. Der Kontinent ist übersät von einem Labyrinth von »Songlines«, und die Aborigines können an ihnen entlangsingen. Bruce Chatwin beschreibt dies in seinem Buch *The Songlines* (dt. *Traumpfade*).

Ungeachtet der Wörter scheint die melodische Kontur des Liedes die Natur des Landes zu beschreiben, durch das es führt. Wenn also der Eidechsenmann über die Salzpfanne des Lake Eyre schlurfe, könne man auf eine Folge langgezogener Halbtöne gefaßt sein, wie in Chopins »Trauermarsch«. Wenn er sich die Abhänge der McDonnell-Kette hinauf- und hinunterhangle, würde dies eine Reihe von Arpeggios und Glissandos ergeben wie in Liszts »Ungarischer Rhapsodie«.

Bestimmte Tonfolgen, bestimmte Kombinationen von Noten beschreiben wohl die Taten der *Füße* des Ahnen... Ein erfahrener Songman würde ihrer Aufeinanderfolge lauschen und daran erkennen, wie viele Male sein Held einen Fluß überquert oder einen Gebirgskamm erklettert habe – und sich dann ausrechnen, wo und an welcher Stelle einer Songline er sich befinde.

Wenn Worte und Musik bei einem Gedicht oder einem Lied zusammentreffen, verstärken sie sich in ihrer Wirkung. Wenn unsere Gefühle aufflammen, wird auch unsere Sprache gefühlvoller. »Jede leidenschaftliche Sprache wird von selbst musikalisch«, bemerkt Thomas Carlyle, »sogar im größten Ärger wird die Sprache eines Menschen zum Gesang, zum Lied.« Dies kommt am deutlichsten in den Predigten fundamentalistischer Geistlicher zum Ausdruck, in den Reden fanatischer politischer Aktivisten oder auch in den Stanzen russischer Dichter, die ihre Verse singen. Heutzutage sind alle Filme mit Musik unterlegt. Man geht offenbar von der Annahme aus, daß wir nicht in der Lage sind, die

Welt zu hören, und die Musik benötigen, um uns schnell mit wichtigen Emotionen zu versorgen. Glauben wir, es lohne sich nicht, der Welt zuzuhören? Wollen die Filmemacher Worte und Musik kombinieren, um den höchstmöglichen emotionalen Effekt zu erzielen? Oder denken sie einfach, wir seien zu faul, zu oberflächlich oder zu abgestumpft, um auf das, was wir sehen, emotional zu reagieren?

Maß für *Maß*

Einige Teile unseres Organismus sind für Musik ideal geformt. Die Musik strömt durch sie so wunderbar hindurch wie das Licht durch ein bemaltes Glasfenster. William Congreve hatte recht: »Die Musik kann sogar ein wildes Gemüt zähmen.« Sie kann selbst den Blutrünstigsten beruhigen, sogar gegen seinen Willen. Meistens sind unsere Gefühle unsere Privatsache. Wir verschließen sie wie Früchte in Gläsern, die wir aufs oberste Regal einer versteckten Vorratskammer stellen. In einer Krise greifen wir dann danach, und oft ist es ein Lied, das uns unsere Gefühle enthüllen läßt. Menschen, die bei Totenwachen singen und wehklagen, wissen, wie heilsam das sein kann. Oft werden starke Gefühle frei, wenn wir in Gesang ausbrechen. Fremde, die nichts mit uns gemein zu haben scheinen, nicht einmal die Kultur, können ein Freudenlied oder ein Klagelied anstimmen, das alle verstehen. Manfried Klein, ein australischer Physio- und Psychologe, führte Studien durch, bei denen er einige Passagen von Bach spielte und dann bei Testpersonen die Reaktion der Handmuskeln untersuchte. Ungeachtet ihres kulturellen Hintergrunds (japanische und amerikanische Geschäftsleute, australische Aborigines und andere), reagierten alle auf gewisse Passagen gleich. Dann testete er die Reaktion der Handmuskeln, wenn sie Freude, Ärger und andere starke Gefühle empfanden. Die Kurve des Aufzeichnungsgerätes zeigte die gleichen Reaktionen wie bei Bach. Die Musik scheint spezielle Gefühlszustände hervorzurufen, die alle Menschen teilen. Das bedeutet, daß wir unsere geheimsten

Empfindungen mitteilen können, ohne darüber reden oder
sie mit einem vagen Netz von Worten definieren zu müssen.

Unsere Pupillen vergrößern sich, und unser Endorphin-
Spiegel steigt, wenn wir singen. Die Musik wirkt auf den
ganzen Körper, auch auf das Gehirn, und besitzt heilende
Eigenschaften. Im Zweiten Weltkrieg stellte man fest, daß
sogar im Koma liegende Patienten auf Musik reagierten.
Ärzte und Schwestern versuchen mit Musik, behinderte
Kinder zu erreichen, besonders Kinder mit mehreren Behinderungen. Autistische oder lernbehinderte Kinder, für die
das Sprechen eine unüberwindliche Hürde darstellt, haben
oft weniger Schwierigkeiten, sich zuerst durch ein Lied
auszudrücken und dies dann später in Worte umzuformen.
Da die Musik anregend und belebend wirken kann, veranlaßt sie Menschen, die viel sitzen, sich öfter und länger zu
bewegen. Im allgemeinen wählen sie Jazz, Swing, Pop oder
Rockmusik, die unseren Herzschlag beschleunigen und unseren Blutdruck heben. Wir fühlen uns stimuliert. Die Musik
kann aber auch beruhigen. Einige Therapeuten haben sich
auf »Visualisierungskurse mit Musik« spezialisiert: Patienten, denen die Augen verbunden wurden, werden in einen
entspannten Zustand versetzt, damit sie ihre Fantasie entfalten können. In einigen Kliniken hören Patienten mit Angina
pectoris klassische Musik als Teil ihres Genesungsplans.
Einige Ärzte verschreiben Musik auch für Krebspatienten,
ältere Menschen, emotional Gestörte oder Geisteskranke.
Und es gibt eine große internationale Organisation von
Musiktherapeuten, auf deren jüngstem Jahreskongreß Vorträge gehalten wurden zu Themen wie: »Musik beim Lesen-
lernen hörgeschädigter Kinder«, »Das Nervensystem im Alter – Probleme für Musiktherapeuten in der Geropsychia-
trie«, »Musiktherapie bei der Rehabilitation von Patienten
mit traumatischen Hirnschäden«.

Um zu begreifen, weshalb Musik uns gefällt, müssen wir
uns fragen, weshalb wir überhaupt Vergnügen empfinden.
Was wir als Vergnügen bezeichnen, mag wohl einfach die
Erregung sein, über die Stromschnellen des »Flusses der
Belohnung« in unserem Körper zu schießen, wie der Chemi-

ker James Olds einmal scherzhaft sagte. Olds entdeckte bei Versuchen mit Ratten das Vergnügungszentrum im Gehirn. Wie der übrige Körper ist der »Fluß der Belohnung« eine seltsame Mischung aus Elektrizität und Chemikalien, und es gibt verschiedene Möglichkeiten, ihn künstlich aufzuwühlen oder zu beruhigen, zum Beispiel mit Elektroden oder Drogen. Von Beginn der Evolution an haben wir immer nach Belohnungen gestrebt, so daß es uns nicht verwundern sollte, daß Quiz-Shows, Wettbewerbe, Medaillen und Preisverleihungen unsere Kultur beherrschen oder daß es so schwierig ist, gegen Süchte anzukämpfen. Die Belohnung, einer der Hauptdrahtzieher des Gehirns, trägt viele Masken. Wie eine Melodie kann sie in hoher oder tiefer Tonlage erscheinen, in schnellerem oder langsamerem Rhythmus, auf einer breiten Instrumentenpalette; sie kann einfach oder raffiniert sein, und doch immer noch erkennbar.

Im Forschungslabor für Suchtkrankheiten der Stanford-Universität sitzt eine Frau in einem schalldichten Raum und hört sich über Kopfhörer ihre Lieblingsmusik an. Es handelt sich um ein Konzert von Rachmaninow, bei dem ein orgiastisches Crescendo das nächste ablöst; andere Testpersonen wählen eine andere klassische Musik, Popsongs oder Jazz. Die Auswahl ist nicht entscheidend, die Hauptsache ist, der Zuhörer empfindet Genuß. Ein prickelndes Gefühl fängt im Nacken an, erfaßt Gesicht und Kopfhaut, wandert über die Schultern, die Arme hinunter, und kriecht schließlich die Wirbelsäule hoch. Ist es nicht seltsam, daß intensive Gefühle oder ästhetische Schönheit uns erschauern lassen? Wenn dies passiert, gibt die Frau im schalldichten Raum ein Zeichen. Da sie, während sie der Musik lauscht, ziemlich oft erschauert, wird sie erneut in einer zweiten Gruppe getestet. Dieses Mal wird ihr Naloxon verabreicht, das Endorphine, unsere natürlichen Opiate, blockiert. Andere Testpersonen bekommen Placebos. Van Cliburn beginnt seine kraftvolle Darbietung von Rachmaninows Zweitem Klavierkonzert, setzt an zu den wirbelnden Rhythmen des ersten Crescendo, das sie immer in Erregung versetzt hat. Doch dieses Mal bleibt die Musik wirkungslos, ihr Körper reagiert nicht. Der Zauber ist verflogen.

Kathedralen des Klangs

Über lange Zeit hinweg war westliche Musik homophon oder »gleichstimmig«, was bedeutet, daß die Melodiestimme hervortritt und alle anderen Stimmen begleitend zurücktreten. Im allgemeinen war die Melodiestimme die höchste, und sie prägte das Stück. Der Choralgesang, die religiöse Musik im 4. Jahrhundert, erforderte keine musikalische Begleitung; eine Stimme trug die einfache Melodie auf latein vor. Im 6. Jahrhundert wollte Papst Gregor I. der Musik seinen Stempel aufdrücken. Es entwickelte sich der Gregorianische Choral, der einstimmig gesungen wurde. Im Mittelalter machte man die außergewöhnliche Entdeckung, daß auch viele Töne auf einmal erzeugt werden konnten, ohne daß sie sich gegenseitig überdeckten oder nur noch Geräusch verursachten, und die Polyphonie war geboren. Es erscheint uns unverständlich, daß man so lange gebraucht hat, um diese naheliegende Entdeckung zu machen. Doch die Musik ist nicht vergleichbar mit dem, was wir sehen. Wenn Sie Blau und Gelb vermischen, entsteht eine neue Farbe; dagegen können Töne kombiniert werden, ohne daß sie dabei ihre Individualität verlieren. Sie erzeugen etwas Neues, das seinen eigenen Klang hat, bei dem aber die individuellen Töne noch erkennbar sind. Es ist keine Verschmelzung oder, wie man annehmen könnte, wenn man ein paar Leute auf einmal reden hört, nur Lärm, sondern etwas anderes. Ein Ton »ist so etwas wie eine Idee«, schreibt der Musikphilosoph Victor Zuckerkandl, »eine Idee, die gehört werden kann, eine Idee für das Ohr, eine hörbare Idee«. Damit sich die Farben nicht vermischen, müssen sie nebeneinander gesetzt werden. Sie können nicht den gleichen Platz einnehmen. Doch Töne können das sehr wohl, und doch bleiben sie getrennt. Wie Zuckerkandl dazu feststellt, fiel die Polyphonie mit der Errichtung der großen gotischen Kathedralen zusammen und das Entstehen der Harmonie mit dem Höhepunkt der Renaissance und dem Beginn der modernen Wissenschaft und Mathematik, also mit den zwei großen Veränderungen unseres Verständnisses von *Raum*. Dies mag seltsam klingen, wenn man berücksichtigt, daß das Sehen eine räumliche Kunst und die Musik eine zeitliche Kunst ist, eine Kunst, die sich »in der Zeit entfaltet«, eine dynamische Kunst, die sich vieler Mittel bedient, einschließlich der synkopischen Musik, bei der die Töne wie Kobolde da auftauchen, wo man sie nicht erwartet, und genauso überraschend wieder verschwinden; oder wie eine Wiederholung, die uns auf ein früheres Muster verweist oder uns vorwärts treibt wie auf einem Wellenkamm. »Die Musik ist nicht einfach *in* der Zeit«, schreibt Zuckerkandl. »Sie *tut* etwas mit der Zeit... Es ist, als ob der gleichmäßige Fluß der Zeit durch regelmäßig wiederkehrende Töne in kurze Abschnitte gleicher Dauer aufgeteilt würde: die Töne markieren den Takt der Zeit.« Sie färben Zeitstücke und stellen sie dann zu kleinen Gruppen zusammen wie verschiedene Stoffteile, die getrennt eingefärbt wurden. Zumindest hier im Westen sind wir an Zeittakte in der Musik gewöhnt. Als die Polyphonie aufkam, konnte die Musik nur dann gelingen, wenn jede der Stimmen den gleichen Takt einhielt. Doch wenn wir ungefähr 1500 Jahre zurückblicken, finden wir auch Musik ohne Taktvorgaben. Der Gregorianische Choral improvisierte, genau wie die Poesie, den Takt. Sogar heute wäre es, wenn nicht alle das gleiche Metronom benutzen würden, schwierig, sich über den richtigen Takt zu einigen. Deshalb stimmt der Takt wohl *untereinander* überein, nicht aber im Verhältnis zu einem Absolutum. Es gibt Aufnahmen, in denen Ravels klagende *Pavane für eine tote Prinzessin* traurig und rührend klingt, doch sie klingt fast lebhaft, wenn wir uns eine Aufnahme von Ravel selbst anhören.

Wenn man sich in einer frühen romanischen Kirche umsieht, zum Beispiel in Saint-Etienne in Burgund, die zwischen 1083 und 1097 gebaut wurde, dann entdeckt man eine wuchtige Architektur mit einem hohen Gewölbe, parallelen Wänden und einem langen Säulengang, der ideal für Prozessionen ist, aber auch für den Widerhall des Gregorianischen Chorals, der ihn erfüllt wie dunkler Wein, der in ein schweres Gefäß gefüllt wird. Doch in einer gotischen Kathedrale, wie in Notre-Dame in Paris, mit ihren Winkeln, Gängen, Statuen, Treppen, Nischen und komplexen steinernen Fugen, würde der Gregorianische Choral abprallen, zerhackt werden. In Saint-Etienne dagegen können sich viele Stimmen erheben, zusammen klingen und den kunstvollen Raum mit erhabenem Gesang erfüllen.* Die westliche Musik besitzt Strukturen, die an poetische Versformen erinnern. Eine Sonate ist genauso streng strukturiert wie eine malayische Versform namens *Pantoum*. Komponisten wie Dichter haben die unausgesprochene Aufgabe, die Grenzen der Form auszudehnen, zu versuchen, innerhalb der engen Gitter eines Käfigs zu fliegen. Diese Spannung zwischen dem glänzenden Gefängnis der Form und der Freiheit der Fantasie macht das künstlerische Genie aus. Berlioz zum Beispiel schuf in seiner herrlich sinnlichen Oper *Béatrice und Bénédict* eine Musik, die großartig und innig zugleich ist. Die Duette zeigen seelenvolle Harmonie, die Arien erheben sich so sehnsuchtsvoll, daß an einigen Stellen ein melodisches Seufzen und Stöhnen zu erkennen ist. Zuckerkandl fragt dazu: »Was ist der Mensch, daß dieses Fast-Nichts, dieses ›Nichts-als-nur-Töne‹ eine seiner wesentlichen Erfahrungen werden konnte?«

In dem Film *Man Facing Southeast* sagt Rantes, ein Außerirdischer, der in der Kapelle einer Heilanstalt Orgel spielt: »Es sind nur ein paar Vibrationen, doch sie haben eine gute Wirkung auf die Menschen. Worin liegt der Zauber? In den Instrumenten? In dem Komponisten? Bei mir? Bei denen, die es hören? Ich kann nicht begreifen, was sie empfinden. Doch, ich kann es. Ich kann es nur nicht fühlen.« Später erklärt er, daß Gefühle die Bewohner seines Planeten beunruhigen, da sie durch eine schrille Saxophonmelodie oder ein stark duftendes Parfüm vernichtet werden können. Er ist nicht der einzige Abgesandte seines Planeten, der zu uns geschickt wurde, um unsere einzige Waffe herauszufinden, gegen die sie sich nicht verteidigen können: die menschliche Dummheit. Manchmal geraten die Agenten

---

* Schon im 12. Jahrhundert machte Abbé Suger, ein Ratgeber der Eleanore von Aquitanien, diese Beobachtung.

vom Weg ab, werden Verräter, zerstören sich selbst. Beatriz, eine schöne junge Frau, die ihn in der Anstalt besucht, ist – wie wir später erfahren – eine dieser gestrauchelten Agentinnen; sie wurde von der Schönheit der sinnlichen Erfahrungen der Menschen in gefährlichem Maße beeinflußt, verwirrt durch ein Klarinettensolo, »korrumpiert durch Sonnenuntergänge, durch bestimmte Düfte...«.

Der Ruf der Erde

Wir stellen uns die Musik als eine Erfindung vor, als etwas, das eine innere Sehnsucht erfüllt und vielleicht einen integralen Bestandteil der Geräusche der Natur darstellt. Doch nicht alle sehen Musik so. Ungefähr 130 Kilometer nördlich von Bangkok befindet sich an den Ausläufern von Wat Tham Krabok ein Buddhistentempel, wo eine Gruppe engagierter Mönche Drogensüchtigen beim Entzug hilft. Sie praktizieren eine Kombination von Kräutertherapie, Beratungen und Berufsausbildung. Einer der Mönche, der 61jährige Phra Charoen, ein geborener Naturforscher, kümmert sich auch um den Musiksaal, wo er mit einer elektronischen Anlage die elektrischen Phänomene der Erde aufzeichnet und sie dann in Musiknoten umsetzt. Charoen und sein Team aus Mönchen und Nonnen zeichnen die Klangmuster auf Transparentpapier und übertragen dann die Kurven auf schmale Stoffstreifen, die katalogisiert und zusammengerollt werden können. Die Kurven stimmen mit den Klangmustern der traditionellen Thai-Musik überein. Diese »reinen Melodien« werden dann auf einem Thai-Instrument mit einer elektronischen Orgel als Verstärkung gespielt, und das Ergebnis wird aufgezeichnet. Charoen und seine Gruppe sind keine Musiker, doch für sie ist Musik keine Sache der Fantasie, auch nicht etwas, das nur von den Menschen erzeugt wird; die Musik entströmt vielmehr den Felsen und Wurzeln der Erde, den Bäumen und dem Regen.* Eine Frau

* In *Das Herz des kleinen Jägers* berichtet Laurens van der Post, daß die Buschmänner beim Tod eines Menschen sagen: »Der Laut, der am Himmel für ihn erklang, ist verstummt.«

aus dem Westen schrieb, »daß der Besucher unter den Tempelbäumen sitzt, wo Vogelgesang die musikalischen Pausen füllt... er hört die Erde des alten Ayuthaya singen, oder die Steine des Großen Palastes, die Trottoirs von Bangkok – oder auch den Lärm vor der Hua-Lampong-Bahnstation«.

Dies würde zweifellos dem amerikanischen Komponisten Charles Dodge sofort bekannt vorkommen, der im Juni und September 1970 eine Platte mit Geräuschen herausbrachte, die entstehen, »wenn die Sonne auf das Magnetfeld der Erde strahlt«. Dazu hatte er einen speziell programmierten Computer und Synthesizer mit magnetischen Daten aus dem Jahr 1961 gefüttert. Die Platte trägt den Untertitel »Umsetzung elektronischer Töne«, und auf der Plattenhülle sind drei »wissenschaftliche Mitarbeiter« extra erwähnt. Das Ergebnis ist manchmal dröhnend, manchmal quietschend, besteht aber hauptsächlich aus jubilierenden, kaskadenartig herabstürzenden, melodischen Geigen- und Holzbläserklängen. Harmonisch und flüsternd erzeugen sie oft kleine Passagen und Fanfarenstücke; sie scheinen keineswegs willkürlich zu sein, sondern eher von dem beherrscht, was ich in Ermangelung eines besseren Begriffs »Entelechie« nenne, dieser auf ein bestimmtes Ziel zusteuernden, dynamischen Rastlosigkeit, die wir mit komponierter Musik assoziieren. Ich habe auch eine Aufnahme vom Magnetfeld des Planeten Jupiter, ein Geschenk der TRW-Gesellschaft an Besucher ihres Forschungslabors für Düsenantrieb während der Flüge von Voyager I und II zum Jupiter im Jahr 1980. Ein Gerät zur Erfassung elektrischer Felder an Bord des Raumschiffs zeichnete einen Strom von Ionen auf, das Piepsen erhitzter Elektronen, das Vibrieren geladener Partikel, die Blitze, die durch die Atmosphäre des Planeten zucken, all das begleitet von einem Geräusch, das wir als Zischen hören. Gas aus einem Vulkan auf dem Mond Io bewirkt ein Klingeln und ein an eine Todesfee gemahnendes Kreischen von Radiowellen. Auch wenn dieses Konzert faszinierend ist und für die Wissenschaftler von Nutzen, hört es sich doch nicht wie Musik an, wenn daraus auch leicht Musik geformt werden könnte. Die Künstler haben ihre organischen Formen immer der

Natur abgeschaut, und so ist es nicht erstaunlich, daß es zum Beispiel eine ziemlich nach Popmusik klingende Komposition namens »Pulsar« gibt. Es sind über vierhundert Pulsare bekannt, in verschiedener Entfernung zur Erde. Unter Verwendung der aufgezeichneten rhythmischen Impulse, die von einstmals massiven Sternen in einer Entfernung von ungefähr 15 000 Lichtjahren stammen, hat der Komponist Melodien im Karibik-Sound entwickelt, in denen sein »Trommler aus dem Weltraum«, wie er es ausdrückt, das Schlagzeug liefert. Die Pulsare sind auf der Plattenhülle mit den Nummern 083 – 45 auf Seite 1 und 0329 + 54 auf Seite 2 angegeben, so, als wenn sie tatsächlich bei der Plattenaufnahme dabeigewesen wären. Susumu Ohno, ein kalifornischer Genetiker, teilte jeder der vier chemischen Basen in der DNS eine andere Note zu (*do* für Cytosin, *re* und *mi* für Adenin, *fa* und *sol* für Guanin und *la* und *si* für Thymin) und spielte dann das noch etwas begrenzt klingende Ergebnis vor. Unsere Zellen vibrieren; sie sind von Musik erfüllt, selbst wenn wir sie nicht hören. Manche Tiere hören einige Frequenzen besser als wir. Vielleicht hört eine Milbe, die im Canyon einer Hautfalte ruht, unsere Zellen wie ein Glockenspiel klingeln, wenn wir uns bewegen.

Wenn die Erde ruft, rumort und donnert sie; sie knarrt. In der Stadt Moodus in Connecticut werden die Einwohner oft monatelang durch Ketten kleinerer Erdbeben durchgerüttelt. Das Erdbebenzentrum ist ein sehr kleines Gebiet von nur einigen hundert Metern Länge am nördlichen Stadtrand. Ich wundere mich, daß hier noch keine Horrorfilme gedreht wurden über den »Teufelsschlund« oder dergleichen. Erdgrollen dieser Art werden jetzt »Moodus-Geräusche« genannt. Doch vor langer Zeit, als die Wangunk-Indianer dieses Gebiet für ihre Versammlungen wählten, weil hier die Erde zu ihnen sprach, nannten sie den Ort »Machemoodus«, was »Ort der Geräusche« bedeutete, und ihre Mythen erzählten davon, wie ein Gott die Geräusche erzeugte, indem er zornig in eine Höhle blies. Sogenannte Schwarmbeben können sich so leicht wie Korkenknallen anhören oder so unablässig wie Artilleriefeuer. Einige beschrieben es als »Donner unter den Füßen«. »Es ist, als ob man einen Preßlufthammer gegen die Fußsohlen gedrückt bekäme«, beklagt sich ein Einwohner. Die Moodus-Erdbeben sind geräuschvoller als viele andere, weil sie flacher sind (sie reichen nur ungefähr 1½ Kilometer tief; Erdbeben entlang des San-Andreas-Grabens sind im allgemeinen 10 bis 15 Kilometer tief). Bei normaltiefen Erdbeben absorbiert der Boden die meisten Geräusche, das heißt, sie wirken gedämpft. Es kann auch sein, daß die Erde um Moodus lediglich den Klang gut weiterleitet. Da die Stadt zwischen zwei Atomkraftwerken liegt, bekommen es die Einwohner mit der Angst zu tun, wenn die Erdbeben monatelang wüten, die Erde verschieben, knarren und wie eine ständig klappernde Vorratskammer klingen.

Im Exploratorium in San Francisco spielt eine Orgel die Hafengeräusche, wenn die Flut durch ihre Pfeifen dringt und ein blechernes Gemurmel in Gang setzt. Da Sowjets und Amerikaner nun einen gemeinsamen Marsflug planen, hoffe ich sehr, daß sie ein paar Panflöten mitnehmen, die sich so vorzüglich für die windige Oberfläche des Mars eignen. Flöten wären eine besonders gute Wahl, da jede Kultur auf unserem Planeten offenbar Trommeln und Flöten als erste Musikinstrumente erfunden hat. Seit Tausenden von Jahren hat uns die Vorstellung fasziniert, daß der Atem oder der Wind ein Stück Holz durchdringt und es mit einem Lebensschrei – einem Laut – erfüllt. Es ist wie der Geist des Lebens, der den ganzen Körper eines Menschen erfüllt. Es ist, als ob wir den Bäumen Atem einhauchen und sie zum Sprechen bringen könnten. Wir halten einen Zweig in den Händen, blasen hinein, und er beginnt zu singen.

Das Sehen

Das Größte, was die menschliche Seele auf dieser Welt vollbringen kann, ist, etwas zu sehen… Klar zu sehen ist Poesie, Prophezeiung und Religion in einem.

John Ruskin,
Modern Painters

Das Auge des Betrachters

Schauen Sie in den Spiegel. Das Gesicht, das Ihnen entgegenblickt, enthüllt ein ernüchterndes Geheimnis: Sie sehen in das Gesicht eines Raubtiers. Die meisten Raubtiere besitzen Augen an der Vorderseite des Kopfes, so daß sie durch beidäugiges Sehen ihr Opfer erspähen können. Unsere Augen haben getrennte Mechanismen, um das Licht aufzunehmen, ein wichtiges oder neues Bild anzupeilen, es scharf zu sehen, es im Raum zu orten und sich ihm zu nähern. Sie funktionieren wie erstklassige stereoskopische Ferngläser. Bei den Beutetieren liegen die Augen an der Seite des Kopfes, denn sie sind auf periphere Sicht angewiesen, um zu merken, wenn sich etwas oder jemand von hinten heranschleicht. Wir zum Beispiel. Wenn es im Dickicht der Städte »wie im Dschungel« zugeht, dann vielleicht auch deshalb, weil die Straßen voller eingefleischter Raubtiere sind. Unsere Instinkte sind wach, und wenn erforderlich, erklären wir unseren Mitmenschen einfach zur Beute und machen ihm den Garaus. Manchmal sogar ganzen Ländern. Einst zähmten wir das Feuer, als ob es ein schönes temperamentvolles Tier wäre, machten uns seine Energie und sein Licht zunutze. Das ermöglichte es uns, das Essen zuzubereiten, es besser zu kauen, zu verdauen und auch, Keime zu töten. Aber wir können auch kalte Speisen zu uns nehmen und taten es Tausende von Jahren. Was sagt es über uns aus, daß wir auch in kultivierter Umgebung nach Fleisch verlangen, das die Temperatur einer frisch getöteten Antilope oder eines Warzenschweins hat?

Auch wenn die meisten von uns nicht jagen, sind unsere Augen immer noch die großen Monopolisten unserer Sinne. Um Ihren Feind oder Ihre Nahrung zu schmecken oder zu berühren, müssen Sie ganz nah sein. Um ihn oder sie zu riechen oder zu hören, können Sie schon weiter entfernt sein. Doch mit den Augen können Sie über die Felder streifen, die Berge hinaufklettern, durch die Zeit reisen, durch das Land und den Weltraum fliegen und Körbe voll

Informationen sammeln. Tiere, die Hochfrequenztöne besser hören als wir – zum Beispiel Fledermäuse und Delphine –, scheinen, da sie geographisch hören, gut mit den Ohren zu sehen, doch für uns wird die Welt informativer und sinnlicher, wenn wir sie mit den Augen aufnehmen. Es kann sogar sein, daß sich das abstrakte Denken aus dem subtilen Kampf unserer Augen entwickelte, dem, was sie sahen, einen Sinn zu geben. Siebzig Prozent der Sinnesrezeptoren des Körpers liegen in den Augen, und wir bewerten und verstehen die Welt hauptsächlich dadurch, daß wir sie sehen. Liebende schließen beim Küssen die Augen, denn wenn sie es nicht täten, würden sie durch zu viele visuelle Eindrücke abgelenkt werden – das plötzliche Nahbild der Wimpern und das Haar des Geliebten, die Tapete, die Uhr, die Staubpartikel, die im Sonnenlicht flimmern. Liebende wollen sich auf ihre Berührung konzentrieren und nicht abgelenkt werden. Sie schließen die Augen, als ob sie zwei liebe Verwandte bitten würden, den Raum zu verlassen.

Unsere Sprache ist sehr bildhaft. Wenn wir zwei Dinge miteinander vergleichen, was wir ständig tun (man denke an Ausdrücke wie: »Es schüttet wie aus Kübeln«), verlassen wir uns auf unsere Sehfähigkeit, um die Handlung oder die Stimmung zu verstehen. Wir beharren eisern darauf, daß der beste Beweis darin liege, daß wir es gesehen haben (»Ich habe es mit eigenen Augen gesehen...«). Natürlich wissen wir heute, da alles relativ geworden ist, da Zaubereien und Wahrnehmungstricks an der Tagesordnung sind, daß wir nicht allem trauen können, was wir sehen (»...eine fliegende Untertasse ist auf der Autobahn gelandet«). Mit bloßem Auge sehen, ist hier gemeint. Dylan Thomas erinnerte daran, wie viele »visuelle Flunkereien« es gibt.* Wenn wir unsere Sicht erweitern, indem wir künstliche Linsen und andere

---

* Zu den vielen visuellen Flunkereien zählen auch optische Illusionen. Auf der Straße bildet sich vor Ihnen eine Pfütze. Doch im Gegensatz zu einer echten entfernt sie sich, wenn Sie sich nähern. Da es ein heißer Sommertag ist, mit einer Schicht Heißluft unter einer Schicht Kaltluft, spiegelt sich der Himmel auf der Straße. Allmählich formt sich in Ihrer Vorstellung der Begriff »Luftspiegelung«. Wenn wir etwas Rotes betrachten, passen sich die Linsen unserer Augen genauso an, als ob wir etwas Grünes betrachten würden, das näher liegt. Wenn wir etwas Blaues betrachten,

Hilfsmittel oder Geräte verwenden (Brillen, Teleskope, Kameras, Fernglas, Abtaster-Elektronenmikroskope, CAT-Abtaster, Röntgenstrahlen, Ultraschall, Radio-Isotopen-Indikatoren, Laser etc.), haben wir etwas mehr Vertrauen zum Ergebnis. »Es steht an der Wand geschrieben«, sagt ein Politiker weise und vergißt vorübergehend, daß es trotzdem eine Fälschung sein könnte. Wir durchschauen auf den ersten Blick Menschen mit durchsichtigem Charakter. Und der Himmel weiß, daß wir uns nach Erleuchtung sehnen. »Sehen Sie doch selbst«, ruft jemand ungeduldig aus, wenn man ihm nicht glaubt. In der Bibel befahl der Schöpfer als erstes: »Es werde Licht«, betrachtete sein Tagwerk und »sah, daß es gut war«. Vermutlich mußte auch er es erst sehen, um es zu glauben. Uns dämmert etwas, wenn wir schlau genug sind und nicht unterbelichtet, besonders aber, wenn wir visionär begabt sind. Und auch wenn es sich makaber und überzogen anhört: Wenn wir flirten, haben wir ein Auge auf jemanden geworfen.

Das Sehen begann einst sehr einfach. In den urzeitlichen Meeren entwickelten gewisse Lebensformen schwache Hautlappen, die lichtempfindlich waren. Sie konnten hell und dunkel unterscheiden und auch die Richtung der Lichtquelle bestimmen, aber das war auch alles. Diese Fertigkeiten stellten sich als so nützlich heraus, daß sie Augen bildeten, die eine Bewegung erkennen konnten, später dann auch die Form und schließlich eine überwältigende Fülle von Farben und weiteren Einzelheiten. Eine Erinnerung an unsere Anfänge im Meer besteht darin, daß unsere Augen ständig von Salzwasser umspült sein müssen. Zu den nachweislich ältesten Augen gehören die des Triloboten aus dem Kambrium, einem Zeitalter, das wir nur durch seine vielen Fossilienfunde kennen. Während ich dieses Buch schreibe,

geht es umgekehrt. Blaues scheint also in den Hintergrund zu rücken und Rotes ins Auge zu springen. Rotes scheint sich zusammenzuziehen und Blaues sich auszudehnen. Blau wird als kühle Farbe angesehen, rosa Dinge gelten als warm. Und da das Auge ständig versucht, einen Sinn zu erkennen, korrigiert es, wenn es sich einer verwirrenden Situation gegenübersieht, das Bild nach seiner Erfahrung. Wenn es ein vertrautes Muster entdeckt, hält es daran fest, auch wenn es gar nicht zu einer Landschaft oder einem Hintergrund paßt.

trage ich an einer Kette ein kleines Trilobit-Fossil in einer Silberfassung. Vor fünfhundert Millionen Jahren kroch es durch die Sümpfe. Es besaß Facettenaugen, mit denen es hauptsächlich seitlich sehen konnte. Die modernsten Augen sind die, die wir erfunden haben, zum Beispiel das elektrische Auge (das auf unseren Erkenntnissen über das Auge des Frosches und seiner Art, Bewegungen zu erkennen, aufbaut) oder das Spiegelteleskop (das auf dem Auge der Hufeisenkrabbe und deren Fähigkeit beruht, Kontraste wahrzunehmen) oder die Synchronlinsen, die in der Mikrochirurgie, beim optischen Abtasten und bei ernsthaften Sehproblemen eingesetzt werden (sie basieren auf der Doppellinse der Copilia, einem kurzsichtigen Krustentier, das am Boden des Mittelmeers lebt). Pflanzen besitzen zwar keine Augen, doch Loren Eiseley vertritt vehement die These, daß der Fungus Pilobolus über ein »Auge« verfügt, das heißt, er hat eine lichtempfindliche Zone, die den Ausstoß der Sporen kontrolliert, indem sie auf die hellste Stelle zielt.

Wir betrachten unsere Augen als weise Seher, doch ihre einzige Funktion besteht darin, Licht aufzunehmen. Sehen wir uns diese Licht-Ernte näher an. Wie wir wissen, arbeitet das Auge in vielem wie eine Kamera, oder vielmehr: Wir erfanden Kameras, die wie unsere Augen funktionieren. Um eine Kamera einzustellen, bewegt man die Linse auf einen Gegenstand zu oder entfernt sie davon. Die gummiartige, bohnenförmige Augenlinse erzielt das gleiche Ergebnis, indem sie ihre Form verändert – die Linse verdünnt sich, um einen entfernten Gegenstand, der klein aussieht, deutlich sehen zu können; und sie verdickt sich, um einen nahe gelegenen Gegenstand, der groß aussieht, erkennen zu können. Bei einer Kamera kann man die Lichtmenge, die einströmt, bestimmen. Die Iris des Auges, die in Wirklichkeit ein Muskel ist, verändert die Größe eines kleinen Lochs, der Pupille*, durch die das Licht auf den Augapfel trifft. Da die Fische nicht diese Pupillenreaktion besitzen, bei der die Iris

---

* Aus dem lateinischen *pupilla*, »kleine Puppe«. Wenn die Römer einander in die Augen sahen, erblickten sie ein puppenähnliches Spiegelbild von sich. Der alte hebräische Ausdruck für Pupille lautet ähnlich: *eshon ayin*, was »der kleine Mann des Auges« bedeutet.

gegen plötzlichen Lichteinfall schützt, und da die meisten keine Lider haben (weil ihre Augen ständig von Wasser umspült sind), werden sie viel stärker durch Licht geblendet als wir. Außer dieser Pförtnerfunktion ist die Iris, die nach dem griechischen Wort für Regenbogen benannt ist, für die Farbe der Augen verantwortlich. Die Augen von Weißen sind bei der Geburt blau, die der Schwarzen braun. Nach dem Tod erscheinen die Augen von Weißen grün-braun. Blaue Augen sind nicht tatsächlich blau, nicht blaufarben wie ein Stoff, sondern erscheinen blau, weil sie weniger Pigmente als braune Augen haben. Wenn Licht in »blaue« Augen eindringt, brechen sich die sehr kurzen blauen Lichtstrahlen, die von winzigen, nichtpigmentierten Partikeln reflektiert werden; was wir sehen, sind diese Strahlen, und die Augen scheinen blau zu sein. Dunkle Augen haben dicht zusammenstehende Pigmentmoleküle, absorbieren die blauen Wellenlängen und reflektieren gleichzeitig andere Farben, deren Strahlen länger sind. Deshalb erscheinen sie braun oder haselnußfarben. Auch wenn die Regenbogenhaut bei oberflächlicher Betrachtung bei allen Menschen mehr oder weniger gleich aussieht, ist das Muster an Farben, Flecken und anderen Merkmalen so individuell, daß man in der Kriminalistik erwogen hat, die Muster der Regenbogenhaut genauso zur Identifizierung heranzuziehen wie Fingerabdrücke.

Im hinteren Teil einer Kamera nimmt der Film die Bilder auf. Entlang der hinteren Wand des Augapfels verläuft eine dünne Schicht, die Netzhaut, die zwei Arten von lichtempfindlichen Zellen enthält, die Stäbchen und die Zapfen. Wir benötigen zwei, da wir in den zwei Welten der Finsternis und des Lichts leben. 125 Millionen dünne, gerade Stäbchen sind für die Dunkelheit zuständig und registrieren schwarz und weiß. Sieben Millionen Zapfen untersuchen das helle, farbenreiche Licht des Tages. Es gibt drei Arten von Zapfen, die sich auf Blau, Rot und Grün spezialisiert haben. Wenn die Stäbchen und Zapfen zusammenwirken, kann das Auge schnell auf eine sich verändernde Szene reagieren. Jene Stelle in der Netzhaut, wo der optische Nerv zum Gehirn führt, ist frei von Stäbchen und Zapfen. Deshalb kann hier kein Licht aufgenommen werden. Wir nennen diese Stelle unseren »blinden Fleck«. Doch in der Mitte der Netzhaut befindet sich ein kleiner Krater, eine Grube, die gefüllt ist mit vielen Zapfen, die wir für scharfes Sehen benötigen, zum Beispiel wenn wir einen Gegenstand in hellem Licht untersuchen und ihn im Auge behalten wollen. Da die Grube so klein ist, kann sie ihren Zauber nur auf einem sehr kleinen Raum zur Geltung bringen. Fast jeder Zapfen in einer Grube hat seine eigene direkte Verbindung zu höheren Zentren des Gehirns; an den anderen Stellen auf der Netzhaut können die Stäbchen und Zapfen vielen Zellen dienen, und die Sicht wird verschwommener. Der Augapfel ist ständig in langsamer Bewegung, um einen Gegenstand vor diesen Punkt des schärfsten Sehens zu halten. In schwachem Licht sind die Grubenzapfen fast nutzlos; statt dessen müssen wir an einem Gegenstand fast vorbeisehen, um ihn mit den umgebenden Stäbchen genau ins Visier zu nehmen. Wir können ihn nicht direkt ansehen, da die Grube uns irreführen und der Gegenstand unsichtbar erscheinen würde. Da die Stäbchen keine Farbe registrieren, können wir nachts keine Farbe wahrnehmen. Wenn die Netzhaut etwas aufnimmt, geben Neuronen den Befehl mittels elektrochemischer Signale ans Gehirn weiter. In ungefähr einer Zehntelsekunde erreicht die Botschaft den visuellen Kortex, der ihnen einen Sinn gibt.

Das Sehen, so wie wir es verstehen, findet jedoch nicht in den Augen, sondern im Gehirn statt. Um herrliche Sachen zu sehen, benötigen wir die Augen in gewissem Sinn überhaupt nicht. Wir erinnern uns oft an Szenen aus früheren Tagen oder Jahren, sehen sie vor unserem geistigen Auge und können uns sogar ausgesprochen fiktive Ereignisse vorstellen. Während des Traums sehen wir erstaunlich deutlich. Manchmal, wenn ich in einer berauschend schönen Landschaft gewesen bin, irgendwo draußen in der Natur, schließe ich nachts im Bett die Augen und lasse die Landschaft erneut vor meinem inneren Auge vorbeiziehen. Als dies das erste Mal geschah – auf einer großen Rinderfarm in der Wüste von New Mexico, die umgeben war von pastellfarbenen Tafelbergen – fand ich das etwas gespenstisch. Ich war todmüde nach der anstrengenden Arbeit auf der Pferdekoppel und sehnte mich nach Schlaf, doch alle Bilder des Tages, alle Bewegungen gingen mir durch den Kopf. Es war nicht wie ein Traum, sondern eher wie der Versuch, mit offenen Augen zu schlafen, während ein Fest in vollem Gang ist.

Das gleiche passierte mir erst vor kurzem in der Antarktis. An einem sonnigen Tag fuhren wir durch die Gerlachestraße, die sich am südlichen Ende auf 480 Meter verengt; auf beiden Seiten des Schiffs ragten Eisberge empor. Schwarz-zerklüftete, eis- und schneebedeckte Berge sahen aus wie Pinguine, die aufrecht in strahlendem Licht dastanden. Gleichzeitig tauchten echte Pinguine neben dem Schiff auf, und riesige Eisberge drifteten vorbei, die unten gletscherblau und an der Seite minzgrün waren. Auf dem mit Glas überdachten Beobachtungsdeck saßen die Leute in Sesseln am Fenster, einige dösten vor sich hin. Ein Mann streckte seinen rosigen Zeigefinger aus, als ob er jemanden mit dem bösen Blick bannen wollte, doch er versuchte lediglich, den Umfang eines Eisbergs zu messen. Die Deception-Insel wirkte, obwohl sie noch weit entfernt war, sehr nah und deutlich in der klaren Luft. Jenseits der Meerenge donnerte Eis mit lautem Gepolter von einem Gletscher. Pastellfarbene Eisberge umgaben uns, die Zehntausende von Jahren alt waren. Großer Druck kann die Luftblasen aus dem Eis drücken und es verfestigen. Ohne Luftblasen wirkt die Spiegelung eher blau. Einige Eisberge schimmerten wie mattes Pfefferminzgrün in der Sonne – dunkle Stellen im Eis (Phytoplankton und Algen) färbten sie grün. Ätherische Schneesturmvögel flogen um die Eisbergspitzen, und die Sonne schimmerte durch ihre durchsichtigen Flügel. Weiß und schweigend schienen die Vögel fliegende Eisstücke zu sein, die sich voller Anmut bewegten. Als sie an einer Eisscholle vorbeiflogen, wurden sie unsichtbar. Ein grelles Leuchten verwandelte die Landschaft mit solcher Intensität, daß sie wie reine Farbe erschien. Als wir in unsere aufblasbaren Flöße mit Motorantrieb stiegen, um die Eisberggärten zu durchqueren, griff ich mir ein Stück Eis, hielt es ans Ohr und lauschte dem Knacken und Blubbern der Blasen, als die eingeschlossene Luft entwich. Nachts lag ich in meiner engen Schlafkoje, und obwohl ich von den Ereignissen des Tages erschöpft war, war ich hellwach. Mit geschlossenen Augen ließ ich sonnenbeschienene Eisberge vor meinem inneren Auge vorbeigleiten, und die Antarktis enthüllte sich langsam Meile um Meile auf der kleinen Bühne meiner geschlossenen Augen.

Da das Auge Neues liebt und sich fast an jede Szene, selbst an eine schreckliche, gewöhnen kann, kann ein großer Teil des Lebens in den Hintergrund unserer Aufmerksamkeit geschoben werden. Wie leicht übersieht man den pelzartigen gelben Kamm innerhalb einer Iris, die sich verengt, oder die rote gespaltene Zunge einer Vipernatter oder die Art, wie schwere Sorgen den Rücken von Menschen krümmen, als ob ein heftiger Wind sie niederdrückte. Sowohl die Wissenschaft als auch die Kunst pflegen uns aufzurütteln, alle Lichter anzudrehen, uns am Kragen zu packen und zu sagen: *Würden Sie bitte achtgeben!* Man möchte meinen, daß etwas so Dynamisches wie das Leben nicht so leicht zu übersehen ist. Doch wie Rassepferde, die voller Vitalität, Entschlossenheit und Mut sind, neigen wir dazu, Dinge zu übersehen, die nicht direkt in unser Blickfeld fallen – die bunte Menschenmenge auf beiden Seiten der Rennbahn, die Spuren in dem ausgefahrenen Weg und das ständige Schauspiel des Himmels, dieses allgegenwärtige, sich ständig verändernde farbenprächtige Bild über uns.

Den Himmel beobachten

Ich sitze am Rande des Kontinents, am Pont Reyes National Seashore, der Halbinsel nördlich von San Francisco, wo das Land vom Pazifik und vom blauen, rätselhaften Himmelsgewölbe abgelöst wird. Wenn das Zirpen der Grillen, das so laut wie eine Kreissäge dröhnt, plötzlich verstummt, durchbrechen nur die Vogelrufe die Stille des Tages. Ein Falke fällt ins Nichts, durchbohrt die dünne Luft. Zuerst fällt es ihm schwer, etwas an Höhe zu gewinnen, dann wird er von

Warmluft hochgetragen und durchschneidet die Luft mit seinen Flügeln, schwingt sich spiralförmig in engen Kreisen hoch, sucht von oben den Boden nach Kaninchen und Nagetieren ab. Er legt sich etwas in die Kurve, zieht einen Bogen und dreht sich dabei wie ein Sonnenschirm. Der Falke weiß instinktiv, daß er nicht herunterfallen wird. Für uns ist der Himmel die visuelle Konstante in unserem Leben, ein komplexer Hintergrund für alles, was wir unternehmen, denken und fühlen. Doch wir empfinden ihn als unsicher – als etwas Abwesendes ohne Substanz. Obwohl wir uns durch die glasigen Tiefen der Luft bewegen, stellen wir sie uns nur selten als die dicke, schwere Umgebung vor, die sie ist. Wir wundern uns selten über das blaue Gebilde, das wir Himmel nennen. »*Skeu*« sage ich laut; es ist der Begriff, den unsere Ahnen benutzten. Ich versuche, ihn so auszusprechen, wie sie es wohl getan haben, voll Furcht und Erstaunen: »*Skeu*«. Es war eigentlich ihr Ausdruck für jede Art von Decke; für sie bedeutete der Himmel ein Dach mit wechselnden Farben. Kein Wunder, daß sie ihre Götter dort ansiedelten; sie waren so etwas wie streitsüchtige Nachbarn, die bei ihren Wutausbrüchen, statt Geschirr zu zerschlagen, eben Blitze schleuderten.

Schauen Sie auf Ihre Füße. Sie stehen mitten im Himmel. Wenn wir an den Himmel denken, neigen wir dazu, nach oben zu blicken, doch der Himmel beginnt in Wirklichkeit auf der Erde. Wir wandern hindurch, brüllen hinein, kehren Blätter zusammen, waschen den Hund und fahren mit Autos herum. Wir atmen ihn tief in uns ein. Mit jedem Atemzug atmen wir Millionen von Himmelsmolekülen ein, heizen sie kurz auf und atmen sie dann wieder in die Welt aus. In diesem Augenblick nehmen Sie einige der Moleküle auf, die einst Leonardo da Vinci, William Shakespeare, Anne Bradstreet oder Colette einatmeten. Atmen Sie tief ein. Denken Sie an den *Sturm* von Shakespeare. Luft füllt unsere Lungenflügel und lädt unsere Zellen auf. Wir sagen »so leicht wie Luft«, aber in unserer Atmosphäre gibt es nichts Leichtes, denn sie wiegt 5000 Billionen Tonnen. Nur ein so fester Griff wie die Schwerkraft kann sie an die Erde binden, sonst würden sie einfach abtreiben und im unendlichen Universum untergehen.

Gedankenlos sprechen wir oft vom »leeren Himmel«. Doch der Himmel ist nie leer. In einer Unze Luft, also in 31 Gramm, befinden sich 1000 Trilliarden (10^{24}) wirbelnde Atome aus Sauerstoff, Stickstoff und Wasserstoff, jedes eine eigene Menagerie aus Elektronen, Quarks und geisterhaften Neutrinos. Manchmal wundern wir uns darüber, wie ruhig der Tag oder wie still die Nacht ist. Doch weder am Himmel noch sonstwo, wo es Leben gibt, herrscht Stille. Die Luft ist immer vibrierend und glühend, voller flüchtiger Gase, Staub, Viren, Pilzen und Tieren, die alle von einem ständigen Wind durcheinandergewirbelt werden. Es gibt aktive Flieger, wie Schmetterlinge, Vögel, Fledermäuse und Insekten, die die Luftstraßen bevölkern, und es gibt passive Flieger, wie Herbstblätter, Pollen oder die Kokons der Seidenpflanze, die einfach schweben. Der Himmel, der auf der Erde beginnt und sich nach allen Seiten erstreckt, ist der dichte, vibrierende Bereich, in dem wir leben. Wenn wir sagen, daß unsere fernen Vorfahren aus dem Meer aufs Land krochen, vergessen wir hinzuzufügen, daß sie sich tatsächlich von einem Meer zum anderen bewegten, von den oberen Bereichen des Wassers zu den untersten der Luft.

Bei uns kommen die Winde hauptsächlich aus dem Westen, was ich an der Vegetation entlang dem Strand feststellen kann. Eine leichte, ständige Brise vom Pazifik hat das wilde Grasland geprägt. Etwas weiter hinten, in einer geschützten Lichtung, finde ich ein kleines Büschel davon, von einem in die Erde gezogenen Kreis umgeben. Es sieht aus, als habe jemand eine Plätzchenform in den Boden gedrückt; doch allein der Wind hat dies bewirkt, indem er das Gras im Kreis geblasen und in einen natürlichen Zirkel verwandelt hat. Wir stellen uns den Wind als zerstörerische Kraft vor – zum Beispiel plötzliche Windstöße, die ein Dach abdecken –, doch der Wind ist auch ein langsamer, mächtiger Steinmetz, der Klippen aushöhlt, Hügel abträgt, Strände neu formt, Bäume und Felsen Berghänge hinunter oder über Flüsse treibt. Der Wind erzeugt Wellen, wie in den gerippten

Dünen im Death Valley oder entlang der sich verändernden Küsten. Der Wind trägt den Boden ab, als handle es sich um eine Tischdecke, und schafft »Staubschüsseln« wie im Mittleren Westen. Er kann Generatoren, Drachenflieger, Windmühlen und Segelboote bewegen. Er sät Samen und Pollen. Er prägt die Landschaft. Entlang zerklüfteter Küsten sieht man oft Bäume, die von einem gnadenlosen Wind geformt worden sind.

Auf alten Landkarten wird der Nordwind als pausbäckiger Mann mit zerzaustem Haar und angespanntem Gesicht gezeigt, der seine Backen aufbläst. Nach Homer lebte der Gott Aeolus in einer palastartigen Höhle, wo er die Winde in einem Lederbeutel verschlossen hielt. Er gab den Beutel Odysseus, damit dieser sein Schiff antreiben könne, doch als Odysseus' Gefährten den Beutel öffneten, entflohen die Winde und rasten ungezügelt durch die Welt, wirbelten herum und brachten Zerstörung. »Die Kinder des Morgens« nannte Hesiod die griechischen Winde. Für die alten Chinesen bedeutete *fung* Wind und Atem, und es gab viele Begriffe für die Temperamentsausbrüche des Windes. *Tiu* bedeutete »sich wie ein Baum mit dem Wind drehen«; *Yao* besagte, daß etwas mit einer Brise dahinschwebte wie eine Daune. Die Namen der Winde sind voller Zauber und sagen viel über die Stimmungen aus, die der Himmel zeigen kann. Da ist der portugiesische Bergwind *vento coado*, Japans dämonischer *tsumuji* oder der sanfte, den Kiefernwald liebende *matsukaze*; Australiens *brickfielder* (abgeleitet von Staubstürmen, die in der Nähe von Sydney in Ziegeleien aufgewirbelt wurden); Amerikas feuchtwarmer *chinook*, der vom Meer hereinweht und nach der Sprache der Indianer benannt wurde, die einst Oregon besiedelten; der schneewirbelnde *Blizzard*, der wilde *Santa Ana* oder der feuchte *waimea* aus Hawaii; der nordafrikanische heiße Wüstensandsturm *simum* (aus dem aramäischen Wort *samma*, »Gift«); Argentiniens glühendheißer *zonda*, der von den Anden herunter über die Pampas fegt; der dunkle, glühende Nilwind *habub*; Rußlands Sturmwind *buran*, der im Sommer einen Sturm verursacht und im Winter einen Blizzard; Griechenlands erfrischender Sommerwind *etesian*; der warme Föhn der Schweiz, der von den Berghöhen weht; Frankreichs trokkenkalter Mistral, der durch das Rhônetal bis zur Mittelmeerküste herunterzieht; Indiens berüchtigter Monsun, dessen Name für eine ganze Jahreszeit steht; der Bullaugenwind am Kap der Guten Hoffnung; Alaskas plötzlich aufkommender Sturm *williwaw*; Gibraltars östlich blasender *datoo*; Spaniens lieblicher *solano*; der Hurrikan der Karibik (abgeleitet aus dem Taino-Wort *huracan*, was »böser Geist« bedeutet); Schwedens sturmartiger *frisk vind*; Chinas flüsternder *I tien tien fung* oder der *sz*, die erste Herbstbrise.

Seit Tagen wüteten hier an der Küste Stürme, und jetzt hängen düstere graue Wolken am Himmel – Kumuluswolken (Haufenwolken) wie gewaltige Haufen Kartoffelbrei und breite Streifen von Stratuswolken (Schichtwolken). Wie der Autor James Trefil bemerkte, ist eine Wolke eine Art schwebender See. Wenn aufsteigende Warmluft auf absteigende Kaltluft trifft, regnet es, wie es jetzt der Fall ist. Ich suche Unterschlupf unter einem Vordach, während ein richtiges, entfesseltes Gewitter losbricht. Es kracht und donnert am Himmel. Ein Blitz taucht den Himmel in grelles Licht, wie eine Heugabel gräbt er sich in die Erde. Genaugenommen schickt er erst einen kurzen elektrischen Kundschafter hinunter, und die Erde reagiert, indem sie einen langen Blitzstrahl nach oben sendet und damit die Luft so aufheizt, daß sie sich in einer Druckwelle entlädt oder donnert, wie wir sagen. Ich zähle die Sekunden zwischen Blitz und Donner, teile sie durch fünf und habe dann eine vage Vorstellung, wie weit er entfernt ist – elf Kilometer. In einer Sekunde legt der Schall rund 330 Meter zurück. Wenn Blitz und Donner zusammenkommen, bleibt einem nicht viel Zeit, um zu zählen. Nach einer Weile beruhigt sich der Sturm, und das Donnergrollen zieht weiter die Küste hinauf. Doch noch bedecken Wolken den Himmel. Ein Wolken-Rhinozeros verwandelt sich in das Profil von Eleanor Roosevelt, dann in eine Schüssel mit Kürbissen, dann in einen züngelnden Drachen. Wolken wie die, die jetzt am Himmel dahinziehen, hingen zu allen Zeiten über den Menschen. Wie viele Nachmittage haben sie damit verbracht, die Wolken zu beobachten. Die alten Chinesen liebten es, in den Wolken nach Formen zu suchen, genauso wie es Eskimos, Bantus und Pittsburger heute tun. Seeleute, Generäle, Bauern und andere haben zu allen Zeiten die Kristallkugel des Himmels befragt, um das Wetter vorherzusagen (linsenförmige Wolken bedeuten heftige Winde im Anzug; gesprenkelte oder Schäfchenwolken kündigen Regen an; tiefe, dicke, dunkle, deckenartige Wolken bedeuten, daß mit einer stürmischen Kaltfront zu rechnen ist), haben sich Wetterregeln und subtile Wolkenkarten und Atlanten ausgedacht, die genauso schön wie nützlich sind. Laurens van der Post blickte bei seiner Zugfahrt durch Sibirien aus dem Fenster auf die riesigen weiten Ebenen und den endlosen Himmel. »Ich dachte, ich hätte noch nie so viel Himmel und Raum gesehen«, schreibt er in seiner *Reise nach Rußland*. Vor allem war er fasziniert von den »riesigen Gewitterwolken, die aus der Dunkelheit auf die schlafende Stadt zusteuerten. Im zuckenden Blitzstrahl glichen sie Fabelschwänen, die uns mit zischenden Feuerschwingen angriffen.« Als van der Post die Blitze vom Zug aus beobachtete, erklärte ihm der russische Freund, der ihn begleitete, daß es in seiner Sprache ein besonderes Wort für dieses Schauspiel gebe: *Zarnitsa*.

Schon immer waren die Menschen fasziniert von den vielen Stimmungen des Himmels. Nicht nur, weil ihre Ernte oder ihre Reisen vom Wetter abhingen, sondern auch, weil der Himmel ein so starkes Symbol darstellt. Der Himmel, der von Göttern bewohnt ist, der Himmel, von dessen Dauerhaftigkeit wir abhängen und die wir als gegeben hinnehmen, als sei er tatsächlich ein festes Gewölbe, auf das Sterne gemalt sind, wie unsere Vorfahren glaubten. Wir sehen den Himmel als den letzten Ruheplatz unserer Lieben, als seien ihre Seelen parfümierte Aerosole. Wir begraben sie zwischen Kiefernnadeln und Würmern, doch in unserer Vorstellung lassen wir sie eine schwerelose Reise in eine Ecke des Himmels machen, von wo aus sie über uns wachen. »Hoch« ist, wo erhabene Gefühle herrschen, wo die »Erhabenen und Mächtigen« leben, wo Engelchöre singen. Ich weiß nicht, weshalb der Himmel unsere höchsten Ideale und Motive symbolisiert. Es kann nur daran liegen, daß es uns an Selbstvertrauen fehlt, daß wir glauben, unsere barmherzigen, großzügigen oder mutigen Handlungen seien keine persönlichen Eigenschaften, keine Charakteristika, die die Menschen allein entwickeln können, sondern zeitlich begrenzte Geschenke einer außerirdischen Macht, die sich im Himmel befindet. Aufgrund irgendwelcher Ereignisse oder aus Entsetzen über die menschliche Natur blicken wir manchmal zum Himmel in dem Glauben, da oben im Reich der Sterne liege unser Schicksal.

Ich fahre vier Stunden in Richtung Süden, an malerischen Klippen und einem wilden stürmischen Meer vorbei, wo Seeottern sich in ihren Seetangbetten wiegen, Seelöwen brüllen, Seehunde wie kleine Gebirgsketten beieinanderliegen und Kormorane, Sanderlinge und andere Seevögel eifrig ihr Nest bauen, und mache an einer windigen Böschung in Big Sur halt. Eine Monterey-Kiefer ragt in den Pazifik hinein, bildet eine Kulisse für den Sonnenuntergang. Die peitschenden Sturmwinde haben ihre Äste und Zweige auf der Windseite verkrüppelt, und sie sieht aus wie ein dürrer schwarzer Finger, der aufs Meer hinausdeutet. Menschen steigen aus dem Auto und betrachten dieses Phänomen. Worte erübrigen sich. Wir alle verstehen das visuelle Erlebnis und nicken einander zu. Der sanfte blaue Himmel und das dunkelblaue Meer treffen an einer Linie zusammen, die so scharf wie eine Rasierklinge ist. Weshalb ist es so aufregend, einen Baum zu sehen, der Stücke des Himmels in seinen Zweigen hält, und die Wellen zu hören, wie sie gegen das felsige Ufer branden und die Gischt hoch in die Luft sprühen, während die Möwen schreien? Von den vielen Möglichkeiten, den Himmel zu studieren, ist eine der vertrautesten die Beobachtung durch das Geäst eines Baumes; dies hat viel damit zu tun, wie wir den Himmel tatsächlich sehen und beobachten. Die Bäume lenken das Auge vom Boden zum Himmel, verbinden die Kleinheit und Vergänglichkeit des Lebens mit der strahlenden blauen Abstraktion über unseren Köpfen. In der altnordischen Legende ragte der riesige Eschenbaum Yggdrasil mit seinen großen gekrümmten Zweigen und drei auseinanderstrebenden Wurzeln hoch in den Himmel, hielt das Universum zusammen und verband die Erde mit Himmel und Hölle. Mythische Tiere und Dämonen lebten in dem Baum; an einer seiner Wurzeln befand sich der Brunnen von Mimir, die Quelle aller Weisheit, von der der Gott Odin trank, um weise zu werden, auch wenn es ihn ein Auge kostete. Wir finden in vielen der alten Sagen und Legenden Bäume, die uns Weisheit verheißen, vielleicht deshalb, weil sie allein Erde und Himmel zu vereinen scheinen – die bekannte Welt mit allem, was sich unserem Zugriff und unserer Macht entzieht.

Heute wirkt das Meer düster, die weißen Brandungswellen schlagen und stampfen. Am Strand wirkt der dicke weiße Wellenschaum wie von einem Spachtel glattgestrichen. Der feuchte salzige Wind rauscht wie ein Taftkleid. Eine Möwe findet einen Schellfisch und fängt an, ihn zu zerreißen, während die anderen ihr hinterherjagen, um ihr die Beute wegzuschnappen. Alle quietschen wie schlecht geölte Maschinenteile.

Als ich vor vielen Jahren in Istanbul war, bestaunte ich die Art, wie sich zwischen den zwiebelförmigen Moscheen Himmelsstücke abzeichneten. Statt einer Skyline, wie das in New York oder San Francisco der Fall ist, sah man nur den freien Raum zwischen den aufstrebenden spiralförmigen Minaretten und den knollenförmigen Kuppeln. Hier dagegen sieht man die Silhouette der verschiedenen Bäume, die sich gegen den Himmel abheben: die Kiefer, die einen langen Stamm mit einer abgerundeten Spitze hat, die an eine Kinderklapper erinnert; hochgewachsene, reiskornförmige Zypressen und Fichten. Weiter nördlich befinden sich die Mammutbäume, die größten Bäume unseres Planeten. Die Eukalyptusbäume mit ihren talkigen Blättern, die so zäh sind und so schnell wachsen, daß sie in Kalifornien ganze Wälder durchsetzt haben, sehen aus wie nasse, frisch shampoonierte Haare. Im Herbst und Winter findet man auf ihren Ästen lange Girlanden von Chrysippusfaltern, die an den Füßen herunterhängen, welche mit Zangen ausgestattet sind. Jedes Jahr wandern Millionen dieser Schmetterlinge bis zu sechseinhalbtausend Kilometer vom Norden der USA und Kanadas an die kalifornische Küste zum Überwintern. Sie hängen in Trauben zusammen, um sich zu wärmen. Die Schmetterlinge scheinen die öligen, nach Pfefferminz riechenden Wäldchen zu bevorzugen, ein Geruch, der die meisten Insekten und Vögel abschreckt. Blaue Eichelhäher greifen ab und zu die Schmetterlinge an, wenn sie sich aus ihrer Kolonne lösen, um Nektar zu saugen oder um ihre Flügel wie Sonnenkollektoren auszubreiten. Die Schmetterlingslarven fressen die Blätter der Seidenpflanze, einer giftigen, dem Fingerhut ähnlichen Pflanze, gegen deren Gift sie immun sind, die aber sie selbst giftig macht. Und die Vögel lernen schnell, daß ihnen der Verzehr der Schmetterlinge Übelkeit verursacht. Wenn Sie einen Falter herumfliegen sehen, dem ein Stück des Flügels fehlt, können Sie sicher sein, daß er das Opfer eines Vogelangriffs war. Als ich half, diese Schmetterlinge zu markieren, sah ich einen solchen weiblichen Schmetterling vor dem Fenster meines Motels zittern. Ein riesiger blauer Eichelhäher saß auf der Stange der Veranda, kreischte und schnappte, und war dabei, sich auf den Schmetterling zu stürzen. Obwohl ich mich im allgemeinen nicht in die Natur einmische, war hier mein Instinkt stärker, und ich rannte hinaus, direkt auf den Eichelhäher zu, um ihn wegzustoßen. Furchtbar erschrocken über meinen plötzlichen Angriff, flatterte er mit großem Gekreische hoch. Ich nahm den weiblichen Schmetterling in die Hand, um festzustellen, ob er schwanger war. Dabei untersuchte ich behutsam den Unterleib mit Daumen und Zeigefinger, fühlte nach einer harten Stelle. Doch er war nicht schwanger, und das fehlende Stück Flügel war nicht allzu schlimm. Ich trug ihn unter einen Baum, an dem eine orangerote Traube von Chrysippusfaltern hing. Da es ein kühler Morgen war, hielt ich ihn vor meinen Mund und hüllte den Körper mit meinem warmen Atem ein, um die Flugmuskeln aufzuwärmen, und ließ ihn dann in die Luft flattern. Er flog direkt auf die Traube zu, und als ich mich in mein Zimmer zurückzog, grüßte ich ihn noch mal. Der

Eichelhäher schrie immer noch Zeter und Mordio und flog dann mit entschlossenem Flügelschlag vom Hof.

In Big Sur toben sich Falken an der Küste aus; sie stoßen herab oder drehen Kreise, indem sie sich von unsichtbaren Türmen warmer, aufsteigender Luft über dem sonnenerhitzten Boden tragen lassen. Vögel sind so flink und geschickt. Jede Art hat ihren eigenen Körperbau, ihre Fluggewohnheiten und das Talent, das Beste aus dem Himmel zu machen. Bei einigen Eulen zum Beispiel ist das Gefieder mit einem leichten Saum besetzt, um das Geräusch zu dämpfen, wenn sie sich nähern. Finken machen ein paar harte Flügelschläge, dann legen sie die Flügel an und erholen sich etwas. Turteltauben flattern während des Flugs ununterbrochen. Wanderfalken legen ihre Flügel an, wenn sie einen Sturzflug machen. Mauersegler, die rund 40 Kilometer in der Stunde zurücklegen, haben sehr spitze Flügel, die sie schnittiger machen, weil sie den Luftwiderstand verringern, wenn sie sich von der Luftströmung tragen lassen. Am Grand Canyon können Sie beobachten, wie sie sich an den Wänden des Canyons wie kleine Akrobaten bewegen.

Unser Himmel ist auch voll von »passiven Fliegern«. Weibliche Eschenbäume werfen ihre geflügelten Samen ab, Espen und andere Bäume bringen lange Blütenkätzchen hervor, die abfallen und herumwirbeln. Ahornbäume haben »nasenförmigen« Samen, der wie ein Propeller oder ein Hubschrauber in wirbelnden Bewegungen herunterfällt. Der Wind bestimmt die Fortpflanzung vieler Pflanzen. Löwenzahn, Seidenpflanzen, Disteln, Pappeln und andere haben Vorrichtungen ähnlich den Fallschirmen und Segeln entwickelt. Kiefern, Fichten, Schierling, Ahorn, Eiche und die Ambrosiapflanze haben keine strahlenden Blüten, doch sie brauchen sie auch nicht, um einen Vogel oder eine Biene anzulocken. Der Wind reicht als Mittler aus. Die Pflanzen können nicht werben oder vor einer Gefahr davonlaufen, und so haben sie einfallsreiche Mittel und Wege entwickelt, ihre Umgebung und Tiere zu nutzen. Pollenblüten können nur ein Zehntausendstel eines Zentimeters Durchmesser haben, und doch müssen sie trotz ungewisser Winde zum

Ziel kommen. Karl Niklas, der als Wissenschaftler mit einem Windkanal experimentierte, entdeckte vor kurzem, daß Pflanzen nicht wie Landstreicher sind, die hoffen, daß ihre Pollen irgendeinen Lufthauch erwischen und an der richtigen Haltestelle abspringen. Er fand heraus, daß Kiefernzapfen ideal konstruiert sind, um den Wind aus allen Richtungen einzufangen: eine Turbinenform mit Blütenblättern, die die Luft ringsherum wirbeln. Wie ein Planet hüllt sich der Kiefernzapfen in eine Atmosphäre schnell rotierender Luft ein. Unter der oberen, wirbelnden Schicht befindet sich eine ruhige, leere Schicht. Wenn der Pollen von der schnellen Schicht in die ruhige fällt, trifft er genau auf den Zapfen. Niklas untersuchte auch die aerodynamischen Eigenschaften der Jojoba-Pflanze, die dafür zwei Blätter benutzt, die wie die Ohren eines Hasen geformt sind, und er kam zu ähnlichen Ergebnissen.

Zur Pollenflugzeit müssen Leute, die wie ich und Millionen anderer Menschen dagegen allergisch sind, niesen. Manchmal brennen meine Augen so stark, daß ich keine Kontaktlinsen benutzen kann. Doch mir gefällt der Gedanke, daß all diese Beschwerden auf den Sinn der Form zurückgehen. Manche Pollen sehen aus wie winzige Sputniks, die durch die Luft dahinziehen, oder wie nägelbesetzte Bälle. Andere sind so eiförmig wie die Pupillen eines Alligators. Der Kiefernpollen ist rund und hat an beiden Seiten Fortsätze, die wie Ohren aussehen. Ihre Formen bewirken, daß sie sich in unterschiedlicher Geschwindigkeit und in verschiedenen Flugmustern bewegen, und es besteht wenig Gefahr, daß ein Pollen eine falsche Pflanze ansteuert.

Wenn es Nacht wird in Big Sur, scheint sich der Ruß der ganzen Welt in den Sonnenuntergang zu ergießen. Wie eine goldene Münze fällt die Sonne langsam ins Meer, schimmert und schillert, bis sie versinkt. Dann taucht eine Sekunde lang am Horizont ein winziger grüner Strahl auf und verschwindet wieder. Der »grüne Blitz« nennen ihn die Leute voll mystischer Feierlichkeit. Doch es ist ein sehr kurzer Blitz, und es ist unter all meinen Sonnenuntergängen das erste Mal, daß ich so etwas gesehen habe. Grün, blau, purpur –

was für ein Glück haben wir doch, auf einem Planeten zu leben, auf dem es einen solch bunten Himmel gibt. Weshalb ist der Himmel blau? Das helle Sonnenlicht ist in Wirklichkeit ein Strauß farbiger Strahlen, die wir in ein Spektrum von sechs Farben einteilen. Wenn weißes Licht auf Atome von Gasen trifft, die die Atmosphäre bilden – hauptsächlich Sauerstoff und Stickstoff –, sowie auf Staubpartikel und Feuchtigkeit in der Luft, dann kommt es zur Streuung von blauem Licht. Der Himmel scheint blau zu sein. Dies ist besonders der Fall, wenn die Sonne am höchsten Punkt steht, weil dann die Lichtstrahlen einen kürzeren Weg zurückzulegen haben. Die roten Strahlen sind länger und durchdringen besser die Atmosphäre. Wenn die Sonne untergeht, dreht sich eine Seite der Erde von der Sonne ab; das Licht muß weiter reisen, durch mehr Staub, Wasserdampf und Luftmoleküle; die blauen Strahlen werden noch stärker zerstreut, die roten wandern weiter. Die Sonne kann vergrößert erscheinen wie ein aufgeblasenes Phantom oder leicht elliptisch oder sogar über dem Horizont, wenn sie in Wirklichkeit schon darunter ist. Diese Phänomene werden durch die Brechung der Strahlen hervorgerufen. Wir sehen einen prächtigen, roten Sonnenuntergang, insbesondere, wenn vorbeiziehende Wolken die sich verändernden Farben reflektieren. Die letzte Farbe, die durch die Atmosphäre dringt, ohne zerstreut zu werden, ist Grün. So können wir oft einen grünen Strahl erblicken, wenn die Sonne untergegangen ist. Im All scheint die Luft schwarz zu sein, da es dort keinen Staub gibt, der das blaue Licht bricht.

Im Leuchtturm von Big Sur, der auf einem vorspringenden Felsen thront, leuchtet ein Signalfeuer auf, um die Schiffe vor Sandbänken zu warnen. Das Licht wird in einer Geschwindigkeit von fast 300 000 Kilometern pro Sekunde ausgestrahlt. Das Licht der Sonne benötigt ungefähr acht Minuten, um die Erde zu erreichen. Und das Licht, das wir vom Polarstern sehen, machte sich zu Shakespeares Zeiten auf den Weg. Überlegen Sie einmal, wie gerade ein Lichtstrahl ist. Doch wenn man Sonnenlicht durch ein Prisma leitet, krümmt sich das Licht. Da jeder Strahl anders gebrochen wird, entsteht ein Lichtbündel verschiedener Farben. Viele Dinge fangen das Licht wie ein Prisma auf: Fischschuppen, die Perlmutter in einer Muschel, Öl auf einer rutschigen Straße, die Flügel einer Libelle, Opale, Seifenblasen, Pfauenfedern, die Rillen auf der Schallplatte, leicht angelaufenes Metall, der Hals eines Kolibris, die Deckflügel von Käfern, taufeuchte Spinnennetze. Doch am bekanntesten ist vielleicht der Wasserdampf. Wenn es regnet, während die Sonne scheint, oder in der Nähe eines dunstigen Wasserfalls trifft das Sonnenlicht auf die wie ein Prisma wirkenden Wassertropfen und wird in das verwandelt, was wir »Regenbogen« nennen. An einem Tag wie diesem gibt es immer Regenbögen, irgendwo versteckt hinter dem Regenvorhang, doch um einen zu sehen, müssen Sie richtig stehen, nämlich so, daß die Sonne sich hinter Ihnen befindet und tief am Himmel steht.

Es ist Nacht auf dem Planeten Erde. Doch das ist nur eine Laune der Natur, eine Folge der Tatsache, daß sich unser Planet mit 1600 Kilometern pro Minute im Weltraum dreht. Was wir »Nacht« nennen, ist die Zeit, in der die Erde den verborgenen Bereichen des Raums zugewandt ist, wo es andere Sonnensysteme und vielleicht andere Lebewesen gibt. Stellen Sie sich die Nacht nicht als Abwesenheit des Tages vor, sondern als eine Art Freiheit. Abgewandt von unserer Sonne, sehen wir weit entfernte Galaxien. Wir sind nicht mehr länger sonnenblind gegenüber dem sternenbedeckten Universum, in dem wir leben. Gegenüber dem endlosen Schwarz, das scheinbar unbegrenzt zwischen den Sternen liegt, ja sogar zurück in die Vergangenheit bis zum Urknall reicht, bis zu dem, was wir Unendlichkeit nennen. Die Nacht ist eine Schattenwelt. Die einzigen Schatten, die wir nachts sehen, werden vom Mondlicht geworfen oder von künstlichem Licht, und doch ist die Nacht selbst ein Schatten.

Auf dem Land sieht man mehr Sterne, und die Nacht sieht aus wie ein umgekehrter Brunnen, der unendlich tief ist. Wenn Sie geduldig sind und warten, bis sich Ihre Augen an die Dunkelheit gewöhnt haben, können Sie die Milchstraße als hellen Farbfleck am Himmel wahrnehmen. Genau wie die verschiedenen Kulturen die Sterne zu verschiedenen Bildern gruppiert haben, haben sie ihre eigenen Dramen in die Milchstraße hineingesehen. Die Buschmänner der Kalahari nennen sie »das Rückgrat der Nacht«. Für die Schweden ist sie die »Winterstraße«, die zum Himmel führt, für die Bewohner der Hebriden der »Pfad des geheimen Volkes«, für die Norweger der »Pfad der Geister«, für die Patagonier, die besessen waren von ihren flugunfähigen Vögeln, »die Weißen Pampas, wo die Geister die Pampa-Strauße jagen«. Doch in der Stadt können Sie die großen Sternbilder leichter sehen, da hier weniger Sterne sichtbar sind, die Sie ablenken können.

Am besten kann man die Sterne aus der Rückenlage beobachten. Heute nacht hat der Halbmond ein Maya-Profil. Er strahlt und schimmert, ein echter Leuchtturm der Nacht, und doch weiß ich, daß sein Glanz nur geborgtes Licht ist. Wenn ich bei Tag einen Spiegel in der Hand hielte und damit reflektiertes Sonnenlicht an den Stämmen der Bäume tanzen ließe, würde ich die Art und Weise imitieren, wie der Mond Licht reflektiert. Über mir zieht zwischen Schütze und Wassermann der Steinbock über den Himmel. Die Azteken sahen dieses Sternbild als Wal *(cipactli)* an, die Ostinder als Antilope *(makaram)*, die Griechen bezeichneten es als »Tor der Götter«, und für die Assyrer war es eine Meerbarbe *(munaxa)*. Vermutlich ist der bekannteste Stern der Welt der Nordstern oder Polarstern, auch wenn er natürlich noch viele andere Namen hat. Für die Navajos ist er »Der Stern, der sich nicht bewegt«, für die Chinesen der »Große Kaiserliche Herrscher des Himmels«.

Zu allen Zeiten haben die Menschen zum Himmel geblickt, um festzustellen, wo sie sich befinden. Als ich noch ein kleines Mädchen war, nahm ich eine leere Dose, spannte ein Stück Stanniol über eine Seite und bohrte Löcher hinein, und zwar in Form einer Sternenkonstellation. Dann beleuchtete ich das Ganze vom anderen Ende her mit einer Taschenlampe und hatte mein eigenes Planetarium. Wie viele Wanderer, die sich auf dem Land oder auf dem Meer verirrten, haben die Nacht abgewartet, um mit Hilfe des Nordsterns den Heimweg zu finden. Wenn wir ihn anschauen, sind wir über die Zeiten hinweg mit diesen frühen Nomaden verbunden. Zuerst suchen Sie den Großen Wagen und verlängern dann die Linie der beiden vorderen Sterne. Dann treffen Sie auf den Polarstern. Wenn der Große Wagen nicht zu sehen ist, finden Sie den Nordstern, indem Sie nach der Cassiopeia Ausschau halten, einem Sternbild unter dem Nordstern, das wie ein W oder M geformt ist, je nachdem, wann Sie es beobachten. Für mich sieht es meist aus wie ein Schmetterling. Da sich die Erde dreht, scheinen die Sterne von Osten nach Westen über den Himmel zu wandern. So besteht eine andere Methode, die Richtung zu bestimmen, darin, einen hellen Stern im Auge zu behalten. Wenn er nach oben wandert, dann blicken Sie nach Osten. Wenn er fällt, dann blicken Sie nach Westen. Als ich Pfadfinderin war, orientierten wir uns am Tag, indem wir einen geraden Stock in die Erde steckten. Dann taten wir ein paar Stunden lang andere Dinge und kehrten zurück, als der Stock einen ungefähr 15 Zentimeter langen Schatten warf. Die Sonne war nach Westen gewandert, und der Schatten zeigte nach Osten. Manchmal benutzten wir eine Armbanduhr als Kompaß: Legen Sie die Uhr hin, mit dem Stundenzeiger zur Sonne. Nehmen Sie eine Kiefernnadel oder einen Zweig, und halten Sie ihn senkrecht am Rand des Zifferblatts, so daß sein Schatten mit dem Stundenzeiger zusammenfällt. Süden liegt auf halbem Weg zwischen Stundenzeiger und zwölf Uhr. Es gibt natürlich noch viele andere Methoden, die Richtung zu bestimmen, da ja die Menschen eine besondere Vorliebe fürs Herumwandern haben, aber nur wenn sie rechnen können, wieder sicher nach Hause zu kommen. Wenn Sie einen Baum im Freien stehen sehen, der an einer Seite dicht mit Moos bewachsen ist, dann handelt es sich hier vermutlich um die Nordseite, da Moos am besten auf der Schattenseite eines Baumes gedeiht. Wenn Sie einen Baumstumpf sehen, so sind dessen Ringe auf der Sonnen- oder Südseite vermutlich dichter. Sie können auch zu den Spitzen der Kiefern hochblicken, die hauptsächlich nach Osten zeigen. Oder wenn Sie zufällig wissen, aus welcher Richtung überwiegend der Wind weht, können Sie die Richtung an den vom Wind gebeugten Grashalmen erkennen.

Es ist November. Die Leoniden sind im Löwen fällig. Als Meteoritenstrom, der sich hauptsächlich nach Sonnenuntergang oder vor Sonnenaufgang zeigt, erscheinen sie jedes Jahr zur selben Zeit in der gleichen Konstellation. In der Antarktis hatte ich gehofft, das südliche Polarlicht zu sehen, jene Lichtschleier, die durch den Sonnenwind verursacht werden, der auf das Magnetfeld der Erde prallt und einen fantastischen Schimmer hinterläßt. Doch unsere Tage waren hauptsächlich sonnendurchflutet und unsere Nächte ein graues Zwielicht. Am Abend sah das Meer wie gehämmertes Metall aus, doch es gab kein Polarlicht, das über unseren Köpfen schimmernde Pfade hinterlassen hätte. Robert Scott beschrieb im Juni 1911 ein solches Polarlicht:

> Im Osten war der Himmel erfüllt vom Polarlicht... Nach und nach erhoben sich Bögen und Vorhänge voll vibrierender Leuchtkraft, verteilten sich am Himmel und verblaßten langsam wieder, um erneut zu leuchtendem Leben zu erwachen.
>
> Das hellere Licht schien dahinzufließen, um wieder Gestalt anzunehmen in Form von Windungen, aus denen lichtfunkelnde Streifen nach oben schossen und sich dann wellenförmig verflüchtigten...
>
> Man kann solch ein überwältigendes Phänomen nicht ohne Ehrfurcht erleben, und doch wird dieses Gefühl nicht so sehr durch den Glanz genährt, sondern mehr noch durch die Zartheit von Licht und Farbe, durch ihre Transparenz und vor allem durch die vibrierende Verflüchtigung der Formen.

Heute nacht glüht der Mars wie ein Feuerofen. Obwohl nur ein Lichtpunkt am Himmel zu sehen ist, erblicke ich vor meinem inneren Auge stürmisches Flachland, Vulkane, zerklüftete Täler, Sanddünen, windgeformte Bögen, ausgetrocknete Flußbette und leuchtendweiße Polarkappen. Vielleicht gab es dort einst sogar ein Klima und fließende Gewässer. Bald wird die Venus als helles Silberlicht erscheinen, wie gewöhnlich drei Stunden nach Sonnenuntergang oder vor Sonnenaufgang. Mit ihrem durchsichtigen weißen Gesicht sieht sie auf Fotos wie mumifiziert aus, doch ich weiß, daß dieser Eindruck durch die Wolkenbänke entsteht, die voller Säuren sind und die über eine Oberfläche dahinziehen, die voller Lichttäuschungen ist und deren Temperatur hoch genug ist, um Blei zum Schmelzen zu bringen. Es gibt viele Arten von Visionen – tatsächliche, imaginäre, halluzinatorische Visionen der Größe oder großer Möglichkeiten. Obwohl ich das stetige Licht der anderen Planeten noch nicht sehen kann, weiß ich, daß sie alle da sind, genauso wie die Asteroiden, die Kometen, die fernen Galaxien, die Neutronensterne, die Schwarzen Löcher und anderen Phantome des Weltraums. Und ich stelle sie mir mit der gleichen Sicherheit vor, die Walt Whitman empfand, als er schrieb: »Die hellen Sonnen, die ich sehe und die dunklen Sonnen, die ich nicht sehen kann, alle sind an ihrem Platz.«

Sonnenaufgang. Die Dunkelheit löst sich allmählich am Himmel auf. Dichter Nebel hüllt das Tal ein wie ein Kokon die Schmetterlingspuppen. Venus, Merkur und Saturn brennen helle Silberflecken in den sich langsam blau färbenden Himmel. Die Sterne sind verschwunden, denn wenn das Licht der Sterne die Erde erreicht, ist es bereits zu schwach, um bei Tageslicht wahrgenommen zu werden. Zwei dunkle Schatten im Nebel sind als Kühe erkennbar. Auch ein Kalb wird sichtbar. Auf diese Weise lernen wir die Welt kennen – indem wir beobachten und darauf warten, daß sich im Nebel unserer Erfahrung Formen enthüllen. Ein fahler Himmel ist überzogen mit gazeartigen Wolkenstreifen. Das Land ist in einen Nebelschleier gehüllt. Der höchste Hügel sieht aus wie der Schornstein eines Zugs: Wolken steigen zum Himmel auf. Nun, da Kumuluswolken über dem Berg aufsteigen, verwandelt sich die horizontale Wolkenwelt in eine Vertikale. Die Venus erbebt, sie wirkt wie ein eingestürzter Leuchtturm am westlichen Himmel. Eine Gruppe von Wolkenwigwams erhebt sich über der Bergkette. Der erste Falke des Tages schwingt sich mit ausgebreiteten Flügeln in die kühle Luft. Der Tau hinterläßt bläuliche Perltropfen auf der mit Kleeblättern übersäten Wiese. Achtzehn Pelikane fliegen hoch oben in langer Formation, drehen eine Schleife am Horizont, verschwinden, um dann erneut herauszufliegen. Ein riesiges Nebelkissen rollt durch das Tal. Die Kühe verschwinden, doch der Himmel färbt sich intensiver blau; die Venus verschwindet, es bilden sich weiße Wolken, der Nebel geht wie Fieber zurück, ein Haus und weitere Kühe erscheinen. Ein einsamer, vom Blitz getroffener Baum steht wie ein Totempfahl auf dem Hügel, das Licht wird intensiver, und die Vögel beginnen ihr Gezwitscher, als das erste Gelb am Himmel sichtbar wird, wie Eigelb über dem Riff der Welt. Dann erscheint die Sonne wie ein Kanarienvogel, der Lichttöne singt.

Licht

Könnten Sie oder ich ohne Licht überhaupt sehen? Könnte es ohne Licht und Wasser Leben geben? Leben ohne Licht scheint kaum vorstellbar. Die erschreckendste Dunkelheit erlebte ich, als ich in einer Unterwasserhöhle auf den Bermuda-Inseln tauchte. Wir hatten Taschenlampen dabei, doch irgendwann drehte ich meine Lampe aus und setzte mich in die Dunkelheit. Später, als ich aus der Höhle wieder nach oben stieg und vom Licht eines heißen Bahama-Tages geblendet wurde, fühlte sich die Sonne, die aus einer Entfernung von 155 Millionen Kilometern auf uns herunterbrannte, trotzdem auf meinen Armen und Beinen wie Sandpapier an. Genau um vier Uhr nachmittags regnete es kurz, wie jeden Tag um diese Zeit. Die nassen Straßen glänzten, im Gegensatz zu den Steinmauern. Lichtwellen, die auf eine glatte Oberfläche treffen, reflektieren gleichmäßig und lassen die Oberfläche schimmern. Wenn diese rauh ist, zerstreuen sich die Wellen in verschiedene Richtungen, nur wenige davon rücken wieder in unser Blickfeld, und die

Oberfläche erscheint uns nicht mehr glänzend. Es bedarf nur eines kleinen Lichtes, um das Auge zu stimulieren – eine Kerze, die fünfzehn Kilometer entfernt brennt, reicht schon; eine Mondnacht, vor allem nach Schneefall, überflutet das Auge geradezu mit Reflexionen, Formen und Bewegungen. Astronauten, die sich auf der Umlaufbahn um die Erde befinden, können das Kielwasser sehen, das die Schiffe auf den Meeren nach sich ziehen. Doch wenn wir im Wald sind, und die Wolken hängen tief, und die Nacht bricht herein, dann gibt es keine Lichtstrahlen, die das Auge auffangen könnte, und wir sehen nichts. Wie Francis Bacon in seinem Essay über die Religion weise bemerkte: »In der Dunkelheit passen alle Farben zueinander.«

Selbst Menschen, die blind geboren wurden, werden durch Licht stark beeinflußt, denn das Licht, das wir zum Sehen benötigen, wirkt auf uns auch noch auf andere subtile Weise. Es beeinflußt unsere Stimmung, unsere Hormone und unseren Biorhythmus. In den nördlichen Ländern steigt in den Monaten der Finsternis die Selbstmordrate, in vielen Familien treten Fälle psychischer Störungen auf, und Alkoholismus breitet sich aus. Einige Krankheiten, unter anderem auch die Rachitis, rühren daher, daß die Kinder zuwenig Sonnenlicht bekommen; Kinder bewegen sich viel und brauchen Vitamin D, das vom Licht produziert wird, um gesund zu bleiben. Beschwerden wie die SAD (Seasonal Affective Disorder = jahreszeitlich bedingte Gefühlsstörung), die bewirkt, daß viele Menschen während der Wintermonate depressiv sind, können durch tägliche Zufuhr sehr hellen Lichts (zwanzigmal heller als die durchschnittliche Raumbeleuchtung) ausgeglichen werden, und zwar ungefähr eine halbe Stunde lang jeden Morgen. Eine schleichende, leichte Depression kann geheilt werden, indem man die Schlafgewohnheiten des Patienten ändert, so daß sie stärker den jahreszeitlichen Licht- und Dunkelheitsperioden entsprechen. In Ithaca im Staat New York gibt es meist nur zwei Jahreszeiten, die beide feucht sind – heiß-feucht und kühl-feucht –, so daß es meistens bedeckt ist. Durch die Panoramafenster strömt bei Sonnenaufgang nicht gerade helles

Licht herein. In meinem Schlafzimmer habe ich trotzdem dicke Vorhänge, und mein Zimmer ist so dunkel, daß ein Maulwurf seine helle Freude daran hätte. Obwohl ich bei jedem Wetter täglich fünfzig Minuten zügig spazierengehe, fühle ich mich viel dynamischer und auch ganz allgemein zufriedener, wenn ich im Winter meine Spaziergänge frühmorgens oder im Laufe des Vormittags mache, und zwar regelmäßig jeden Tag. Im Sommer scheint die Tageszeit nicht so wichtig zu sein; ich kann sogar mal einen Tag ausfallen lassen.

Lichttherapie wird bei Erkrankungen wie Schuppenflechte, Schizophrenie und sogar bei einigen Krebsarten eingesetzt. Die Zirbeldrüse oder das »dritte Auge«, wie sie mystisch genannt wurde, scheint in engem Zusammenhang zu stehen mit unserem Jahreszeiten-Sinn, dem Wohlbefinden, dem Beginn der Pubertät, der Testosteron- oder Östrogenproduktion und gewissen subtileren, jahreszeitlich bedingten Verhaltensweisen. Der Testosterongehalt ist beim Mann am höchsten im Oktober, und zwar am frühen Nachmittag (gegen 14 Uhr). Ich vermute, weil ein Kind, das zu diesem Zeitpunkt gezeugt wird, im Sommer zur Welt kommt und größere Überlebenschancen hat. Natürlich warten nicht alle Männer mit der Liebe bis zu diesem einen Herbstmonat, erleben im September ein Crescendo der Lust, die dann bis zum Weihnachtsfest leicht zurückgeht.

Eines der Merkmale unserer Spezies ist die Fähigkeit, uns nicht nur der Umgebung anzupassen, sondern auch die Umgebung so zu ändern, daß sie zuträglicher ist. Wir ertragen Kälte einigermaßen, wandern aber trotzdem nicht aus, wenn sie extrem wird, sondern schützen uns mit einem Dach und entsprechender Kleidung. Wir reagieren auf Sonnenlicht, und wir sorgen für Licht in Zeiten mit wenig oder gar keiner Sonne. Wir nutzen die Energie des Feuers und schaffen Energie. Das meiste davon machen wir, anders als die übrigen Geschöpfe, außerhalb unseres Körpers. Wenn wir die Welt um uns erhellen wollen, konstruieren wir Lampen. Viele Insekten, Fische, Krustentiere, Pilze, Bakterien und Urtiere strahlen Licht aus. Der Seeteufel besitzt an seinem

Maul eine leuchtende Falle, die seine Opfer anlockt. Ein männliches Glühwürmchen signalisiert mit seinen gelb-grünen Flügeln seine Begierde, und wenn das Weibchen ebenfalls Lust empfindet, blinkt es seine Zustimmung zurück. Sie sehen heiß aus, wenn sie durch die Sommernacht schwirren, wie Liebende, die von einer Laterne zur nächsten taumeln. Ihr Licht stammt aus der Vermischung zweier Chemikalien, nämlich Luciferin und Luciferase (*lucifer* bedeutet »scheinen«). Wenn Sie bei Nacht durch die phosphoreszierende Bucht an der Südwestküste Puerto Ricos rudern, hinterlassen Sie im Wasser eine Spur von gleißenden Lichtern und sehen, wie kaltes Feuer von Ihren Rudern ausgeht. Dies rührt von mikroskopisch kleinen, wirbellosen Tieren her, die im Wasser leben und bei Berührung eine Leuchtflüssigkeit ausscheiden. Der Meeresbiologe James Morin untersuchte reiskorngroße Krustentiere der Gattung *Vargulae*, denen er den Spitznamen »Feuerflöhe« gab. Es gibt 39 bekannte Arten, und sie benutzen Licht nicht nur bei der Brautwerbung, sondern auch im Kampf gegen ihre Feinde. Wenn sie aufleuchten, werden sie zwar leichter sichtbar, doch genauso verhält es sich beim Angreifer, der dann seinerseits von einem größeren Räuber besser erspäht werden kann. Während der Brautwerbung praktiziert jede Tierart ihre eigene Lichtsprache. Die *Vargulae* leuchten noch stärker als die Feuerfliegen; sie glühen intensiv. »Wenn ich einen Feuerfloh auf die Fingerspitze setzte und ihn zerquetschte, konnte ich mit dem dadurch erzeugten Licht ungefähr zehn Minuten lang Zeitung lesen«, erklärt Morin. Seeleute berichten von Schiffen, die eine Feuerschleppe am Heck hinter sich herzogen. Sie meinen damit nicht das Elmsfeuer (eine Leuchterscheinung am Mast, bei dem es zu einer knackenden, grünlich schimmernden Entladung kommt), sondern ein mondhelles Glitzern, das auf dem Wasser aufscheint, wenn das Schiff an winzigen leuchtenden Lebewesen vorbeizieht.

Zur Zeit des amerikanischen Halloween-Festes verkaufen die Geschäfte Ketten, Zauberstäbe und andere Plastikgegenstände, die in der Dunkelheit kalt glühen. Sie enthalten

Luciferine und funktionieren genauso wie die Glühwürm-chen. Bestimmte Substanzen (einige Quarze und Glimmer-erde, sogar Klebestreifen, wenn sie von bestimmten Flächen abgerissen werden) sind »tribo-lumineszierend«, das heißt, sie spenden Licht, wenn man sie reibt, quetscht oder bricht. Zerriebene Pyrolas (Immergrün) fluoreszieren, und zersto-ßener Zucker sendet ultraviolettes Licht aus; eine Kombina-tion – zum Beispiel in Süßigkeiten, die Zucker und Pyrolaöl enthalten – bewirkt winzig blaugrüne Funken.

Farbe

In der Dämmerung flattern rosa Flügel über die Hügel, und über dem See findet ein purpurroter Schattentanz statt. Wenn an der Straßenecke ein rotes Auto mit Licht ange-strahlt wird, werden in unsere Augen nur die roten Strahlen reflektiert, und wir bezeichnen den Gegenstand als »rot«. Die anderen Strahlen werden vom Autolack absorbiert. Wenn Licht auf einen blauen Briefkasten trifft, wird Blau reflektiert, und wir sagen, der Gegenstand sei blau. Die Farbe, die wir sehen, ist immer die reflektierte, also die, die nicht absorbiert wird. Wir sehen die reflektierte Farbe, und sagen »ein Apfel ist rot«. Doch in Wirklichkeit ist ein Apfel alles *außer* rot.

Obwohl die Sonne untergeht und das Licht an Quantität, Qualität und Helligkeit abgenommen hat, sehen wir den blauen Briefkasten immer noch als blau, den roten Wagen als rot an. Unsere Augen sind keine echten Kameras. Sie messen nicht einfach die Wellenlängen des Lichts. Wie Ed-win Land, der Erfinder der Polaroidkamera und des Sofort-bildes, feststellte, beurteilen wir Farben nach ihrer Umge-bung. Wir vergleichen sie miteinander und überprüfen sie entsprechend der Tageszeit, der Lichtquelle und der Erinne-rung.* Sonst hätten unsere Vorfahren bei Sonnenuntergang

---

* Oliver Sachs berichtet von einem 65 Jahre alten Künstler, der einen Autounfall überlebte, aber feststellen mußte, daß er infolge eines Gehirnschadens keine Farben mehr erkennen konnte. Die Haut der Menschen erschien ihm »rattenfarbig«, und das Essen fand er ohne Farben scheußlich und ungenießbar.

oder an bedeckten Tagen keine Nahrung gefunden. Das Auge arbeitet mit dem Verhältnis der Farbwerte, nicht mit Absoluta. Land war kein Biologe, sondern ein scharfer Beobachter unserer Sehweise. Seine Theorie der Farbkonstanz, die er 1963 entwickelte, hat immer noch Gültigkeit. Jeder Student hat sich irgendwann einmal gefragt, was es bedeutet, etwas *zu wissen*, und ob es einfache Wahrheiten der Wahrnehmung gibt, die alle Menschen teilen. Wir haben Farbfernseher, weil unsere Vorfahren Augen besaßen, die auf das Beobachten des Reifens von Früchten trainiert waren und weil sie sich vor giftigen Pflanzen und Tieren hüten mußten (die häufig bunt sind). Die meisten Menschen können 150 bis 200 Farben unterscheiden. Doch wir sehen nicht alle genau die gleichen Farben, insbesondere, wenn wir teilweise oder völlig farbenblind* sind, wie dies bei vielen Menschen – insbesondere bei Männern – der Fall ist. Ein blaues Schiff das man von zwei verschiedenen Ufern aus betrachtet, sieht nicht unbedingt gleich aus. Dies hängt von der Landschaft, den Wolken und anderen Phänomenen ab. Auch die Emotionen und Erinnerungen, die wir mit bestimmten Farben verbinden, bestimmen die Welt, die wir sehen. Und doch scheinen wir uns bei Rot oder Beige einig zu sein.

Nicht alle Sprachen haben Bezeichnungen für alle Farben. Die Japaner legten erst vor kurzem einen Begriff für »blau« fest. In vergangenen Zeiten war *aoi* ein Rahmenbegriff für die ganze Farbpalette von Grün über Blau bis zu Violett. Primitive Sprachen entwickeln erst Begriffe für Schwarz und Weiß, dann kommen Rot, Gelb und Grün dazu; viele nehmen Blau und Grün zusammen, und einige verzichten darauf, weitere Farben der Skala zu unterscheiden. Da die alten Griechen sehr wenige Farbbegriffe kannten, haben sich die Gelehrten die Köpfe zerbrochen, was wohl Homer mit Metaphern wie »das wein-dunkle Meer« meinte. Die Waliser benutzen das Wort *glas*, um die Farbe eines Bergsees zu bezeichnen, der tatsächlich blau, grau oder grün sein kann. Auf Suaheli bedeutet *nyakundu* braun, gelb

---

* Da Albinos eine dunkle Zellschicht hinter der Netzhaut fehlt, dringt mehr Licht in ihre Augen ein, und die Farben erscheinen ihnen oft ruhiger und verwässerter.

oder rot. Der Stamm der Jalé auf Neuguinea, der keinen Begriff für Grün hat, bezeichnet ein Blatt als hell oder dunkel. Obwohl die englische Sprache eine breite Palette von Begriffen besitzt, um Blau von Grün zu unterscheiden (einschließlich Azurblau, Aquamarin, Smaragdgrün, Indigo, Olivgrün), zerbrechen wir uns oft den Kopf, ob eine Farbe wirklich blau oder grün ist, und gebrauchen Vergleiche wie Grasgrün oder Erbsengrün. Im Englischen versagen die Farbbezeichnungen, wenn es um Lebensprozesse geht. Wir brauchen nur dem Beispiel der Maori auf Neuseeland zu folgen, die mehrere Begriffe für Rot kennen – all die Rottöne, die aufflammen und verblassen, so wie sich Früchte und Blumen entwickeln, wie das Blut fließt und trocknet. Wir müssen unsere Grünpalette durchforsten, um das fast kürbisfarbene Gelbgrün des Grases im Spätwinter zu beschreiben, das schmerzhaft leuchtende Grün der Blätter im Hochsommer und all die Chlorophyll-Nuancen dazwischen. Wir benötigen Begriffe für die vielen Wolkenschattierungen, vom Perlrosa während eines ruhigen Sonnenuntergangs über dem Ozean bis zum elektrisch geladenen Graugrün bei Tornados. Wir müssen unsere Braunbegriffe für alle Farbnuancen der Rinde überdenken. Und wir brauchen Hilfswörter, um Farben, die sich verändern, besser differenzieren zu können, wenn sie zum Beispiel grell bestrahlt, mit künstlichem Licht berieselt, mit reinem Pigment erfüllt oder sanft vom Mondlicht beschienen werden. Ein Apfel ist in unserem Gedächtnis rot, wo auch immer wir ihn sehen, doch überlegen Sie, welch verschiedene Rottöne er im fluoreszierenden Licht, auf dem schattigen Ast eines Baumes, auf einer Veranda bei Nacht oder im Rucksack hat.

Farben existieren nicht in der Welt, sondern in unserem Kopf. Denken Sie an die alte paradoxe Frage: Wenn im Wald ein Baum fällt und niemand da ist, um dies zu hören, verursacht dies ein Geräusch? Eine ähnliche Frage gibt es in bezug auf das Sehen: Ist ein Apfel wirklich rot, auch wenn kein menschliches Auge ihn sieht? Die Antwort lautet: Nein, zumindest nicht rot in der Weise, wie wir es meinen. Tiere nehmen die Farben anders wahr als wir, was mit ihrem speziellen Chemiehaushalt zusammenhängt. Viele nehmen schwarz und weiß wahr. Einige reagieren auf Farben, die für uns unsichtbar sind. Doch die vielen Möglichkeiten, Farben zu genießen, sie zu identifizieren und sie anzuwenden, um das Leben bedeutungsvoller zu machen, sind ein Privileg des Menschen.

In dem Saal, der im Museum of Natural History in New York der Steinesammlung gewidmet ist, stand ich einmal vor einem riesigen Stück Schwefel, das so gelb war, daß ich zu weinen anfing. Ich war keineswegs unglücklich, ganz im Gegenteil. Ich fühlte mich erregt und entzückt. Die Intensität der Farbe beeinflußte mein Nervensystem. Damals bezeichnete ich dieses Gefühl als Wunder, und ich dachte: Ist es nicht umwerfend, auf einem Planeten zu leben, wo es solche Gelbtöne gibt? Vielleicht würde mich einer der modernen »Farbberater« darüber aufklären, welches Chakra oder Energiezentrum das Gelb stimulierte. In letzter Zeit kam der therapeutische Nutzen von Farben in Mode, und gegen Geld bringen Ihnen alle möglichen Leute bei, »welche Farben Ihr Körper braucht«, wie ein Guru es ausdrückt. Neue Bücher verordnen Ihnen genau die Farben, die Sie schön aussehen lassen oder die Ihrem müden Geist wieder aufhelfen. Doch Wissenschaftler wissen schon lange, daß bestimmte Farben bestimmte Reaktionen auslösen. Kinder benutzen beim Malen dunkle Farben, um ihre Traurigkeit, und helle, um ihre Fröhlichkeit auszudrücken. Ein Zimmer, das in Bonbonrosa gestrichen ist (in Krankenhäusern, Schulen und anderen Einrichtungen als »passives Rosa« bekannt), beruhigt sie, wenn sie ungebärdig sind. In einer Studie an der Universität von Texas betrachteten Testpersonen farbige Lichter, während die Stärke ihres Handgriffs gemessen wurde. Wenn sie rotes Licht betrachteten, das das Gehirn anregt, wurde ihr Griff um 13,5 Prozent stärker. In einer weiteren Studie betrachteten Patienten, die an Zittern litten, blaues Licht, das das Gehirn beruhigt, und das Zittern ließ nach. Alte Kulturen (Griechen, Ägypter, Chinesen, Indianer und andere) kannten alle möglichen Farbtherapien und verschrieben Farben für verschiedene körperliche oder seelische Leiden. Farben können alarmieren, stimulieren, beruhigen, aufrichten. Warteräume in Fernsehstudios und Theatern werden grün gestrichen, da diese Farbe eine entspannende Wirkung hervorruft. Die Angewohnheit, Jungen in Blau und Mädchen in Rosa zu kleiden, hat eine lange Geschichte. Für unsere Vorfahren war die Geburt eines Jungen Grund zur Freude, da er einen weiteren harten Arbeiter und den Träger des Familiennamens bedeutete. Blau, der Farbe des Himmels, wo die Götter und Schicksalsmächte beheimatet waren, wurden spezielle Kräfte zugeschrieben, Energien zu spenden und das Böse abzuhalten; deshalb wurden die männlichen Babys in Blau gekleidet, um sie zu schützen. Später kam in Europa eine Legende auf, der zufolge weibliche Babys in zarten rosa Rosen geboren seien, und so wurde Rosa ihre Farbe.

Vor einigen Jahren, als ich in St. Louis in Missouri eine Lehrtätigkeit ausübte, verwendete ich oft Farben als Stimulanz. Trotz des verschlafenen Studenten in meinem Büro oder der schlechten Laune der Sekretärin oder der hysterischen Ängstlichkeit des Direktors, versuchte ich jeden Abend um etwa die gleiche Zeit nach Hause zu kommen, um von dem großen Fenster meines Wohnzimmers, das auf den Forest Park hinausging, den Sonnenuntergang zu beobachten. Jeden Abend zeigte sich der Sonnenuntergang mit roten Pampasgras-Federn, schoß fuchsienrote Raketen in den rötlichen Himmel, vertiefte sich dann über alle Schattierungen von Blau zu einem düsteren Schwarz, über dem sich die Wolken manchmal wie Alabasterpuppen drehten. Dieses visuelle Opium des Sonnenuntergangs war das, was ich brauchte. Als ich einmal im prätentiösen Fakultätsclub einen Shrimps-und-Avocado-Cocktail zu mir nahm und mit einer magersüchtigen und aufgeputschten Kollegin redete, sehnte ich mich danach, daß der Tag vorübergehe und diese deprimierenden Begegnungen verblaßten, damit ich meinen Stuhl ans Fenster rücken konnte, um die reinen Farben und den visuellen Eindruck des Sonnenuntergangs auf mich wirken zu lassen. Am nächsten Tag wiederholte sich dies in der Cafeteria, als ich mit einer Literaturhistorikerin plauderte, die immer die scheußlichsten Farben trug und immer noch weiterredete, wenn schon längst klar war, um was es ging. Ich arrangierte meine Gesichtsmuskeln so, daß ich aussah, als ob ich hingerissen lauschte, als sie sich weiter über ihr Lieblingsthema erging, doch vor meinem inneren Auge verfolgte ich den Sonnenuntergang: Ein grüner Schimmer wich Streifen von Schwefelgelb, und ein roter Wolkenzug wanderte am Horizont entlang. Ich zahle zuviel Miete für meine Wohnung, fuhr sie fort. Sicher, die Wohnung lag zum Park hin, besaß ein Panoramafenster, von dem aus man jeden Abend den Sonnenuntergang beobachten konnte, und war nur eine Straße von einer hübschen Ecke mit Kunstgalerien, Antiquitätenläden und ausländischen Restaurants entfernt. Doch dies alles bedeute Aufwendungen, sagte sie, nicht nur finanzieller Art, sondern auch im Hinblick auf eine zu extravagante Lebensweise. Als ich an diesem Abend beobachtete, wie sich die aprikosen- und malvenfarbenen Feuerräder des Sonnenuntergangs langsam in feuerrote Bänder verwandelten, dachte ich: Die Geizhälse der Sinne werden die Erde erben, aber zuerst werden sie dafür sorgen, daß es sich nicht mehr lohnt, darauf zu leben.

Wenn wir an den Tod denken und daran, daß wir wie eine Kerzenflamme verlöschen (und bis jetzt wurde das Gegenteil noch nicht bewiesen), dann spielt es vermutlich keine Rolle, wenn wir uns zu sehr bemühen, manchmal unbeholfen sind, uns zu sehr um den anderen sorgen, ungeheuer neugierig darauf aus sind, von der Natur alles zu erfahren, aufgeschlossen für Experimente sind, all unsere Sinne einsetzen, um das Leben genau zu kennen. Vermutlich spielt es auch keine Rolle, wenn wir bei dem Versuch, bescheidene und eifrige Beobachter der vielen Schauspiele des Lebens zu sein, manchmal tölpelhaft aussehen, uns schmutzig machen, dumme Fragen stellen oder unsere Unsicherheit zeigen, das Falsche sagen oder staunen wie die Kinder, die wir alle sind. Es ist vielleicht auch unwichtig, wenn ein Passant uns für exzentrisch hält, wenn er uns dabei beobachtet, wie wir einen Finger in die feuchten Taschen Dutzender von Pantoffelblumen stecken, um herauszufinden, welche Käfer dort vor allem hineinfallen. Oder wenn uns eine Nachbarin, die ihre Post holt, in der Kälte stehen sieht, in der einen Hand unsere Briefe, in der anderen ein rotes Herbstblatt, dessen Farbe auf unsere Sinne wie ein Betäubungsschlag wirkt und wir so fasziniert von der geäderten Buntheit des Blattes sind, daß wir uns nicht bewegen können.

Weshalb sich die Blätter im Herbst verfärben

Der Einzug des Herbstes vollzieht sich langsam und unauffällig. War das ein Goldfink, der sich im Septemberwald bewegte, oder nur das erste fallende Blatt? Ein Vogel mit roten Flügeln oder ein Zuckerahorn, der seinen Laden für den Winter schließt? Wie ein Leopard kneifen wir die Augen zusammen und lauern auf eine Bewegung. Der Morgenfrost lastet schwer auf dem Gras und verwandelt ein Stück Stacheldraht in eine Sternenkette. Auf einem fernen Hügel wirkt eine kleine gelbe Fläche wie eine erleuchtete Bühne. Schließlich dämmert es uns: Der Herbst bricht herein, ganz termingerecht, mit seinem Gepäck kühler Nächte, dunkler Feiertage und atemberaubend schöner Blätter. Bald werden sich die Blätter auf den Bäumen kräuseln und zu geballten Fäusten zusammenrollen, bis sie herunterfallen. Ausgetrocknete Samenhülsen werden wie winzige Kürbisse klappern. Doch vorher glühen wochenlang üppige Farben, so leuchtend, schimmernd und an Konfetti erinnernd, daß die Menschen die Küste Neuenglands auf und ab fahren werden, nur um sie zu bewundern – die Saison der bunten Blätter.

Woher kommen die Farben? Das Sonnenlicht beherrscht die meisten Lebewesen mit seinen goldenen Regeln. Kurz nach der Sommersonnenwende am 21. Juni, wenn die Tage wieder kürzer werden, erneuert ein Baum seine Blätter. Den ganzen Sommer über nährt er sie, so daß sie das Sonnenlicht aufnehmen können, doch in den Hundstagen zieht der Baum die Nährstoffe in Stamm und Wurzeln hinein und gibt damit allmählich seine Blätter preis. Die Blätter, denen es jetzt an Nahrung mangelt, produzieren kein Chlorophyll mehr, und die Photosynthese hört auf. Die Tiere können im Winter in den Süden ziehen, überwintern oder Vorräte speichern. Doch wohin kann ein Baum gehen? Er überlebt, indem er seine Blätter abwirft, und am Ende des Herbstes halten nur noch wenige, schwache, flüssigkeitsgetränkte Fasern die Blätter am Stiel.

Ein absterbendes Blatt ist zuerst noch teilweise grün, dann, wenn das Chlorophyll allmählich versiegt, zeigt es gelbe und rote Flecken. Die Blattnerven bleiben am längsten dunkelgrün. Während des Sommers löst sich das Chlorophyll in der Hitze und im Licht auf, doch es wird ständig erneuert. Im Herbst dagegen wird kein neues Pigment produziert, und so bemerken wir dann die anderen Farben, die immer schon im Blatt vorhanden, aber vom leuchtenden Grün des Chlorophylls überdeckt waren. Jetzt sehen wir sie in voller Pracht und können sie bewundern.

Am auffallendsten sind die Herbstblätter im Nordosten der USA und im Osten Chinas, wo die Blätter zum Teil wegen des Klimas so starke Farben aufweisen. Die europäischen Ahornbäume besitzen nicht das gleiche flammende Rot wie ihre amerikanischen Verwandten, die von kalten Nächten und sonnigen Tagen geprägt sind. In Europa werden die Blätter aufgrund des warmen, feuchten Klimas braun oder leicht gelblich; Anthocyanin, das Pigment, das den Äpfeln die rote Farbe verleiht, wird durch Zucker erzeugt, der im Blatt verbleibt, nachdem die Versorgung mit Nährstoffen nachgelassen hat. Im Gegensatz zu den Karotinoiden, die Karotten, Kürbis und Maiskorn ihre Farbe verleihen und Blätter orange und gelb tönen, verändert sich das Anthocyanin von Jahr zu Jahr, je nach Temperatur und Sonnenlicht. Die stärksten Farben treten in den Jahren auf, in denen das Herbstsonnenlicht am stärksten ist und die Nächte kühl und trocken sind (ein Idealzustand, den Meteorologen nur zögernd vorhersagen). Das ist auch der Grund, weshalb die Blätter an einem sonnigen Herbsttag so verwirrend bunt und strahlend erscheinen: Das Anthocyanin leuchtet auf.

Nicht alle Blätter verfärben sich in gleicher Weise. Ulmen, Trauerweiden und Ginkgo werden strahlend gelb, genauso wie Hickorybäume, Espen, Eichenholzbäume, Schwarzpappeln und hohe Pappeln. Linden werden bronzefarben, Birken zeigen funkelndes Gold. Die wasserliebenden Ahornbäume zeigen eine ganze Palette von scharlachroten Tönen. Auch die Färberbäume werden rot, genauso wie die blühenden Hartriegel und Gummibäume. Einige Eichen nehmen zwar eine gelbe Farbe an, doch meistens sind sie rotbraun. Auch das Ackerland verändert die Farbe, wenn Strohbündel und Maisstengel zum Trocknen auf den Feldern stehen. An manchen Stellen kann ein Hang noch grün sein und ein anderer bereits in allen Farben leuchten, da Südhänge mehr Sonne und Hitze abbekommen als Nordhänge.

Eine seltsame Eigenart der Farben ist, daß sie keinen speziellen Zweck zu haben scheinen. Natürlich reagieren wir auf ihre Schönheit. Sie schimmern mit den Farben des Sonnenuntergangs, der Frühlingsblumen, dem tiefen Braun des schönen Fohlens, dem intensiven Rosa beim Erröten. Tiere und Blumen nehmen Farbe an, um sich ihrer Umgebung anzupassen, doch für die Blätter, die im Herbst eine solche Farbenpracht entfalten, gilt dieser Grund ebensowenig wie für das Blau des Himmels oder des Meeres. Es ist eines jener Wunder, die uns die Erde jedes Jahr von neuem beschert. Wir finden die Farben aufregend, und in gewisser Weise führen sie damit uns an der Nase herum. Sie sind farbig wie lebende Gegenstände, und bedeuten doch Tod und Auflösung. Mit der Zeit werden sie schwach und zerfallen – wie der Körper – zu Staub. Ihr Schicksal, so hoffen wir, ist das gleiche wie unseres, wenn wir sterben. Wir wollen nicht verschwinden, sondern von einem guten Zustand in einen anderen, höheren, übergehen. Auch wenn die Blätter ihr grünes Leben verlieren, leuchten sie doch in allen Farben, während die Wälder von Tag zu Tag kahler werden und die Natur sinnlicher, stummer und strahlender wird.

Kinder lieben es, im Laub zu spielen, die Blätter wie Konfetti in die Luft zu werfen, wie auf weiche Matratzen zu springen. Für Kinder ist das Fallen der Blätter eines der seltsameren Phänomene der Natur, wie Hagelschauer oder Schneeflocken. Wenn Sie im Wunderland des Herbstes einen mit Bäumen gesäumten Weg entlanggehen, vergessen Sie Zeit und Tod, sind gefangengenommen von der Farbenpracht.

Doch wie fallen die bunten Blätter? Wenn ein Blatt älter wird, stellt das Wachstumshormon Auxin seine Produktion ein, und die Zellen am Ende des Blattstiels teilen sich. Zwei oder drei Reihen kleiner Zellen, die im rechten Winkel zur Achse des Blattstiels liegen, reagieren mit Wasser, trennen sich dann ab, und die Blattstiele hängen nur noch an ein paar Gewebefäden. Eine leichte Brise genügt, und die Blätter fallen. Sie gleiten vom Baum, wirbeln herum oder wiegen sich auf unsichtbaren Wellen. Sie können in kleinen Strudeln treiben oder sich im Aufwind tragen lassen. Da wir selbst erdgebunden sind, beobachten wir gerne, wie sich etwas erhebt und fliegt – Seifenblasen, Ballons, Vögel, Herbstblätter. Sie erinnern uns, daß das Ende einer Jahreszeit wie das Ende des Lebens seine Eigenart hat. Wir mögen ganz besonders die Art und Weise, wie sich die Blätter beim Fallen wiegen, drehen und wirbeln. Jeder kennt die Bewegung. Die Piloten führen manchmal Manöver aus, die sie »fallendes Blatt« nennen, wobei das Flugzeug schnell an Höhe verlierend zuerst nach rechts driftet und dann nach links. Die Maschine wiegt eine Tonne oder mehr, doch in der Vorstellung des Piloten ist sie ohne Gewicht, ein fallendes Blatt. Unter ihm leuchten die Bäume golden, kupferfarben und rot. Die Blätter fallen, auch wenn der Flieger dies nicht sehen kann, wenn er selber fällt, um eine bessere Sicht zu haben.

Schließlich vergehen die Blätter. Doch vorher färben sie sich und faszinieren uns wochenlang. Dann knacken und knistern sie unter unseren Füßen. Sie rascheln, wenn die Kinder durch das zusammengekehrte Laub stapfen. Wenn es geregnet hat, kleben dunkle, glitschige Blätter an den Schuhen. Ein feuchter, stuckähnlicher Mörtel aus halbverfaulten Blättern schützt die zarten Triebe bis zum Frühjahr als Decke und bringt dabei reichen Humus hervor. Manchmal bewegt sich der Blätterhaufen, ein Zeichen, daß sich eine Spitz- oder Feldmaus hindurchgegraben hat. Manchmal findet man in Fossilien Blätter, deren Umrisse uns darauf aufmerksam machen, wie zart, vibrierend und lebendig die Dinge sind auf dieser Erde, die vergeht.

*T*iere

Eisbären sind nicht weiß, sondern hell. Ihr durchsichtiges Fell enthält kein weißes Pigment, doch die Haarwurzeln enthalten viele winzige Luftblasen, die das helle Sonnenlicht zerstreuen, und wir sehen das Ganze als weißes Fell. Das gleiche geschieht bei den weißen Federn eines Schwans und den weißen Flügeln einiger Schmetterlinge. Wir neigen dazu, anzunehmen, daß alles auf der Erde seine eigene, individuelle Farbe besitzt, doch selbst Farbschwelgereien, die einem ins Auge stechen, wie sorgfältig inszenierte Feuerwerke, sind lediglich eine dünne Schicht über den Dingen, eine reine Pigmentschicht. Und viele Dinge haben überhaupt kein Pigment und scheinen doch aufgrund der Streiche, die uns unsere Augen spielen, bunt zu sein. Genau wie die Meere und der Himmel wegen der Brechung der Lichtstrahlen blau sind, genauso sind es auch die Federn des blauen Eichelhähers, die kein blaues Pigment enthalten. Das gleiche gilt für die blaue Farbe am Hals des Truthahns oder das Blau am Hinterteil des Pavians. Andererseits sind Gras und Blätter wegen des grünen Pigments Chlorophyll von Grund auf grün. Der tropische Regenwald und die Wälder im Norden singen eine grüne Hymne. Die Tiere haben vor einem Hintergrund aus Chlorophyllgrün, Erdbraun und Himmel- und Wasserblau kaleidoskopartige Farben entwickelt, um einen Partner anzulocken, sich zu tarnen, eventuelle Raubtiere abzuschrecken, Rivalen aus ihrem Territorium zu vertreiben oder einem Elternteil zu signalisieren, daß Fütterungszeit ist. Waldvögel sind oft graubraun und leicht gefleckt, wie die Farben der Zweige und des Sonnenlichts.

Abbott Thayer, ein Künstler und Naturforscher des frühen

20. Jahrhunderts, beobachtete ein Phänomen, das er »Gegenschattierung« nannte, eine natürliche Tarnung: Die Tiere sind an den Körperstellen, die am wenigsten dem Sonnenlicht ausgesetzt sind, am farbigsten und an den Stellen, die am meisten exponiert sind, dunkler. Ein gutes Beispiel dafür ist der Pinguin, der auf der Brust weiß ist, so daß er, wenn er im Meer von unten betrachtet wird, wie ein blasser Himmel aussieht, und schwarz auf dem Rücken, so daß er, wenn man ihn von oben beobachtet, mit den dunklen Tiefen des Meeres verschmilzt. Da Pinguine auf dem Land nur wenig Angst vor Feinden haben müssen, spielt ihr unübersehbares, zweifarbiges Linoleumboden-Aussehen keine Rolle, wenn sie ans Ufer watscheln. Tarnung und Zurschaustellung sind die zentralen Begriffe im Tierreich. Die Insekten können sich besonders gut tarnen. Ein berühmtes Beispiel dafür ist die gesprenkelte Motte in Großbritannien, die nur fünfzig Jahre benötigte, um ihr Salz-und-Pfeffer-Grau in Beinahe-Schwarz zu verändern, so daß sie mit den durch die Umweltverschmutzung dunkel gefärbten Baumrinden verschmolz. Helle Motten konnten von einem Vogel leichter erspäht werden, als die Baumstämme dunkler wurden, und so überlebten die dunkleren Motten, die dann noch dunklere zeugten. Die Tiere tun alles, um sich zu tarnen: Viele Fische besitzen am Schwanz augenähnliche Gebilde, so daß ein Angreifer einen weniger vitalen Teil des Körpers attackiert; einige Heuschrecken sehen so quarzähnlich aus, daß sie in den südafrikanischen Hügeln unsichtbar wirken; pfiffige Schmetterlinge zeigen große dunkle Augen auf den Flügeln, so daß ein Singvogel meint, es mit einer Eule zu tun zu haben; die sogenannten Gespenstheuschrecken wirken dunkel und knorrig wie Ästchen; die kenianischen Buschgrillen haben die Farbe der Flechten an einem Baumstamm. Manche Bauminsekten sind so grün wie die Blätter, einige Arten haben sogar braune, pilzähnliche Flecken entwickelt; eine peruanische Heuschrecke sieht aus wie die welken Blätter auf dem Waldboden, der malaysische Bürstenbinder hat Flügel, die verwelkten Blättern gleichen. Verschiedene Insekten tarnen sich als Schlangen, andere als Vogeldung;

Echsen, Garnelen, Frösche, Fische und einige Spinnenarten verändern ihre Körperfarbe, um sich ihrer Umgebung anzupassen. Für einen Fisch bedeutet Tarnung, so zu schillern wie das Wasser, in dem er schwimmt, seine Form zu verwischen und zwischen den eindringenden Lichtstrahlen zu verschwinden. Wie Sandra Sinclair in *How Animals See* schreibt: »Jede Schuppe reflektiert ein Drittel des Spektrums; wo sich drei Schuppen überlappen, sind alle Farben gelöscht und hinterlassen einen Spiegeleffekt.« Ein Feind sieht dann nur noch einen kurzen Lichtfunken. Lumineszierende Tintenfische bewegen sich in Tiefen, wo wenig Licht herrscht; wenn sie durch die Dunkelheit schwimmen, wirken sie wie natürliches Licht von oben; sie können sich sogar als Schatten von Wolken tarnen, die über der Wasseroberfläche ziehen, um so ihre Beute zu täuschen. Viele Tierarten können schnell ihre Farbe verändern, indem sie ihren Melaninvorrat vergrößern oder schrumpfen lassen; entweder verteilen sie die Farbe so üppig, daß sie dunkler aussehen, oder sie ziehen die Farbe an einer kleineren Stelle zusammen, so daß das darunterliegende Pigment sichtbar wird. In *Sprich, Erinnerung, sprich* schreibt Vladimir Nabokov über seine Faszination über die Mimikry von Motten und Schmetterlingen:

Die Nachahmung ausströmenden Gifts durch blasenähnliche Flecken auf einem Flügel... oder durch glänzende gelbe Knoten auf einer Schmetterlingspuppe (»Friß mich nicht – ich wurde bereits zerquetscht, probiert und abgelehnt«). Die Tricks einer akrobatischen Raupe, die in der Kindheit wie Vogeldung aussieht... Wenn eine gewisse Motte in Form und Farbe einer gewissen Wespe gleicht, dann bewegt sie sich auch wie eine Wespe und läßt ihre Antennen in einer wespenhaften, unmottenhaften Art kreisen. Wenn ein Schmetterling wie ein Blatt aussehen muß, dann besitzt er nicht nur alle Details eines Blattes, sondern auch Flecken, die aussehen wie von Raupen verursachte Löcher. Die »natürliche Auslese« im Sinne Darwins konnte das wunderbare Zusammentreffen des

Nachahmungsaspekts und des Nachahmungsverhaltens nicht erklären. Auch die Theorie vom »Lebenskampf« reicht nicht aus, wenn eine Schutzvorrichtung so weit und subtil entwickelt wurde, daß sie bei weitem über die Notwendigkeit, den Feind zu täuschen, hinausging. Ich entdeckte in der Natur die nichtutilitaristischen Freuden, die ich in der Kunst suchte. Beide stellten eine Art Zauber dar, beide waren ein Spiel subtiler Verzauberung und Täuschung.

Tiere schwelgen in solch verschwenderischen und üppigen Formen der Zurschaustellung, daß es eines ganzen Buches bedürfte, nur um all ihre Möglichkeiten des Farbenspiels aufzuzählen. Der schillernde, vieläugige Schwanz des Pfaus ist ein so bekanntes Beispiel, daß er sprichwörtlich wurde. »Was für ein Pfau er doch ist«, sagen wir von einem Mann, der über die Maßen dandyhaft gekleidet ist. Die Farbe als Sprache ohne Worte funktioniert so gut, daß sie fast von jedem Tier gesprochen wird. Die Kraken wechseln ihre Farbe mit der Stimmung. Ein erschreckter Flußbarsch wird automatisch blaß. Ein junger Königspinguin pickt an der aprikosenfarbenen Stelle am Schnabel seiner Eltern, wenn er gefüttert werden möchte. Ein Pavian läßt in einer sexuellen oder unterwürfigen Situation schnell sein blaues Hinterteil sehen. Konfrontieren Sie ein männliches Rotkehlchen mit einer Handvoll roter Federn, und es wird diese angreifen. Doch viele Tiere zeigen ihre schreienden Farben auch als Warnung. Ein im Regenwald am Amazonas lebender Giftfrosch leuchtet in Wasserblau und Scharlachrot. »Legt euch nicht mit mir an«, scheint seine Farbe zu sagen und schreckt dadurch potentielle Angreifer ab. Ich befand mich einmal in einer Gruppe, die auf einen solchen Frosch stieß, der auf einem Baumstamm hockte. Die Versuchung, seinen wie Cloisonné wirkenden Rücken zu berühren, war so groß, daß ein Mann automatisch die Hand ausstreckte. Sein Nachbar konnte ihn gerade noch rechtzeitig am Handgelenk packen. Dieser Frosch brauchte nicht zu fliehen, denn er war mit einem so giftigen Schleim bedeckt, daß der Mann, hätte er ihn berührt und dann die Hand an Augen oder Mund geführt, auf der Stelle an Vergiftung gestorben wäre.

Wenn eine Katze sich im Zwielicht heranpirscht, ist man doch geneigt, dem alten Ammenmärchen zu glauben, daß Katzen bei Nacht sehen können. Glühen ihre Augen denn nicht? Doch kein Tier kann ohne Licht sehen. Katzen und andere Nachttiere besitzen eine dünne irisierende Schicht von reflektierenden Zellen hinter der Netzhaut, die Tapetum genannt wird. Das Licht trifft auf die Spiegelfläche, prallt von der Netzhaut zurück und ermöglicht es somit dem Tier, bei schwachem Licht zu sehen. Wenn Sie eine Taschenlampe bei Nacht vor Ihre Stirn halten und damit in einen Wald oder einen Sumpf oder am Meer entlang leuchten, »strahlen« Sie die roten oder bernsteingelben Augen eines Nachttiers an – einer Spinne, eines Kaimans, einer Katze, einer Motte, eines Vogels. Sogar Kammuscheln mit ihren winzigen olivenartigen Augen besitzen ein Tapetum, um mehr Licht einzufangen, so daß sie auch in tiefer Nacht eine Wellhornschnecke, die auf sie zukriecht, beobachten können. Die Ergebnisse wissenschaftlicher Experimente deuten darauf hin, daß Kaltblütler in schwachem Licht besser sehen können als Warmblütler. So verfügen die Amphibien im allgemeinen über eine bessere Nachtsicht als Säugetiere. (Bei einem Test, der von Wissenschaftlern der Universität Kopenhagen und der Universität Helsinki durchgeführt wurde, benötigten die Menschen im Vergleich zu einer Kröte achtmal soviel Licht, um bei Nacht einen Wurm zu erkennen.) Bei Katzen und anderen Raubtieren sitzen die Augen vorne im Gesicht; sie haben oft relativ große Augen mit einer guten Tiefenschärfe, so daß sie ihre Beute erspähen und verfolgen können. Betrachten Sie eine Eule, ein Fernglas mit Flügeln, deren Augen ein Drittel des Kopfes ausmachen. Pfeilspitzen-Krabben, farbige spinnenähnliche Riffgeschöpfe, die Sporttauchern bekannt sind, besitzen Augen, die so weit auseinanderstehen, daß sie fast einen Sehwinkel von 360 Grad haben. Pferde verfügen über wenig Sehschärfe, da ihre Augen seitlich am Kopf sitzen, und zwar in großem Abstand voneinander. Wie Beutetiere im allgemeinen, brauchen sie das periphere Sehen, um mit einem Auge einen eventuellen Angreifer im Blick zu haben. Ich fand Pferde immer besonders mutig, weil sie Hindernisse überspringen, die sie im letzten Moment gar nicht mehr sehen können. Raubtiere haben häufig vertikale Pupillen, da sie ihre Beute von weitem ins Auge fassen müssen, während Schafe, Ziegen und viele andere Huftiere, die auf den Weiden, auf denen sie grasen, wachsam sein müssen, horizontale Pupillen haben. Die Pupille des Alligators kann sich bei einer Veränderung der Kopflage leicht mitneigen, so daß die Beute immer im Gesichtsfeld bleibt. Viele Insekten haben schillernde Facettenaugen, doch wenige sind so schön wie das Auge der goldäugigen Florfliege: auf schwarzem Hintergrund ein vollkommener sechszackiger Stern, der an den Spitzen blau schimmert, weiter innen grün, dann gelb und schließlich in der Mitte rot.

Präriehunde sind farbenblind in bezug auf Rot und Grün. Eulen sind völlig farbenblind (da sie nur stabförmige Zellen haben), und Ameisen können kein Rot sehen. Das Wild, das in meinen Garten eindringt, um sich an Äpfeln und Rosenbüschen gütlich zu tun, sieht mich hauptsächlich als Grauschatten, genauso wie die Kaninchen, die die wilden Erdbeeren in meinem hinteren Garten fressen und die so zahm sind, daß man sie nur mit einem Fußtritt verscheuchen kann. Erstaunlich viele Tiere können zwar Farben erkennen, doch sie sehen sie verschieden. Im Gegensatz zu uns sehen einige von ihnen Infrarot, oder sie sehen mit völlig andersartigen Augen (Streifen- oder Facettenaugen, irisierende Augen, röhrenförmige Augen, Augen am Ende von Stielen). Ihre Augen zeigen ihnen ein unterschiedliches Bild der Welt. Horrorfilme wollten uns einreden, daß das Facettenauge der Fliege bedeutet, daß sie das gleiche Bild in vielen Wiederholungen sieht. Doch nachdem Wissenschaftler durch die Augen von Insekten Aufnahmen machten, wissen wir jetzt, daß eine Fliege, genau wie wir, ein einziges vollständiges Bild sieht, nur eben stark gekrümmt: wie wenn wir die Welt durch einen gläsernen Briefbeschwerer betrachteten. Wir vermuten, daß Insekten und Tiere nicht sehr gut sehen, doch Vögel können die

Sterne erkennen, einige Schmetterlinge können im ultravioletten Bereich sehen, und einige Quallen schaffen sich ihr eigenes Licht. Bienen können den Winkel abschätzen, in dem das Licht ihre Lichtrezeptoren trifft, und so den Stand der Sonne am Himmel feststellen, sogar an einem teilweise bewölkten Tag. Es gibt Orchideen, die Bienen so ähnlich sehen, daß andere Bienen versuchen, sich mit ihnen zu paaren, und dabei Pollen verbreiten. Diese raffinierte und extreme Anpassung würde nicht funktionieren, wenn die Bienen kein gutes Sehvermögen hätten. Der Grund, weshalb in einem Film die Bilder fortlaufend erscheinen, liegt darin, daß ungefähr 24 Einzelbilder pro Sekunde projiziert werden, während wir 50 bis 60 Bilder pro Sekunde verarbeiten. Wenn wir uns einen Film ansehen, betrachten wir in Wirklichkeit die Hälfte der Zeit lang eine leere Leinwand. In der übrigen Zeit werden unbewegliche Bilder nacheinander projiziert, jedes etwas anders und doch auf das vorhergehende bezogen. Das Auge bleibt gerade lange genug an einer Aufnahme hängen, um nahtlos in die nächste zu gleiten, und alle zusammen scheinen ein einziges, ständig bewegtes Bild darzustellen. Das Auge besteht darauf, die getrennten Bilder zu verbinden. Bienen andererseits sind an Bilder gewöhnt, die sich aus dreihundert Einzelbildern pro Sekunde zusammensetzen, weshalb *Lawrence von Arabien* für sie nur eine Reihe von Einzelaufnahmen wäre. Man nahm früher an, daß der »Schwänzeltanz« der Biene optische Signale beinhaltete, die den anderen zeigten, wie sie zu den großen Futterplätzen gelangen konnten, die die Biene gerade gefunden hatte; doch inzwischen kamen die Wissenschaftler zu der Ansicht, daß der Schwänzeltanz auch Botschaften über Berührung, Geruch und Hören vermittelt. Auch wenn die Bienen im ultravioletten Bereich sehen können, besitzen sie ein schwaches Wahrnehmungsvermögen in bezug auf Rottöne. Eine Biene sieht eine weiße Blume als blau, und eine rote Blume hat für sie wenig Bedeutung. Dagegen werden Motten, Vögel und Fledermäuse von roten Blumen geradezu angezogen. Blumen, die auf uns sehr einfach wirken – zum Beispiel nur aus weißen Blütenblättern bestehen –, könnten auf eine

Biene wie eine leuchtende Reklametafel mit Neonpfeilern wirken, die den Weg zum Nektar weisen. Stiere können nicht farbig sehen, so daß das grelle Rot der Capa des Matadors genausogut schwarz oder orange sein könnte. Das Rot ist nur für die Zuschauer gedacht, die die Farbe ungeheuer erregend finden und als schauriges Indiz, daß bald Blut fließen wird, entweder das des Stiers oder das des Toreros. Der Stier starrt lediglich irritiert auf das Tuch, das vor ihm hin und her geschwenkt wird, und greift dann an.

Angehörige des Boran-Stammes in Kenia finden durch die Pantomime eines Vogels, des afrikanischen Honiganzeigers (*Indicator indicator*), zum Nest der Honigbienen. Wenn sie Lust auf Honig haben, pfeifen sie, um den Vogel zu rufen. Oder wenn der Vogel Honig möchte, fliegt er um die Menschen herum und macht sie mit seinem »tirr-tirr-tirr« aufmerksam. Dann verschwindet er kurz, offensichtlich, um sich nach einem Honigbienennest umzusehen, und kehrt zu ihnen zurück, um sie mit kurzen Flügen und wiederholten Rufen zu geleiten. Wenn der Vogel beim Nest angelangt ist, fliegt er tiefer, um die richtige Stelle zu zeigen, und verändert seinen Ruf. Geschickt brechen die Stammesangehörigen das Nest auf und nehmen sich den Honig; dabei lassen sie auch genug für den Vogel übrig, der ohne ihre Hilfe Schwierigkeiten hätte, in das Nest einzudringen. Deutsche Ornithologen am Max-Planck-Institut, die drei Jahre lang diese seltsame symbiotische Beziehung untersuchten, entdeckten, daß die Menschen ohne die Hilfe des Honiganzeigers dreimal so lang nach dem Nest suchen müßten. Auch die Honigdachse scheinen diese Vögel auf ähnliche Weise zu geleiten.

Die Augen eines Tieres mögen schnell und scharf sein, doch kaum ein Auge ist so durchdringend wie das des Künstlers, einer weiteren Jägergattung, deren Beute sowohl in der äußeren Welt als auch in der inneren Wüste lebt.

Das Auge des Malers

Im Alter geriet Cézanne in eine Krise, als er an seinem Genie zweifelte. Verdankte er seine Kunst vielleicht nur einer Überspanntheit seiner Augen, und nicht seiner Fantasie und seinem Talent, die von einem wachsamen Sinn für Ästhetik geleitet wurden? Maurice Merleau-Ponty schreibt in seinem hervorragenden Essay über Cézanne: »Als er älter wurde, überlegte er, ob das Neue an seiner Kunst nicht einfach durch seine Sehbeschwerden bedingt war, ob nicht überhaupt sein ganzes Leben auf einem physischen Mangel aufgebaut war.« Cézanne überlegte sich bedächtig jeden Pinselstrich, bemühte sich, das Leben in seiner ganzen Fülle zu erfassen, wie Merleau-Ponty so vortrefflich beschreibt:

Wir *sehen* die Tiefe, Geschmeidigkeit, Weiche und Härte der Dinge; Cézanne behauptete sogar, wir sähen ihren Geruch. Wenn der Maler die Welt ausdrücken möchte, müssen seine Farben dieses unsichtbare Ganze in sich tragen, sonst weist das Bild nur auf die Dinge hin, gibt sie nicht in ihrer Homogenität, ihrer Präsenz, ihrer unüberbietbaren Fülle wieder, die für uns die Realität kennzeichnet. Deshalb muß jeder Pinselstrich unendlich viele Bedingungen erfüllen. Cézanne brütete manchmal Stunden, bevor er einen bestimmten Pinselstrich führte, denn, wie Bernard sagte, jeder Strich muß »die Luft, das Licht, den Gegenstand, die Zusammensetzung, das Wesen, den Umriß und den Stil wiedergeben«. Das auszudrücken, was *existiert*, ist eine endlose Aufgabe.

Cézanne, der sich der ganzen Fülle des Lebens öffnete, fühlte sich selbst als Kanal, in dem Natur und Menschheit zusammentrafen – »Die Landschaft denkt sich in mir... ich bin ihr Bewußtsein« –, und er arbeitete gleichzeitig an allen Partien des Gemäldes, als wollte er damit die vielen Blickwinkel, Teilwahrheiten und Reflexe einer Szene einfangen und sie als komplexe Zusammenfassung darstellen. »Er betrachtete sich selbst als machtlos«, schreibt Merleau-Ponty, »da er nicht allmächtig war, da er nicht Gott war und trotzdem die Welt porträtieren, sie in ein Schauspiel verwandeln, *sichtbar* machen wollte, wie die Welt uns *berührt*.« Wenn man an die Fülle von Farben und Formen in seiner Malerei denkt, ist es wohl nicht allzu erstaunlich zu erfahren, daß Cézanne kurzsichtig war. Er lehnte es jedoch ab, eine Brille zu tragen, wehrte sich dagegen angeblich mit den Worten: »Nehmt diese ordinären Dinger weg!« Er litt auch an Diabetes, was vielleicht zu Netzhautschäden geführt hat, und bekam später auch den grauen Star. Huysmans beschrieb ihn einmal treffend als »einen Künstler mit einer kranken Netzhaut, der, empört über sein beeinträchtigtes Sehvermögen, die Grundlage einer neuen Kunst entdeckte«. In eine andere Welt geboren als die meisten Menschen, malte Cézanne sie so, wie er sie mit seinen leicht behinderten Augen sah, doch das Zufällige, das in dieser Möglichkeit lag, quälte ihn. Der Bildhauer Giacometti andererseits, dessen lange, gestreckten Skulpturen bewußt verzerrt wirken, bekannte einmal charmant: »Alle Kritiker sprachen vom metaphysischen Gehalt oder von der poetischen Botschaft meines Werks. Doch mir geht es keineswegs darum. Es ist eine rein optische Übung. Ich versuche, einen Kopf so darzustellen, wie ich ihn sehe.«

In jüngster Zeit erfuhr man eine ganze Menge über die Sehschwierigkeiten mancher Künstler, deren Brillen und Krankheitsgeschichten uns erhalten blieben. Van Gogh hätte sich bestimmt über seine 1988 bei Christie's für 49 Millionen Dollar verkauften *Schwertlilien* mokiert, da er zu Lebzeiten nur ein einziges Gemälde verkaufen konnte. Von van Gogh weiß man, daß er sich das Ohr abgeschnitten hatte, doch er schlug sich auch mit einem Knüppel, ging jeden Sonntag in mehrere Messen, schlief auf einem Brett, trank Kerosin und aß Farbe. Manche Wissenschaftler vermuten heute, daß einige der stilistischen Eigenarten van Goghs (zum Beispiel der Strahlenkranz um Straßenlampen) keineswegs beabsichtigte Verzerrungen, sondern krankheitsbedingt waren oder die Folge von Vergiftungen durch die

Farbverdünner, die er benutzte, die seine Augen so geschädigt haben könnten, daß er Halo-Effekte um Lichtquellen wahrnahm. Patrick Trevor-Roper, der in seinem Buch *The World Through Blunted Sight* die Sehschwierigkeiten von Malern und Dichtern untersuchte, zitiert als mögliche Ursachen für van Goghs Depressionen »Gehirntumor, Syphilis, Magnesiummangel, Epilepsie, Vergiftung durch Digitalis (das bei Epilepsie verabreicht wird und die Gelb-Sicht hätte hervorrufen können) und grünen Star (einige Selbstporträts zeigen eine erweiterte rechte Pupille, und er nahm farbige Lichthöfe um Lichtquellen wahr)«. Vor kurzem fügte ein Wissenschaftler, der auf einem Neurologenkongreß in Boston eine Rede hielt, noch das Geschwind-Syndrom hinzu, eine Persönlichkeitsstörung, die manchmal zusammen mit Epilepsie auftritt. Van Goghs eigener Arzt sagte über ihn: »Es ist allgemein bekannt, daß Genie und Wahnsinn eng beieinander liegen.« Viele dieser Leiden könnten sein Sehvermögen beeinflußt haben. Doch genauso wichtig ist die Tatsache, daß gerade die leuchtendsten Pigmente giftige Schwermetalle wie Kupfer, Kadmium und Quecksilber enthielten. Dämpfe und Gifte konnten leicht in die Nahrung gelangen, da Maler oft im gleichen Raum lebten und arbeiteten. Als im 18. Jahrhundert der Tiermaler George Stubbs in die Flitterwochen reiste, wohnte er in einer Hütte mit zwei Räumen. In dem einen Raum hatte er den verwesenden Kadaver eines Pferdes aufgehängt, den er in freien Stunden eifrig sezierte. Renoir war ein starker Raucher, und vermutlich wusch er sich nicht jedesmal die Hände, bevor er sich eine Zigarette drehte; sicherlich geriet dabei Farbe von seinen Fingern in das Papier. Zwei dänische Internisten, die den Zusammenhang zwischen Arthritis und Schwermetallen untersuchten, haben die Farbwahl von Renoir, Rubens und Dufy (die alle unter Arthritis litten) mit der ihrer zeitgenössischen Kollegen verglichen. Wenn Renoir sein leuchtendes Rot, Orange und Blau wählte, entschied er sich gleichzeitig für hohe Dosierungen von Aluminium, Quecksilber und Kobalt. Bis zu 60 Prozent der von Renoir bevorzugten Farben enthielten gefährliche Metalle, das ist doppelt soviel wie die Farben, die von anderen Malern wie Claude Monet oder Edgar Degas bevorzugt wurden. Diese benutzten häufig dunklere Pigmente, die sich aus unschädlicheren Eisenverbindungen zusammensetzten.

Trevor-Roper zufolge gibt es eine »kurzsichtige Persönlichkeit«, zu der vor allem Mathematiker und Büchermenschen neigen. Sie haben ein »Innenleben, das sich von dem anderer unterscheidet«, eine andere Persönlichkeit, da nur die unmittelbar vor ihnen liegende Welt für sie sichtbar ist. Das Bildhafte in ihrem Werk dreht sich um Dinge, die »aus nächster Nähe gesehen werden können«, und sie sind introvertierter. Über Degas' Kurzsichtigkeit schreibt er:

> Mit der Zeit sah er sich immer öfter gezwungen, mit Pastellfarben statt mit Öl zu malen, da er sich wegen seines nachlassenden Augenlichts damit leichter tat. Später entdeckte er, daß die Benutzung von Fotografien der Modelle oder der Pferde, die er malen wollte, es ihm ermöglichte, diese in seine eingeschränkte Sichtweite zu rücken. Und schließlich konzentrierte er sich immer mehr auf die Bildhauerei, weil er sich dabei auf seinen Tastsinn verlassen konnte, der ihn im Vergleich zu seinen Augen nicht im Stich lassen würde. »Ich muß nun die Lebensweise eines Blinden lernen«, sagte er, obgleich sein Interesse am Modellieren schon immer stark gewesen war.

Trevor-Roper weist darauf hin, daß das, was die Kurzsichtigkeit bewirkt (ein zu lange gebautes Auge), auch die Farbwahrnehmung beeinflußt (Rottöne kommen stärker heraus); der graue Star kann gleichzeitig Farbe, verschwommenes Sehen und Rottöne beeinflussen. Ein Beispiel dafür ist Turner, dessen spätere Werke Mark Twain einmal beschrieb als »eine rotbraune Katze, die in einer Schüssel mit Tomaten einen Krampf bekommt«. Oder Renoirs »zunehmende Liebe für Rottöne«. Oder Monet, der später so stark unter dem grauen Star litt, daß er seine Farbtuben etikettieren und die Farben auf seiner Palette sorgfältig ordnen mußte. Nach einer Staroperation soll Monet, so berichteten Freunde, von den Blautönen dieser Welt überrascht gewesen sein und die seltsamen Farben seiner letzten Werke so entsetzlich gefunden haben, daß er sie schleunigst retuschierte.

Eine Theorie über künstlerisches Schaffen besagt, daß außergewöhnliche Künstler mit einer besonderen Sehweise auf die Welt kommen. Dies erklärt natürlich nicht das Genie, das so viel mit Risiko, Ärger, flammender Emotionalität, Sinn für Ästhetik, wilder Sehnsucht, ungehemmter Neugier und vielen anderen Eigenschaften zu tun hat, einschließlich der Bereitschaft, sich dem Leben voll zu öffnen, dessen allgemeine Muster wie seine faszinierenden Details zu studieren. Wie die höchst sensible Malerin Georgia O'Keeffe einst sagte: »Kaum jemand sieht eine Blume wirklich – sie ist so klein –, wir haben einfach nicht die Zeit dazu. Denn etwas anschauen heißt sich dafür Zeit zu nehmen. So wie man sich für einen Freund Zeit nimmt.« Welche Art neuen Sehens bringen Künstler mit in diese Welt, lange bevor sie ihr inneres Sehen entwickeln? Diese Frage beschäftigte Cézanne und andere Künstler – als ob die Antwort einen Einfluß darauf hätte, wie und was er schließlich malen würde. Alles in allem gilt, was Merleau-Ponty sagte: »*Um dieses Werk zu schaffen, bedurfte es dieses Menschen.*«

*D*as *Gesicht der Schönheit*

In einer Studie, bei der Männer gebeten wurden, Fotos mit hübschen Frauen zu betrachten, stellte man fest, daß sie überwiegend Frauen mit erweiterten Pupillen bevorzugten. Es zeigte sich, daß sich die Pupillen der Männer dabei bis zu 30 Prozent erweiterten. Natürlich ist dies für die Frauen der italienischen Renaissance und des viktorianischen Englands, die sich Belladonna (den giftigen Extrakt der Tollkirsche, deren Name »schöne Frau« bedeutet) in die Augen träufelten, um größere Pupillen zu bekommen, wenn sie mit einem Mann ausgingen, nichts Neues. Unsere Pupillen erweitern sich unwillkürlich, wenn wir aufgeregt oder erregt sind. Wenn die Männer deshalb eine Frau mit vergrößerten Pupillen sahen, signalisierte ihnen das, daß sie sie attraktiv fand, und ihre Pupillen reagierten darauf mit einem Tango der Körpersprache. Als ich vor kurzem mit dem Schiff durch die tobenden Winde und peitschenden Wellen der Drake-Passage fuhr und durchs stürmische Meer um die Antarktis, die Südorkneys, Südgeorgia und die Falklandinseln, entdeckte ich, daß viele Passagiere ein Skopolaminpflaster hinter einem Ohr hatten, um sich gegen die Seekrankheit zu wappnen. Nach ein paar Tagen zeigten sich bei ihnen als Nebenwirkung des Pflasters stark erweiterte Pupillen; jeder, dem man begegnete, hatte große einladende Augen, die zweifellos das Gefühl spontaner Freundschaft und Kameradschaft förderten. Einige Passagiere sahen allmählich wie Zombies aus, die sich mit Licht volltankten, doch die meisten wirkten einfach besonders aufgeschlossen und warmherzig.* Wären sie untersucht worden, hätten die Frauen entdeckt, daß sich bei ihnen auch der Gebärmutterhals erweitert hatte. Bei Berufen, in denen Emotionen oder starkes Interesse besser verheimlicht werden, wie beim Spielen oder beim Handeln mit Schmuck, tragen Menschen oft dunkle Augengläser, um ihre Absichten, die ihre Pupillen verraten könnten, zu verbergen.

Man kann behaupten, Schönheit sei nur etwas Oberflächliches, doch Aristoteles bemerkte zu Recht, daß »die Schönheit viel wirkungsvoller ist als jegliches Empfehlungsschreiben«. Die traurige Wahrheit ist, daß sich hübsche Kinder in der Schule leichter tun, weil sie dort mehr Förderung erfahren, bessere Noten und weniger Bestrafung erhalten. Auch im Beruf haben es schöne Menschen leichter, sie bekommen höhere Löhne, interessantere Jobs, werden schneller befördert; und bei der Partnersuche sind attraktive Menschen ebenfalls privilegiert, denn sie haben meist das Sagen in einer Beziehung und treffen meist die Entscheidungen. Auch haben sie es mit Fremden leichter, da sie für interes-

---

* Das Skopolamin, ein Alkaloid, das aus dem Bilsenkraut und verschiedenen anderen Pflanzen der Nachtschattengewächse gewonnen wird, wurde auch als Wahrheitsserum verwendet.

sant, ehrlich, anständig und erfolgreich gehalten werden. Schließlich sind schon in den Märchen, also den ersten Geschichten, die wir hören, die Helden attraktiv, die Heldinnen schön und die Bösen häßlich. Den Kindern wird von klein auf zu verstehen gegeben, daß gute Menschen schön sind und böse häßlich, und die Gesellschaft übernimmt diese subtile Botschaft auf vielerlei Weise. So ist es gar nicht so erstaunlich, daß hübsche Kadetten in West Point schneller befördert werden oder ein Richter über einen attraktiven Angeklagten eine mildere Strafe verhängt. Bei einer 1968 im Gefängnis von New York City durchgeführten Studie wurden Männer mit Narben, Entstellungen und sonstigen physischen Auffälligkeiten in drei Gruppen eingeteilt. Die erste Gruppe wurde von einem Schönheitschirurgen behandelt, die zweite erhielt eine Therapie und intensive Beratung, und die dritte wurde so gelassen, wie sie war. Als die Forscher ein Jahr später die Gruppen erneut in Augenschein nahmen, entdeckten sie, daß sich jene, die sich einer Schönheitsoperation unterzogen hatten, am besten angepaßt hatten und am wenigsten rückfallgefährdet schienen. Bei einem Experiment in Firmen wurden aus einer identischen Bewerbung mit verschiedenen Fotos die attraktiveren ausgewählt. Hübsche Babys werden freundlicher behandelt als weniger hübsche, und zwar nicht nur von Fremden, sondern auch von den eigenen Eltern. Wenn ein Baby niedlich ist, schmusen, reden oder spielen die Mütter viel mehr mit ihm, und Väter fühlen sich zu süßen Babys stärker hingezogen. Hübsche Kinder erhalten bei ihren Leistungstests bessere Noten, vermutlich weil ihnen ihr gutes Aussehen die Aufmerksamkeit und Ermutigung der Erwachsenen einbringt. Bei einer 1975 durchgeführten Untersuchung wurden Lehrer aufgefordert, die Zeugnisse eines Achtjährigen, der einen niedrigen IQ und schlechte Noten hatte, zu beurteilen. Jeder Lehrer sah die gleichen Zeugnisse, doch einigen war das Bild eines hübschen Kindes beigefügt und anderen das eines reizlosen. Die Lehrer waren viel eher bereit, das nicht so hübsche Kind in eine Klasse für zurückgebliebene Kinder zu schicken. Auch die Schönheit des Partners kann nützlich sein. Bei einer sehr interessanten Untersuchung wurden Personen aufgefordert, das Foto eines Mannes und einer Frau zu betrachten und nur den Mann einzuschätzen. Wie sich herausstellte, wurde der Mann, wenn die Frau an seiner Seite hübsch war, für intelligenter und erfolgreicher gehalten als der Mann mit einer unattraktiven Frau.

Auch wenn solche und ähnliche Experimente schockierend sein mögen, so bestätigen sie doch, was wir schon seit langem wissen: Ob es uns gefällt oder nicht, das Gesicht einer Frau war immer bis zu einem gewissen Grad Teil ihres Wertes. Eine schöne Frau schafft es oft, in die höhere Gesellschaft einzuheiraten, auch wenn sie aus bescheidenen Verhältnissen stammt. Wir denken an so berühmte Schönheiten wie Kleopatra und die schöne Helena, die Symbole dafür sind, wie Schönheit den Sturz großer Feldherrn herbeiführen und das Schicksal von Weltreichen beeinflussen kann. Die Amerikanerinnen geben jährlich Millionen für Make-up aus; dazu kommen noch Friseur, Fitneßstunden, Schlankheitskuren, Kleider. Auch gutaussehenden Männern bringt ihr Aussehen große Vorteile, doch der wichtigste Faktor bei einem Mann ist die Größe. In einer Studie wurden 17 000 Männer im Hinblick auf ihre berufliche Laufbahn untersucht. Jene, die hochgewachsen waren, taten sich viel leichter – bekamen mehr Geld, wurden schneller befördert, erreichten bessere Positionen. Vielleicht wecken große Männer Kindheitserinnerungen, als man zu Autoritäten aufblickte – nur unsere Eltern und andere Erwachsene waren groß, und sie besaßen die Macht, uns zu bestrafen oder zu beschützen, uns uneingeschränkte Liebe zu schenken, uns unsere Wünsche zu erfüllen oder unsere Hoffnungen zu zerstören.

Die Vorstellungen, was schön ist und was nicht, sind natürlich in jedem Kulturkreis anders und verändern sich auch im Lauf der Zeit. Doch im allgemeinen suchen wir vermutlich nach einer Kombination von reifem und unreifem Aussehen – die großen Augen eines Kindes, das unseren Beschützerinstinkt wachruft, die hohen Backenknochen und andere Merkmale einer reifen Frau oder eines Mannes, die uns das Gefühl, sexy zu sein, vermitteln. In dem Bestreben, sexy zu wirken, durchbohren wir unsere Nasen, verlängern wir unsere Ohrläppchen oder unsere Hälse, tätowieren unsere Haut, umwickeln unsere Füße, schnüren unsere Taille ein, färben unser Haar, lassen uns das Fett von den Schenkeln absaugen und verändern unseren Körper auf tausend andere Arten. Meistens wünschte man sich in der Geschichte des Abendlandes die Frauen kurvenreich, weich und sinnlich, echte Erdmütter, die sinnliche Fruchtbarkeit ausstrahlten. Diese Vorliebe hatte eine solide Grundlage in der Evolution: Eine rundlichere Frau besaß einen größeren Vorrat an Körperfett und den für die Schwangerschaft erforderlichen Nährstoffen, hatte mehr Chancen, in Hungerszeiten zu überleben, konnte ihr Ungeborenes besser beschützen und ihr Neugeborenes besser stillen. In vielen Gebieten Afrikas und Indiens wird eine gewisse Beleibtheit nicht nur als schön angesehen, sondern sie gilt auch für beide Geschlechter als Zeichen von Prestige. In den goldenen zwanziger Jahren und in den siebziger und achtziger Jahren, als in den USA superschlank modern war, wollten die Männer Frauen mit knabenhaften Figuren, und man könnte lange spekulieren, inwieweit dies die veränderte Rolle der Frau in der Gesellschaft und am Arbeitsplatz spiegelte. Die meisten Männer, die ich kenne, bevorzugen heutzutage Frauen mit wohlgeformter, in vernünftigem Maße schlanker Figur, obwohl die meisten Frauen, die ich kenne, lieber gertenschlank wären.

Doch immer schon hat das Gesicht den Blick zuerst angezogen, insbesondere die Augen, die so schmelzend und beredt sein können. Über die Jahrtausende haben die Menschen ihre Gesichtszüge durch Make-up betont. Archäologen haben Überreste ägyptischer Parfümerien und Schönheitssalons aus dem 4. Jahrtausend v. Chr. gefunden und Make-up-Utensilien aus dem 6. Jahrtausend v. Chr. Die alten Ägypter bevorzugten grünen Lidschatten mit Glitzereffekt, der aus zerriebenen, irisierenden Panzern bestimmter Käfer hergestellt wurde, Antimon-Eye-liner und Mascara, schwarzblaue Lippenstifte sowie Rouge. Finger- und Fußnägel wurden mit Henna gefärbt. Sie rasierten sich die Augenbrauen und zogen die Linien neu. Eine schicke Ägypterin jener Zeit malte die Adern auf ihren Brüsten blau an und betupfte die Brustwarzen mit Gold. Ihre Nägel verrieten ihren gesellschaftlichen Rang – rote Fingernägel bedeuteten die Zugehörigkeit zur Oberschicht. Auch die Männer benutzten Schönheitswasser aller Art, und nicht nur, wenn sie ausgingen: Tut-ench-Amuns Grabstätte enthielt Tiegel mit Schminke und Schönheitscremes für das Leben nach dem Tode. Die Römer liebten Kosmetika; die Heerführer ließen sich, bevor sie in die Schlacht zogen, das Haar frisieren und parfümieren und die Nägel lackieren. Aber noch mehr fasziniert von Kosmetika waren die Römerinnen. Im 1. Jahrhundert n. Chr. schrieb Martial an eine dieser Damen: »Während du zu Hause bist, Galla, ist dein Haar beim Friseur; nachts nimmst du deine Zähne heraus und schläfst eingetaucht in hundert Kosmetiktiegeln – nicht einmal dein Gesicht schläft mit dir. Und dann blinzelst du den Männern unter einer Augenbraue zu, die du morgens aus der Schublade gezogen hast.« Ein römischer Arzt des 2. Jahrhunderts erfand die Hautcreme, deren Formel sich seither wenig verändert hat. Im Alten Testament bemalte sich Königin Isebel erst ihr Gesicht, bevor sie zu ihren üblen Taten schritt, was sie von den vornehmen Phöniziern um 850 v. Chr. gelernt hatte. Im 18. Jahrhundert waren die Europäerinnen sogar bereit, arsenhaltige Oblaten zu essen, um einen helleren Teint zu bekommen: Arsen vergiftete das Hämoglobin im Blut, so daß sie einen zarten, mondblassen Teint erhielten. Die Rouges enthielten oft solch gefährliche Metalle wie Blei und Quecksilber, und wenn sie als Lippenstift benutzt wurden, gingen sie sofort ins Blut über. Im 17. Jahrhundert trugen die Europäerinnen und Europäer manchmal sogar Schönheitspflästerchen in Form von Herzen, Sonnen, Monden und Sternen. Sie wurden im Gesicht oder auf der Brust angebracht, um die Augen des Bewunderers von irgendwelchen Mängeln abzulenken, wozu damals häufig Pockennarben gehörten.

Bei kürzlich an der Universität von Louisville durchgeführten Untersuchungen wurden Collegestudenten gefragt, wie für sie das ideale Gesicht einer Frau aussieht, und die Ergebnisse wurden in einen Computer eingegeben. Man fand heraus, daß die ideale Frau folgende Merkmale haben sollte: Hohe Backenknochen, weit auseinanderstehende Augen, eine eher kleine Nase, hohe Augenbrauen, ein kleines hübsches Kinn und ein breites Lächeln. Bei Gesichtern, die als hübsch galten, nahm jedes Auge ein Vierzehntel des gesamten Gesichts ein und drei Zehntel der Breite; die Nase nahm nicht mehr als fünf Prozent des Gesichts ein; der Abstand von der Unterlippe zum Kinn betrug ein Fünftel der Länge des Gesichts, und der Abstand vom Mittelpunkt des Auges bis zur Augenbraue ein Zehntel. Man kann die Gesichter vieler hübscher Frauen nach diesen Computer-Relationen untersuchen, und keines ist ideal. Worauf diese Schönheitsgeometrie hinausläuft, ist das Porträt einer idealen Mutter, einer jungen, gesunden Frau. Eine Mutter mußte fruchtbar sein, gesund und voller Energie, um ihr Kind zu schützen und noch viele Kinder zu gebären, von denen viele schon in der Kindheit starben. Männer, die sich von diesen Frauen angezogen fühlten, hatten eine größere Chance, daß ihre Erbanlagen weiterlebten. Schönheitschirurgen machen sich diese immer noch nachwirkenden Tendenzen in außerordentlich drastischer Weise zunutze. Dr. Vincent Forshan, ein kalifornischer Chirurg, veröffentlichte einmal eine achtseitige farbige Anzeige im *Los Angeles Magazine*. Zu sehen war eine hinreißende junge Frau mit üppigem Busen, flachem Bauch, festem Hinterteil und langen schlanken Beinen, die neben einem Ferrari posierte. Die Überschrift über dem Foto lautete: »Das Auto von Ferrari... den Körper von Forshan«. Stellt sich die Frage: Was tun diejenigen unter uns, die nicht hochgewachsen sind und keine Idealfigur haben? Antwort: Wir trösten uns damit, daß Schönheit relativ ist. Obwohl wir sie hochschätzen und ihr automatisch Aufmerksamkeit schenken, kann sie vor unseren Augen von einem Augenblick zum anderen dahinschwinden. Ich erinnere mich, daß ich Omar Sharif in *Doktor Schiwago* und *Lawrence von Arabien* ungeheuer attraktiv fand. Als ich ihn ein paar Monate später in einem Fernsehinterview sah und ihn sagen hörte, daß ihn als einziges auf der Welt nur Bridge interessierte, womit er sich meistens die Zeit vertreibe, verwandelte er sich zu meinem großen Erstaunen plötzlich in einen völlig unattraktiven Mann. Seine Augen schienen verquollen zu sein, sein Kinn zu weit vorstehend, und seine Figur erschien mir insgesamt unproportioniert. Das gleiche erlebte ich auch in umgekehrter Form, als ein nicht unbedingt anziehender Fremder zu reden anfing und ich ihn hinreißend fand. Dem Himmel sei Dank für so erregende Eigenschaften wie Schwung, Intelligenz, Mutterwitz, Neugier, Sanftheit, Leidenschaft, Talent und Anmut. Dem Himmel sei Dank, daß sich, ungeachtet der Tatsache, daß gutes Aussehen Aufmerksamkeit erregt, die eigentliche Schönheit eines Menschen erst allmählich enthüllt. Dem Himmel sei Dank, wie Shakespeare es in seinem *Sommernachtstraum* ausdrückt: »Die Liebe sieht nicht mit den Augen, sondern mit dem Herzen.«

Natürlich lieben wir nicht nur die charakteristischen Züge anderer Menschen, sondern auch die Natur. Unsere Leidenschaft für schöne Blumen verdanken wir voll und ganz den Insekten, Fledermäusen und Vögeln, da sich diese Blütenbestäuber und die Blumen zusammen entwickelten; die Blumen bedienen sich der Farben, um die Vögel und Insekten anzulocken, die sie bestäuben. Wir können Blumen in den Farben und Düften züchten, die uns gefallen, und haben damit das Aussehen der Natur stark verändert, doch es gibt eine ganz besondere Prachtfülle, die man nur in der unverfälschten Natur findet. Auf unserer »süßen, spontanen Erde«, wie E. E. Cummings es ausdrückt, finden wir erstaunlich viel Schönes, das uns mit Ekstase erfüllt. Vielleicht bemerken wir wie er

die gekrümmte orangene insel des mondes
die über dieser silbernen minute des abends thront

und unser Puls rast plötzlich, oder wir schließen die Augen voller Genuß und seufzen, halb ohnmächtig, bevor wir begreifen, was geschieht. Die Szene ist so überwältigend, daß wir uns ganz klein vorkommen. Das Mondlicht gibt uns die Gewißheit, daß es hell genug ist, um unseren Weg durch die finstere Nacht zu finden oder nächtlichen Raubtieren entkommen zu können. Das Leuchten des Sonnenuntergangs erinnert uns an die Wärme, in der wir uns wohl fühlen. Die leuchtenden Farben der Blumen kündigen Frühling und Sommer an, wenn es reichlich Nahrung gibt und überall Fruchtbarkeit herrscht. Wir fühlen mit den bunten Vögeln, die so aufreizend leuchten und scheinen, da wir innerlich Atavisten sind und jede sexuelle Gebärde uns an unsere eigene Sexualität erinnert. Doch das Wesentliche an der Schönheit der Natur ist das Neue, Überraschende. In Cummings' Gedicht erregt »die gekrümmte orangene insel des mondes« unsere Aufmerksamkeit. Wenn dies geschieht, erweitert sich unser Gemeinschaftssinn – wir sind nicht nur verbunden mit anderen Menschen, sondern auch mit anderen Arten. »Die Tatsache, daß wir einen Kristall oder eine Mohnblume schön finden, bedeutet, daß wir weniger allein sind«, schreibt John Berger in *The Sense of Sight* (dt.: *Das Leben der Bilder oder die Kunst des Sehens*), »daß wir tiefer in das Leben involviert sind, als dies den Anschein hat, wenn man einen einzelnen Lebenslauf betrachtet«. Naturforscher wiederholen immer wieder, daß sie es nie leid werden, den gleichen Abschnitt des Regenwalds zu sehen oder die gleichen Wege durch die Savanne einzuschlagen. Doch wenn man sie weiter befragt, erklären sie, daß sie immer wieder etwas Neues entdecken. Wie Berger schreibt: »Schönheit ist immer eine Ausnahme, immer ein ›trotz diesem oder jenem‹... Deshalb berührt sie uns.« Und doch reagieren wir auch leidenschaftlich auf jene streng formalisierte Weise der Lebensbetrachtung, die wir Kunst nennen. In gewisser Weise ist Kunst wie das Einfangen der Natur in einem gläsernen Papierbeschwerer. Plötzlich kann man eine bestimmte oder abstrakte Emotion sehen, kann sie drehen und wenden und von verschiedenen Gesichtspunkten aus betrachten; sie wird dadurch so festgefügt und so heilig wie eine Landschaft. Berger drückt es so aus:

Alle Ausdrucksformen der Kunst entstammen dem Versuch, Flüchtiges in Beständiges zu verwandeln. Die Kunst impliziert, daß die Schönheit keine Ausnahme darstellt – kein trotz allem –, sondern die Grundlage für eine Ordnung bildet... Die Kunst ist eine in eine Form gebrachte Reaktion auf das, was die Natur uns gelegentlich enthüllt... das transzendentale Antlitz der Kunst ist immer eine Art Gebet.

Natürlich ist die Kunst wesentlich komplexer als hier beschrieben. Intensive Gefühle sind anstrengend, und wir erhoffen uns von den Künstlern, daß sie für uns fühlen, leiden und sich freuen, die Höhen ihrer leidenschaftlichen Reaktionen auf das Leben beschreiben, so daß wir sie aus sicherer Distanz genießen und besser sehen können, wie groß die Bandbreite menschlicher Erfahrung tatsächlich ist. Wir wollen vielleicht gar nicht so bewußt und so extrem empfinden wie Jean Genet oder Edvard Munch, doch wir finden es wunderbar, einen Blick darauf zu werfen. Wir erhoffen uns von den Künstlern, daß sie die Zeit für uns anhalten, den Kreislauf von Geburt und Tod unterbrechen und vorübergehend die Abläufe des Lebens zum Stillstand bringen. Im allgemeinen ist dies für Menschen zuviel, eine sensorische Überlastung. Künstler jedoch pflegen gerade diese Intensität. Wir bitten sie, uns das Leben mit einem bunten Reigen neuer Eindrücke und Einsichten zu bereichern, so wie wir das Leben als Kind sahen, als alles neu war.* Im Lauf der Zeit nehmen wir einen großen Teil des Lebensschauspiels nur noch verschwommen wahr, denn wenn wir vor jeder gesprenkelten Lilie stehenbleiben, bleiben unsere Briefe unerledigt, und wir schaffen es nicht, unsere Äpfel zu kaufen.

Auch unschöne Dinge erfreuen oft unser Auge. Wasserspeier, grelle Farben, Lichtspielereien. Es tut fast weh,

---

* Laurens van der Post über seine Zeit bei den Buschmännern in der Kalahari: »Ich erkannte, weshalb die Dichtkunst, die Musik und die Künste für alle von uns fürs Überleben – für Leben und Tod – wichtig sind... Die Künste sind sowohl Wächter wie Initiatoren dieser Kette; sie müssen das ursprüngliche Bewußtsein im modernen Menschen aufrechterhalten; sie machen jung und unmittelbar, was im menschlichen Bewußtsein von alters her vorhanden war.«

einem Feuerwerk zuzusehen, doch wir finden es schön. Ein reiner lanzettförmiger Diamant von sieben Karat ist ein einziges Funkeln, das wir ebenfalls schön finden. Im Lauf der Geschichte haben die Menschen aus rohem Gestein die exquisitesten Juwelen gefertigt, waren besessen davon, wie Licht in Kristalle einfällt. Auch wenn Diamanten und andere Edelsteine unser Auge erfreuen, stellt unsere jetzige Sichtweise ein Novum dar. Erst im 18. Jahrhundert gewann man durch die verbesserte Kunst der Juwelenbearbeitung diese glitzernden, funkelnden und feurigen Steine. Vorher waren sogar die Kronjuwelen stumpf und ausdruckslos. Im 18. Jahrhundert dagegen wurden geschliffene Schmuckstükke modern, ebenso der tiefe Ausschnitt. Und so trugen die Frauen oft Juwelen, die am Ausschnitt ihres Kleides befestigt waren, damit das eine die Wirkung des anderen unterstützte. Weshalb sieht für uns ein Edelstein so wunderbar aus? Ein Diamant wirkt wie ein Prisma. Licht, das in einen Diamanten eindringt, prallt von Seite zu Seite und wird von der Rückseite reflektiert; die Farben strahlen viel kräftiger als bei einem gewöhnlichen Glasprisma. Ein begabter Diamantenschleifer bringt es zuwege, daß das Licht sich an den vielen Facetten des Steins bricht und dadurch das Funkeln verursacht. Wenn Sie einen Diamanten auf der Hand drehen, sehen Sie eine Fülle reiner Farben. Vielfalt ist das Versprechen, das die Materie lebendigen Dingen gibt. Energie und Bewegung des Lebens und seine wechselnden Farben sind in dem kleinen, toten Raum des Diamanten eingefangen, der in einem Augenblick wie Neonlicht leuchtet und im nächsten Lichtfunken versprüht. Unser Staunen erwacht, die Dinge sind am falschen Platz, ein magisches Freudenfeuer wurde entzündet, leblose Dinge erwachen plötzlich zum Leben und beginnen einen kleinen, kurzen Tanz in den Flammen. Betrachtet man Gesichter, ein Feuerwerk oder den Start einer Rakete, so ist der Tanz langsamer, doch die Farben und Lichter werden schmerzhaft intensiv, wenn sie uns einhüllen und uns in ein Wunderreich visueller Ekstase entführen.

Beim nächtlichen Start einer Raumfähre

Ein riesiger, leuchtender Turm überragt funkelnd das Sumpfgebiet Floridas. Flutlichter erhellen den Himmel, breiten Lichtteppiche aus. Hubschrauber und Jets umkreisen die Startfläche wie Insekten das Licht. Kein Zauberer füllte den Himmel jemals mit einer solch unwahrscheinlichen Zahl von Diamanten. Innerhalb der glitzernden Lichter hält eine Riesenrampe eine schlanke Rakete an ihr Herz gepreßt, auf jeder Seite der Rakete befindet sich eine große Thermosflasche Festtreibstoff in Farbe und Konsistenz eines Radiergummis, und auf der Rückseite eine spitznasige Raumfähre, die sich anklammert wie das Junge eines exotischen Säugetiers. Am Himmel hängt der Vollmond, das Gesicht zur Startbahn gewendet, mit offenem Mund.

Auf den nüchternen Konsolen der Startkontrolle wird abwärts bis Null gezählt. Wenn die Nummern verlöschen und der Countdown endet, wird etwas verschwinden. Nicht die Raumfähre – die können wir weiterhin mit den Augen und per Radar verfolgen, zusammen mit vielen Menschen auf der Welt, die alles auf dem Bildschirm sehen können. Stundenlang schon stehen wir auf dem morastigen Boden Floridas und sehnen uns nach dem faszinierenden Schauspiel, das uns erwartet, wünschen uns, von der Routine erlöst und – wie die Rakete – der Unendlichkeit näher gebracht zu werden. An den nebelverhüllten Ufern des Banana River und am Straßenrand warten wir: Allein im Space Center wird mit 55 000 Menschen gerechnet.

Wenn die Flutlichter auf der Startbahn erlöschen, öffnen sich alle Kameraverschlüsse und alle geistigen Verschlüsse gleichzeitig. Die Luft ist stickig. Hunderttausend Augenpaare starren auf die eine Stelle, wo ein Glimmen unter der Startrakete zu einem Feuerrad aufflammt wie eine Wunderkerze, die am Nationalfeiertag geschwenkt wird. Weiße Wolken stieben in alle Richtungen in einem Sturm aus Flammen, einer wirbelnden Sahara, deren Farben von Grauweiß zu einem weißglühenden Platin wechseln, so hell, daß man geblendet wird. Dann verwandelt es sich in ein funkelndes Gold, so blendend, daß man zu blinzeln vergißt. Die elektrisch geladene Luft sticht wie Bienen. Jede Pore schmerzt. Im Nacken sträuben sich die Haare. Früher schmolz die Startrampe beim Abheben der Rakete zusammen, doch heute stürzt von oben eine Million Liter Wasser herunter, spritzt von unten empor. Dampfwolken erfüllen die Luft mit Asche. Durch die Spiegelung nehmen die Wasserrohre die Farbe dunklen Messings an. Dicke Haufenwolken ballen sich am Boden zusammen, wo man keine Gewitterwolken erwarten würde.

Sekunden nach dem Start zischt ein aprikosenfarbener Blitz heraus und läßt die Sonne verblassen. Wolken steigen hoch, türmen sich auf wie in einer Schöpfungsszene. Vögel schwingen sich zusammen mit Faltern, Libellen, Mücken und anderen Geschöpfen, vom Lärm in Panik versetzt, hoch in die Luft, es prasselt und heult. Was heißt es, zu fliegen, in Anbetracht der zarten Flügel eines Falters, dessen Kraftwerk ein Herz ist, so klein wie ein Computerchip? Was heißt es, zu fliegen, in Anbetracht einer Rakete, die mit einigen tausend Tonnen Gewicht an einer riesigen Abschußrampe hochsteigen kann? Schließen Sie die Augen, und Sie hören das ohrenbetäubende *Rat-a-tat-tat* von Feuerwerkskörpern, spüren, wie sie gegen Ihre Brust prallen. Öffnen Sie die Augen, und Sie sehen einen riesigen Stahlmuskel, der Feuer spuckt, als dreieinhalb tausend Tonnen Schubkraft einen Augenblick lang auf einem silbernen Schenkel verharren und dann die Wolken zerreißen. Über der Startbahn wirbeln Eisenstreben wie Zeitungspapier, Schockwellen branden auf, ballen ihre riesigen Fäuste, peitschen das Sumpfland, wo Vögel aufschrecken und hochfliegen, prallen gegen Ihre Brust, wo ein bereits wie wild schlagendes Herz Ihnen nun davonläuft. Die Luft ist gespannt wie eine Trommel, Moleküle wirbeln durcheinander. Plötzlich steigt die Raumfähre hoch über das Sumpfland, weg vom hysterischen Gelächter der Seetaucher, weg vom Delirium der Insekten und den offenen Mündern der Zuschauer; viele weinen, als sich die

Raumfähre über einem mehr als 200 Meter hohen Wasserfall aus Flammen erhebt und riesige Funken versprüht. Der goldene Lichtkreis, in dem sie aufsteigt, brennt sich tief in die Erinnerung ein.

Schon zehn Minuten nach dem Start wird sie den Schutzmantel unserer Atmosphäre durchdringen und in einer Höhe von 296 Kilometern in eine Umlaufbahn gelangen. Das alles hat nichts mit einem Wunder zu tun. Schließlich begann die Geschichte der Menschheit ja mit Erschütterungen im Universum, damals, als unsere chemischen Bestandteile Form annahmen. Wir entwickelten uns durch Unfälle, Zufälle, Fast-Fehlschläge und Glück. Wir entwickelten die Sprache, bauten Städte und bildeten Nationen. Heute verändern wir den Lauf der Flüsse und versetzen Berge; wir stauen durch Zementdämme Billionen Tonnen Wasser auf. Wir dringen in die Brust des Menschen und in die Gehirne ein, operieren schlagende Herzen und denkende Gehirne. Was ist im Vergleich dazu die Herausforderung der Schwerkraft? Im Weltraum wird es weder Tag noch Nacht geben, weder oben noch unten. Niemand wird dort »mit beiden Füßen auf der Erde stehen«. Dort wird die Sonne alle anderthalb Stunden aufgehen, und jede Woche wird 112 Tage haben. Aber die Zeit war ja von jeher eine unserer kühnsten und genialsten Erfindungen und, wenn man darüber nachdenkt, eine unserer am wenigsten einleuchtenden Fiktionen.

Die Raumfähre driftet nach Osten übers Meer, dreht sich behutsam auf den Rücken, schnellt dann wieder wie eine Fackel hoch und hinterläßt eine Nabelschnur aus weißen Wolken. Als sich die beiden Raketen lösen, neigen sie sich auf die Seite wie leuchtendrote Fragezeichen. Über sechs Minuten lang ist die Raumfähre noch sichtbar, dieser Stern, den wir in den Sternenhimmel hochschickten. Was bedeutet Nachbarschaft? fragt man sich. Ist es der Flecken wilder Gänseblümchen neben dem Banana River, über dem die Nachtfalter ohne Raketen auf- und niederflattern?

Für große Geister ist die Erde ein kleiner Platz. Nicht klein genug, um in einem Menschenleben erforscht zu werden, doch ein festgefügtes Heim, gemütlich, voller Leben, ein

Platz, den man mögen kann, der magische Mittelpunkt unseres Lebens. Doch wer möchte schon immer zu Hause bleiben?

Die Kraft eines Bildes: der Ringzyklus

Vor unserem inneren Auge, diesem abstrakten Sitz der Fantasie, sehen wir das Gesicht des Geliebten und genießen seinen Kuß. Wenn wir nur zwischendurch einmal an ihn denken, gehen uns noch viele andere Gedanken durch den Kopf, doch wenn wir ihn tatsächlich vor uns sehen, als ob er ein Hologramm wäre, spüren wir eine Gefühlswallung. Das Sehen ist viel mehr als bloßes Sehen. Das visuelle Bild ist ein Auslöser für Gefühle. Ein einziges Foto kann uns an ein politisches Regime, einen Krieg, einen erhabenen Augenblick oder eine Tragödie erinnern. Eine einzige Geste kann die tausend Facetten elterlicher Liebe symbolisieren oder auch die Ungewißheit und das Chaos der romantischen Liebe, das Spiegelkabinett der Jugend mit seinen verrückten Verzerrungen, die schnelle Erfüllung einer Hoffnung, das kahle Gefühl im Herzen, das wir Verlust nennen. Betrachten Sie einen Grashügel, und Sie erinnern sich sofort, wie frisch gemähtes Gras riecht, wie es sich anfühlt, wenn es feucht ist, die Flecken, die es auf Ihren Jeans hinterläßt, den Ton, den Sie erzeugen können, wenn Sie einen Grashalm zwischen Daumen und Zeigefinger halten; und es kommen Ihnen andere Erinnerungen, die mit Gras zusammenhängen: ein Picknick mit der Familie, ein Ballspiel im Obstgarten; der Viehauftrieb von den staubigen Wüsten New Mexicos zu saftigen Weiden, eine Wanderung durchs Gebirge, Liebesspiele im Gras oben auf einem Berg, an einem heißen Sommertag, als die Sonne durch die Wolken schien und immer nur einen Teil des Berges beschien, als wäre er ein Zimmer, in dem man die Lampe eingeschaltet hat. Wenn wir einen Gegenstand erblicken, erwachen all unsere Sinne, um den neuen Anblick zu genießen. Alle »Ladenbesitzer« im Gehirn betrachten ihn aus ihrem Blickwinkel, die Beamten, die Buchhalter, die Studenten, die Bauern, die Mechaniker. Sie sehen alle das gleiche – einen Grashügel –, doch jeder sieht ihn etwas anders, und alles zusammen ergibt unser Bild. Auch unsere übrigen Sinne können Erinnerungen und Emotionen auslösen, doch die Augen sind besonders für symbolische, aphoristische, vielfältige Wahrnehmungen geeignet. Aufgrund dieser Erkenntnis haben die Regierungen schon immer Denkmäler errichtet. Im allgemeinen sehen sie nicht viel gleich, doch die Menschen stehen davor und sind bewegt. Das Auge verleiht den meisten Dingen des Lebens etwas Monumentales. Und einige Formen berühren uns mehr als andere.

In den letzten zwanzig Jahren habe ich zum Beispiel das Raumfahrtprogramm eifrig verfolgt und viel über das Sonnensystem erfahren, hauptsächlich dank der Voyager-Raumfähren, die Aufnahmen von den der Erde ähnlichsten Planeten übermittelt haben. Welch angenehmer Schock war die Entdeckung, daß die Hälfte der Planeten Ringe hat: nicht nur Saturn, sondern auch Jupiter, Uranus, Neptun und vielleicht sogar Pluto. Und alle Ringe sind anders. Jupiters dunkle, enge Ringe stehen im Kontrast zu den hellen, breiten Bändern des Saturn. Die Obsidianringe des Uranus haben längliche Monde im Schlepptau. Und das Sonnensystem hat um uns alle Ringe gezogen. Wie magisch und wie treffend!

Wenige Symbole haben uns, ungeachtet unserer Religion, der politischen Einstellung, des Alters oder des Geschlechts je soviel bedeutet wie Ringe. Wir schenken Ringe, um ewige Liebe und Harmonie zweier Seelen zu symbolisieren. Ringe erinnern uns an die einzelnen Zellen, die älteste Form des Lebens, und an die Symphonie von Zellen, die wir jetzt sind. Ein Ring bildet den Heiligenschein. Wir umkringeln etwas, um es hervorzuheben. Sportveranstaltungen finden oft im magischen Ring des Spielfelds statt. Ein Kaleidoskop von sinnlichen Eindrücken entfaltet sich im Zirkusring. Ringe symbolisieren das Unendliche: Beginn und Ende liegen beieinander. Ringe signalisieren eine Bürgschaft, ein Gelübde.

Ringe bedeuten Ewigkeit, Alterslosigkeit und Vollkommenheit. Wir zeichnen die Zeit auf einer Uhr ein, wie Punkte an einem Ring. Auf dem Spielplatz schießen Kinder Murmeln in einen mit Kreide gezogenen Kreis; Ringe sind treibende Kräfte, die nach planetarischen Mechanismen handeln. Wir glauben, daß wir, genau wie ein starker Kreis aus zwei schwächeren Bögen gemacht werden kann, uns vervollkommnen können, indem wir unser Leben mit dem eines anderen verknüpfen. Wir, die wir uns nach Geborgenheit sehnen, der Symmetrie eines Rings, bejubeln die Wunder des Universums und durchlaufen den Ring von Geburt und Tod. Die Apollo-Astronauten waren tief beeindruckt von dem Anblick der Erde, die im All dahinglitt. Was sie sahen, war eine Art visueller Aphorismus. Wir sollten ihn alle auswendig lernen.

Die runden Wände des Zuhause

Stellen Sie sich folgendes vor: Alle, die Sie je kannten, die Sie je liebten, Ihre ganze Lebenserfahrung, befinden sich an einem Ort, in einem kleinen Planeten unterhalb von Ihnen. In dieser leuchtenden Oase, die in blauen und weißen Tönen schillert, entsteht das Wetter. Sie sehen, wie sich die Wolken über dem Amazonas zusammenballen, und wissen, daß das Wetter, das sich dort bildet, die Weizenernte auf der anderen Seite des Planeten, in Rußland und China, beeinflussen wird. Vulkanausbrüche zeigen sich als winzige Flitterplättchen unter Ihnen. In Australien, Hawaii und Südamerika verschwinden die Regenwälder. Sie sehen, wie sich Staubbecken in Afrika und im Nahen Osten bilden. Meßvorrichtungen, die die Feuchtigkeit in der Wüste registrieren, deuten für dieses Jahr auf eine Heuschreckenplage hin. Zu Ihrer Verblüffung können Sie die Lichter von Denver und Kairo erkennen. Und obwohl Sie in der Schule die Gebiete nach und nach gelernt haben, als seien sie einzelne Teile eines Puzzles, erkennen Sie jetzt, daß die Ozeane, die Atmosphäre und das Land keineswegs getrennt sind, sondern Teile eines ausgeklügelten Gewebes der Natur. Wie Dorothy im *Zauberer von Oz* möchten Sie Ihre Zauberschuhe zusammenschlagen und dreimal sagen: »Nirgends ist es so wie zu Hause.«

Sie wissen, was Heimat ist. Viele Jahre lang haben Sie versucht, ein ebenso bescheidener wie wißbegieriger Beobachter des Himmels und der Erde zu sein, deren grüne Hymne Sie lieben. Heimat ist eine Taube, die wie ein Bittsteller im Hof vor dem Haus herumstolziert. Heimat ist das Schild an einer Tankstelle außerhalb von Pittsburgh, auf dem steht: »Was wir nicht reparieren können, ist auch nicht kaputt.« Heimat ist der Dschungel in Guatemala, der manchmal so tödlich ist wie ein Waffenarsenal. Heimat ist der Fasan, der dem Nachbarhund heisere Drohungen entgegengeifert. Heimat ist die Qual der Liebe und alle kleineren Kümmernisse des Herzens. Sie sehnen sich danach, alles in seiner Gesamtheit zu sehen. Sie wollen so leben, wie es in alten Mythen und Legenden dargestellt wird, wollen über die Erde schreiten und die ganze Welt in ihrer ganzen Pracht unter sich sehen.

Ich erinnere mich an meine erste Flugstunde, in den windstillen Sommertagen im Staate New York. Ich drückte voll durch und brauste die Startbahn entlang, bis das Fahrwerk zu tanzen anfing. Dann hob ich vom Boden ab, schwebte plötzlich in der Luft und kletterte eine unsichtbare Treppe hinauf. Zu meinem Erstaunen flog der Horizont mit mir (was ja verständlich ist auf einem runden Planeten). Zum ersten Mal in meinem Leben begriff ich, was ein Tal ist, als ich zweitausend Meter über einem schwebte. Ich konnte sehen, welche Verwüstung die Raupen angerichtet hatten, deren Hunger den Wald in ein gesprenkeltes Grau verwandelt hatte. Später, als ich über Ohio flog, entdeckte ich mit Bestürzung das triste Ockergelb in der Luft und sah den langgestreckten Ohio River, dunkel und unförmig, dessen Wasser sogar hin und wieder zu brennen schien, aufgrund der Schwaden aus den Chemiefabriken, die wie Pusteln das Ufer säumten. Ich begann zu begreifen, wie die Menschen eine Landschaft besiedeln, in Wellen und an Kreuzungs punkten, wie sie das Land abstecken und bewässern. Vor allem lernte ich dabei, daß es bestimmte Dinge auf der Welt gibt, die man nur aus einer bestimmten Perspektive erkennen kann. Wie kann man die Meere begreifen, wenn man nicht Teil ihrer unergründlichen Tiefen wird? Wie kann man den Planeten Erde verstehen, ohne sich darauf zu bewegen, seine Wunder eines nach dem anderen wahrzunehmen und dann hoch darüber zu schweben und alles mit einem Blick zu erfassen?

Das 20. Jahrhundert wird uns vor allem als die Zeit in Erinnerung bleiben, da wir das erste Mal begriffen haben, wo wir eigentlich leben. Die »große, schöne, blaue, feuchte Kugel«, wie man die Erde in den letzten Jahren bezeichnet hat, ist eine Möglichkeit, sie zu beschreiben. Doch eine umfassendere Sichtweite wird auch von den Relationen dieser Größe sprechen, von den Schattierungen dieser Bläue, von der eigentümlichen Subtilität dieser Schönheit, von der Art und Weise, wie das Wasser Leben möglich machte und von der feingliedrigen Struktur des komplexen Ökosystems, das die Erde darstellt, eine Erde, auf der vom Weltraum aus keine Zäune, Militärzonen oder Grenzen zu erkennen sind. Wir müssen Künstler und Naturforscher, Fotografen und Maler in den Weltraum entsenden, die den Spiegel auf uns richten und uns die Erde als einen einzigen Planeten zeigen, als einen Organismus, der lebt, blüht, pulsiert, voller Schauspiele ist und voller faszinierender menschlicher Wesen, ein Gebilde, das man hegen und pflegen muß. Das Erkennen unseres Lebensraums wird wohl noch nicht automatisch alle Kriege beenden, doch es wird unsere Gabe, Staunen und Stolz zu empfinden, intensivieren. Es wird uns daran erinnern, daß das menschliche Umfeld nicht so eng wie eine Schlinge ist, sondern so weit wie das ganze Universum, in dem wir leben. Dadurch wird sich auch unsere Vorstellung von Nachbarschaft verändern. Wir werden zu der Überzeugung gelangen, daß wir nicht nur Bürger verschiedener Länder sind, sondern Bürger der Erde, auf der wir leben dürfen und für die wir sorgen müssen, und daß es gut wäre, ihre Probleme gemeinsam zu bewältigen.

Der Blick aus dem Weltall bietet uns, die wir noch in den Kinderschuhen der Evolution stecken, die Möglichkeit, wie Kinder zum ersten Mal über die – kosmische – Straße zu gehen und unser Zuhause von außen zu betrachten, voller Staunen, weil wir es zum ersten Mal klar vor Augen haben.

Synästhesie

Die Feder ist die Zunge des Geistes.

Miguel de Cervantes,
Don Quijote

Fantasie

Ein weicher, saftiger blauer Ton riecht wie wochenalte Erdbeeren, die auf ein Blechsieb tropfen, während Mutter sich mit einem Fluidum aus Farbe, Worten und dem Duft von goldenen Karamelbonbons nähert. Neugeborene erleben ineinanderfließende Wellen von visuellen Eindrücken, Klang, Berührung, Geschmack und vor allem Geruch. Daphne und Charles Maurer schreiben in *The World of the Newborn*:

> Für das Neugeborene riecht die Welt ähnlich wie für uns, doch es nimmt Gerüche nicht nur durch die Nase auf. Es hört, sieht und fühlt sie. Seine Welt ist eine Mischung aus scharfen Gerüchen – und scharfen Tönen und bitter riechenden Tönen und süß riechenden Anblicken und sauer riechendem Druck auf der Haut. Wenn wir in die Welt eines Neugeborenen eintreten könnten, würden wir uns wie in einer Parfümerie voller halluzinogener Mittel vorkommen.

Mit der Zeit lernt das Neugeborene, seine sinnlichen Eindrücke, von denen einige Namen haben, andere bis zum Ende seiner Tage unbenannt bleiben, zu ordnen und zu beherrschen. Dinge, die sich unserem verbalen Zugriff entziehen, sind schwer zu fixieren und kaum im Gedächtnis zu behalten. Die angenehmen, verschwommenen Eindrücke im Kinderzimmer werden durch die festen Kategorien des gesunden Menschenverstandes verdrängt. Doch bei manchen Menschen gerät diese sensorische Vermischung nie in Vergessenheit, und sie haben den Geschmack von Bohnen auf der Zunge, wenn sie »Francis« hören, wie eine Frau berichtete, oder sie sehen die Farbe Gelb vor sich, wenn sie eine mattierte Oberfläche berühren, oder sie riechen, wie die Zeit vergeht. Die Stimulierung eines Sinnes stimuliert einen anderen: *Synästhesie* ist der Fachbegriff dafür, aus dem Griechischen *syn* (zusammen) + *aisthanesthai* (wahrnehmen). Faden um Faden wird ein dichtes Gewand der Wahrnehmung gewebt. Ein ähnlicher Begriff ist *Synthese*: Idee um Idee wird das Gewand der Gedanken gewebt. Ursprünglich bezog sich dieser Begriff auf die leichten Musselinewänder der alten Römer.

Der Alltag ist eine ständige Herausforderung an die Wahrnehmung des einzelnen, und jeder erlebt in gewissem Maße eine Verschmelzung der Sinne. Die Gestaltpsychologen stellten fest, daß Personen, die eine Liste von unsinnigen Wörtern mit Formen und Farben kombinieren sollten, bestimmte Laute mit bestimmten Formen assoziierten, und zwar nach klaren Mustern. Am erstaunlichsten daran ist, daß es keine Rolle spielte, ob die Personen aus den USA, aus England, von der Mahalihalbinsel oder vom Tanganjikasee stammten. Auch Menschen mit intensiver Synästhesie reagieren meist vorhersehbar. Eine Studie, die zweitausend synästhetische Menschen aus verschiedenen Kulturkreisen umfaßte, enthüllte viele Ähnlichkeiten in der Art, wie sie den Farben Klänge zuordneten. Viele Leute assoziieren zum Beispiel tiefe Töne mit dunklen Farben und hohe mit hellen. Ein bestimmtes Ausmaß von Synästhesie ist in unseren Sinnesorganen angelegt. Wenn man zu einer sofortigen Synästhesie kommen wollte, wäre eine Dosis Meskalin oder Haschisch sehr hilfreich, da dadurch die Nervenverbindungen zwischen den Sinnesorganen überreizt werden würden. Es gibt wenige, die intensive Synästhesie regelmäßig auf natürliche Art erleben, nur ungefähr ein Mensch unter 500000. Der Neurologe Richard Cytowic führt das Phänomen auf das limbische System, den ältesten, primitivsten Teil des Gehirns, zurück und nennt die Synästheten »lebende kognitive Fossilien«, da sie möglicherweise Menschen sind, deren limbisches System nicht völlig von der subtileren (und entwicklungsgeschichtlich jüngeren) Großhirnrinde beherrscht wird. In seinen Worten: »Die Synästhesie ... könnte die Erinnerung daran sein, wie Säugetiere der Frühzeit sahen, hörten, rochen, schmeckten und berührten.«

Während Synästhesie für einige Menschen dauernde Ablenkung bedeutet, hält sie Ablenkungen von anderen fern. Während sie für Menschen, die nicht diese sinnliche Überfülle erleben möchten, eher lästig ist, ist sie für alle, die unerschöpflich kreativ sind, anregend. Einige der berühmtesten Synästheten waren Künstler. Die Komponisten Aleksandr Skrjabin und Nikolaj Rimskij-Korssakow assoziierten bei ihren Kompositionen die Farben mit der Musik. Für Rimskij-Korssakow war C-Dur weiß, für Skrjabin rot. Für Rimskij-Korssakow war A-Dur rosa, für Skrjabin grün. Beeindruckender noch ist, wie stark ihre Musik-Farben-Synästhesien übereinstimmten. Beide assoziierten E-Dur mit Blau (für Rimskij-Korssakow war es ein Saphirblau, für Skrjabin ein Blauweiß), As-Dur mit Purpurrot (für Rimskij-Korssakow war es Grauviolett, für Skrjabin Purpurviolett) und D-Dur mit Gelb.

Beide Komponisten hatten ein besonderes Gespür für Synästhesie, oder aber sie waren lediglich besonders begierig, sie zu beschreiben. Samuel Johnson bemerkte einst, daß Scharlachrot »nichts so sehr ähnelte wie einem Trompetenstoß«. Baudelaire war stolz auf sein sensorisches Esperanto, und sein Sonett über die Beziehungen zwischen Düften, Farben und Tönen beeinflußte in hohem Maße die Bewegung der Symbolisten, die so viel auf Synästhesie gaben. Der Begriff »Symbol« kommt aus dem Griechischen *symballein*, »zusammenwerfen«, und die Symbolisten glaubten, daß »alle Künste Parallelübersetzungen eines fundamentalen Geheimnisses sind. Die Sinne entsprechen einander; ein Ton kann durch einen Duft wiedergegeben werden, und ein Duft durch einen Blick... Beherrscht von diesen horizontalen Übereinstimmungen« und eher durch Andeutungen als durch direkte Kommunikation suchten sie »das Eine, das sich in der Natur hinter dem Vielen verbirgt« (Columbia-Literaturlexikon). Rimbaud, der jedem Selbstlaut eine Farbe zuteilte und das »A« einmal als ein »schwarzes haariges Korsett aus lauten Fliegen« beschrieb, behauptete, daß die einzige Möglichkeit für einen Künstler, die Wahrheiten des Lebens zu ergründen, darin bestehe, »jede Art von Liebe, Leiden oder Verrücktheit« zu erleben, worauf er sich durch eine »lange, sorgfältig geplante Verwirrung aller Sinne« vorbereiten könne. Die Symbolisten, die einen starken Hang zu

Drogen hatten, genossen es, daß Halluzinogene all ihre Sinne gleichzeitig stimulierten. Sie hätten es (eine gewisse Zeitlang) genossen, LSD zu nehmen und Walt Disneys *Fantasia* dabei anzuschauen, denn hier wird reine Farbe mit klassischer Musik verschmolzen. Wenige Künstler haben mit der Akribie und dem Charme eines Vladimir Nabokov über die Synästhesie geschrieben. In *Sprich, Erinnerung, sprich* analysiert er, was er sein »farbiges Hören« nennt:

Vielleicht ist Hören nicht ganz korrekt, da die Farbempfindung durch meine mündliche Formulierung eines Briefes hervorgerufen zu werden scheint, während ich mir seine Kontur vorstelle. Das lange *a* des englischen Alphabets...hat für mich die Färbung verwitterten Holzes, doch ein französisches *a* erinnert mich an poliertes Ebenholz. Diese dunkle Gruppe schließt auch das harte *g* ein (Hartgummi) und das *r* (ein rußiger Lappen, der zerrissen wird). Das hafermehlfarbige *n*, das nudelgetönte *l* und der mit Elfenbein verzierte Handspiegel des *o* kümmern sich um die Weißtöne. Ich bin verwirrt von meinem französischen *on*, das ich als die gespannte Oberfläche eines randvoll mit Alkohol gefüllten kleinen Glases sehe. In der blauen Gruppe ist das stahlfarbene *x* anzuführen, das gewittrige *z* und das heidelbeerfarbene *k*. Da eine subtile Interaktion zwischen Ton und Form besteht, sehe ich *q* brauner als *k*, während das *s* nicht so hellblau ist wie *c*, sondern eine seltsame Mischung von Azurblau und Perlmutt. Benachbarte Farbtöne verschmelzen nicht, und Diphtonge besitzen keine speziellen eigenen Farben, wenn sie nicht durch einen einzigen Buchstaben in irgendeiner anderen Sprache dargestellt werden ... Das englische Wort für Regenbogen, das entschieden trübe klingt, ist in meiner privaten Sprache das kaum aussprechbare *kzspygu*. Soweit ich weiß, befaßte sich zum erstenmal 1812 ein Autor mit der *audition colorée*, ein Albino-Arzt, der in Erlangen lebte.

Die Geständnisse eines Synästheten müssen für jene, die gegen derartige Einflüsse festere Wände haben als ich, lästig und anmaßend klingen. Doch meiner Mutter erschien dies alles ganz natürlich. Das Ganze kam auf, als ich sechs Jahre alt war und einmal einen Stapel alter Buchstabenwürfel dazu benutzte, einen Turm zu bauen. Beiläufig sagte ich zu ihr, daß die Farben alle nicht stimmten. Wir entdeckten, daß bei ihr einige Buchstaben die gleiche Farbe hatten wie bei mir und daß musikalische Noten optisch auf sie wirkten. Doch ich hatte dabei keinerlei Farbempfindungen.

Synästhesie kann erblich sein, und so verwundert es weder, daß Nabokovs Mutter ebenfalls dafür empfänglich war, noch, daß sie sich dann bei ihrem Sohn etwas anders darstellte. Es fällt zwar schwer, von Nabokov, Faulkner, Virginia Woolf, Huysmans, Baudelaire, Joyce, Dylan Thomas und anderen bekannten Synästheten anzunehmen, sie seien primitiver gewesen als die meisten anderen Menschen, doch dies mag tatsächlich der Fall sein. Große Künstler fühlen sich in einer Überfülle an Empfindungen wohl und fügen ihre eigenen komplexen »Sinnes-Niagarafälle« hinzu. Nabokov hätte die Vorstellung, seinen Säugetiervorfahren näher zu sein als andere Menschen, zweifellos amüsiert, und er hätte dies sicherlich mittels einer fiktiven Spiegelhalle in der für ihn typischen verbindlichen und verschmitzten Art beschrieben.

Um die Muse werben

Was für seltsame Leute sind wir Autoren doch, wir Suchenden nach dem genauen Wort, dem glanzvollen Satz, der irgendwie die Fülle des Bewußtseins zum Ausdruck bringen soll. Wir, die wir in geistigen Bezirken leben, wo sich jede flüchtige Idee in ernsthafte Arbeit umwandeln kann, wenn sie nur den richtigen Ansporn bekommt – etwas zu trinken, ein paar Hiebe, ein verlockendes Angebot. Fast hätte ich gesagt, unsere Köpfe sind unsere Büros oder unsere Karner, als ob die Kreativität in einer kleinen Mietwohnung in Soho zu Hause wäre. Wir wissen jedoch, daß das Bewußtsein nicht nur im Gehirn allein angesiedelt ist, so daß das Wo ein genauso großes Geheimnis wie das Wie darstellt. Katherine Mansfield sagte einst, daß der Inspiration »schrecklich harte Gartenarbeit« vorausgehen müsse, doch ich glaube, sie meinte etwas Gezielteres als Picassos Spaziergänge in den Wäldern von Fontainebleau, wo er sich so mit »Grün vollschlug«, daß er es auf der Leinwand wieder loswerden mußte. Oder vielleicht hatte sie gerade das damit gemeint, nämlich die harte Gartenarbeit, deren es bedarf, um zu erfahren, wo und wann und wie lang und in welche Richtung man gehen mußte, und dann auch den Willen aufzubringen, hinauszugehen und den Weg so oft wie möglich abzulaufen, selbst wenn man müde oder nicht in Stimmung oder gerade erst vergeblich gelaufen ist. Künstler sind dafür bekannt, ihre Sinne in die Pflicht zu nehmen, und manchmal haben sie sich dabei bemerkenswerter Tricks der Synästhesie bedient.

Edith Sitwell pflegte täglich eine Weile in einem offenen Sarg zu ruhen, bevor sie zu schreiben anfing. Als ich einem befreundeten Dichter gegenüber diese makabre Angewohnheit erwähnte, bemerkte er ironisch: »Wenn nur jemand daran gedacht hätte, den Sarg zu schließen.« Man stelle sich Edith Sitwell vor, wie sie diese Grabesszene als Auftakt zu den Episoden, die sie aufs Papier brachte, übte. Das Gerade und Enge war nie ihr Stil. Was genau hatte es mit dieser düsteren, beengten Einsamkeit auf sich, die ihre Kreativität anspornte? War es die Vorstellung des Sargs oder das Gefühl, der Geruch der Verwesung, der ihre Kreativität ermöglichte?

Doch dieser Sargtrick erscheint noch harmlos, wenn man vergleicht, wie andere Autoren ihrer Muse huldigten – Schiller pflegte faule Äpfel unter dem Deckel seines Schreibtisches aufzubewahren und atmete ihren fauligen Geruch ein, wenn er nach dem richtigen Wort suchte. Dann schloß er den Deckel wieder, doch der Geruch blieb in seiner Vorstellung haften. Wissenschaftler an der Yale-Universität entdeckten, daß der Geruch aromatisierter Äpfel auf Menschen sehr anregend wirken und sogar Anfälle von Panik abwehren kann. Vielleicht hat Schiller dies auch so empfunden. Etwas in der süßen Modrigkeit dieser Äpfel aktivierte sein Gehirn und beruhigte seine Nerven. Wie George Sand rauchte Amy Lowell während des Schreibens Zigarren. 1915 kaufte sie 10 000 Manilazigarren, damit ihr kreatives Feuer nicht ausging. Sie sagte einmal, sie pflege Ideen in ihr Unbewußtes »fallen« zu lassen, »wie man einen Brief in den Briefkasten fallen läßt. Sechs Monate später kamen mir dann die Worte für mein Gedicht in den Sinn...Die Worte schienen in meinem Kopf zu erklingen, ohne daß jemand sie aussprach.« Dann nahmen sie in einer Rauchwolke Gestalt an. Samuel Johnson und der Dichter W. H. Auden tranken riesige Mengen Tee – von Johnson wird berichtet, er habe oft 25 Tassen während der Arbeit getrunken. Johnson starb an einem Schlaganfall, doch es ist nicht sicher, ob sein Marathon-Teetrinken daran schuld war. Victor Hugo, Benjamin Franklin und viele andere hatten das Gefühl, am kreativsten schreiben zu können, wenn sie nackt waren. D. H. Lawrence gestand sogar einmal, daß er gerne nackt auf Maulbeerbäume kletterte – ein Fetisch aus langen Ästen und einer rauhen Rinde, der seine Gedanken anregte.

Colette pflegte, bevor sie sich morgens an ihren Schreibtisch setzte, ihre Katze nach Flöhen abzusuchen, und man kann sich unschwer vorstellen, wie das Streicheln und Absuchen von Fell ihre Konzentration förderte. Schließlich war gerade sie eine Frau, die nie mit leichtem Gepäck reisen konnte. Auch wenn sie nur kurz ausging, bestand sie darauf, einen Korb mit solch lebenswichtigen Dingen wie Schokolade, Käse, Fleisch, Blumen und Brot mitzunehmen. Hart Crane veranstaltete ausgelassene Partys, verschwand dann mittendrin, eilte an die Schreibmaschine, legte eine Platte mit einer kubanischen Rumba auf, dann Ravels *Bolero* und anschließend ein sentimentales Liebeslied. Dann kehrte er zur Party zurück, »mit hochrotem Gesicht und brennenden Augen, das eisengraue Haar vom Kopf abstehend. Er kaute an einer Fünf-Cent-Zigarre, die er vergessen hatte anzuzünden. In der Hand hielt er zwei bis drei getippte Manuskriptseiten...›Lies das‹, sagte er dann, ›ist das nicht das grrrößte Gedicht, das je geschrieben worden ist?‹« Diese Schilderung stammt von Malcolm Cowley, und er hat noch mehr Beispiele auf Lager. So erinnerte Crane ihn an einen »berühmten Killer von Waldmurmeltieren«, als er wieder einmal versuchte, »durch Trinken, Lachen und Plattenauflegen seine Inspiration aus ihrem Versteck zu locken«.

Jeden Morgen, bevor Stendhal an der *Kartause von Parma* arbeitete, las er zwei oder drei Seiten im französischen Bürgerlichen Gesetzbuch – »um den richtigen Ton zu treffen«, erklärte er. Willa Cather las die Bibel. Alexandre Dumas père schrieb seine Sachbücher auf pinkfarbenes Papier, seine Romane auf blaues und seine Gedichte auf gelbes. Er war sehr ordentlich, und um seine Schlaflosigkeit zu bekämpfen und sich feste Gewohnheiten zuzulegen, ging er sogar so weit, daß er jeden Morgen um sieben Uhr unter dem Arc de Triomphe einen Apfel aß. Kipling verlangte die schwärzeste Tinte, die aufzutreiben war, und spielte mit dem Gedanken, sich »einen Tintenboy zu halten, der die Tusche zerrieb und anrührte«, als ob das bloße Gewicht der Schwärze seine Worte so unauslöschlich machen würde wie seine Erinnerungen.

Alfred de Musset, George Sands Liebhaber, gestand, daß es ihn verstimmte, wenn sie direkt nach der Liebe an den Schreibtisch eilte, was oft geschah. Voltaire benutzte sogar den nackten Rücken seiner Geliebten als Schreibpult. Robert Louis Stevenson, Mark Twain und Truman Capote schrieben alle im Liegen. Capote ging sogar so weit, daß er sich selbst als »total horizontalen Schriftsteller« bezeichnete. In Schreibkursen hört man oft, daß Hemingway im Stehen geschrieben hat, aber nicht, daß er erst wie besessen seine Bleistifte spitzte. Er schrieb auch nicht im Stehen, weil er sich als Pfeiler kerniger Prosa fühlte, sondern weil er sich bei einem Flugzeugabsturz den Rücken verletzt hatte. Von Poe sagt man, er habe mit der Katze auf der Schulter geschrieben. Thomas Wolfe, Virginia Woolf und Lewis Carroll schrieben alle im Stehen.

Viele Autoren holten sich ihre Inspiration auch beim Gehen. Insbesondere Dichter – in unser aller Brust ruht ein

Sonettdichter; wir bewegen uns im Takt der Jamben. Wordsworth natürlich, und auch John Clare, der nach dem Horizont Ausschau zu halten pflegte und eines Tages in einem Anfall von Wahnsinn glaubte, ihn gefunden zu haben, und A. E. Housman, der, als er gebeten wurde, die Dichtkunst zu definieren, entgegnete: »Ich kann die Dichtkunst auch nicht besser definieren als ein Terrier eine Ratte, aber ich würde denken, wir erkennen beide die Sache an den Symptomen, die sie in uns hervorruft...Wenn ich gezwungen wäre,...die Kategorie zu benennen, zu der sie gehört, würde ich sie als Sekretion bezeichnen.« Nachdem er beim Essen ein Bier getrunken hatte, machte er einen Spaziergang von drei bis fünf Kilometern und ließ dann das Sekret rinnen.

Ich vermute, das Ziel all dieser Maßnahmen ist die Konzentration, diese versteinerte Fata Morgana. Nur wenige haben so treffend darüber geschrieben wie Stephen Spender in seinem Essay über die Verfertigung eines Gedichts.

Es besteht immer eine leichte Tendenz des Körpers, die Aufmerksamkeit des Geistes durch irgendeine Ablenkung zu sabotieren. Wenn dieses Bedürfnis nach Zerstreuung kanalisiert werden kann – wie zum Beispiel durch den Geruch verfaulter Äpfel oder durch Tabak oder Tee –, dann halten sie uns andere äußere Ablenkungen fern. Eine andere mögliche Erklärung könnte sein, daß die konzentrierte Bemühung, ein Gedicht zu schreiben, eine geistige Tätigkeit darstellt, die einen völlig vergessen läßt, daß man einen Körper besitzt. Das ist eine Störung des Gleichgewichts zwischen Körper und Geist, und deshalb benötigt man eine Art Gefühlsanker in der äußeren Welt.

Dies erklärt zum Teil, weshalb Benjamin Franklin, Edmond Rostand und andere in der Badewanne schrieben. In den achtziger Jahren des 18. Jahrhunderts brachte Franklin die erste Badewanne in die USA, und er liebte es, genußvoll und ausdauernd zu baden, also in Wasser und Gedanken einzutauchen. Die alten Römer fanden es heilsam, in Eselsmilch zu baden oder sogar in zerquetschten Erdbeeren. Ich habe ein Kiefernbrett, das ich über die Wanne lege, so daß ich mich stundenlang in der Badewanne aufhalten und schreiben kann. Im Wasser fühlt man sich durch den Auftrieb leichter, der Blutdruck fällt. Wenn Wasser- und Körpertemperatur übereinstimmen, erhebt sich mein Geist und bewegt sich frei. Als ich mich im Sommer im Bad rekelte, schrieb ich ein ganzes Stück in Versen, das hauptsächlich aus dramatischen Monologen bestand, die von einer mexikanischen Dichterin aus dem 17. Jahrhundert, Sor Juana Inez de la Cruz, ihrem Liebhaber, einem italienischen Höfling, und mehreren anderen Personen in ihrem aufregenden Leben gesprochen wurden. Ich wollte die Jahrhunderte entlanggleiten wie auf einer Schieferplatte. Die Badewanne war dazu der ideale Ort.

Die Romantiker liebten bekanntlich Opium, und Coleridge gestand freimütig ein, daß er sich, bevor er zu schreiben anfing, zwei Körnchen davon einverleibte. Die Liste der Schriftsteller, die durch Alkohol ihre Inspiration erhielten, würde ein kleines, feuchtes Buch füllen. T.S. Eliots Aufputschmittel waren Viren – er schrieb am liebsten mit Stirnhöhlenentzündung. Das Rascheln in seinem Kopf, als wäre er voller Petticoats, setzte die üblichen logischen Verbindungen außer Kraft, und seine Gedanken konnten frei schweifen.

Viele Autoren, die ich kenne, sind auf ein bestimmtes Musikstück fixiert, wenn sie ein Buch schreiben, und sie spielen es im Lauf eines Jahres vielleicht tausendmal. Während Paul West den Roman *The Place in Flowers Where Pollen Rests*, schrieb, hörte er sich ständig Sonaten von Ferruccio Busoni an. Er hatte selbst keine Erklärung dafür. John Ashbery macht zuerst einen Spaziergang, dann brüht er sich eine Tasse exquisiten Tees auf und hört sich ein Musikstück aus der Nachromantik an. (»Die Kammermusik von Franz Schmidt war sehr hilfreich«, berichtete er mir.) Einige Schriftsteller sind verrückt nach billigen und einfallslosen Country-and-Western-Songs, andere wiederum nach einem bestimmten Präludium oder einer Tondichtung. Ich glaube, die Musik, die sie wählen, schafft einen geistigen Rahmen um den Kern des Buches. Jedesmal, wenn die Musik erklingt, erweckt sie wieder die für das Buch charakteristische Gefühlskombination. Sie dient als Gedächtnisstütze und bewirkt beim fetischistischen Zuhörer jedesmal den gleichen Zustand gespannter Ruhe, was sich durch Aufzeichnen der Hirnwellen vermutlich beweisen ließe.

Als ich ein paar Freunde über ihre Schreibgewohnheiten befragte, war ich überzeugt, sie würden etwas Extravagantes erfinden. Doch die meisten versicherten, daß sie nichts dergleichen hätten – keine Gewohnheiten, keinen Aberglauben, keine spezielle Routine. Ich rief William Gass an und versuchte, ihn aus der Reserve zu locken.

»Du hast keine ausgefallenen Arbeitsgewohnheiten?« fragte ich so beiläufig wie möglich. Wir waren drei Jahre lang Kollegen an der Universität, und ich wußte, daß sich hinter seinem ruhigen Professorengehabe eine echte exotische Geisteshaltung verbarg.

»Tut mir leid, daß ich so langweilig bin«, seufzte er. Ich hörte, wie er sich auf die Treppe in der Speisekammer setzte. Und, da sein Geist einer übervollen Speisekammer gleicht, schien dies nur zu passend.

»Wie fängt dein Tag an?«

»Oh, ich gehe aus dem Haus und amüsiere mich ein paar Stunden lang mit Fotografieren«, sagte er.

»Was fotografierst du?«

»Die verkommenen, verlassenen, ignorierten und zertrampelten Viertel der Stadt. Hauptsächlich Schmutz und Verfall«, sagte er in gleichmütigem, beiläufigem Ton.

»Machst du das jeden Tag, Schmutz und Verfall fotografieren?«

»Meistens.«

»Und dann schreibst du?«

»Ja.«

»Und du findest das nicht ungewöhnlich?«

»Überhaupt nicht.«

Ein befreundeter Wissenschaftler, ein ruhiger und vornehmer Mann, der zwei wunderbare Bücher mit Aufsätzen über die Welt und wie sie funktioniert geschrieben hat, erzählte mir, seine geheime Inspiration sei »gewaltsamer Sex«. Ich stellte keine weiteren Fragen, bemerkte aber, daß er dünn aussah. Die Dichter May Swenson und Howard Nemerov berichteten mir, sie würden täglich eine Weile dasitzen und alles niederschreiben, was ihnen so durch den Kopf gehe, und würden dann alles nochmals durchackern, um zu sehen, was für Edelsteine wohl im Geröll versteckt sein mögen.

Die Lyrikerin Amy Clampitt erzählte mir, sie suche ein Fenster, um sich dahinter zu setzen, sei es in der Stadt oder im Zug oder am Meer. Irgendwie scheint der Petrischalen-Effekt des Glases ihre Gedanken zu klären. Die Romanautorin Mary Lee Settle taumelt aus dem Bett und eilt schnurstracks an ihre Schreibmaschine, bevor das Traumgefühl weg ist. Alphonso Lingis – dessen ungewöhnliche Bücher *Excesses* und *Libido* sich mit der menschlichen Sexualität und ihren Perversionen beschäftigen – reist durch die Welt auf der Suche nach exotischen Erotika. Oft bringt er sich in Schwung, indem er Briefe an Freunde schreibt. Ich besitze einige außergewöhnliche Briefe von ihm, halb Poesie, halb Anthropologie, die er mir aus einem thailändischen Gefängnis sandte, aus einem Kloster in Ecuador, aus Afrika (wo er mit der Filmemacherin Leni Riefenstahl an der Küste tauchte) und aus Bali (wo er an Fruchtbarkeitsriten teilnahm).

Solche Kunststücke der Selbststimulierung sind Eltern manchmal nur schwer verständlich zu machen, die gerne möchten, daß ihre Kinder etwas Normales und Vernünftiges tun, und sich auch mit normalen und vernünftigen Menschen umgeben und nicht mit Individuen, die den Geruch fauler Äpfel einatmen und nackt schreiben. Es ist besser, man verschweigt ihnen, daß der Maler. J. M. W. Turner es liebte, an einen Schiffsmasten gefesselt zu werden und so mit dem Schiff durch einen tobenden Sturm zu fahren. Viele Wege führen nach Rom, sagt ein altes Sprichwort, und einige davon sind dornig und voller Felsen, während andere gepflastert und öde sind. Ich glaube, ich erzähle meinen Eltern, daß ich, bevor ich zu schreiben anfange,

Rosensträuße betrachte. Oder noch besser, daß ich sie so lange betrachte, bis Schmetterlinge auftauchen. Die Wahrheit ist, daß ich geistige Schubläden (die ich mir im Kopf vorstelle) aufziehe und zumache, daß ich im Bad schreibe, daß ich jeden Sommertag damit beginne, Blumen für eine zenähnliche Stunde auszuwählen und zu arrangieren, daß ich leidenschaftlich gern Musik höre (zum Beispiel Alessandro Marcellos Konzert für Oboe in D-Moll, dessen Adagio im Augenblick meine Sinne reizt), und daß ich vor allem jeden Tag eine Stunde lang im Schnellschritt spazierengehe. Die Hälfte des Sauerstoffs im Staate New York ist im Lauf der Zeit durch meine Lunge gegangen. Ich weiß nicht, ob dies hilfreich ist oder nicht. Meine Muse ist männlich, hat den strahlenden Silberteint des Mondes und spricht niemals auf direktem Wege mit mir.

Nachwort

Es gibt einen Punkt, über den uns die Sinne nicht hinausführen können. Ekstase bedeutet, außer sich zu sein, aber das heißt immer noch, eine innere Erregung zu spüren. Die Mystik führt über das Hier und Jetzt hinaus zu höheren Wahrheiten, die sich nicht in die Zwangsjacke der Sprache pressen lassen, doch auch diese Transzendenz wird noch von den Sinnen wahrgenommen, als ein Feuer in den Adern, als Beben in der Brust, als ruhige fossilähnliche Preisgabe in den Knochen. Außerkörperliche Erfahrungen zielen darauf ab, die Sinne abzuschütteln, was ihnen aber nicht gelingt. Man mag aus einer anderen Perspektive sehen, doch es ist nach wie vor ein visuelles Erlebnis. Heutzutage tragen die Computer dazu bei, einige Lebensprozesse zu deuten, die wir früher nur mit unseren Sinnen gesucht, aufgespürt und verstanden haben. Die Astronomen schauen eher auf die Monitore ihres Teleskops als mit bloßem Auge zu den Sternen hinauf. Doch wir benutzen weiterhin unsere Sinne, um die Arbeit der Computer zu interpretieren, um die Monitore zu beobachten, um zu beurteilen und zu analysieren und immer neue Träume von künstlicher Intelligenz zu träumen. Doch den Palast unserer Wahrnehmung verlassen wir nie.

Wenn wir uns schon in ausgefahrenen Gleisen bewegen, so wirken diese doch feudal und exquisit. Und trotzdem umkrallen wir, wie ein Gefangener in einer Zelle, von innen unsere Rippen, rütteln an ihnen und bitten darum, freigelassen zu werden. In der Bibel befiehlt Gott Moses, wohlriechenden, ihm wohlgefälligen Weihrauch anzuzünden. Hat Gott eine Nase? Wie kann ein Gott einen Geruch dieser Erde einem anderen vorziehen? Die Rudimente des Verfalls vollenden einen Zyklus, der für Wachstum und Befreiung erforderlich ist. Aasgeruch ist für uns unangenehm, doch für Tiere, die sich von Aas ernähren, ist er köstlich. Was sie absondern, macht den Boden fruchtbar, sorgt für reiche Ernte. Es braucht keine göttliche Erwählung. Wahrnehmung als solche ist eine Form der Gnade. 1829 schrieb Goethe in seiner Farbenlehre, man brauche gar nicht über das Phänomen hinaus zu suchen, da das Phänomen an sich schon eine Offenbarung bedeute.

Bei den Menschen gibt es so viele physische Unterschiede – einige haben ein starkes Herz, andere eine schwache Blase, wieder andere haben ruhigere Hände als andere, einige sehen schlecht –, und es ist nur logisch, daß auch die Sinne unterschiedlich ausgeprägt sind. Und doch stimmen unsere Sinne so stark überein, daß die Wissenschaftler zum Beispiel eine »rote Welle« definieren können, die durch eine Vibration von 660 Millimikronen erzeugt wird, die die Netzhaut dazu anregt, rot zu sehen. Töne können genauso präzise definiert werden, ebenso die Temperaturen, bei denen wir kalt oder heiß empfinden. Unsere Sinne stellen einen gemeinsamen Bereich vergänglicher Herrlichkeit dar, aber sie können uns auch trennen – manchmal nur zeitweise, manchmal, wie im Fall der Künstler, ein Leben lang.

Diesen Winter wachte ich eines Morgens nach einem heftigen Schneefall auf und sah, wie die immergrünen Pflanzen vor meinem Haus halb unter Schnee und Eis begraben waren. Wenn ich sie nicht befreite, würden sie unter ihrem eigenen Gewicht zusammenbrechen; ich nahm also eine Schaufel und begann, auf die Zweige zu schlagen, um den Schnee abzuschütteln. Plötzlich schnellte einer der schwersten Äste hoch, und Schnee brannte auf meinem Gesicht wie die Sonne, eiskalt und naß wie ein glitzernder Sprühregen. All meine Sinne waren hellwach. Doch wie verwirrt muß der Nachbarsjunge gewesen sein, als er durch dieses dumpfe *Wumm* von seinem Spiel aufgeschreckt wurde und eine Verrückte sah, die im selbst entfachten Sturm stand. Aus dem Augenwinkel sah ich, wie er das Gesicht verzog, seinen Schlitten packte und sich trollte. Für mich schien eine Ewigkeit zu verstreichen, und ich dachte an Mammuts, an die Schlauheit der Lebewesen in der Eiszeit, an die lange weiße Schleppe eines wandernden Gletschers, an Schnee, der eine

Polarschlucht hinterdonnert. Für den Jungen dauerte das gleiche Geschehen nur einen winzigen Augenblick lang.

Aus Bequemlichkeit sprechen wir von den fünf Sinnen – vielleicht auch in einer Art geistigen Grollens über die Tatsache, wie schwierig schon das bloße Dasein ist. Doch wir wissen, daß es noch mehr Sinne gibt, wir müßten nur versuchen, sie zu erforschen und zu erfassen. Die Menschen, die mit der Wünschelrute nach Wasser suchen, reagieren dabei vermutlich mit einem elektromagnetischen Sinn, den wir alle mehr oder weniger haben. Manche Tiere, wie Schmetterlinge und Wale, richten sich bei ihren Bewegungen teilweise nach den Magnetfeldern der Erde. Es würde mich nicht wundern, wenn festgestellt werden würde, daß wir ebenfalls einen solchen magnetischen Sinn besitzen. Wir Menschen waren so lange Zeit Nomaden. Wir sind genauso phototrop wie die Pflanzen, sehnen uns nach dem Sonnenlicht, und dieser Sinn sollte unabhängig vom Sehen betrachtet werden, da er damit wenig zu tun hat. Unsere Schmerzerfahrung unterscheidet sich grundlegend von den anderen Bereichen der Berührung. Viele Tiere besitzen infrarote, hitzeempfindliche, elektromagnetische und andere subtile Arten der Wahrnehmung. Die Gottesanbeterin verständigt sich mit Ultraschall. Alligator und Elefant benutzen Infraschall. Das Schnabeltier schwingt seinen Schnabel unter Wasser hin und her und benutzt ihn so als Antenne, um elektrische Signale von den Muskeln der Krustentiere, Frösche und kleinen Fischen, auf die es lauert, aufzufangen. Der Vibrations-Sinn, der bei Spinnen, Fischen, Bienen und anderen Tieren so hoch entwickelt ist, sollte beim Menschen noch näher untersucht werden. Wir besitzen einen Muskel-Sinn, der uns leitet, wenn wir Gegenstände in die Hand nehmen – wir wissen sofort, ob sie schwer, leicht, fest, hart oder weich sind, und wir können uns ausmalen, wieviel Druck oder Widerstand wir benötigen. Wir sind uns ständig der Schwerkraft bewußt, die uns sagt, wo oben und unten ist oder wie wir mit unserem Körper zurechtkommen, wenn wir fallen, klettern, schwimmen oder uns in einer ungewöhnlichen Position befinden. Der propriozeptive Sinn informiert uns darüber, welche Stellung jeder unserer Körperteile in jedem Moment einnimmt. Wenn das Gehirn nicht immer wüßte, wo sich die Knie oder die Lunge befinden, könnten wir weder gehen noch atmen. Wir scheinen einen komplexen Raum-Sinn zu besitzen, den wir, wenn wir künftig in die Ära der Raumstationen und -städte und der ausgedehnten Raumfahrten eintreten, genauer verstehen müssen. Lang andauernde Abwesenheit von der Erde verändert unsere Physiologie und auch die Botschaften unserer Sinne, zum Teil aufgrund der Schwerelosigkeit* und zum Teil wegen der Endlosigkeit des Weltraums selbst, in dem es kaum sensorische Anhaltspunkte, Führer oder Marksteine gibt und in dem, wohin man auch blickt, keine Szenerie, sondern lediglich reiner Blick vorhanden ist.

Alle Lebewesen entwickeln Sinne, die speziell auf verschiedene Überlebensprogramme abgestimmt sind, und es ist unmöglich, uns in den sensorischen Bereich anderer Gattungen zu versetzen. Als Menschen haben wir einzigartige Weisen, die Welt wahrzunehmen, entwickelt, um den Erfordernissen unserer Umwelt gerecht zu werden. Die Physik setzt die Grenzen, doch Biologie und natürliche Auswahl bestimmen, welche sensorischen Möglichkeiten bei einem Tier zum Zug kommen. Wenn Wissenschaftler oder Philosophen über die reale Welt reden, sprechen sie von einem Mythos, einer gebräuchlichen Fiktion. Die Welt ist ein Konstrukt, das das Gehirn aufgrund der sensorischen Informationen errichtet, und diese Informationen sind nur ein kleiner Teil derer, die verfügbar sind. Wir können unsere Sinne durch Detektoren, Ferngläser, Mikroskope und Teleskope verstärken und unseren sensorischen Horizont erweitern. Es gibt sogar Instrumente, die es uns ermöglichen, eine Art sensorisches Raubtier zu werden, eine Rolle, die uns von der Evolution nie zugedacht war. Die Physiker sagen, daß sich Moleküle ständig bewegen. Das Buch vor Ihnen bewegt sich in Wirklichkeit unter Ihren Fingerspitzen. Doch wir können

---

* Zum Beispiel schwillt das Gesicht an, wenn die Körperflüssigkeit nach oben fließt, und das Gehirn signalisiert dem Körper, durch stärkeres Urinieren und weniger Trinken diese überschüssige Flüssigkeit wieder auszuscheiden.

diese Bewegung auf der molekularen Ebene nicht sehen, da wir es zum Überleben nicht brauchen. Wir erhalten nur diejenigen sensorischen Informationen, die dafür entscheidend sind.

Die Evolution mutet uns keine unnötigen Fähigkeiten zu. Zum Beispiel: Wir können Millionen und Billionen Zahlen benutzen, doch sie sind im Grunde genommen bedeutungslos für uns. Viele Dinge sind für uns unerreichbar, da sie nicht Teil unserer evolutionären Entwicklung sind. Auf kuriose Weise scheinen Einzeller eine realistischere Vorstellung von der Welt zu haben als Tiere auf einer höheren Entwicklungsstufe, da sie auf jeden Stimulus reagieren. Wir Menschen dagegen beschränken uns auf wenige. Der Körper selektiert die Erfahrungen und streift überflüssigen Ballast ab, bevor er sie zur Analyse oder Reaktion ans Gehirn weiterleitet. Nicht jeder Luftzug ruft eine Gänsehaut auf unserem Arm hervor, nicht jeder Strahl des Sonnenlichts wird von der Netzhaut wahrgenommen. Nicht alles, was wir empfinden, ist so stark, daß eine Botschaft zum Gehirn gelangt; viele Empfindungen rauschen einfach an uns vorbei, ohne uns etwas mitzuteilen. Vieles geht bei der Übertragung verloren oder durch Zensur, und unsere Nerven reagieren nie alle auf einmal. Einige werden aktiviert, andere nicht. Dies simplifiziert unser Bild von der Welt, wenn man bedenkt, wie komplex sie im Grunde ist. Doch der Körper strebt nicht nach Wahrheit, sondern nach Überleben.

Unsere Sinne sind außerdem begierig auf Neues. Jede Veränderung alarmiert sie, und sie geben ein Signal ans Gehirn weiter. Wenn keine Veränderung eintritt, dösen sie vor sich hin und registrieren nichts, oder wenig. Das größte Vergnügen verliert seinen Reiz, wenn es zu lange währt. Ein dauerhafter Zustand – sogar der der Erregung – wird mit der Zeit uninteressant, tritt in den Hintergrund, da unsere Sinne so eingerichtet sind, daß sie Veränderungen signalisieren, etwas Aufregendes erfassen, das abgeschätzt werden muß: ein Bissen Essen, eine plötzliche Gefahr. Der Körper inspiziert die Welt wie ein wachsamer General, der über ein ausgedehntes Schlachtfeld marschiert und sich Strategien überlegt. So ist es nicht nur möglich, sondern unvermeidlich, daß sich ein Mensch an den Lärm der Stadt und die visuelle Erregung gewöhnt und diese Stimuli dann nicht mehr ständig registriert. Andererseits erregt etwas Neues immer Aufmerksamkeit. Da ist dieser einmalige Augenblick, in dem man etwas Neuem gegenübersteht und staunt. Was es auch sein mag, es leuchtet mit seinen scharfen Konturen und aufregenden Details in einem hellen, klaren Licht; allein es wahrzunehmen ist eine Art Offenbarung, ein neues sensorisches Schauspiel. Doch schon wenn man es das zweite Mal sieht, sagt der Geist:»Ah, das da. Wieder eine Mondlandung.« Und bald schon, wenn man sich daran gewöhnt hat, verwischt das Gehirn die Details, erkennt die Sache zu schnell anhand einiger weniger Merkmale und braucht sich nicht mehr anzustrengen, sie näher zu untersuchen. Dann ist das Staunen verflogen, es ist nichts Besonderes mehr, sondern Teil der alltäglichen Umgebung. Wir streben nach Meisterschaft, doch wenn wir sie erreicht haben, verlieren wir das beim Amateur so stark ausgeprägte Gefühl der angespannten Aufmerksamkeit.»Das ist ein alter Hut«, sagen wir, als ob solch ein altes, wettergegerbtes Kleidungsstück nicht wertvolle Erkenntnisse über den Besitzer und die Zeit, in der es hergestellt und zerknautscht wurde, vermitteln könnte.»Das ist doch schon eine alte Geschichte«, sagen wir, wenn wir ausdrücken wollen, daß etwas für uns nicht mehr neu ist, nicht mehr stimulierend, sondern in die Welt der Fossilien versunken, dem Untergang preisgegeben. Ein großer Teil unseres Lebens vergeht in angenehmer Verschwommenheit. Bewußt mit den Sinnen zu leben bedeutet, bereit zu sein, zu staunen, etwas mehr Energie aufzuwenden, doch die meisten Menschen bewegen sich träge durchs Leben. Das Leben ist etwas, das ihnen geschieht, während sie auf den Tod warten. Werden die Menschen in vielen tausend Jahren die Welt vielleicht anders wahrnehmen, die Sinne anders benutzen und die Welt vielleicht intensiver kennenlernen? Oder werden diese künftigen Menschen, die vielleicht weiter vom physischen Begreifen der Welt entfernt sein werden als wir, uns beneiden, uns, die Leidenschaftlichen und Abenteuerlustigen, die wir das Leben in uns hineinschlangen, mit all unseren Sinnen und in all unseren Träumen?

Lassen Sie Ihren Blick einmal etwas länger als gewöhnlich auf den Dingen ruhen, lassen Sie die Blicke schweifen und ein Lächeln Ihre Lippen umspielen, und eine kleine Rodelbahn bildet sich in Ihrer Brust, wenn Ihr Herz sich für das Rennen bereit macht. Neues spielt auch bei sexueller Erregung eine große Rolle, wie E.E. Cummings, ein Meister der Sinnlichkeit und Finesse, in seinem Gedicht »96« zeigt:

ich mag meinen Körper, wenn er mit deinem
vereint ist. Das ist so etwas ganz Neues.
Bessere Muskeln und mehr Nerven.
ich mag deinen Körper. ich mag, was er tut,
ich mag seine Wies. ich mag das Gefühl des Rückgrats
deines Körpers, seine Knochen, und die zitternde
Fest-Weichheit, die ich wieder und wieder und wieder
küssen möchte, ich mag es,
dies und das von dir zu küssen,
ich mag es, den bebenden Flaum
deines elektrisch geladenen Pelzes
zu streicheln, und das was-ist-es kommt
über aufgehendem Fleisch…
Und Augen große Liebes-Krümel.

und ich mag wohl das Entzücken

du unter mir so ganz neu.

Als Cummings dieses wunderschöne Liebessonett schrieb, wußte er sicherlich nicht (oder brauchte es nicht zu wissen), daß spätere Untersuchungen ergeben würden, daß der Testosteronspiegel der Männer hochschnellt, wenn eine unbekannte Frau den Raum betritt. Die bloße Tatsache, daß sie unbekannt ist, wirkt physisch erregend. Doch das gleiche gilt für den Hormonspiegel der Frauen, wenn ein unbekannter Mann ins Zimmer tritt. Aus gesellschaftlichen, moralischen, ästhetischen, familiären, religiösen oder sogar mystischen

Gründen mögen wir uns dafür entscheiden, mit einem Partner das Leben zu verbringen, doch unsere Instinkte nagen an uns. Es gibt nichts Köstlicheres, als für jemanden »neu« zu sein. Und auch wenn alles, was mit Liebe zu tun hat – die Achterbahn des Flirts, der Vorstoß und die Abwehr des Werbens, das Tamtam der Zärtlichkeit –, sich vermutlich nur deshalb entwickelt hat, damit zwei Menschen, die gute Aussichten haben, für gesunde Nachkommen zu sorgen, sich finden und sich in biologischer Absicht zusammentun, fühlen wir uns nicht immer verpflichtet, uns an die Regeln der Natur zu halten. Die Herausforderung (und der Spaß an) der Liebe besteht darin, Möglichkeiten zu finden, jeden Tag mit dem Partner ein neues Abenteuer zu erleben.

Das Leben lehrt uns, auf der Hut zu sein. Wir gebrauchen Worte wie *verletzlich*, wenn wir sagen wollen, daß wir über den Burggraben unseres Selbstschutzes eine Zugbrücke herunterlassen und einen anderen, dem wir Vertrauen entgegenbringen, in die Festung unseres Lebens einlassen. Die Sinne von Liebenden verbinden sich, ihre elektrischen Impulse verschmelzen, helfen, für den anderen zu fühlen. Wenn sie einander berühren, verdoppeln sich ihre Körper. Sie gehen einander unter die Haut, buchstäblich und gefühlsmäßig. Beim Koitus verbirgt der Mann einen Teil von sich selbst in der Frau, ein Teil seines Körpers verschwindet aus der Sicht, während die Frau ihren Körper öffnet und ein weiteres Organ aufnimmt, so als gehörte es dazu. In einer förmlichen, steifen und gefährlichen Welt sind das hohe Risiken.

Aber angenommen, man könnte sich in jede beliebige Welt versetzen! Im Forschungszentrum der NASA in Mountain View in Kalifornien haben Wissenschaftler eine Art »Requisiten für erweiterte Realität« entwickelt – sie haben eine Maske und Handschuhe konstruiert, die die Sinne erweitern und die, was Aussehen und Zauberkraft angeht, an die Wundermittel der Helden in den Sagen erinnern. Mit den mit Sensoren ausgestatteten Handschuhen kann man in eine durch den Computer geschaffene Landschaft hineingreifen und Dinge in Bewegung setzen. Mit der Maske kann man eine unsichtbare oder fiktive Welt sehen, als ob sie mit bloßem Auge zu sehen wäre, in allen Details und Farben – vielleicht die Sanddünen des Mars oder einen Anflug auf dem O'Hare-Flughafen im Nebel oder vielleicht einen defekten Generator in einer Raumstation. Weshalb soll man einen Kriminalfilm auf einem Bildschirm anschauen, wenn man eine Maske aufsetzen und Handschuhe überstreifen und direkt daran teilnehmen und mitmischen kann? Wie sind solche Tricks mit Hand, Geist, Maske und Sinnen möglich?

Eines der größten Paradoxa beim Menschen ist die Tatsache, daß die breite Gefühlsskala, die wir erleben können, nicht direkt vom Gehirn wahrgenommen wird. Das Gehirn ist schweigsam, dunkel, spürt nichts, hört nichts. Es empfängt lediglich elektrische Impulse – nicht das Schmelzen von Schokolade, das Solo der Oboe, graziös wie der Flug des Vogels, nicht die prickelnde Liebkosung, nicht die Pastellfarben von Pfirsich und Lavendel beim Sonnenuntergang über einem Korallenriff – es empfängt lediglich Impulse. Das Gehirn ist blind, taub, stumm, gefühllos. Der Körper ist ein Übermittler, eine Vorrichtung, die Energie einer Art in Energie einer anderen Art verwandelt, und darin liegt seine Großartigkeit. Unser Körper nimmt mechanische Energie auf und verwandelt sie in elektrische. Ich berühre das weiche Blütenblatt einer roten Rose, und meine Tast-Rezeptoren übertragen diese mechanische Berührung in elektrische Impulse, die das Gehirn als weich, biegsam, dünn, gekräuselt, feucht, samtig liest: wie das Blütenblatt einer Rose. Als Walt Whitman sagte:»Ich singe die Elektrizität des Körpers«, wußte er nicht, daß er damit eine wissenschaftliche Erkenntnis ausdrückte. Der Körper klingt tatsächlich vor Elektrizität, die der Geist geschickt analysiert und durchdenkt. So ist in gewisser Weise die Wirklichkeit eine allseits gebilligte Fiktion. Wie dumm also, wenn sich die Philosophen über Schein und Wirklichkeit streiten. Das Universum wird sich anderen auf andere Weise öffnen.

Ein Delphin hat ein Gehirn, das genauso komplex ist wie das unsere; er besitzt Sprache, Kultur und Gefühle. Er hat seine eigene Gesellschaft mit Verhaltensregeln, Familien-

clans und einer Zivilisation, doch er lebt auf »unserem«
Planeten, wie wir in anthropozentrisch-prahlerischer Über-
schätzung sagen, in einer Welt, die völlig anders als unsere
ist. Wir könnten wohl einiges davon lernen. Tief in unserem
Inneren wissen wir, daß unsere Vernarrtheit in die Realität
lediglich ein praktisches Arrangement darstellt, und wir
überlassen es Sehern, Schamanen, Asketen, religiösen Leh-
rern und Künstlern, eine höhere Bewußtseinsstufe zu erlangen, von der aus sie über unsere genau und routinemäßig
analysierenden Sinne hinausgehen und vertrauter mit den
Urerfahrungen der Natur werden, die ins Unbewußte einzie-
hen, in die Welt der Träume, die Quelle der Mythen. »Können wir denn wissen, ob nicht jeder Vogel, der sich seinen
Weg durch die Lüfte bahnt, eine riesige Welt der Wonne in
sich trägt, die unseren fünf Sinnen verschlossen ist?« schrieb
William Blake. Wir können viel von den Sinnen der Tiere
und über sie lernen. Wie können wir sonst hoffen, gute
Verwalter der Erde zu sein, wenn sich herausstellen sollte,
daß dies unsere Rolle ist? Wie sollen wir unseren kleinen
Anteil im Gespinst des Lebens auf der Erde richtig einschät-
zen können? Wie sollen wir die Gedanken von Außerirdischen verstehen, wenn wir mit ihnen in Berührung kommen? Wie können wir uns gegenseitig kennenlernen, voller
Mitgefühl und Achtung, wenn wir nicht mehr darüber erfahren, wie Geist und Sinne funktionieren? Unsere verschiedenen Sinne, die so persönlich und spontan reagieren und uns
manchmal von den anderen Menschen zu trennen scheinen,
reichen weit über uns hinaus. Sie stellen eine Erweiterung
der genetischen Kette dar, die uns mit jedem Wesen verbindet, das je gelebt hat; sie verbinden uns mit anderen Menschen und Tieren, über Zeit und Raum und Zufall hinaus.
Sie verbinden das Persönliche und das Unpersönliche, die
einzelne Seele mit ihren vielen verwandten Seelen, das Indi-
viduum mit dem Universum, alles Leben auf der Erde. Im
Schlaf schwanken unsere Gehirnwellen in der REM-Phase
zwischen acht und 13 Hertz, eine Frequenz, bei der bereits
flackerndes Licht epileptische Anfälle auslösen kann. Die
bebende Erde vibriert mit etwa zehn Hertz. Während wir tief

schlafen, erleben wir also den Gleichklang mit der Erde. Träumend werden wir zum Traum der Erde. Es begann geheimnisvoll, und es wird geheimnisvoll enden. Wie viele der großen, faszinierenden Lebensprinzipien und der kleinen, faszinierenden Details wir auch erforschen, enträtseln und auswendig lernen werden, es werden immer viele unbekannte Bereiche bleiben, die uns locken. Wenn Ungewißheit das Wesen des Zaubers ist, dann wird es immer genug Ungewißheit geben, um das Leben prickelnd zu machen und unsere Fähigkeit zu staunen immer wieder zu erneuern. Es quält manche Leute, daß das Universum unerforschlich bleibt, auch wenn sie sich noch so leidenschaftlich bemühen, es zu verstehen. »Ich für meinen Teil«, schrieb Robert Louis Stevenson einst, »reise nicht, um irgendwo hinzugelangen, sondern um unterwegs zu sein. Ich reise um des Reisens willen. Das aufregende ist, sich zu bewegen.« Das Leben zu lieben heißt, so abwechslungsreich wie möglich zu leben, seine Neugier wie ein Rassepferd zu pflegen, täglich damit zu trainieren und über die dichten, sonnenbeschienenen Hügel zu reiten. Wo es kein Risiko gibt, ist das Terrain der Gefühle flach und unergiebig, und das Leben scheint trotz aller Vielfalt, trotz seiner Täler, Gipfel und Umwege nichts von dieser herrlichen Landschaft zu besitzen, scheint nur eine gerade Strecke zu sein. Es begann geheimnisvoll, und es wird geheimnisvoll enden, doch was für ein wildes und schönes Land liegt dazwischen.

Bibliographie

Allgemeine Literatur

Bachelard, Gaston. *Poetik des Raumes*. Frankfurt: Fischer, 1987.

Bates, H. E. *The Purple Plain*. London: Penguin Books, 1974.

Bodanis, David. *Das geheimnisvolle Haus*. Frankfurt: Fischer, 1988.

Bonner, John Tyler. *The Scale of Nature*. New York: Harper & Row, 1969.

Brash, R. *How Did It Begin? Superstitions and Their Romantic Origins*. Australia: Longmans, Green & Co., Ltd., 1965.

Braudel, Fernand. *Sozialgeschichte des 15.–18. Jahrhunderts*. Bd. I: *Der Alltag*. München: Kindler, 1986.

Buddenbrock, Wolfgang von. *The Senses*. Ann Arbor, Michigan: The University of Michigan Press.

Campbell, Joseph. *Die Kraft der Mythen*. München: Artemis, 1989.

Carcopino, Jerome. *Daily Life in Ancient Rome*. Harry T. Lowell, Hg., New Haven, Connecticut: Yale University Press, 1940.

Carr, Donald E. *The Forgotten Senses*. Garden City, New York: Doubleday, 1972.

Dubkin, Leonard. *The White Lady*. London: Macmillan & Co., Ltd., 1952.

Eiseley, Loren. *The Immense Journey*. New York: Random House, Inc./Vintage Books, 1957.

– *The Lost Notebooks of Loren Eiseley*. Kenneth Hever, Hg., Boston: Little, Brown & Co., 1987.

Frisch, Karl von. *Du und das Leben*. Berlin: Ullstein, 1988.

Froman, Robert. *The Many Human Senses*. London: G. Bell and Sons, Ltd., 1966.

Gass, William. *On Being Blue*. Boston: Godine, 1976.

Glassner, Barry. *Bodies: Why We Look the Way We Do*. New York: G. P. Putnam's Sons, 1988.

Guiness, Alma E., Hg., *ABC's of the Human Body*. Pleasantville, New York: Reader's Digest Books, 1987.

Huizinga, Johan. *Homo Ludens. Vom Ursprung der Kultur im Spiel*. Reinbek: Rowohlt, 1987.

Huysmans, J.-K. *Gegen den Strich*, 1984.

Lingis, Alphonso. *Excesses: Eros and Culture*. Albany, New York: State University of New York, 1978.

Maeterlinck, Maurice. *The Life of the Bee*. New York: New American Library, 1954.

Martin Russell. *Matters Gray & White*. New York: Fawcett/Crest, 1986.

Milne, Lorus and Margery. *Die Sinneswelt der Tiere und Menschen.* Hamburg: Parey, 1968.

Morris, Desmond. *Der Mensch, mit dem wir leben.* München: Droemer Knaur, 1983.

– *Liebe geht durch die Haut.* München: Droemer Knaur, 1975.

– *Körpersignale. Bodywatching.* München: Heyne, 1989.

– *Catwatching: Die Körpersprache der Katze.* München: Heyne, 1990.

– *Dogwatching. Die Körpersprache des Hundes.* München: Heyne, 1990.

Murchie, Guy. *The Seven Mysteries of Life: An Exploration in Science and Philosophy.* Boston: Houghton Mifflin Company, 1978.

Panati, Charles. *The Browser's Book of Beginnings.* Boston: Houghton Mifflin Company, 1984.

– *Extraordinary Origins of Everyday Things.* New York: Harper & Row, 1987.

Parker, Arthur C. *Indian How Book.* New York: Dover, 1954.

Polhemus, Ted, Hg., *The Body Reader: Social Aspects of the Human Body.* New York: Pantheon Books, 1978.

Poole, Robert M., Hg., *The Incredible Machine.* Washington, D.C.: National Geographic Society, 1986.

Post, Laurens van der. *Das Herz des kleinen Jägers.* Berlin: Henssel, 1985.

Rilke, Rainer Maria. *Auguste Rodin.* Frankfurt: Insel, 1984.

Rivlin, Robert, und Karen Gravelle. *Deciphering the Senses: The Expanding World of Human Perception.* New York: Simon & Schuster, 1984.

Robinson, Howard F., et al. *Colors in the Wild.* Washington, D.C.: National Wildlife Federation, 1985.

Sagan, Carl. *Die Drachen von Eden.* München: Droemer Knaur, 1978.

Selzer, Richard. *Mortal Lessons.* New York: Simon & Schuster, 1976.

Smith, Anthony. *The Body.* New York: Penguin Books, 1986.

Thompson, D'Arcy W. *On Growth and Form.* Cambridge, Massachusetts: Cambridge University Press, 1961.

Walker, Stephen. *Animal Thoughts.* London: Routledge & Kegan Paul, Ltd., 1983.

Walsh, William S. *Curiosities of Popular Customs.* London: J. P. Lippincott Co., 1897.

Wilentz, Joan Steen. *The Senses of Man.* New York: Crowell, 1968.

Wilson, Edward O. *Biophilia.* Cambridge, Massachusetts: Harvard University Press, 1981.

Das Riechen

Bedichek, Roy. *The Sense of Smell.* Garden City, New York: Doubleday, 1960.

Bloch, Iwan. *Odoratus Sexualis.* New York: New York Anthropological Society, 1937.

Burton, Robert. *The Language of Smell.* London: Routledge & Kegan Paul, 1976.

Corbin, Alain. *Pesthauch und Blütenduft.* Frankfurt: Fischer, 1990.

Erb, Russel C. *The Common Scents of Smell.* New York: World Publishing Co., 1968.

Ferenczi, Sandor. *Schriften zur Psychoanalyse.* Frankfurt: Fischer, 1982.

Gombrowicz, Witold. *Tagebuch. 1953–1969.* München: Hanser, 1988.

Harkness, Jack. *The Makers of Heavenly Roses.* London: Souvenir Press, 1985.

Moncrieff, R. W. *Odours.* London: William Heinemann Medical Books Ltd., 1970.

Morris, Edwin T. *Fragrance.* New York: Scribner's, 1986.

Muller, Julia, et al. *Fragrance Guide (Feminine Notes).* London: Johnson Publications, o. J.

– mit Dr. Hans Brauer und Joachim Mensing. *The H & R Book of Perfume.* London: Johnson Publications, o. J.

Ray, Richard, und Michael MacCarkey. *Roses.* Tucson, Arizona: H. P. Books, 1981.

Süskind, Patrick. *Das Parfüm.* Zürich: Diogenes, 1985.

West, Paul. *The Place in Flowers Where Pollen Rests.* Garden City, New York: Doubleday, 1988.

Das Tasten

Allen, J. W. T., Hg., *The Customs of the Swahili People.* Berkeley und Los Angeles: University of California Press, 1981.

BBC/WGBH. »A Touch of Sensitivity«. 9. Dezember 1980.

Beardsley, Timothy. »Benevolent Bradykinins.« *Scientific American*, Juli 1988.

Fellman, Sandi, Hg., *The Japanese Tattoo.* New York: Abbeville Press, 1987.

Gallico, G. Gregory, et al. »Permanent Coverage of Large Burn Wounds with Autologous Cultured Human Epithelium.« *The New England Journal of Medicine*, Bd. 311, Nr. 7, 16. August 1984.

Goleman, Daniel. »The Experience of Touch: Research Points to a Critical Role.« The New York Times, 2. Februar 1988, p. C1.

Lamb, Michael. »Second Thoughts on First Touch.« Psychology Today, Bd. 16, Nr. 4, April 1982.

Lebeck, Robert. The Kiss. New York: St. Martin's Press, 1981.

Macrae, Janet. Therapeutic Touch. Kontaktheilung. Die heilende Berührung. Grafing: Aquamarin, 1989.

Montagu, Ashley. Körperkontakt. Stuttgart: Klett-Cotta, 1988.

Nyrop, Christopher. The Kiss and Its History. London: Sand and Co., 1901.

Perella, Nicolas James. The Kiss Sacred and Profane. Berkeley und Los Angeles: University of California Press, 1969.

Sachs, Frederick. »The Intimate Sense of Touch.« The Sciences, Januar/Februar 1988.

Das Schmecken

Angier, Bradford. How to Stay Alive in the Woods. New York: Macmillan, 1962.

Brillat-Savarin, Anthelme. Physiologie des Geschmacks oder Betrachtungen über das höhere Tafelvergnügen. Frankfurt: Insel, 1979.

Farb, Peter, und George Armelagos. Consuming Passions. New York: Washington Square Press, 1970.

Ferrary, Jeannette. »Plain Old Vanilla Isn't All that Plain Anymore.« The New York Times. 13. Januar 1988.

Harris, Marvin. Wohlgeschmack und Widerwillen. Die Rätsel der Nahrungstabus. Stuttgart: Klett-Cotta, 1989.

Liebowitz, Michael. The Chemistry of Love. New York: Berkeley Books, 1984.

Pullar, Philippa. Consuming Passions. Boston: Little, Brown & Company, 1970.

Tisdale, Sallie. Lot's Wife: Salt and the Human Condition. New York: Henry Holt & Co., 1988.

Das Hören

Attali, Jacques. Noise: The Political Economy of Music. Minneapolis: University of Minnesota Press, 1985.

Bach, Johann Sebastian. Bach-Dokumente. Kassel: Bärenreiter, 1979.

Broad, William J. »Complex Whistles Found to Play Key Roles in Inca and Maya Life.« The New York Times, 29. März 1988.

Chatwin, Bruce. Traumpfade. München: Hanser, 1990.

Conniff, Richard »When the Music in Our Parlors Brought Death to Darkest Afrika.« *Audubon,* Juli 1987.

Cooke, Deryck. *The Language of Music.* London: Oxford University Press, 1987.

Crosette, Barbara. »A Thai Monk Unlocks Song in the Earth.« *The New York Times,* 30. Dezember 1987.

Grant, Brian. *The Silent Ear: Deafness in Literature.* New York: Faber and Faber, 1988.

Mach, Elyse, Hg., *Great Pianists Speak for Themselves.* 2 Bde. New York: Dodd, Mead & Co., 1988.

Rothman, Tony, und Amy Mereson. »Fiddling with the Future.« *Discover,* September 1987.

Schaeffer, R. Murray. *The Composer in the Classroom.* Toronto: Clark and Cruickshank, 1965.

Schonberg, Harold. *Die großen Komponisten.* Berlin: Ullstein, 1986.

»School in the Exploratorium Idea Sheets.« San Francisco: The Exploratorium Bookstore, n. d.

Das Sehen

Bataille, Georges. *Das obszöne Werk. Die Geschichte des Auges.* Reinbek: Rowohlt, 1990.

Berger, John. *Sehen. Das Bild der Welt in der Bilderwelt.* Reinbek: Rowohlt, 1974.

– *Das Leben der Bilder oder die Kunst des Sehens.* Berlin: Wagenbach, 1989.

Bova, Ben. *Testfeuer.* München: Heyne, 1990.

Koretz, Jane F., und George H. Handelman. »How the Human Eye Focuses.« *Scientific American,* Juli 1988.

Merleau-Ponty, Maurice. *Das Sichtbare und das Unsichtbare.* München: Fink, 1986.

Rossotti, Hazel. *Colour: Why the World Isn't Grey.* Princeton, New Jersey: Princeton University Press, 1983.

Shearer, Lloyd. »A Doctor Who Advertises.« *Parade,* 24. Juli 1988.

Taylor, Joshua C. *Learning to Look: A Handbook for the Visual Arts.* Chicago, Illinois: University of Chicago Press, 1957.

Trevor-Roper, Patrick. *The World Through Blunted Sight.* London: Penguin Books, 1988.

Vaughan, Christopher. »A New View of Vision.« *Science News,* 23. Juli 1988.

Wir bedanken uns beim Insel-Verlag, Frankfurt a. M., für die Genehmigung zum Abdruck zweier Zitate aus:
Rainer Maria Rilke, *Auguste Rodin;*
– *Die Aufzeichnungen des Malte Laurids Brigge.*